C·H·Beck

PAPERBACK

Arbeit ist der Kern unserer modernen Gesellschaften. Doch warum überlassen wir ihr einen so großen Teil unseres Lebens? Und warum arbeiten wir immer mehr, obwohl wir so viel produzieren wie noch nie? Entspricht das unserer Natur? Warum fühlen sich dann immer mehr Menschen überlastet und ausgebrannt? Unsere Steinzeit-Vorfahren arbeiteten weit weniger als wir. Sie arbeiteten, um zu leben und lebten nicht, um zu arbeiten. Und dennoch waren sie relativ gesund und wurden älter als die meisten Menschen, die ihnen nachfolgten.

Erst die Sesshaftwerdung des Menschen und die zunehmende Arbeitsteilung in immer größer werdenden Städten schufen die Grundlagen für unser heutiges Verhältnis zur Arbeit, zu unserer Umwelt und zu uns selbst. James Suzman liefert ein beeindruckendes Panorama von der Steinzeit bis zur Gegenwart, und lässt uns eine Welt neu denken, in der die Wachstumsideologie nicht mehr unser Leben und unseren Planeten aussaugt.

James Suzman ist Sozialanthropologe und Autor des Buches «Affluence without Abundance» (Wohlstand ohne Überfluss), in dem er die Gesellschaften der Jäger und Sammler als erste Wohlstandsgesellschaften porträtierte. Er ist Direktor des anthropologischen Thinktanks Anthropos und Fellow am Robinson College der Cambridge University.

JAMES SUZMAN

Sie nannten es Arbeit

Eine andere Geschichte der Menschheit

Aus dem Englischen von Karl Heinz Siber

C.H.BECK

Titel der englischen Originalausgabe:
Work. A History of how we spend our time
Zuerst erschienen bei Bloomsbury Publishing,
London, Oxford, New York, New Delhi, Sydney

Die ersten vier Auflagen des Buches
erschienen 2021 und 2022
in gebundener Form im Verlag C.H.Beck.

1. Auflage in Beck Paperback. 2022

www.chbeck.de
Satz: Fotosatz Amann, Memmingen
Druck und Bindung: Druckerei C.H.Beck, Nördlingen
Umschlaggestaltung: Rothfos & Gabler, Hamburg
Umschlagabbildung: Composing mit Bildern von © Shutterstock
Printed in Germany
ISBN 978 3 406 79303 5

myclimate
klimaneutral produziert
www.chbeck.de/nachhaltig

Warum muss die hässliche Kröte Arbeit
Auf meinem Leben hocken?
Kann ich nicht meinen Grips als Mistgabel nehmen
Und einfach das Vieh verscheuchen?

Philip Larkin, «Kröten»

INHALT

Einleitung: Die ökonomische Problemstellung 9

TEIL EINS: AM ANFANG

1 Leben ist arbeiten 23
2 Ruhende Hände und fleißige Schnäbel 43
3 Werkzeuge und Fertigkeiten 65
4 Die weiteren Segnungen des Feuers 96

TEIL ZWEI: FREIGIEBIGE NATUR

5 «Die ursprüngliche Überflussgesellschaft» 121
6 Geister im Urwald 138

TEIL DREI: ACKERN

7 Von der Klippe gesprungen 165
8 Festessen und Hungersnöte 189
9 Zeit ist Geld 212
10 Die ersten Maschinen 233

TEIL VIER: GESCHÖPFE DER GROSSSTADT

11 Helle Lichter 257
12 Die Malaise des grenzenlosen Anspruchsdenkens .. 275
13 Hochbegabt 301
14 Tod eines Gehaltsempfängers 329
15 Die neue Krankheit 354

Schlussbemerkung 372

Dank 377
Anmerkungen 379
Register 391

EINLEITUNG

Die ökonomische Problemstellung

Die erste industrielle Revolution entströmte den rußgeschwärzten Schornsteinen dampfkraftgetriebener Fabrikanlagen; die zweite speiste sich aus elektrischen Steckdosen; die dritte kam in Gestalt des elektronischen Mikroprozessors. Heute befinden wir uns mitten in einer vierten industriellen Revolution, geboren aus der Zusammenführung einer Anzahl neuer digitaler, biologischer und physikalischer Technologien. Diese Revolution werde, so sagt man uns, um ein Vielfaches umweltschonender sein als ihre Vorgängerinnen. Immerhin weiß noch niemand sicher, wie sie sich manifestieren wird, abgesehen von der Gewissheit, dass immer mehr Arbeitsgänge in unseren Fabriken, Büros und Wohnungen von automatisierten robotischen Systemen übernommen werden, die durch Algorithmen lernfähiger Rechner gesteuert werden.

Die Aussicht auf eine automatisierte Zukunft verdichtet sich in der Fantasie mancher Menschen zur Utopie einer robotischen Dienstleistungswelt. Andere sehen darin eher einen fatalen Schritt auf dem Weg in eine kybernetische Dystopie. Für viele jedoch wirft die Aussicht auf eine automatisierte Zukunft vor allem eine unmittelbare Frage auf: Was passiert, wenn ein Roboter meinen Job übernimmt?

Für diejenigen von uns, die in ihrem Beruf bislang noch nicht Gefahr laufen, durch Technik ersetzbar zu sein, manifestiert sich der Siegeszug jobverschlingender Roboter im Alltäglichen: in der Kakophonie robotischer Begrüßungen und Anweisungen aus den Lautsprechern der aufgereihten Selbstbedienungskassen unserer Supermärkte oder in den umständlichen Algorithmen, die uns bei unseren Ausflügen ins digitale Universum führen, oft aber auch irreführen.

Für die Hunderte Millionen Erwerbslosen, die in der Wellblech-Peripherie der Schwellen- und Entwicklungsländer von der Hand in den Mund leben – Länder, in denen das Wirtschaftswachstum zunehmend durch die Paarung modernster Technik mit mobilem Kapital vorangetrieben wird und daher wenig neue Arbeitsplätze schafft –, ist die Automatisierung ein noch ungleich akuteres Problem. Das gilt auch für viele angelernte Arbeitskräfte in den Industrieländern, für die der Streik die einzig verbleibende Chance zur Rettung ihrer Jobs vor Automaten und Robotern ist – deren größter Vorzug darin besteht, dass sie nie streiken. Und auch wenn es jetzt noch nicht danach aussehen mag, zeichnet sich ein ähnliches Schicksal auch für manche hochqualifizierte Berufe ab. Wenn künstliche Intelligenz die Aufgabe, künstliche Intelligenz zu programmieren, jetzt besser lösen kann als ein Mensch, dann deutet dies darauf hin, dass unsere Erfindungsgabe uns den bösen Streich gespielt hat, unsere Fabriken, Büros und Arbeitsumgebungen in Werkstätten des Teufels zu verwandeln, die uns die Hände in den Schoß legen lassen und unserem Leben Sinn und Struktur rauben.

Wenn das stimmt, tun wir gut daran, uns Sorgen zu machen. Immerhin arbeiten wir, um zu leben, und leben, um zu arbeiten, und sind so gestrickt, dass wir uns in fast jedem Beruf Sinn, Erfüllung und Stolz holen können, sei es aus der monotonen rhythmischen Gymnastik des Schrubbens von Fußböden oder sei es aus dem Ausbaldowern von Steuerschlupflöchern. Außerdem prägt die Arbeit, die wir machen, unsere Persönlichkeit, entscheidet über unsere Zukunftsaussichten, bestimmt darüber, wo und mit wem wir den Großteil unserer Zeit verbringen, beeinflusst unser Selbstwertgefühl, prägt viele unserer Wertvorstellungen und trägt auch zur Ausrichtung unserer politischen Loyalitäten bei. Das geht so weit, dass wir gerne Loblieder auf Leistungsträger anstimmen und die Faulheit von Drückebergern beklagen und dass alle unsere Politiker, gleich welcher Couleur, sich gebetsmühlenartig zum Ziel der Vollbeschäftigung bekennen.

Dem liegt die Überzeugung zugrunde, dass wir genetisch darauf angelegt sind, zu arbeiten, und dass die Entwicklung unserer Spezies durch eine einzigartige Verschränkung von zweckgerichteter Intelligenz und Arbeitsamkeit geprägt worden ist, die uns die Fähigkeit verliehen hat, Gesellschaften zu organisieren, die so viel mehr sind als die Summe ihrer Teile.

Unsere Ängste vor einer automatisierten Zukunft kontrastieren mit dem Optimismus vieler Denker und Träumer, die schon seit den ersten Geburtswehen der industriellen Revolution fest daran glaubten, die Automatisierung der Arbeit könne der Schlüssel zu einem wirtschaftlichen Schlaraffenland sein. Dazu gehörten Leute wie Adam Smith, der Begründer der Volkswirtschaftslehre, der 1776 von «nützlichen Maschinen […] zur Erleichterung und Abkürzung der Arbeit» schwärmte,[1] oder Oscar Wilde, der sich ein Jahrhundert später eine Zukunft ausmalte, in der «Maschinen alle notwendige und unangenehme Arbeit verrichten» würden.[2] Keiner jedoch arbeitete diese Utopie so gründlich aus wie John Maynard Keynes, der einflussreichste Volkswirtschaftler des 20. Jahrhunderts. 1930 wagte er die Voraussage, dank Kapitalvermehrung, ständig weiter wachsender Produktivität und des technischen Fortschritts könnten oder müssten wir gegen Anfang des 21. Jahrhunderts im Eingangsbereich zu einem «gelobten Land» ankommen, mit einer Wirtschaft, die die Grundbedürfnisse aller Menschen mühelos stillen würde und in der infolgedessen niemand mehr als 15 Stunden pro Woche arbeiten werde.

Die Schwellenwerte in puncto Produktivität und Kapitalvermehrung, die nach Keynes' Berechnungen den Zugang zu diesem «gelobten Land» ermöglichen würden, haben wir schon vor einigen Jahrzehnten erreicht, doch offensichtlich ist die Menschheit noch nicht so weit, dass sie die Fortschrittsdividende einstreichen könnte. Die meisten von uns arbeiten noch genauso fleißig wie unsere Großeltern und Urgroßeltern, und unsere Regierungen starren heute noch ebenso gebannt auf die Parameter Wirtschaftswachstum und Vollbeschäftigung wie vor Jahrzehnten. Und damit nicht genug: Private und staatliche Pensionskassen ächzen unter der Last ihrer Zahlungsverpflichtungen an eine immer älter werdende Rentnerbevölkerung, und von vielen von uns wird erwartet, dass wir bis zu zehn Jahre länger arbeiten als unsere Großelterngeneration vor 50 Jahren; trotz aller unerhörten Fortschritte in Technik und Produktivität verzeichnen einige der fortgeschrittenen Volkswirtschaften der Welt, etwa Japan und Südkorea, nach amtlichen Angaben Hunderte unnötiger Todesfälle infolge überstundenbedingter Erschöpfung.

Anscheinend ist die Menschheit also noch nicht bereit, ihre kollektive Dividende einzufordern. Wenn wir ergründen wollen, warum das so ist, müssen wir uns erst einmal klarmachen, dass unsere Beziehung zur

Arbeit sehr viel interessanter und verwickelter ist, als die meisten herkömmlichen Volkswirtschaftler uns glauben machen.

Nach Überzeugung von Keynes würde die Ankunft der Menschheit in dem von ihm erträumten wirtschaftlichen Schlaraffenland der größte Triumph unserer Spezies sein, hätten wir dann doch nicht weniger geschafft, als «die wichtigste, allerdringlichste Aufgabe der Menschheit» zu lösen – «nicht nur der Menschheit, sondern des gesamten biologischen Königreichs von den Anfängen des Lebens in seinen primitivsten Formen».

Das akute Problem, das Keynes hier im Auge hatte, tauchte in der klassischen Volkswirtschaftslehre als das «ökonomische Problem» auf, manchmal auch unter der Bezeichnung «Knappheitsproblem». Es besagt: Wir sind rationale Wesen mit unersättlichem Appetit, und da die Erde einfach nicht genug Ressourcen hergibt, um allen Menschen alle Wünsche zu erfüllen, herrscht eine immerwährende Knappheit. Die Vorstellung, unsere Bedürfnisse seien unbegrenzt, unsere Ressourcen jedoch allesamt begrenzt, residiert nah am pochenden Herzen der «Wirtschaftslehre», definiert als die Lehre von der Art und Weise, wie Menschen mit knappen Ressourcen haushalten, in dem Bestreben, die eigenen Bedürfnisse und Wünsche zu erfüllen. Dasselbe Prinzip liegt auch unseren Märkten und unseren Finanz-, Beschäftigungs- und Geldsystemen zugrunde. Für den klassischen Ökonomen ist es also die Knappheit, die uns dazu bringt, zu arbeiten, denn nur durch Arbeit – indem wir herstellen, produzieren und mit knappen Ressourcen handeln – kommen wir dem Ziel näher, die Kluft zwischen unseren anscheinend grenzenlosen Wünschen und unseren begrenzten Mitteln zu überbrücken.

Das Knappheits-Paradigma zeichnet ein wenig erfreuliches Bild von unserer Spezies. Es will uns lehren, die Evolution habe uns zu selbstsüchtigen Geschöpfen gemacht, verdammt dazu, für immer Geiseln unerfüllbarer Bedürfnisse zu bleiben. Während diese Grundannahmen über die menschliche Natur vielen in unserer industrialisierten Welt offenkundig und selbstverständlich erscheinen mögen, stoßen sie bei vielen anderen, etwa bei den Ju/'Hoansi-«Buschmännern» der südafrikanischen Kalahari, die bis zur Jahrtausendwende noch als Jäger und Sammler lebten, auf Unverständnis.

Seit den frühen 1990er Jahren dokumentiere ich die oft traumatisch verlaufenden Begegnungen der Ju/'Hoansi mit einer scheinbar unaufhaltsam expandierenden Weltwirtschaft. Es ist eine Geschichte mit vielen brutalen Kapiteln, und sie spielt entlang einer Frontlinie zwischen zwei grundlegend verschiedenen Lebensweisen, die auf jeweils höchst unterschiedlichen sozialen und wirtschaftlichen Philosophien gründen und auf höchst unterschiedlichen Annahmen zum Wesen der Knappheit beruhen. Den Ju/'Hoansi erscheinen die Marktwirtschaft und die ihr zugrunde liegenden Annahmen über die menschliche Natur ebenso rätselhaft wie unbefriedigend. Sie sind damit nicht allein. Auch andere Gesellschaften, die bis ins 20. Jahrhundert hinein als Jäger und Sammler lebten, von den Hadzabe Ostafrikas bis zu den Inuit der Arktis, haben sich sehr schwer damit getan, den Normen eines auf immerwährender Knappheit beruhenden Wirtschaftssystems einen Sinn abzugewinnen und sich ihnen anzupassen.

Als Keynes erstmals sein wirtschaftliches Schlaraffenland beschrieb, war die Erforschung von Jäger-und-Sammler-Gesellschaften kaum mehr als ein Seitenarm der als wissenschaftliche Disziplin gerade erst im Entstehen begriffenen Sozialanthropologie. Selbst wenn Keynes den Wunsch gehabt hätte, mehr über Jäger und Sammler zu erfahren, hätte er nicht sehr viel gefunden, das die damals vorherrschende Auffassung in Frage gestellt hätte, das Leben sei in solchen primitiven Gesellschaften ein ständiger Kampf gegen das Verhungern. Und er hätte auch nichts gefunden, das Zweifel an der Überzeugung gesät hätte, dass die Menschheit allen gelegentlichen Rückschlägen zum Trotz eine Geschichte des ständigen Fortschritts schrieb und dass unser Bedürfnis, zu arbeiten, zu produzieren, zu bauen und zu tauschen, angespornt von unserem gleichsam angeborenen Bedürfnis, das Problem der wirtschaftlichen Knappheit zu lösen, die diesen Fortschritt antreibende Kraft ist.

Doch wie wir jetzt wissen, stimmt es gar nicht, dass Jäger und Sammler wie die Ju/'Hoansi ständig am Rand des Verhungerns lebten. In Wirklichkeit waren sie normalerweise wohlgenährt, hatten eine höhere Lebenserwartung als die meisten Ackerbau-Gesellschaften, arbeiteten selten mehr als 15 Stunden die Woche und verbrachten einen Großteil ihrer Zeit damit, sich zu regenerieren und ihre Hobbys zu pflegen. Wie wir ferner wissen, war ihnen dies möglich, weil sie nicht routinemäßig Nahrungsmittel einlagerten oder horteten, kaum Interesse am Erwerb von Vermögenswerten oder Status hatten und im Wesentlichen nur arbeiteten, um ihren kurzfristigen materiellen Bedarf zu decken. Während die «Wirtschaftslehre» besagt, wir seien allesamt dazu verdammt, in der Zwickmühle zwischen unseren unbegrenzten Bedürfnissen und unseren begrenzten Mitteln zu leben, begnügten sich die Jäger und Sammler mit einigen wenigen materiellen Bedürfnissen, für deren Stillung ein paar Stunden Arbeit genügten. Das Wirtschaftsleben dieser Gesellschaften gründete auf der Prämisse, dass stets für alle genug da ist, und nicht auf der Angst vor einer Verknappung. Wir haben guten Grund zu der Annahme, dass unsere Vorfahren während mindestens 95 Prozent der 300 000-jährigen Geschichte des Homo sapiens als Jäger und Sammler lebten, was die Vermutung nahelegt, dass unsere Annahmen über die Angst vor dem Mangel und unsere Einstellung zur Arbeit erst nach dem Übergang zum Ackerbau entstanden sind.

Die Einsicht, dass sich während der längsten Zeit unserer Geschichte als Menschheit unsere Vorfahren nicht so viele Sorgen über Knappheit gemacht haben, wie wir es heute tun, sollte uns daran gemahnen, dass wir unter Arbeit sehr viel mehr verstehen als nur das, was wir tun, um gegen das Knappheitsproblem anzugehen. Das ist etwas, das uns allen bewusst ist: Wir bezeichnen gewohnheitsmäßig zweckgerichtete Aktivitäten aller Art jenseits unserer Erwerbstätigkeit als «Arbeit». Wir können zum Beispiel an unseren Beziehungen arbeiten, an unserer körperlichen Fitness oder sogar an unserer Freizeitgestaltung.

Wenn Volkswirtschaftler «Arbeit» als den Aufwand an Zeit und Energie definieren, den wir treiben, um unsere Bedürfnisse und Wünsche zu befriedigen, lassen sie zwei offenkundige Probleme außer Acht. Das erste ist, dass vielfach das Einzige, was Arbeit von Freizeitbeschäftigung unterscheidet, der Kontext ist, einschließlich der Frage, ob wir für das, was wir tun, bezahlt werden oder ob wir dafür bezahlen. Einen Elch zu erlegen, ist für einen vorzeitlichen Jäger Arbeit, für viele heutige Jäger hingegen eine aufregende und oft sehr teure Freizeitaktivität; eine Zeichnung anzufertigen, ist für einen Künstler Arbeit, dagegen für Millionen Hobbykünstler ein Freizeitvergnügen. Die Pflege von Beziehungen zu politischen Strippenziehern ist für einen Lobbyisten Arbeit, während für die meisten von uns die Pflege unserer Freundschaftsbeziehungen etwas ist, das uns Freude bereitet. Das zweite Problem ist, dass über den Energieaufwand hinaus, den wir treiben, um unsere grundlegenden Bedürfnisse zu befriedigen – nach Nahrung, Wasser, Luft, Wärme, Gemeinschaft und Sicherheit –, nur ein sehr geringes Maß an Einigkeit darüber besteht, welche Dinge wir zum Leben wirklich brauchen. Unsere Grundbedürfnisse verzahnen sich oft so eng mit unseren Wünschen, dass sich beide nicht mehr entwirren lassen. So mancher wird steif und fest behaupten, ein Frühstückscroissant mit einer guten Tasse Kaffee dazu sei ein Grundbedürfnis; für andere ist es vielleicht ein Luxus.

Die Definition von «Arbeit», auf die sich wohl die meisten von uns einigen könnten – Jäger und Sammler ebenso wie Derivatehändler in Nadelstreifen und Subsistenzbauern mit schwieligen Händen –, besagt, Arbeit sei jede zweckgerichtete Verausgabung von Energie für die Bewältigung einer Aufgabe oder die Erreichung eines Ziels. Von dem Moment an, als Menschen erstmals begannen, die Welt um sie herum aufzuteilen und die Erfahrungen, die sie dabei machten, in Begriffe, Worte und Ideen zu gießen, hatten sie mit Sicherheit eine Vorstellung von «Arbeit» oder einen Begriff davon. Zusammen mit Liebe, Elternschaft, Musik und Totenklage ist Arbeit eines der wenigen Konzepte, an denen sich Anthropologen ebenso entlanghangeln konnten wie Reisende, die es in fremde Gestade verschlug. Überall dort, wo eine fremde Sprache oder verwirrende Sitten und Gebräuche die Kommunikation erschweren, kann die simple Tat, jemandem praktische Hilfe bei der Lösung eines Problems zu leisten, Misstrauen oder andere Hemmnisse viel schneller beseitigen, als gestammelte Worte es könnten. Eine helfende Handreichung ist ein Ausdruck guten Willens und öffnet, wie ein Tanz oder ein Lied, die Tür zu sinnstiftenden Gemeinsamkeiten und einem Gleichklang der Erfahrungen.

Wenn wir uns von der Vorstellung verabschieden, die menschliche Existenz werde für immer und ewig im Zeichen des Knappheitsproblems stehen, bewirkt das mehr, als nur die Definition von «Arbeit» über den Zweck der bloßen Existenzsicherung hinaus zu erweitern. Es öffnet uns vielmehr ein neues Sichtfenster, durch das wir unsere tiefe historische Beziehung zur Arbeit neu betrachten können, von den Anfängen des Lebens bis zu unserer geschäftigen Gegenwart. Es wirft auch eine Reihe neuer Fragen auf: Warum messen wir Heutigen der Arbeit eine so viel größere Bedeutung bei, als unsere jagenden und sammelnden Vorfahren es taten? Warum bleiben wir im Zeitalter eines nie da gewesenen Überflusses so fixiert auf das Schreckgespenst der Knappheit?

Um diese Fragen beantworten zu können, müssen wir weit über die Grenzen der herkömmlichen Volkswirtschaftslehre hinausgehen – in die Welt der Physik, der Evolutionsbiologie und der Zoologie. Noch wichtiger ist vielleicht, dass wir der Frage mit einer sozialanthropologischen Sichtweise zu Leibe rücken. Nur die sozialanthropologische Erforschung von Gesellschaften, die bis ins 20. Jahrhundert hinein als Jäger und Sammler lebten, versetzt uns in die Lage, die Steinwerkzeuge, die Felszeichnungen und die Knochenfragmente zum Leben zu erwecken, die die einzigen noch reichlich vorhandenen materiellen Zeugen dafür sind, wie unsere nichtsesshaften Vorfahren lebten und arbeiteten. Der sozialanthropologische Ansatz ist auch der einzige, der uns überhaupt die Chance bietet, herauszufinden, wie die unterschiedlichen Spielarten von Arbeit, mit denen wir unseren Lebensunterhalt bestreiten, unsere Wahrnehmung und Deutung der Welt prägen. Dieser breit aufgefächerte Ansatz eröffnet uns überraschende Einsichten in die weit in die Vergangenheit zurückreichenden Wurzeln dessen, was oft als dezidiert moderne Herausforderung gesehen wird. Er offenbart uns zum Beispiel, dass und wie unser Verhältnis zu Maschinen an die Beziehung der ersten Ackerbauern zu ihren Zugpferden und den anderen Lasttieren, die ihnen die Arbeit erleichterten, erinnert und anknüpft und auf welch bemerkenswerte Weise unsere Ängste vor der Automatisierung an die Ängste erinnern, die in Sklavenhalter-Gesellschaften so vielen Menschen schlaflose Nächte bereiteten.

Wenn wir darangehen, die Geschichte unseres Verhältnisses zur Arbeit abzustecken, kristallisieren sich zwei einander mehrfach schneidende Pfade heraus, denen zu folgen sich vorrangig anbietet.

Der erste Pfad zeichnet die Geschichte unserer Beziehung zur Energie nach. Arbeit beinhaltet in ihrer grundlegenden Form immer einen Energietransfer, und die Fähigkeit, bestimmte Arten von Arbeit zu leisten, unterscheidet lebende Organismen von toter, unbeseelter Materie. Denn nur lebende Organismen laden sich aktiv mit Energie auf zu dem ausdrücklichen Zweck, zu leben, zu wachsen und sich zu reproduzieren. Beim Beschreiten dieses Pfades stellt sich heraus, dass wir nicht die einzige Spezies sind, die routinemäßig überschüssige Energie besitzt oder die in eine apathische, niedergedrückte und demoralisierte Stimmung gerät, wenn sich ihr kein Ziel bietet und sie keine sinnvolle Arbeit hat. Daraus ergibt sich eine ganze Reihe weitergehender Fragen zum Wesen der Arbeit und zu unserem Verhältnis zu ihr. Beispielsweise die Frage, ob auch Lebewesen wie ein Bakterium, eine Pflanze oder ein Kutschpferd arbeiten? Wenn ja, wie und wodurch unterscheidet sich ihre Arbeit von der der Menschen und der von Menschen gebauten Maschinen? Und was verrät uns dies über unsere Art zu arbeiten?

Dieser Pfad beginnt in dem Moment, da zum ersten Mal eine chaotische Ansammlung unterschiedlicher Moleküle durch Einwirkung von Energie zu einem lebenden Organismus zusammenwuchs. Der Pfad weitete sich ständig und mit zunehmendem Tempo in dem Maß, wie das Leben sich über die Erdoberfläche ausbreitete und im Zuge seiner Fortentwicklung neue Energiequellen erschloss, darunter Sonnenstrahlung und Sauerstoff, Feuer, fleischliche Nahrung und schließlich fossile Brennstoffe, die wir für uns arbeiten lassen können.

Der zweite Pfad verläuft entlang der evolutionären und kulturellen «Reise» der Menschheit. Zu den frühen physischen Meilensteinen dieser Reise gehören grobe Steinwerkzeuge, Herdstellen und «Kieselperlen». Spätere Meilensteine erscheinen in Gestalt von leistungsfähigen Kraftmaschinen, Megastädten, Wertpapierbörsen, Agrarfabriken, Nationalstaaten und weltumspannenden Netzwerken energiehungriger Rechenmaschinen. Zugleich liegen am Rande dieses Pfades aber auch viele unsichtbare Meilensteine, in Form von Ideen, Konzepten, Ambitionen, Hoffnungen, Gewohnheiten, Ritualen, Praktiken, Institutionen und Geschichten – die Bausteine unserer Kulturen und unserer Geschichte. Wenn wir diese Reise Revue passieren lassen, können wir nachvollziehen, mit welch bemerkenswerter Planmäßigkeit unsere Vorfahren die Fähigkeit entwickelten, zahlreiche neue Fertigkeiten unterschiedlichster Art zu erwerben, bis hin zu dem Punkt, dass wir mittlerweile in der Lage sind, Sinn, Freude und höchste Zufriedenheit aus unterschiedlichsten Aktivitäten – wie Pyramiden bauen, Löcher graben und Papier vollkritzeln – zu schöpfen. Wir lernen daraus auch, wie die Arbeiten, die unsere Vorfahren verrichteten, und die Fertigkeiten, die sie sich dabei nach und nach aneigneten, ihre Wahrnehmung der sie umgebenden Welt und ihre Interaktionen mit ihr geprägt haben.

Die Punkte, an denen diese beiden Pfade konvergieren, sind die wichtigsten, wenn es darum geht, ein Verständnis für unser heutiges Verhältnis zur Arbeit zu gewinnen. Der erste dieser Konvergenzpunkte wurde erreicht, als die Menschen das Feuer zu beherrschen lernten, was vielleicht schon vor einer Million Jahren passierte. Indem sie lernten, einen Teil ihres Energiebedarfs an die Flammen zu delegieren, verschafften sie sich den Vorteil, nicht mehr so viel Zeit für die Nahrungsbeschaffung aufwenden zu müssen, sich in der kalten Jahreszeit warmzuhalten und ihren Speisezettel erheblich zu erweitern, alles Errungenschaften, die die Entwicklung eines zunehmend energiehungrigen, zunehmend leistungsfähigeren menschlichen Gehirns vorantrieben.

Der zweite entscheidende Schnittpunkt liegt erst verhältnismäßig kurz zurück und war nach allem, was wir wissen, sehr viel umwälzender. Es begann vor rund 12 000 Jahren damit, dass unsere Vorfahren auf die Idee kamen und sich angewöhnten, Nahrungsmittel einzulagern und mit dem Anbau von Nutzpflanzen zu experimentieren, ein Schritt, der ihre Beziehungen zu ihrer Umwelt, zueinander, zum Problem der Knappheit und zur Arbeit transformierte. Bei der Beschäftigung mit diesem Überschneidungspunkt zeigt sich auch, ein wie großer Teil der formalen volkswirtschaftlichen Architektur, in die wir unser Arbeitsleben heute organisatorisch einbetten, auf den Ackerbau zurückgeht und wie eng unsere Vorstellungen von Gleichheit und Status mit unserer Einstellung zur Arbeit verknüpft sind.

Ein dritter Überschneidungspunkt findet sich dort, wo die Menschen sich in Städten zu sammeln begannen; das geschah vor rund 8000 Jahren, als manche Ackerbau-Gesellschaften es schafften, so große Nahrungsüberschüsse zu erwirtschaften, dass damit eine wachsende Stadtbevölkerung versorgt werden konnte. Und auch diese Etappe verkörpert ein wichtiges neues Kapitel in der Geschichte der Arbeit, definiert nicht etwa durch die Notwendigkeit, in Feldarbeit investierte Energie in Feldfrüchte umzuwandeln, sondern vielmehr durch das gebieterische Bedürfnis, Energie zu verausgaben. Die Geburt der ersten Städte legte den Keim für die Entstehung und Entwicklung einer ganz neuen Palette von Fertigkeiten, Berufen, Arbeitsabläufen und Gewerben, die unter den Bedingungen einer Subsistenzwirtschaft oder in Jäger-und-Sammler-Gesellschaften undenkbar gewesen wären.

Die Entstehung großer Dörfer, aus denen später Kleinstädte und am Ende Großstädte wurden, leistete auch einen wichtigen Beitrag dazu, dass sich die Dynamik der Sparsamkeit und des Knappheitsproblems grundlegend veränderte. Weil die physischen Bedürfnisse der meisten Stadtbewohner von Bauern befriedigt wurden, die in der ländlichen Umgebung Nahrungsmittel erzeugten, verlegten sie ihre rastlose Energie auf das Streben nach Status, Wohlstand, Vergnügungen, Muße und Macht. Die Städte wurden sehr schnell zu Retorten der Ungleichheit, ein Prozess, der beschleunigt wurde durch den Umstand, dass zwischen den Stadtbewohnern nicht mehr die engen verwandtschaftlichen und gesellschaftlichen Bindungen bestanden, wie sie für kleine ländliche Dorfgemeinschaften typisch waren. Infolgedessen verknüpften Stadtbewohner ihre gesellschaftliche Identität in zunehmendem Maß mit ihrer Arbeit und schmiedeten ihre sozialen Bindungen eher innerhalb der Gruppe derjenigen, die im selben Metier wie sie selbst tätig waren.

Den vierten Überschneidungspunkt markiert das Aufkommen von Fabriken, Eisenhütten und anderen Ruß und Rauch ausstoßenden Arbeitsstätten, entstanden dank der erlangten Fähigkeit westeuropäischer Völker, die in fossilen Bodenschätzen gespeicherte Energie zu gewinnen und zu nutzen und aus ihr einen bis dahin nicht vorstellbar gewesenen materiellen Wohlstand zu schöpfen. In dieser Etappe, die im frühen 18. Jahrhundert beginnt, sehen wir eine abrupte Expansion beider Pfade. Auf beiden geht es zunehmend enger zu, entsprechend der rapiden Zunahme der Zahl und Größe von Städten und einem starken Wachstum sowohl der menschlichen Bevölkerung als auch der von unseren Vorfahren domestizierten Tier- und Pflanzenpopulationen. Ein weiterer Grund für den immer dichteren Verkehr auf beiden Pfaden war die Potenzierung unserer Fixiertheit auf Knappheit und Arbeit – paradoxerweise nach Anbruch eines Zeitalters, das uns einen wachsenden Überfluss an Dingen bescherte. Noch ist es zwar zu früh, ein Urteil zu fällen, aber es fällt schwer, sich des Verdachts zu erwehren, dass künftige Historiker nicht mehr zwischen der ersten, zweiten, dritten und vierten industriellen Revolution unterscheiden, sondern dass sie stattdessen die gesamte Ära, innerhalb derer sich diese Revolutionen vollzogen, als eine der entscheidenden für die Beziehung unserer Spezies zur Arbeit einstufen werden.

TEIL EINS

AM ANFANG

1

Leben ist arbeiten

Es herrschte an diesem Nachmittag im Frühjahr 1994 eine so sengende Hitze, dass sogar die Kinder mit ihren Lederhaut-Fußsohlen quietschten, wenn sie von einem Schattenplatz zu einem anderen über ein paar Meter glühenden Sandes spurteten. Es ging kein Lüftchen, und der Land Cruiser des Missionars wirbelte, als er die sandbedeckte Holperstrecke zum Skoonheid Resettlement Camp in der namibischen Kalahari-Wüste heraufdonnerte, dicke Staubwolken auf, die noch lange, nachdem das Fahrzeug zum Stehen gekommen war, in der Luft hingen.

Für die knapp 200 Ju/'Hoansi-Buschmänner, die sich vor der brennenden Sonne verkrochen hatten, waren Tage, an denen ein Missionar zu Besuch kam, eine willkommene Abwechslung von dem langweiligen Warten auf staatliche Lebensmittellieferungen. Es war auch deutlich unterhaltsamer, als kreuz und quer durch die Wüste zu schlappen, von einer der weitläufigen Rinderfarmen zur nächsten, in der Hoffnung, der eine oder andere weiße Farmer werde sich bewegen lassen, sie für eine Arbeit zu engagieren. Nachdem sie ein halbes Jahrhundert lang unter der Peitsche der weißen Viehzüchter gelebt hatten, die ihnen ihr Land genommen hatten, waren selbst die skeptischen in der Gruppe der Meinung, es sei ein Gebot der Vernunft, sich anzuhören, was die geweihten irdischen Gesandten des Gottes der Rinderfarmer ihnen zu sagen hatten.

Als die Sonne sich zum westlichen Horizont hin senkte, kletterte der Missionar aus seinem Land Cruiser, baute an der Heckklappe eine improvisierte Kanzel auf und rief die Gemeinde zusammen. Es war noch immer glühend heiß, und die Leute suchten sich mit schläfrigen Bewegungen einen Sitzplatz im Schattenmosaik des Baumes. Das Unkomfortable daran war, dass der Schatten des Baumes umso länger wurde, je tiefer die Sonne sank, sodass die Gemeinde immer wieder nachrücken musste, um im Schatten zu bleiben, was jedes Mal ein allgemeines Aufstehen und wieder Hinsetzen mit viel Ellenbogeneinsatz und Rangelei mit sich brachte. Es führte auch dazu, dass das Gros der Gemeinde sich zunehmend weiter von der improvisierten Kanzel entfernte, sodass der Missionar seine Predigt in laut bellendem Ton halten musste.

Die Szenerie verlieh dem Ereignis eine gewisse biblische Schwere. Nicht genug damit, dass die Sonne den Missionar in eine in die Augen stechende Corona tauchte, spielte sie, ebenso wie der Mond, der bald darauf im Osten aufging, und der Baum, unter dem die Menschen saßen, eine Hauptrolle in der Geschichte, die der Missionar erzählte: von der Schöpfung und vom Sündenfall.

Er begann damit, dass er seine Schäfchen an den Grund erinnerte, aus dem Menschen jeden Sonntag zur Andacht zusammenkamen: weil Gott sechs Tage lang unermüdlich daran gearbeitet hatte, Himmel, Erde, Meere, Sonne, Mond, Vögel, Tiere, Fische usw. zu erschaffen, und erst am siebten Tag, als die Arbeit getan war, geruht hatte. Weil die Menschen nach dem Bild Gottes erschaffen worden seien, werde auch von ihnen erwartet, so ermahnte er seine Zuhörer, jeweils sechs Tage zu arbeiten und sich am siebenten auszuruhen – und ihrem Gott für die unzähligen Wohltaten zu danken, die er ihnen erwies.

Die Worte, mit denen der Missionar seine Predigt eröffnete, wurden mit dem Nicken einiger Köpfe und mit einem «Amen» aus dem Mund der engagierteren Gemeindemitglieder quittiert. Die meisten taten sich jedoch schwer, sich konkret vorzustellen, für welche Wohltaten sie dankbar sein sollten. Sie wussten, was es hieß, Schwerarbeit zu leisten, wussten auch, wie wichtig es ist, sich genug Zeit zum Ausruhen zu nehmen. Doch wie es sich anfühlen würde, an den materiellen Belohnungen für ihre Mühen teilzuhaben, konnten sie sich nicht vorstellen. Im Verlauf eines halben Jahrhunderts war es ihrer Hände Arbeit gewesen, die aus einem semiariden Landstrich in kraftraubender Plackerei Weidegründe für profitable Viehfarmen gemacht hatte. Die ganze Zeit über hatten die Farmer, die sich nie scheuten, ihren Ju/'Hoansi-Arbeitern mit der Peitsche jeden Müßiggang auszutreiben, sich jeden Sonntag frei genommen.

Der Missionar schilderte den Versammelten, wie der Herrgott Adam und Eva eingeschärft hatte, den Garten Eden zu pflegen, und wie danach die Schlange die beiden verführt hatte, eine Todsünde zu begehen, woraufhin der Allmächtige «die Erde verflucht» und die Söhne und Töchter Adams und Evas zu lebenslanger Feldarbeit verurteilt hatte.

Diese Geschichte aus der Bibel leuchtete den Ju/'Hoansi eher ein als viele andere, die sie von Missionaren gehört hatten – nicht nur weil sie alle wussten, wie sich die Versuchung anfühlte, mit einer Person zu schlafen, mit der sich das nicht gehörte. Sie sahen darin eine Parabel ihrer eigenen jüngeren Geschichte. Alle älteren Ju/'Hoansi in Skoonheid konnten sich an die Zeit erinnern, als dieses Land ihnen allein gehört hatte und sie einzig und allein davon gelebt hatten, wilde Tiere zu jagen und wild wachsende Früchte, Knollen und Gemüse zu sammeln. Sie wussten noch sehr gut, dass die Halbwüste, die ihre Heimat war, wie der Garten Eden ein stetiges (wenn auch launisches) Füllhorn war und ihnen fast immer genug zu essen lieferte, wenn sie dafür, oft kurz entschlossen, ein paar Stunden aufwandten. Manche von ihnen vermuteten jetzt, dass vielleicht sie selbst irgendeine Todsünde begangen hatten, wonach dann ab den 1920er Jahren weiße Farmer und uniformierte Kolonialpolizei – erst wenige, dann eine anschwellende Flut – in die Kalahari gekommen waren, mit Pferden, Schusswaffen, Wasserpumpen, Stacheldraht, Rindern und seltsamen Gesetzen, und das ganze Land für sich in Besitz genommen hatten.

Die weißen Farmer hatten schnell gemerkt, dass Viehzucht in einer so landwirtschaftsfeindlichen Region wie der Kalahari nur unter Einsatz vieler Arbeitskräfte funktionieren konnte. Sie stellten Kommandos auf, die Jagd auf die «wilden» Buschmänner machten, um sie zur Sklavenarbeit zu zwingen, nahmen Kinder der Buschmänner als Geiseln, um den Gehorsam der Eltern zu erzwingen, und veranstalteten regelmäßige Auspeitschungen, um ihnen die «Tugenden harter Arbeit» beizubringen. Ihrer traditionellen Lebensgrundlagen beraubt, lernten die Ju/'Hoansi, dass sie, wie Adam und Eva, für die weißen Farmer schuften mussten, um zu überleben.

30 Jahre lang fanden sie sich mit diesem Dasein ab. Als aber Namibia 1990 seine Unabhängigkeit von Südafrika erlangte, hielt der technische Fortschritt Einzug, mit der Folge, dass die Rinderfarmen produktiver wurden und in zunehmend geringerem Maß auf menschliche Arbeitskräfte angewiesen waren. Als die Regierung von den Farmern verlangte,

sie müssten ihre Arbeiter fest anstellen, ihnen marktübliche Löhne zahlen und sie anständig unterbringen, jagten viele Rinderfarmer ihre Leute einfach davon. Aus ihrer Sicht war es sehr viel wirtschaftlicher und sehr viel weniger Ärger verheißend, Geld in die Anschaffung der richtigen Maschinen zu investieren und den Betrieb mit möglichst wenig Personal weiterzuführen. Vielen Ju/'Hoansi blieb daraufhin kaum etwas anderes übrig, als ihr Lager an irgendeinem Straßenrand aufzuschlagen, an der Peripherie eines der weiter nördlich gelegenen Herero-Dörfer ein Stück Boden zu beackern oder sich in einem der zwei kleinen Reservate («Resettlement Areas») einzuquartieren, wo es wenig mehr zu tun gab, als herumzusitzen und auf die nächste Proviantlieferung zu warten.

An diesem Punkt verlor die Geschichte vom Sündenfall für die Ju/'Hoansi viel von ihrem Sinn. Denn wenn sie, wie Adam und Eva, vom lieben Gott zu lebenslanger schwerer Feldarbeit verurteilt worden waren, weshalb waren sie dann jetzt von ihren Farmern, die ihnen sagten, sie hätten keine Arbeit mehr für sie, vom Feld gejagt worden?

Sigmund Freud war der Überzeugung, alle Mythen unserer Welt – auch die biblische Erzählung von Adam und Eva – bärgen in sich den Geheimschlüssel zum Verständnis unserer «psychosexuellen Entwicklung». Dagegen vertrat sein Kollege und Rivale Carl Gustav Jung die These, Mythen seien nichts weniger als die destillierte Essenz des «kollektiven Unbewussten» der Menschheit. Und für Claude Lévi-Strauss, den geistigen Leuchtturm eines großen Teils der Sozialanthropologie des 20. Jahrhunderts, bildeten die gesammelten Mythologien unserer Welt zusammengenommen ein großes und unübersichtliches Rätselbild, das, wenn es sich richtig entschlüsseln ließe, die «Tiefenstrukturen» der menschlichen Psyche offenbaren würde.

Ob uns die diversen Mythen und Mythologien unserer Welt nun ein Fenster zu unserem «kollektiven Unbewussten» öffnen oder nicht, ob sie unsere sexuellen Blockierungen erklären können oder nicht oder ob sie uns Einblick in die Tiefenstrukturen unserer Psyche gewähren, sei dahingestellt. Ganz sicher offenbaren sie uns jedoch Einsichten in einige universelle Aspekte der menschlichen Erfahrung. Einer davon ist die Vorstellung, dass unsere Welt – so vollkommen sie zum Zeitpunkt der Schöpfung gewesen sein mag – ein Spielball chaotischer Kräfte war und bleiben wird und dass wir Menschen etwas dafür tun müssen, diese Kräfte in Schach zu halten.

In den Reihen der Gemeinde, die an jenem heißen Nachmittag in Skoonheid dem Missionar lauschte, befanden sich ein paar «Alte». Sie waren die letzten unter den Ju/'Hoansi, die noch den größeren Teil ihres Lebens als Jäger und Sammler verbracht hatten. Das Trauma der gewaltsamen Vertreibung aus ihrem traditionellen Leben ertrugen sie mit jenem stoischen Gleichmut, der für das Leben traditioneller Jäger und Sammler typisch war; während sie auf den Tod warteten, suchten und fanden sie Trost darin, einander immer wieder die «Geschichten vom Anfang» zu erzählen – die Schöpfungsmythen, die sie als Kinder gehört und sich eingeprägt hatten.

Bevor christliche Missionare bei den Ju/'Hoansi auftauchten und ihnen die biblische Schöpfungsgeschichte erzählten, hatten sie einen eigenen Schöpfungsmythos gehabt, dem zufolge die Welt in zwei aufeinanderfolgenden Schritten erschaffen wurde: In der ersten Phase schuf der Allmächtige sich selbst, seine Frauen, einen niederen Trickstergott namens «G//aua», die Erde, den Regen, den Blitz, Löcher im Boden, die als Sammelbecken für Regenwasser dienten, Pflanzen, Tiere und schließlich die Menschen. Dann widmete er sich jedoch, noch bevor er mit der Schöpfung fertig war, einer anderen Aufgabe und ließ die unfertige Welt in einem Zustand chaotischer Ratlosigkeit zurück. Es gab keine gesellschaftlichen Regeln, keine Sitten und Gebräuche; Menschen und Tiere schlüpften von einer körperlichen Gestalt in die andere, paarten sich nach Belieben durcheinander, fraßen einander auf und legten alle möglichen haarsträubenden Verhaltensweisen an den Tag. Glücklicherweise ließ der Schöpfer seine Arbeit nicht endgültig unvollendet, sondern tauchte irgendwann wieder auf und stellte sie fertig. Er sorgte für Regeln und Ordnung auf der Welt, indem er zunächst die unterschiedlichen Arten trennte und mit Namen versah und jeder ihre jeweils eigenen Sitten und Gebräuche, Regeln und Merkmale verordnete.

Die «Geschichten vom Anfang», die die alten Männer von Skoonheid sich mit so großer Freude erzählten, spielen allesamt in der Periode, in der der Schöpfer sich sein ausgedehntes kosmisches Sabbatjahr nahm und sein Werk unvollendet zurückließ – vielleicht weil er, wie einer der alten Männer vermutete, ebenso eine Ruhepause brauchte wie der christliche Gott. Die meisten dieser Geschichten handeln davon, wie in der Phase der Abwesenheit des Schöpfers der Trickster G//aua seine große Zeit hatte und überall, wo er auftauchte, Mord und Totschlag und Chaos stiftete. In einer dieser Geschichten schneidet der G//aua sich den eigenen Anus aus dem Fleisch, kocht ihn und serviert ihn seiner Familie – und bricht in hysterisches Gelächter aus, als seine Leute ihm Komplimente für das wohlschmeckende Gericht machen. In anderen Geschichten kocht und verspeist er seine Frau, vergewaltigt seine Mutter, raubt Eltern ihre Kinder und begeht grausige Mordtaten.

Der G//aua gab keine Ruhe, auch nicht als der Schöpfer zurückkehrte, um sein Werk zu vollenden; vielmehr spukt er seither hinter den Kulissen der ordentlichen Welt und spielt ihr bösartige Streiche. Während die Ju/'Hoansi also ihren Schöpfer und Gott mit Ordnung, Berechenbarkeit, Regeln, Umgangsformen und Kontinuität assoziierten, war der G//aua für sie der Inbegriff von Undingen wie Willkür, Chaos, Zwiespältigkeit, Zwietracht und Unordnung. Sie entdeckten seine teuflische Hand in den unterschiedlichsten Dingen, die sie erlebten, beispielsweise wenn Löwen ein artuntypisches Verhalten zeigten, wenn einen der ihren eine rätselhafte Krankheit befiel, wenn eine Bogensehne riss oder ein Speer brach oder wenn eine geheimnisvolle innere Stimme sie dazu animierte, mit der Partnerin oder dem Partner eines anderen zu schlafen, obwohl sie genau wussten, dass dies zu Zwietracht führen würde.

Die alten Männer waren sich völlig sicher, dass die Schlange, die in der Schöpfungsgeschichte des Missionars Adam und Eva verführte, niemand anders gewesen sein konnte als der Trickster G//aua in einer seiner unzähligen Verkleidungen. Lügen zu verbreiten, Menschen zum Ausleben verbotener Wünsche zu überreden und dann schadenfroh zu beobachten, wie das Leben der Opfer seiner Streiche in die Brüche ging, entsprach exakt dem für den G//aua typischen Handlungsmuster.

Die Ju/'Hoansi sind bei weitem nicht das einzige Volk, das die verführerische Schlange aus dem Garten Eden für ein Alter Ego ihrer eigenen kosmischen Chaosanzettler hielt: Trickster, Unruhestifter und Zerstörer – wie Odins aus der Art geschlagener Sohn Loki, der in den Mythen vieler indigener Kulturen Nordamerikas als Kojote und Rabe auftritt, oder Anansi, die jähzornige, vielgestaltige Spinne, die durch viele westafrikanische und karibische Mythologien wabert – haben seit Anbeginn der Zeit Unheil angerichtet, dessen Scherben die Menschen dann wegräumen mussten.

Es ist kein Zufall, dass der Gegensatz zwischen Chaos und Ordnung in vielen Mythologien unserer Welt eine Rolle spielt. Immerhin postuliert auch die Naturwissenschaft eine universelle Beziehung zwischen Unordnung und Arbeit, die erstmals in der aufregenden Epoche der Aufklärung in Westeuropa ausformuliert wurde.

Gaspard-Gustave Coriolis liebte das Billardspiel – ein Hobby, in das er viele glückselige Stunden praktischer «Forschung» investierte, einer Forschung, deren Ergebnisse er in dem Buch *Théorie mathématique des effets du jeu de billard* veröffentlichte, das in der Fangemeinde der beiden populärsten Billard-Abkömmlinge, Snooker und Pool, bis heute Kultstatus genießt. Coriolis kam im Revolutionssommer 1792 auf die Welt, in dem die französische Nationalversammlung die Monarchie für abgeschafft erklärte und das Königspaar Ludwig XVI. und Marie Antoinette aus dem Schloss Versailles in den Vorraum der Guillotine verschleppte. Coriolis war freilich ein Revolutionär anderer Sorte. Er gehörte zu der Avantgarde derjenigen, die der theologischen Dogmatik den Rücken kehrten und stattdessen auf Vernunft und Verstand setzten, auf die Erklärungsmacht der Mathematik und auf die Stringenz naturwissenschaftlicher Methoden, um hinter die Geheimnisse der Welt zu kommen, und die im Gefolge dieser Umwälzung des Denkens das industrielle Zeitalter einläuteten, indem sie die transformativen Kräfte der fossilen Brennstoffe mobilisierten.

An Coriolis erinnert man sich heute am ehesten als den Entdecker des «Coriolis-Effekts», ohne den die Meteorologen die Verwirbelungen bei rotierenden Hoch- oder Tiefdrucksystemen oder das eigenwillige Verhalten von Meeresströmungen nicht realistisch modellieren könnten. Doch was für uns an dieser Stelle wichtiger ist: Coriolis war derjenige, der den Begriff «Arbeit» ins Lexikon der modernen Naturwissenschaften einführte.

Coriolis' Interesse am Billardspiel ging weit über das Vergnügen hinaus, das ihm das Klickern und Klackern der Elfenbeinkugeln bei ihren Zusammenstößen bereitete. In seinen Augen ließ sich anhand des Billardspiels die grenzenlose Erklärungspotenz der Mathematik demonstrieren; der Billardtisch war ein Ort, an dem Leute wie er einige der fundamentalen Gesetze, die das physische Universum regieren, beobachten und sie spielerisch erproben konnten. Nicht nur dass man die Kugeln als Modelle der Himmelskörper interpretieren konnte, deren Bewegungen Kopernikus beschrieben hatte, setzte Coriolis auch jedes Mal, wenn er das Billardqueue auf seine Hand legte, die elementaren Grundregeln der Geometrie, wie von Euklid, Pythagoras und Archimedes formuliert, in Bewegung. Immer wenn seine Spielkugel, von der Ausholbewegung seines Arms angetrieben, mit einer der anderen beiden Kugeln kollidierte, gehorchten beide Kugeln zuverlässig den von Sir Isaac Newton ein knappes Jahrhundert zuvor entdeckten Gesetzmäßigkeiten von Masse, Bewegung und Kraft. Aus dem Verhalten der Kugeln ergab sich auch eine ganze Reihe von Fragen hinsichtlich Reibung, Elastizität und Energietransfer.

Es kann daher nicht überraschen, dass Coriolis' wichtigste Beiträge zum naturwissenschaftlichen und mathematischen Erkenntnisfortschritt mit den Auswirkungen von Bewegung auf rotierende Kugeln zu tun hatten: etwa mit der Frage, wie viel kinetische Energie ein Gegenstand wie eine Billardkugel aufgrund ihrer Bewegung besitzt oder wie genau die Stoßkraft des menschlichen Arms durch das Queue auf die Kugel übertragen wird und sie auf dem Tisch umherschickt.

In einem 1828 entstandenen Text, in dem Coriolis einen Spezialfall des letztgenannten Vorgangs beschrieb, führte er erstmals den Begriff «Arbeit» ein als Bezeichnung für die Kraft, die erforderlich ist, um einen Gegenstand so zu beschleunigen, dass er eine bestimmte Strecke zurücklegt.[1]

Wenn Coriolis die Einwirkung auf eine Billardkugel, um sie in Bewegung zu setzen, als «Arbeit» bezeichnete, bezog er diese Definition natürlich nicht ausschließlich auf das Billardspiel. Die ersten wirtschaftlich arbeitenden Dampfmaschinen waren erst ein paar Jahre zuvor entwickelt worden und zeigten, dass Feuer sehr viel mehr leisten konnte, als nur Fleisch zu braten und in einem Schmiedeofen Eisen zu schmelzen. Es lag aber kein befriedigendes Maß für die Bestimmung der Leistungsfähigkeit der Dampfmaschinen vor, die Europas industrielle Revolution antrieben. Coriolis wollte die Leistungsfähigkeit von Wasserrädern, Zugpferden,

Dampfmaschinen und arbeitenden Menschen möglichst exakt beschreiben, messen und vergleichbar machen.

Viele andere Mathematiker und Techniker hatten zu dem Zeitpunkt schon Konzepte formuliert, die im Großen und Ganzen dem entsprachen, was Coriolis als «Arbeit» bezeichnete; doch keinem war eine treffende Begrifflichkeit dafür eingefallen. Manche sprachen vom «dynamischen Effekt», andere von der «Leistungskraft», wieder andere von einer «bewegenden Kraft».

Die von Coriolis vorgelegten Gleichungen fanden rasch Anklang bei seinen Forscherkollegen, doch was sie am meisten beeindruckte, war seine Terminologie. Es schien, als habe er für das ihnen vorschwebende Konzept endlich die perfekte Bezeichnung gefunden, die ihnen jahrelang auf der Zunge gelegen hatte. Abgesehen davon, dass das Wort «Arbeit» das trifft, was Dampfmaschinen ihrer Bestimmung gemäß tun, besitzt das französische Wort *travail* eine gleichsam poetische Qualität, die in vielen anderen Sprachen dem entsprechenden Begriff nicht anhaftet. Das Wort weckt Assoziationen nicht nur an Anstrengung, sondern auch an die Ausbeutung leibeigener Bauern im damaligen Frankreich – des «Dritten Standes» –, die jahrhundertelang auf den Feldern perückentragender Aristokraten und Monarchen mit einem Hang zum Größenwahn geschuftet hatten. Indem Coriolis dem Wort «Arbeit» eine neue Konnotation hinzufügte, die auf das Potenzial von Maschinen verwies, die Bauernschaft vom Fluch lebenslanger erzwungener Plackerei zu erlösen, erweckte er eine embryonale Version des später von John Maynard Keynes aufgegriffenen Traums von einem durch die Segnungen der Technik erreichbaren Schlaraffenland zum Leben.

Der physikalische Begriff «Arbeit» bezeichnet heute alle Prozesse, bei denen Energie übertragen wird, sei es auf kosmischer Ebene bei der Entstehung von Galaxien und Sternen oder sei es im subatomaren Bereich. Naturwissenschaftlich betrachtet, wurde bei der Entstehung des Universums Arbeit in ungeheurer Größenordnung geleistet. Was das Leben zu einem so erstaunlichen Phänomen macht und was alles Lebende fundamental von toter Materie unterscheidet, ist die Vielfalt höchst ungewöhnlicher Arten von Arbeit, die lebende Organismen leisten.

Lebende Dinge besitzen eine Reihe spezieller Merkmale, die man bei toter Materie nicht findet. Das offenkundigste und wichtigste dieser Merkmale ist, dass lebende Dinge selbsttätig Energie zapfen und sie dazu verwenden, ihre Atome und Moleküle zu Zellen zusammenzufügen, ihre Zellen zu Organen und ihre Organe zu Körpern; dass sie wachsen und sich reproduzieren und dass sie, sobald sie diese Aktivität einstellen, absterben und, ihrer Energie verlustig gegangen, zu toter Materie zerfallen. Um es auf eine Kurzformel zu bringen: Leben heißt arbeiten.

Im Universum tummelt sich ein erstaunliches Spektrum komplexer und dynamischer Systeme – von Galaxien bis hin zu Planeten –, die wir manchmal als «lebende Systeme» bezeichnen. Doch anders als zelluläre Organismen, holt sich keines dieser Systeme aktiv Energie aus externen Quellen und setzt diese in Arbeit im Dienst der Selbsterhaltung und der Reproduktion um. Ein «lebender» Stern holt sich nicht aktiv Energie aus seiner Umgebung, um den eigenen Vorrat aufzufüllen. Und er produziert auch keine Nachkommen, die irgendwann heranwachsen und ihm gleichen werden. Die Arbeit, die er leistet, bestreitet er mit Energie, die aus dem Zerfall seiner eigenen Masse stammt, und er «stirbt», wenn diese Energiequelle erschöpft ist.

Lebende Systeme leisten Arbeit, um zu überleben, zu wachsen und sich zu vervielfachen, in scheinbarem Widerspruch zum nach Ansicht mancher Physiker «Grundgesetz des Universums», dem zweiten Hauptsatz der Thermodynamik, auch als Entropiesatz bekannt. Der zweite Hauptsatz der Thermodynamik beschreibt die Eigenschaft oder Neigung aller Energie, sich gleichmäßig im Universum als Ganzem zu verteilen. Gestalt geworden in den vielen Trickstern, die in den Mythologien unserer Welt ihr Unwesen treiben, zersprengt die Entropie gnadenlos jede vom Universum zwischenzeitlich geschaffene Ordnung. Wie der böse Trickstergott Loki aus der nordischen Mythologie kündigt uns der zweite Hauptsatz der Thermodynamik an, dass die Entropie zum Weltuntergang führen wird – nicht etwa weil sie das Universum vernichten würde, sondern weil, sobald sie ihr Ziel erreicht hat, alle Energie gleichmäßig über das gesamte Universum zu verteilen, keine freie Energie mehr vorhanden sein wird, mit der Folge, dass keine Arbeit mehr im physikalischen Sinn geleistet werden kann.

Wenn wir eine intuitive Vorstellung von Entropie oder zumindest von einigen ihrer Aspekte besitzen, dann weil dieser Trickster uns aus jedem Schatten heraus zuzwinkert. Wir entdecken ihn im Altern unserer Gebäude und unseres Körpers, im Niedergang von Reichen, in der Art und Weise, wie Milch sich in unserem Kaffee auflöst, und in der ständigen Anstrengung, die es uns kostet, eine wie auch immer geartete Ordnung in unserem Leben, unserer Gesellschaft und unserer Welt aufrechtzuerhalten.

Den Pionieren der industriellen Revolution offenbarte sich die Entropie als der «böse Geist», der ihre Versuche zum Scheitern brachte, die vollkommen effiziente Dampfmaschine zu konstruieren.

In allen ihren Experimenten stellten sie fest, dass nichts die Wärme daran hindern konnte, sich gleichmäßig im Inneren eines Dampfkessels zu verteilen und dann durch dessen metallische Außenhaut in die Umgebung zu entweichen. Wie sie weiter herausfanden, floss Wärmeenergie stets vom heißen zum kälteren Körper, und wenn sich die Wärme erst einmal gleichmäßig verteilt hatte, war es unmöglich, den Prozess umzukehren, ohne weitere Energie zuzuführen. Wenn eine Tasse Tee auf Zimmertemperatur abgekühlt ist, besteht keine Chance, dass sie von sich aus Energie aus der Umgebung aufnimmt und der Tee wieder heiß wird. Wollte man das, was die Entropie bewirkt hat, rückgängig machen, erfordert das physikalische Arbeit, für die Energie von außerhalb des Systems zugeführt werden müsste. Um Ihren Tee wieder auf genießbare Temperatur zu bringen, benötigen Sie zusätzliche Energie.

Für eine Weile galt der Entropiesatz als seltsames Findelkind der physikalischen Theoriebildung. Dann, zwischen 1872 und 1875, machte sich der österreichische Physiker Ludwig Boltzmann ans Durchrechnen. Er konnte zeigen, dass sich das Verhalten der Wärme zwanglos mit den Mitteln der Wahrscheinlichkeitsrechnung beschreiben ließ.[2] Es gebe, so sein Kalkül, für Wärme unendlich viele Möglichkeiten, sich unter den Millionen Molekülen, die sich in einem Esslöffel Wasser tummeln, zu verteilen; die Wahrscheinlichkeit, dass sie sich konzentriert in einigen wenigen Molekülen sammle, sei gleich null. Anders gesagt: Da die Moleküle in Bewegung sind und miteinander interagieren, ist die Wahrscheinlichkeit einer gleichmäßigen Verteilung der Energie so überwältigend hoch, dass man jede andere Möglichkeit ausschließen kann. Per Analogieschluss ließ sich aus diesem wahrscheinlichkeitstheoretischen Kalkül folgern, dass es sich mit der Energie im größten aller «Behälter», dem Universum, im Prinzip ebenso verhält.

Boltzmann formulierte das mathematische Modell, das er für die Beschreibung der Entropie vorlegte, so, dass es von vornherein über das Verhalten technischer Systeme im engeren Sinn hinauswies und die Möglichkeit eröffnete, auf intuitivem Weg die Entropie auch bei verfallenden Gebäuden, erodierenden Gebirgen, explodierenden Sternen, verschütteter Milch, erkalteten Tassen Tee, bei sterbenden Menschen und sogar bei demokratischen Gesellschaften am Werk zu sehen.

Zustände geringer Entropie sind «hochgradig geordnet». Denken wir etwa an ein Kinderzimmer, wenn die Eltern das Kind gezwungen haben, aufzuräumen und seine Spielsachen, Kleider, Bücher und Schleimbecher in Schubladen und Schränken zu verstauen. Dagegen entspricht ein Zustand hoher Entropie demselben Kinderzimmer ein paar Stunden später, wenn das Kind mit allen seinen Sachen wieder hantiert und sie wild durcheinandergeworfen hat. Den Boltzmann'schen Berechnungen zufolge ist physikalisch jede erdenkliche Anordnung kindlicher Spielsachen in einem Zimmer gleich wahrscheinlich, wenn Kinder, was offenbar zutrifft, nichts anderes sind als Zufallsverteiler von Gegenständen aller Art. Es besteht natürlich eine verschwindend geringe Wahrscheinlichkeit, dass sie selbst in ihrer Eigenschaft als Zufallsverteiler von Sachen per Zufall einmal alle ihre Dinge in den dafür vorgesehenen Fächern und Schubladen platzieren, sodass das Zimmer aufgeräumt aussieht. Das Problem ist, dass es unendlich mehr Möglichkeiten für eine chaotische Anordnung der Dinge gibt als für eine aufgeräumte; daher versetzen Kinder mit hoher Wahrscheinlichkeit ihr Zimmer in ein Chaos, bis ein Elternteil sie dazu zwingt, die nötige Arbeit – und die nötige Energie – aufzuwenden, um das Zimmer wieder in einen akzeptablen Zustand niedriger Entropie zu versetzen.

Es gibt Entropie-Systeme, die um viele Größenordnungen einfacher sind als ein chaotisches Kinderzimmer, aber es gibt auch den altehrwürdigen Rubik-Würfel, und der vermittelt uns ein Gefühl für die mathematischen Größenordnungen, um die es geht. Dieser Trickwürfel mit seinen sechs Seiten in sechs verschiedenen Farben, eingeteilt in jeweils neun Quadrate und mit einer Gelenkmechanik, die es dem Spieler erlaubt, jede der sechs Seiten unabhängig von den anderen zu drehen und so die farbigen Quadrate durchzumischen, bietet 43 252 003 274 489 856 000 «falsche» Lösungen und nur eine einzige richtige.[3]

1886, vier Jahre nachdem Charles Darwin in der Westminster Abbey beigesetzt worden war, erhielt Boltzmann die Einladung, im Rahmen einer prestigeträchtigen Vortragsreihe an der Kaiserlichen Akademie der Wissenschaften in Wien seine Auffassungen zur Entropie vorzustellen.

«Wenn Sie mich nach meiner innersten Überzeugung fragen, ob unser Jahrhundert das Jahrhundert des Eisens oder das Jahrhundert des Dampfs oder der Elektrizität heißen wird», eröffnete Boltzmann seinen Zuhörern, «antworte ich ohne zu zögern: Es wird das Jahrhundert der mechanischen Sicht der Natur genannt, das Jahrhundert von Darwin.»[4]

Die Arbeit Boltzmanns, der eine Generation jünger war als Darwin, war nicht weniger eine Kampfansage an die göttliche Autorität als die Theorie Darwins, der zufolge die Vielfalt des Lebens auf der Erde das Werk der Evolution und nicht das eines göttlichen Schöpfers ist. In einem Universum, das den Gesetzen der Thermodynamik gehorchte, war kein Raum für göttliche Gebote – die Geschicke aller Dinge waren vorherbestimmt.

Dass Boltzmann Darwin bewunderte, hatte nicht allein damit zu tun, dass beide religiöse Dogmen anzweifelten. Boltzmann sah im Prozess der biologischen Evolution auch die fleißige Hand der Entropie am Werk, eine Vorstellung, die erst eine weitere Generation später vom Quantenphysiker und Nobelpreisträger Erwin Schrödinger, am bekanntesten dadurch, dass er imaginäre Katzen in imaginäre Kisten gepackt hat, vollends ausgearbeitet wurde.

Schrödinger war überzeugt, dass dem Verhältnis zwischen Leben und Entropie fundamentale Bedeutung zukam. Vor ihm hatten schon andere, nicht zuletzt Boltzmann, die These vertreten, lebende Organismen seien thermodynamische Maschinen: Nicht anders als Dampfmaschinen, benötigten sie Treibstoff in Gestalt von Nahrung, Luft und Wasser, und wenn sie Energie in Arbeit umsetzten, verwandelte sich, wie bei der Dampfmaschine, ein Teil davon in Wärme, die sich ins Universum verflüchtigte. Doch niemand hatte diesen Gedanken zwingend zu Ende geführt, bis Schrödinger 1943 am Trinity College in Dublin einen Zyklus von Vorträgen hielt.

Schrödingers Vater war ein begeisterter Hobbygärtner gewesen. Seine besondere Begeisterung hatte der Kunst gegolten, der Evolution nachzuhelfen, indem er akribisch die Samen von Pflanzen mit bestimmten vorteilhaften Merkmalen auswählte und pflanzte. Von diesen züchterischen Experimenten seines Vaters inspiriert, kultivierte Schrödinger ein Interesse an Vererbung und Evolution, das ihn nicht losließ, auch nachdem er schon lange die theoretische Physik zum Hauptgegenstand seiner wissenschaftlichen Neugier gemacht hatte.

Bevor Schrödinger seine Dubliner Vorträge hielt, die ein Jahr später in einem Büchlein mit dem Titel *Was ist Leben?* im Druck erschienen, war die Biologie ein Waisenkind unter den Naturwissenschaften gewesen.[5] Die meisten Wissenschaftler hatten sich bis dahin mit der Vorstellung zufriedengegeben, dass das Leben nach seinen eigenen seltsamen und spezifischen Regeln funktioniert. Dagegen vertrat Schrödinger die Überzeugung, die Biologie solle als gleichberechtigtes Mitglied in die Familie der Naturwissenschaften aufgenommen werden. Die Dubliner Vorträge waren der Versuch, seine Zuhörer davon zu überzeugen, dass die Wissenschaft vom Leben, die Biologie, einfach nur ein weiterer, wenn auch komplexer, Zweig der Physik und Chemie war. Dass es Physikern und Chemikern bis dato noch nicht gelungen war, das Leben gründlich zu erforschen, dürfe kein Grund sein, an der Möglichkeit einer solchen Erforschung zu zweifeln.

Schrödingers Aussagen über die nach seiner Ansicht höchst bemerkenswerten Fähigkeiten der Atome und Moleküle in unseren Körperzellen – DNA und RNA –, Informationen zu verschlüsseln und Anweisungen zu erteilen, inspirierten eine Generation von Wissenschaftlern dazu, ihre Forscherlaufbahn der Entschlüsselung der chemischen und physikalischen Grundlagen des Lebens zu widmen. Zu den Pionieren der Molekularbiologie gehörte der in Cambridge forschende Francis Crick, der zusammen mit James Watson ein Jahrzehnt später die charakteristische Doppelhelix-Gestalt der DNA erriet.

Das Staunen Schrödingers über die Fähigkeit «unglaublich kleiner Atomgruppen»,[6] die die Bausteine eines Genoms sind, aus Milliarden anderer Atome Gebilde wie Haare, Leber, Finger, Augäpfel usw. wachsen zu lassen, war umso größer, als diese Atome dabei allem Anschein nach gegen den zweiten Hauptsatz der Thermodynamik verstießen. Anders als fast alle anderen Bestandteile unseres Universums, die eine Tendenz zum zunehmenden Verlust von Ordnung zu zeigen schienen, maßten lebende Systeme es sich an, Materie zusammenzufügen und daraus mit hoher Präzision erstaunlich komplexe Strukturen zu bilden, die freie Energie einsaugten und sich vermehrten.

Aber auch wenn lebende Organismen scheinbar die einzigen hochentwickelten systematischen Verletzer des Entropiesatzes waren, war dem systemisch denkenden Schrödinger klar, dass die Vorstellung eines unabhängig vom (oder sogar im Gegensatz zum) zweiten Hauptsatz der Thermodynamik existierenden Lebens unzulässig war. Die lebenden Systeme mussten ihren Beitrag zur allgemeinen Entropie im Universum leisten, und sie taten das, so seine Schlussfolgerung, indem sie freie Energie einfingen und in physikalische Arbeit umwandelten, womit sie Wärme produzierten und damit die Entropie des Universums erhöhten. Schrödinger wies bei dieser Gelegenheit auf den folgenden Zusammenhang hin: Je größer und komplexer ein Organismus ist, desto mehr Arbeit muss er leisten, um am Leben zu bleiben, wachsen und sich vermehren zu können, was bedeutet, dass komplexe Strukturen wie lebende Organismen häufig einen sehr viel größeren energetischen Beitrag zur Gesamt-Entropie des Universums leisten als unbelebte Objekte wie etwa Gestein.

Wenn wir «Leben» anhand der Arbeit definieren können, die Lebewesen leisten, muss schon der Prozess der Umwandlung anorganischer irdischer Materie in lebende, organische Materie mit Arbeit verbunden gewesen sein – es muss eine energiereiche Initialzündung gegeben haben, die den Motor des uranfänglichen Lebens in Gang setzte. Woher genau diese initiale Energie kam, steht nicht fest. Sie könnte uns in Gestalt eines Funkens vom Finger eines Gottes zugeflogen sein, aber sehr viel wahrscheinlicher ist, dass sie aus geochemischen Reaktionen entsprang, die die frühe Erde zu einer kochenden und bebenden Retorte machten, oder aus dem Zerfall radioaktiven Materials in einem urweltlichen Erdmantel, der allmählich in Richtung Entropie marschierte.

Dass die Abiogenese – der Prozess, der zum erstmaligen Erscheinen von Leben auf der Erde führte – Arbeit beinhaltete, ist vielleicht der am wenigsten rätselhafte Teil der Geschichte. Bis zur Wende zum dritten Jahrtausend deutete die Mehrzahl der wissenschaftlich erhobenen Daten darauf hin, dass die Entstehung des Lebens ein so unwahrscheinlicher Zufall war, dass man fast mit Sicherheit annehmen konnte, die Erde sei der einzige belebte Ort im Universum. Inzwischen bewegt sich das Pendel – zumindest für manche Forscher – in die entgegengesetzte Richtung. Diese Gelehrten neigen eher zu der Überzeugung, die Entstehung des Lebens sei unvermeidlich gewesen, und die Entropie, dieser Trickstergott, sei nicht nur ein Zerstörer, sondern habe sich vielleicht sogar als Lebensschöpfer betätigt. Diese Sichtweise beruht auf dem Gedanken, biologische Systeme könnten plötzlich auf der Bildfläche erscheinen, weil sie Wärmeenergie effizienter in alle Winde verteilen als viele anorganische Gebilde und so die Gesamt-Entropie des Universums steigern.[7]

Zu den Dingen, die die Pioniere dieser Denkrichtung überzeugten, gehörten digitale Simulationen, die ergaben, dass in einer Situation, in der Atome und Moleküle einer hochgradig gebündelten Energiequelle (wie der Sonnenstrahlung) ausgesetzt sind und zusätzlich in einem Energiemedium (wie dem Meer) schwimmen, bestimmte Teilchen sich spontan zu Gebilden unterschiedlichster Art und Form zusammenschließen, als wollten sie per Versuch und Irrtum herausfinden, welche Anordnung Wärmeenergie am wirksamsten zerstreut.[8] Im Rahmen dieses Denkmodells besteht eine ziemlich große Chance, dass eine der zahllosen möglichen Anordnungen, die die Atome und Moleküle «durchprobieren», die Eigenschaft besitzt, tote anorganische Materie in lebende Organismen zu verwandeln.

Die lange Geschichte des Lebens auf der Erde beruht nach heutiger Auffassung auf der Fähigkeit des Lebens, Energie aus fortschreitend neuen Quellen zu gewinnen – zuerst aus der Wärme des Erdmantels, dann aus dem Sonnenlicht, dann aus Sauerstoff und schließlich auch aus dem Fleisch anderer Lebewesen, während sich parallel dazu zunehmend komplexere, energiehungrigere und mehr Arbeit (im physikalischen Sinn) leistende Lebensformen entwickelten.[9]

Die ersten Lebewesen auf dem Planeten Erde waren mit großer Sicherheit einfache einzellige Organismen, die, wie die Bakterien, weder einen Zellkern noch Mitochondrien besaßen. Sie «ernährten» sich wahrscheinlich von der durch biochemische Reaktionen zwischen Wasser und Gestein freigesetzten Energie und lernten, diese Energie auf ein hochspezialisiertes Molekül zu übertragen, das sie in seinen chemischen Bindungen speicherte und sie freigab, wenn diese Bindungen aufgesprengt wurden, wodurch der Organismus Arbeit leisten konnte. Dieses Molekül, das Adenosintriphosphat oder ATP, ist die Energiequelle, die alle Zellen – von denen der einzelligen Bakterien bis zu denen eines zweibeinigen Vielzellers, beispielsweise eines Anthropologen – nutzen, um physikalische Arbeit zu leisten, und mit deren Hilfe sie ihr inneres Gleichgewicht bewahren, wachsen und sich vermehren.

Schon seit sehr langer Zeit existiert auf der Erde Leben, das sich freie Energie einverleibt, sie in ATP-Molekülen speichert und in Arbeit umsetzt, die unseren Planeten verändert. In allen Weltgegenden belegen fossile Funde, dass schon vor 3,5 Milliarden Jahren Bakterien auf der Erde gelebt haben. Es gibt darüber hinaus weitere, aber umstrittene fossile Belege für die Existenz von Leben vor 4,2 Milliarden Jahren, also nur 300 Millionen Jahre nach der Geburt der Erde.

Die bakterienartigen Pioniere des Lebens auf der Erde mussten mit Bedingungen zurechtkommen, die aus der Sicht der meisten heutigen Lebensformen erstaunlich lebensfeindlich waren. Einmal abgesehen davon, dass die junge Erde ein brodelnder Hexenkessel vulkanischer Aktivität war und von einem fast kontinuierlichen Meteoritenhagel bombardiert wurde, enthielt ihre Atmosphäre wenig Sauerstoff, und es gab keine Ozonschicht, die empfindliche Organismen davor geschützt hätte, von der Sonnenstrahlung gedörrt zu werden. Aus diesem Grund verrichteten die ersten irdischen Lebensformen ihre Arbeit in sicherer Deckung vor der brennenden Sonne.

Doch im Lauf der Zeit entwickelten sich dank einer weiteren exklusiven Eigenschaft des Lebens, seiner Fähigkeit zur Evolution, neue Arten, die die Fähigkeit besaßen, Energie aus anderen Quellen zu schöpfen und andere Lebensräume zu besiedeln, in denen sie überleben und sich vermehren konnten. Irgendwann, wahrscheinlich vor rund 2,7 Milliarden Jahren, versetzte eine Abfolge günstiger genetischer Mutationen einige Lebensformen in die Lage, sich aus der Dunkelheit hervorzuwagen, mit dem alten Feind des Lebens, dem Sonnenlicht, Freundschaft zu schließen und dessen Energie für einen Prozess namens Fotosynthese zu nutzen. Diese Organismen, die Cyanobakterien, leben und gedeihen noch heute.

Wir sehen sie in den Bakterienteppichen, die auf Teichen und Seen schwimmen.

Die Cyanobakterien breiteten sich aus und verwandelten mit ihrer Arbeit die Erdoberfläche in ein Makrohabitat, das irgendwann weitaus komplexere Lebensformen mit viel höherem Energiebedarf ernähren konnte. Sie bewerkstelligten dies zunächst dadurch, dass sie atmosphärischen Stickstoff in anorganische Verbindungen wie Nitrate und Ammoniak verwandelten, die Pflanzen für ihr Wachstum brauchten. Des Weiteren gingen sie daran, Kohlendioxid in Sauerstoff zu transformieren, und leisteten damit den entscheidenden Beitrag zur «Großen Sauerstoffkatastrophe», die vor rund 2,45 Milliarden Jahren ihren Anfang nahm und zur allmählichen Entstehung der sauerstoffreichen Atmosphäre führte, die heute unser Lebenselixier ist.

Die Große Sauerstoffkatastrophe bescherte dem Leben auf der Erde nicht nur eine neue zusätzliche Energiequelle, sondern bedeutete auch eine enorme Vergrößerung der ihm zur Verfügung stehenden Energiemenge. Chemische Reaktionen unter Beteiligung von Sauerstoff setzen wesentlich mehr Energie frei als chemische Interaktionen zwischen den meisten anderen Elementen, was bedeutet, dass aerobe (Sauerstoff atmende) Organismen das Potenzial haben, größer und beweglicher zu werden als anaerobe Organismen, und sehr viel mehr physikalische Arbeit leisten können.

Neue, komplexer aufgebaute lebende Organismen, sogenannte Eukaryoten, entwickelten sich, die dem energiereicher gewordenen Milieu etwas abgewinnen konnten. Sehr viel höher entwickelt und energiehungriger als ihre prokaryotischen Vorgänger, bestanden die Eukaryoten aus Zellen mit einem Kern, vermehrten sich durch sexuelle Paarung und waren in der Lage, komplexe Proteine aller Art herzustellen. Die Forschung geht davon aus, dass manche Eukaryoten Mutationsformen ausbildeten, die in der Lage waren, andere Organismen, denen sie begegneten, einzufangen und deren Energie für sich einzuspannen, indem sie sie durch permeable äußere Zellmembranen hindurch aufsaugten und für sich vereinnahmten. Die eingefangenen Zellen hatten keine andere Wahl, als die Energie, die sie aus der Umwelt gewannen, mit ihrem neuen «Feudalherrn» zu teilen; nach heutiger Auffassung war das einer der Prozesse, die im Verlauf der Evolution zur Entstehung vielseitiger Organismen beigetragen haben. Die urwüchsigeren Algen, aus denen sich die ersten der Pflanzen entwickelten, die schließlich zum Ergrünen der bis dahin kahlen Landmassen der Erde führten, waren vermutlich Nachkommen von Eukaryoten, die sich Cyanobakterien einverleibten.

Die ersten Lebewesen, die sowohl Zellgewebe als auch ein richtiggehendes Nervensystem aufwiesen, entwickelten sich nach heutigem Wissen vor rund 700 Millionen Jahren in den Ozeanen. Doch erst vor rund 540 Millionen Jahren, im bahnbrechenden kambrischen Erdzeitalter, begann der atemberaubende Siegeszug des tierischen Lebens auf der Erde. Die fossilen Überreste aus dieser Periode belegen die Existenz von Vertretern aller wichtigen Phyla – Äste und Zweige des Lebensbaums –, die noch heute unsere Welt bevölkern.

Zusätzliche Energie, bezogen aus dem wachsenden Sauerstoffgehalt der Atmosphäre und des Meerwassers, war sicher ein wichtiger Beschleuniger der «kambrischen Explosion». Was jedoch eine wahrscheinlich noch wichtigere Rolle spielte, war der Umstand, dass die Evolution eine gezielt erscheinende Selektion zugunsten bestimmter Lebensformen mit sich brachte, die ihre Energie aus einer neuen Quelle bezogen, die noch einmal deutlich mehr hergab als der Sauerstoff: Sie verspeisten andere lebende Organismen, die sich bereits die Mühe gemacht hatten, Energie aus der Umwelt zu tanken und sie zusammen mit lebenswichtigen Nährstoffen in ihrem Fleisch, ihren Organen und ihren Knochen zu speichern.

Spätestens vor rund 650 Millionen Jahren hatte sich auch in der Stratosphäre genug atmosphärischer Sauerstoff angesammelt, um die Bildung einer Ozonschicht zu ermöglichen, mächtig genug, um lebensfeindliche ultraviolette Strahlung so weit abzuschirmen, dass einige Lebensformen neue Lebensräume in den Küstenbereichen der Ozeane besiedeln konnten, ohne geröstet zu werden. Innerhalb von rund 200 Millionen Jahren eroberte die Biosphäre große Teile der Landmasse der Erde und bildete Zug um Zug miteinander vernetzte, sehr komplexe ozeanische und terrestrische Ökosysteme voller Organismen unterschiedlichsten Typs, die fleißig freie Energie einsammelten und sie dazu nutzten, am Leben zu bleiben, ihren Energieumsatz zu erhöhen und sich zu vermehren.

Viele dieser neuen Lebensformen machten von dieser Energie einen Gebrauch, der erkennbar an Verhaltensweisen erinnert, die wir Menschen mit «Arbeit» verbinden. Auch wenn die Biosphäre noch zu einem erheblichen Teil aus Bakterien bestand, traten immer mehr größere landlebende Tiere auf den Plan, die die Arbeit, die von lebenden Organismen geleistet wurde, wesensmäßig veränderten. Größere Tiere benötigen sehr viel Nahrung, können aber auch sehr viel mehr physikalische Arbeit leisten als relativ unbewegliche Mikroorganismen. Tiere haben etwa die Fähigkeit, zu buddeln, zu jagen, zu fliehen, zu graben, zu fliegen, zu fressen, zu kämpfen, zu koten, Sachen zu transportieren und manchmal sogar Bauten zu errichten.

Die Tatsache, dass, physikalisch betrachtet, alle Lebewesen Arbeit leisten und dass die Biosphäre der Erde im Lauf von Millionen Generationen durch die stetige Arbeit lebender Organismen und ihrer von der Evolution hervorgebrachten Ableger gestaltet wurde, wirft eine offenkundige Frage auf: Wodurch unterscheidet sich die Arbeit, die beispielsweise ein Baum, ein Tintenfisch oder ein Zebra leistet, von der Arbeit, mit der sich unsere Spezies an die Schwelle zur künstlichen Intelligenz herangearbeitet hat?

2

Ruhende Hände und fleißige Schnäbel

Anders, als es bei kalifornischen Berühmtheiten die Regel ist, legte Koko keinen gesteigerten Wert auf ihre äußere Erscheinung. Als sie 2016 verstarb, knapp zwei Jahre nachdem sie der UN-Konferenz zum Klimawandel eine besondere Grußbotschaft überbracht hatte mit der Warnung, der törichte Größenwahn der Menschheit könne uns in den Untergang führen, bekundeten viele prominente Kalifornier ihren Stolz auf das, was eine der meistbewunderten Töchter ihres Bundesstaats geleistet hatte.

Eine Flachlandgorilladame, die nie die freie Wildbahn gesehen hatte, verdankte Koko ihre Bekanntheit ihren bemerkenswerten kommunikativen Fähigkeiten. Sie machte flüssigen und schöpferischen Gebrauch von der Gorilla-Zeichensprache, einer speziell für sie entwickelten, an die American Sign Language angelehnten Gebärdensprache. Außerdem deuteten alle Anzeichen darauf hin, dass Koko rund 2000 verschiedene englische Wörter verstand, das entspricht rund zehn Prozent des aktiven Wortschatzes der meisten Menschen. Überhaupt nicht klar kam Koko aber mit der Grammatik. Jeder Versuch, ihr die Grundlagen der Syntax beizubringen, verwirrte und frustrierte sie, und sie reagierte darauf oft mit dem verzweifelten Bemühen, sich mit der Klarheit oder Kreativität verständlich zu machen, auf die sie nach Überzeugung ihrer Betreuer allergrößten Wert legte. Abgesehen davon, dass sie mit Grammatik und Syntax auf Kriegsfuß stand, hatten Kokos menschliche Trainer keinen Zweifel daran, dass sie ein emotional und sozial hoch «kultiviertes» Individuum war.

«Sie lacht über ihre eigenen Witze und über die der anderen», berichteten Penny Patterson und Wendy Gordon, zwei von Kokos langjährigen Trainerinnen und engsten Freundinnen. «Sie weint, wenn man sie verletzt oder allein lässt, kreischt, wenn sie Angst hat oder wütend ist. Sie redet über ihre Gefühle, benutzt Wörter wie glücklich, traurig, Angst, Freude, Appetit, Frust, wütend, empört und – ihr Lieblingswort – Liebe. Sie trauert um diejenigen, die von ihr gegangen sind – um eine Lieblingskatze, die eingegangen, einen Freund, der weggezogen ist. Sie kann darüber reden, was es mit ihr macht, wenn jemand stirbt, wird aber nervös und verlegen, wenn man sie auf ihren eigenen Tod oder den Tod ihrer Gefährten anspricht. Sie zeigt eine wunderbare Sanftmut im Umgang mit Kätzchen und anderen Kleintieren. Sie hat sogar mit Empathie auf Abbildungen von Tieren reagiert.»[1]

Viele andere, die Koko beobachteten, waren skeptischer. Während ihre Trainer überzeugt waren, ihr großes Vokabular sei der Beweis für ihre Fähigkeit, uns Menschen mittels Zeichen und Symbolen ein Bild von ihrer Welt zu vermitteln, vertraten Skeptiker entschieden die Ansicht, sie sei (wie die meisten anderen berühmt gewordenen Menschenaffen, Schimpansen und Bonobos, denen ein gekonnter Umgang mit grafischen, symbolbasierten Kommunikationssystemen attestiert worden ist) einfach nur eine fähige Nachäfferin gewesen. Und ihre einzigen realen sozialen Fertigkeiten seien diejenigen gewesen, die sie einsetzte, um von ihren Trainern gelegentlich mit Kitzeleien oder Süßigkeiten verwöhnt zu werden.

Niemand bestritt jedoch je, dass Koko die Zeit genoss, die sie entspannt mit ihren Kätzchen verbrachte, dass sie großes Vergnügen an schönen Spritztouren mit ihren Trainern hatte und dass sie manchmal mürrisch wurde, wenn sie eine knifflige Aufgabe vorgesetzt bekam. Die Skeptiker wollten jedoch nicht recht glauben, dass Koko eine ähnliche Einstellung zu Arbeit und Erholung hatte wie Menschen. Menschliche Arbeit sei immer zweckgerichtet, erklärten sie, wogegen die von Tieren verrichtete Arbeit immer nur bedürfnisgesteuert sei.

Das ist eine wichtige Unterscheidung.

Ein Bauarbeiter, der sich daranmacht, eine Garage zu vergrößern und dafür eine Wand neu zu setzen, hat eine klare Vorstellung davon, wie sein Werk nach Fertigstellung aussehen wird, und hat im Geist schon alle Teilschritte bis zur Fertigstellung gemäß dem vom Architekten gezeichneten Plan im Geist durchgespielt. Aber wenn er an einem heißen Sommertag Mörtel mischt und Ziegelsteine aufeinanderschichtet, macht er das nicht allein um des genannten Zwecks willen. Es handelt sich schließlich weder um seine Wand noch um seinen Plan. Er macht diese Arbeit auch aus einer ganzen Reihe von Beweggründen zweiter und dritter Ordnung. Würde ich den Mann interviewen, könnte sich vielleicht herausstellen, dass er so fleißig arbeitet, weil er den Ehrgeiz hat, ein Meister seines Fachs zu werden, oder dass er den Beruf des Bauarbeiters ergriffen hat, weil er gerne im Freien arbeitet, oder vielleicht dass er einfach nur genug Geld verdienen und sparen will, um seiner Frau einen Kindheitstraum zu erfüllen. Die Liste der Möglichkeiten ist fast endlos.

Bedürfnisgesteuertes Verhalten ist hingegen ein Verhalten, dem ein äußerer Beobachter womöglich Zweckmäßigkeit zuschreiben kann, dessen Sinn und Zweck jedoch der Handelnde selbst weder versteht noch erklären könnte. Wenn ein Baum wächst, um seine Blattoberfläche und damit seine Fähigkeit, Sonnenenergie zu tanken, zu maximieren, sodass er möglichst viel Kohlendioxid und Wasser in Glukose umwandeln kann, verhält er sich zweckmäßig. Wenn in der namibischen Regenzeit dem Augenschein nach Tausende Motten sich in die Flammen eines Kalahari-Lagerfeuers stürzen und umkommen, handelt es sich ebenfalls um zweckmäßiges Verhalten. Allein, wie die Trainer Kokos feststellen mussten, lassen sich absolute Unterscheidungen zwischen zweckgerichtetem und zweckmäßigem Verhalten nicht immer eins zu eins von einem Organismus auf andere übertragen.

Wenn eine Löwenfamilie auf Beutezug geht, tut sie das im Wesentlichen, um sich die für ihr Weiterleben erforderliche Energie zu sichern. Die Art und Weise, wie sie diesen instinktiven Antrieb in die Tat umsetzt, wirkt indessen wesentlich zweckgerichteter als die «Jagd» eines Darmbakteriums auf ein Kohlehydrat-Molekül. Die Löwen nutzen jede Deckung aus, um sich an das Beutetier heranzuschleichen, sie arbeiten als Team und gemäß einer Art Strategie und treffen während der gesamten Jagd Entscheidungen, welche Aktion am besten geeignet erscheint, sie ihrem Ziel näher zu bringen, ihre Zähne in das Fleisch und die Organe des Beutetieres zu schlagen.

Viele an einem besseren Verständnis unserer kognitiven Evolution interessierte Forscher haben sich auf die Frage konzentriert, ob unsere engsten Verwandten unter den Primaten – und andere offenkundig intelligente Lebewesen wie Wale oder Delphine – zu zweckgerichtetem Verhalten, wie wir Menschen es definieren, fähig sind. Zweckgerichtetes Verhalten setzt ein zumindest intuitives Erkennen von Ursache-Wirkungs-Zusammenhängen voraus, dazu die Geistesgegenwart, sich die unmittelbare Folge einer Aktion vorzustellen, und es impliziert auch, dass der Handelnde über eine «Theorie des Geistes» verfügt. Diskussionen darüber, wie zweckgerichtet verschiedene Tierarten in Relation zum Menschen handeln, werden nach wie vor kontrovers geführt.

Einige spezielle Tierarten geben uns Anlass, uns neue Gedanken über einige weniger offenkundige Aspekte unseres Verständnisses von Arbeit zu machen. Darunter sind Kreaturen wie Termiten, Bienen und Ameisen, in deren rastloser Geschäftigkeit und deren hohem sozialen Organisationsgrad wir ein Echo jener tiefgreifenden Veränderungen erkennen, die unser menschliches Verständnis von Arbeit durchlief, nachdem wir arbeitsteilige Nahrungserzeuger und später Stadtbewohner geworden waren. Des Weiteren gibt es viele Arten, die, wie wir, eine Menge Energie für Arbeit verausgaben, die auf den ersten Blick keinem Zweck zu dienen scheint, oder die Verhaltensweisen und körperliche Merkmale entwickelt haben, deren Sinn sich nicht ohne weiteres erschließt, weil sie eindeutig ineffizient erscheinen, Merkmale wie der Schweif des männlichen Pfaus.

Als Charles Darwin 1859 sein Werk *Über die Entstehung der Arten* veröffentlichte, zählten Pfauen zu den obligatorischen Schmuckstücken jedes gepflegten öffentlichen Gartens in Großbritannien. Pfauen stolzierten auch über die Rasenflächen der großen Londoner Parks und fächerten hin und wieder zur Freude der Passanten ihre Schwanzfedern auf.

Darwin war ein großer Vogelfreund. Es waren ja auch die kleinen, aber deutlichen Unterschiede zwischen eng verwandten Finkenarten auf jeder der Galapagos-Inseln, die sein Verständnis dessen, was er «natural selection» nannte, geschärft hatten. Doch von Pfauen war er nicht begeistert.

«Der Anblick einer Feder im Schwanz eines Pfaus bewirkt bei mir, wann immer ich sie sehe, Übelkeit!», schrieb er 1860 an einen Freund.[2] Die weit aufgerissenen Augen, die den überlebensgroßen Schweif eines Pfaus schmücken, erschienen Darwin als Travestie auf die rationale Logik der Evolution. Er fragte sich, wie es möglich sei, dass die «natürliche Selektion» einer Tierart die Möglichkeit bot, einen so raumgreifenden, unpraktischen und verschwenderischen Schweif zu entwickeln, der nach seiner Überzeugung den männlichen Pfau zur leichten Beute von Raubtieren machte.

Am Ende fand Darwin eine Antwort auf das Rätsel des Pfauenschweifs im Anblick der ähnlich gestalteten Krinolinenröcke junger viktorianischer Gesellschaftsdamen, die zwischen den Park-Pfauen umherflanierten, und in den engen Röhrenhosen der modebewussten Dandys, die ihnen den Hof machten.

1871 veröffentlichte Darwin sein Buch *Die Abstammung des Menschen und die geschlechtliche Zuchtwahl*, in dem er zu erklären versuchte, wie die Partnerwahl – die «geschlechtliche Zuchtwahl» – die Entwicklung aller erdenklichen bizarren Sekundärmerkmale vorantrieb, vom Pfauenschweif bis zum überdimensionalen Gehörn, Merkmale, die bei manchen Arten einzig den Zweck hatten, dem Individuum eine unwiderstehliche Anziehungskraft auf das andere Geschlecht zu verleihen.

Wenn die «natürliche Selektion» dem «Kampf ums Überleben» diente, dann ging es, so argumentierte Darwin, bei der «geschlechtlichen Zuchtwahl» darum, den Wettstreit um Paarungspartner zu gewinnen, einen Wettstreit, der zur evolutionären Herausbildung einer Vielzahl von «sekundären Geschlechtsmerkmalen» führte, die sich vielleicht nachteilig auf die Überlebenschancen des Individuums auswirken mochten, doch dafür seine Chance, sich zu vermehren, erheblich erhöhten. Die Evolution richtete, anders formuliert, an die Organismen die Anforderung, Energie einerseits fürs Überleben aufzuwenden, andererseits aber auch für die Erhöhung der Erfolgschancen bei der Partnerwahl; waren bei Ersterem Effizienz und Zielorientiertheit gefragt, so förderte Letzteres eher eine Tendenz zu einem verschwenderischen Überschwang.

Man hat inzwischen allerdings herausgefunden, dass der Pfauenschweif für das Tier nicht das beschwerliche Handikap ist, als das Darwin es einstufte. In Versuchsreihen testeten Forscher, wie schnell Pfauen sich in die Luft erheben können, wenn sie sich vor einem Beutegreifer in Sicherheit bringen müssen; wie sich dabei herausstellte, beeinträchtigte ein großer Schweif ihre Fähigkeit, abzuheben und außer Reichweite des Räubers zu gelangen, in keiner Weise. Außerdem hat man herausgefunden, dass der Schweif eines Pfaus auch bei der Partnerwahl keine herausgehobene Rolle spielt.[3]

Mariko Takahashi und Toshikazu Hasegawa von der Universität Tokio entschlossen sich, zu erforschen, von welchen Ausprägungen eines Pfauenschweifs die unwiderstehlichste Anziehungskraft auf Pfauenhennen ausgeht. Sie beobachteten zu diesem Zweck sieben Jahre lang die Pfauenkolonie im Kaktuspark Izu in der Präfektur Shizuoka. Sie kartierten sorgfältig das Schwanzgefieder der Hähne, die sich gepaart hatten, unter besonderer Berücksichtigung der Größe des aufgefächerten Schweifs und der Zahl der Augen, die die Hähne zur Schau stellten. Es zeigten sich markante Unterschiede: Manche Hähne hatten deutlich größere und prachtvollere Schweife als andere.

Bis zum Abschluss des Projekts beobachtete Takahashis Team 268 erfolgreiche Paarungen. Zu ihrer Überraschung fanden sie keine Korrelation zwischen Paarungserfolg und irgendwelchen auffälligen Eigenschaften des Pfauenschweifs. Die Pfauenhennen paarten sich ebenso freudig mit Hähnen, die einen eher unansehnlichen Schweif hinter sich her zogen, wie mit den Inhabern der imposantesten Schweife.[4]

Es ist denkbar, dass Takahashi und sein Team nicht alle Merkmale der Schweife erfassten oder dass ihnen etwas am Balzverhalten der Hähne entging. Pfauenschweife zeichnen sich noch durch andere Merkmale aus als die Anzahl der Augen und die Größe des Fächers, und wir haben bestenfalls eine rudimentäre Vorstellung davon, wie Pfauenhennen und Pfauenhähne ihre Umwelt mit ihren Sinnen wahrnehmen. Takahashi und seine Kollegen glauben indes nicht, etwas Entscheidendes übersehen zu haben, und somit tut sich der faszinierende Gedanke auf, dass evolutionär zustande gekommene Merkmale wie der Pfauenschweif nicht so eng mit dem Kampf ums Überleben und um Paarung und Fortpflanzung zusammenhängen, wie wir anzunehmen geneigt sind. Bei manchen anderen Arten, etwa beim Maskenweber aus Südafrika, der ein Nest nach dem anderen baut und gleich wieder zerstört, deutet ihr artspezifisches Verhalten darauf hin, dass das gebieterische Bedürfnis, Energie zu verbrauchen, womöglich eine ebenso wichtige Rolle für die Herausbildung dieses Merkmals gespielt hat wie die Notwendigkeit, Energie aufzunehmen.

Das Nest eines Maskenwebers (einer von vielen Webervogel-Arten im südlichen und zentralen Afrika) auseinanderzupflücken, kann eine Herausforderung sein. In der Form an einen Kürbis erinnernd und nicht viel größer als ein Straußenei, gehören diese Nester zu den vielen Meis-

Ein Schwarzmasken-Webervogel kurz vor Fertigstellung eines Nests

terwerken der Bautechnik, die es in der Vogelwelt zu bewundern gibt. Die sauber gewobene Symmetrie ihrer sanft gerundeten Wände aus Gras- und Schilfhalmen imponiert ebenso wie die Tatsache, dass diese Nester leicht genug sind, um an einem dünnen Zweig zu hängen, und doch robust genug, den heftigen Windböen und schweren Regentropfen zu trotzen, die während eines Sommergewitters auf sie eindreschen. Ein Webervogel-Nest kriegt man am ehesten kaputt, indem man mit den Stiefeln darauf herumtrampelt. Unsere Finger sind zu groß und unförmig, um es zerlegen zu können. Für die winzig kleinen südafrikanischen Maskenweber ist brachiale Kraft aber ohnehin keine Option.

Als Mensch hat man eigentlich keinen Grund, ein Webervogel-Nest kaputt zu machen, aber männliche Webervögel tun es, warum auch immer. Im Verlauf eines Sommers baut jeder von ihnen ein Nest nach dem anderen, die einander zum Verwechseln ähneln, und zerstört sie dann mit derselben Akkuratesse wieder, mit der er sie gebastelt hat. Die Vögel tun das, indem sie ihre konisch geformten Schnabelteile wie eine Zwickzange einsetzen; dabei lösen sie zuerst die Aufhängung am Baumzweig, sodass das Nest zu Boden fällt, und zerlegen es dann, indem sie einen Halm nach dem anderen herausziehen, bis von dem Nest nichts mehr übrig ist.

Das Männchen des Maskenwebers fällt in der Paarungs- und Brutphase durch ein buntes Kleid aus grellen Gelb- und Goldtönen auf. Ihren Namen verdankt die Art einem von knapp oberhalb ihrer roten Äuglein bis zum unteren Rand ihrer Kehle reichenden Fleck aus schwarzen Federn, der an die Maskierung eines Bankräubers erinnert. Das Weibchen baut weder Nester noch hat es eine schwarze Maske.

Ein fleißiger Maskenweber baut in einer einzigen Saison rund 25 Nester, in der Hoffnung, einen kleinen Harem von Weibchen um sich zu scharen, die in einige der Nester einziehen und ihm später ein Gelege bescheren. In den 1970er Jahren wurde das Leben eines einzelnen Webervogels, der in einem Garten in Harare, der Hauptstadt von Simbabwe, wohnte, über mehrere Jahre hinweg lückenlos dokumentiert. In der Liebe deutlich weniger erfolgreich als in der Kunst des Nestbaus, hatte er am Ende als Bilanz die Zerstörung von 158 seiner 160 gebauten Nester vorzuweisen – ein Drittel davon hatte er spätestens zwei Tage nach dem Einziehen des letzten Grashalms wieder vernichtet.[5]

Die Nester des Maskenwebers sind dicht verflochtene, energieintensive Konstruktionen. Der Bau eines Nests kann bis zu einer Woche dauern, wobei es unter den Vögeln auch Cracks gibt, die es an einem Tag schaffen, wenn sich genug geeignetes Baumaterial in der näheren Umgebung findet. Forscher haben für eine eng verwandte Art, den Dorfweber, zu berechnen versucht, wie viel Energie er für den Bau eines Nests aufwendet, und sind zu der Schätzung gelangt, dass einzelne Männchen im Durchschnitt 30 Kilometer zurücklegen, um die über 500 für den Bau eines Nests erforderlichen Gras- und Schilfhalme heranzuholen.[6]

In den 1970er Jahren stellten die Initiatoren eines Langzeit-Forschungsprojekts über den südafrikanischen Maskenweber als Erste die Frage, ob nicht hinter dem zwanghaft erscheinenden Nestbauverhalten dieses Vogels mehr steckte als eine Art gefiederter Roboter, der ein genetisch fixiertes Programm abspult.[7] Wie diese Studie ergab, bestehen Analogien zwischen dem Verhalten männlicher Webervogel-Küken und dem Spielverhalten menschlicher Säuglinge, die früh anfangen, ihre motorischen Fähigkeiten durch spielerisches Hantieren mit Gegenständen auszubilden: Die Jungvögel beginnen schon kurz nach dem Schlüpfen mit typischen Nestbau-Materialien zu experimentieren und erlernen per Versuch und Irrtum nach und nach die für das Einfädeln, Verflechten und Verknoten der Halme erforderlichen Fertigkeiten. Später, als die Forscher die «Arbeit» des Maskenwebers noch genauer zu analysieren vermochten, indem sie Kameras aufstellten und die Nestbau-Aktivitäten über Monate hinweg filmisch festhielten, ergab sich ein noch vielschichtigeres Bild. Es zeigte sich, dass die Vögel mit der Zeit lernten, ein Nest nicht nur in immer kürzerer Zeit, sondern auch in besserer Qualität zu bauen, und dass einzelne Webervögel durchaus originäre Bautechniken entwickelten und nicht nur ein vorprogrammiertes Pensum abarbeiteten.[8]

Der Maskenweber platziert seine Nester nicht an vor potenziellen Räubern geschützten Stellen. Es scheint im Gegenteil so, dass er sich exponierte Stellen sucht, wo eine größere Chance besteht, die Aufmerksamkeit eines vorbeifliegenden Weibchens zu erregen. Wann immer ein Weibchen in der Nähe eines im Bau befindlichen Nests auftaucht, stellt das Männchen die Arbeit ein, umschwärmt das Weibchen und buhlt darum, dass sie sich sein Nest anschaut. Tut sie dies und entscheidet sich, es gut zu finden, baut das Männchen sogleich am unteren Ende einen kurzen Einflugtunnel an, damit das Weibchen einziehen und durch Auspolstern des Innenraums eine bequeme Eiablagestelle herrichten kann.

In der lokalen Folklore weiter Teile Südafrikas hält sich die Legende, ein Webervogel-Männchen zerstöre sein Nest nur, wenn ein pingeliges Weibchen es inspiziert und nicht für gut genug befunden habe. Wie eingehende Beobachtung zeigt, stimmt das nicht. Viele Männchen zerlegen ihre Nester routinemäßig ohne jede vorausgegangene Besichtigung durch ein Weibchen, und zudem hat es den Anschein, dass Weibchen ihre Entscheidung für oder gegen ein Nest nicht so sehr von dessen baulicher Qualität abhängig machen als von seinem Standort. Ein dürftig gefertigtes Nest, gebaut von einem dilettantischen Männchen, aber am richtigen Ort hängend, wird sehr viel eher Gnade vor den Augen eines Weibchens finden als ein von einem kräftigen, geschickten und zupackenden Webervogel errichtetes Meisterwerk von einem Haus, das sich an der falschen Stelle befindet.

Es besteht kein Zweifel daran, dass diese stabilen Konstruktionen die Überlebenschancen der Eier und der Küken des Maskenwebers erhöhen. Da sie leicht auszumachen sind, ziehen sie immer wieder gierige Schlangen, Habichte, Affen und Krähen an. Doch da sie an dünnen, federnden, kahlgepflückten Zweigen hängen, die sich schon unter dem geringsten zusätzlichen Gewicht gefährlich durchbiegen, sind sie für Beutegreifer schwer zu erreichen, und der Versuch, durch den tunnelartigen Eingang an der Unterseite ins Innere des Nests vorzustoßen, endet häufig mit dem Absturz des Angreifers.

Das raffinierte Design des Nests verhilft uns jedoch nicht zur Einsicht in die Motivation des Webervogels für die serielle Herstellung fast identischer Nester. Was würden wir von einem Töpfer halten, der wie zwanghaft immer wieder die gleiche Vase herstellt? Erst recht lässt sich daraus keine Erklärung für die finstere Entschlossenheit der Vögel ableiten, in Serie vollkommen gelungene Nester gleich nach Fertigstellung wieder zu zerstören, ähnlich einem Töpfer, der, einem inneren Zwang folgend, jede seiner gerade gefertigten Vasen aufgrund von Unvollkommenheiten, die nur er selbst sieht, in Scherben schlägt. Ginge es nur um optimale Energienutzung, hätten sich sicherlich Webervögel entwickelt, die es mit einem oder zwei gut gebauten und günstig platzierten Nestern bewenden lassen würden, anstatt unter riesigem Energieaufwand Dutzende davon zu errichten und sie dann sinnlos zu zerstören. Würden sie mit ihrer Fähigkeit, tolle Nester in Serie zu errichten, einen Beweis für ihre individuelle Tüchtigkeit erbringen wollen, ließe das noch immer die Frage offen, warum sie bei der Zerlegung der Nester so systematisch vorgehen.

Old Jan, ein Ju/'Hoansi, der viele Stunden damit zugebracht hat, Webervögel in der Kalahari zu beobachten, äußert die Vermutung, der Grund, weshalb sie ihre Nester mit so grimmiger Entschlossenheit zerstören, sei ihr sehr schlechtes Gedächtnis. Wenn ein Männchen sich voll und ganz auf den Bau seines nächsten Nests konzentriere und dabei aus dem Augenwinkel sein zuletzt gebautes Nest erblicke, stehe für ihn sofort fest, dass dies ein von einem Rivalen erbautes Nest sein müsse, der sich in seinem Revier breitmachen wolle. Um den vermeintlichen Eindringling zu vertreiben, zerstöre er das Nest.

Vielleicht hat Old Jan ja recht, doch ein anderer Webervogel-Beobachter aus den Reihen der Ju/'Hoansi, Springaan, äußert eine sehr viel faszinierendere Vermutung. Seiner Theorie zufolge sind Webervögel «wie meine Frau». Seine Frau bringe es einfach nicht fertig, untätig herumzusitzen (so wie ihr Mann es ihr vorexerziert). Wann immer sie zwischen ihren häuslichen Pflichten einen Moment Pause habe, stürze sie sich auf ihre Handarbeit, das Basteln von Perlenarmbändern, die sie reihenweise anfertige, alle in einem ähnlichen Design und unter Einsatz derselben erprobten Kniffe und Techniken. Und wann immer ihr die Perlen ausgingen – denn Geld für den Kauf neuer Perlen hätten sie fast nie –, hole sie ältere fertige Exemplare hervor – oft sehr schöne Stücke – und zerlege sie sorgfältig, Perle für Perle, in ihre Einzelteile, um die Perlen dann für ein neues Band zu verwenden. Springaan ist der Meinung, dies sei eine bewundernswerte Tugend, und er könne sich glücklich schätzen, eine solche Frau dazu gebracht zu haben, ihn zu heiraten, eine Frau, die, wie ein Webervogel, Stolz, Freude und Erfüllung in ihrer Kunstfertigkeit im Basteln schönen Schmucks finde. (Sie selbst ist übrigens nicht so sicher, ob die Heirat mit Springaan ein Glücksfall für sie war.)

Nester bauende und Nester zerstörende Webervögel scheinen ungewöhnlich verschwenderisch mit ihrer Energie umzugehen, doch sind sie keineswegs die einzige Spezies außer dem Menschen, die Energie für scheinbar sinnlose Arbeit aufwendet. Allein in der Vogelwelt finden sich Tausende Beispiele für Freigebigkeit dieser Art, vom prachtvollen Federkleid des Paradiesvogels bis zu den ausgefallenen Nestbauten der Laubenvögel.

Evolutionsbiologen greifen für die Erklärung solcher Verhaltensweisen gewöhnlich auf streng utilitaristische Denkmodelle zurück. Sie reduzieren die Geschichte des Lebens auf der Erde im Grunde auf das ewige Drama um Paarung, Fortpflanzung und Tod und betrachten alles Übrige als Zierrat. Alle Merkmale einer Art, die durch die Mangel der Evolution gedreht worden sind und überlebt haben, können ihrer Überzeugung nach ausschließlich daran gemessen werden, welchen Beitrag sie zur Erhöhung der Überlebens- oder Reproduktionswahrscheinlichkeit der

Art leisten, indem sie ihr irgendeinen Wettbewerbsvorteil in puncto Ernährung oder Fortpflanzung verschaffen. Wenn es nach diesen Biologen geht, baut und zerstört der Webervogel reihenweise Nester, um potenziellen Paarungspartnerinnen seine Fitness zu signalisieren oder um sich so fit zu halten, dass kein Beutegreifer ihn erwischt.

Seltsamerweise zögern wir jedoch, analoge Erklärungen auch auf ähnlich energieverschwenderische Aktivitäten von Menschen anzuwenden. Viele Dinge, für die wir Menschen Energie aufwenden – von der Errichtung immer höherer, immer verwegener gebauter Wolkenkratzer bis zur Teilnahme an Marathonläufen –, lassen sich nur schwer mit einer Steigerung der Überlebens- oder Reproduktionschancen verknüpfen. Vielmehr sind viele energievergeudende Dinge, die wir tun, eher geeignet, unsere Lebenserwartung zu verkürzen, als sie zu verlängern. Es ist durchaus vorstellbar, dass die letztendliche Erklärung für die unermüdlichen und verschwenderischen Nestbau-Aktivitäten des Webervogels die ist, dass er, wie wir Menschen, wenn wir überschüssige Energie haben, diese Energie verausgabt, indem er Arbeit gemäß dem Entropiesatz leistet.

Es bedarf eines hohen Energieaufwandes, Moleküle zu Zellen zusammenzubauen, Zellen zu Organen, Organe zu Organismen und Organismen zu Blüten, Wäldern, Herden, Schulen, Rudeln, Meuten, Kolonien, Dorfgemeinschaften und Großstädten. Organismen, die mit Energie verschwenderisch umgehen, die schlampig oder ineffizient arbeiten, geraten oft auf die Verliererstraße, wenn Energiequellen versiegen oder äußere Bedingungen sich aus klimatischen oder biologischen Gründen plötzlich ändern, manchmal vielleicht auch, weil eine andere Spezies durch eine Adaption, die ihr einen Vorteil bringt, die Dynamik eines Ökosystems neu kalibriert.

Die Evolutionsgeschichte kennt viele Beispiele dafür, dass eine Art redundante, energieaufwändige Merkmale oder Eigenschaften binnen kurzer Zeit ablegte, um sich an veränderte äußere Bedingungen anzupassen. Nimmt man zum Beispiel einen Schwarm Dreistachliger Stichlinge – einer Zwergfischart, die zum Schutz vor Fressfeinden einen Rückenpanzer aus Knochenplatten entwickelt hat – und setzt ihn in einem See aus, in dem die Art keine Fressfeinde hat, wird sich innerhalb dieser Stichlingspopulation der Rückenpanzer innerhalb weniger Generationen zurückbilden, weil der Aufbau einer unnötigen Panzerung ein energieaufwändiger Prozess ist.[9]

Andererseits gibt es auch zahlreiche Beispiele dafür, dass eine Art Restbestände von Merkmalen oder Eigenschaften mit sich schleppt, die schon längst keinen erkennbaren nützlichen Zweck mehr erfüllen, aber fortbestehen und einen messbaren Aufwand an Energie kosten. Strauße, Emus und andere flugunfähige Vögel haben verkümmerte Flügel, Wale verkümmerte Hinterbeine, die Boa Constrictor hat ein zurückgebildetes Becken, und auch bei uns Menschen finden sich Relikte der Evolution, zum Beispiel nutzlose Ohrmuskeln, Teile unseres Verdauungssystems, die keine sinnvolle Aufgabe mehr erfüllen, und ein Steißbein, das wie ein perfektes Bindeglied zu einem Schwanz ausgebildet ist.

Es ist denkbar, dass das manische Bedürfnis des Webervogels, Nester zu bauen und zu zerstören, ein solches Relikt ist und irgendwann eine erkennbare und wichtige Funktion erfüllte. Es gibt in Afrika noch mehrere Webervogel-Arten, die ähnlich unermüdliche Nestbauer sind, und man muss davon ausgehen, dass sie alle dieses Verhaltensmerkmal von einem gemeinsamen Vorfahren geerbt haben. Eine weitaus faszinierendere mögliche Erklärung ist die, dass sie ihrem Steckenpferd des ständigen Bauens und Zerstörens von Nestern aus keinem anderen Grund nachgehen als der Tatsache, dass sie Energie im Überfluss besitzen.

Der südafrikanische Maskenweber ist ein Allesfresser. Er verzehrt mit Genuss alle möglichen Samen und Körner und tut sich ebenso an eiweißreichen Insekten gütlich. Während der recht langen Nestbausaison nehmen sich die Vögel kaum Zeit für eine gezielte Nahrungssuche. Tatsächlich verbringen sie so wenig Zeit mit Fressen, dass das Forschungsteam, das eine Webervogel-Population über den gesamten Verlauf einer acht Monate währenden Nestbausaison beobachtete, bei den Männchen keine einzige Arbeitspause zum Zwecke der Nahrungsaufnahme feststellen konnte. Die Forscher zogen daraus den Schluss, dass während der Nestbausaison ein so reiches Nahrungsangebot besteht, dass die Vögel ständig nebenbei fraßen, während sie Baumaterial für ihre Nester aufsammelten. Sie schnappten sich im Flug energiereiche Insekten[10] und fanden am Boden bei der Suche nach geeigneten Halmen jede Menge Körner und Samen.

In den trockenen Wintermonaten verschwinden die Insekten praktisch ganz von der Bildfläche, mit der Folge, dass der Maskenweber sehr viel mehr Aufwand in die Nahrungssuche investieren muss als während der Nestbausaison. Wie gut der einzelne Vogel dabei über die Runden kommt, entscheidet darüber, ob er die nächste Saison noch erleben wird oder nicht. Anders ausgedrückt: Wie gut oder schlecht ein Organismus durch die schwerste Zeit des Jahres kommt, ist das erstrangige und brutalste Kriterium der evolutionären Auslese. Das Problem ist: Genau die Eigenschaften, die einer Art in der schwersten Zeit des Jahres zugutekommen – wie die Fähigkeit, alles Essbare, das sie finden, zu schlucken und zu verdauen –, können in anderen Jahreszeiten, in denen ein üppiges Nahrungsangebot besteht, zum Fluch werden.

Forscher, die sich fragen, wie die diversen Sperlingsvögel, die regelmäßig Futterhäuschen in Privatgärten aufsuchen, schlank und rank bleiben, sind zu der Vermutung gelangt, diese Vögel überfräßen sich zwar regelmäßig, hätten aber Mechanismen entwickelt, die einer Gewichtszunahme entgegenwirken; gezielt weniger zu fressen, gehöre jedoch nicht dazu. Wie die Forscher herausfanden, treiben diese Vögel, wenn mehr als genug Futter zur Verfügung steht, «Sport», indem sie ausdauernder als sonst singen, umherfliegen und andere energiezehrende Dinge tun, ganz ähnlich wie wir Menschen Energie verbrauchen, indem wir uns sportlich betätigen oder Dauerläufe machen.[11]

Eines der saisonalen Lieblingsgerichte des Webervogels eröffnet uns einen indirekten Einblick in die evolutionäre Genese von Verhaltensweisen, von denen wir gerne glauben, es gebe sie nur bei uns Menschen, und die emblematisch sind für zwei der entscheidenden Konvergenzen in der Geschichte unserer Beziehung zur Arbeit: die Fähigkeit, Nahrungsmittel anzubauen, und die Fähigkeit, in ausufernden Großstädten arbeitsteilig zusammenzuarbeiten.

Die südafrikanische Kalahari-Wüste ist die Heimat der langlebigsten Jäger-und-Sammler-Gesellschaften, die auf der Erde noch existieren. Sie ist aber auch die Heimat einer der weltweit ältesten fortbestehenden Ackerbau-Traditionen: Der Anbau von Lebensmitteln und das Leben in Großstädten begannen dort schon, 30 Millionen Jahre bevor unsere Spezies diese Kulturstufe erreichte.

Die sichtbarsten Zeugnisse dieser uralten Ackerbau-Gesellschaften sind Millionen vielstöckige Hochhäuser, jedes ausgestattet mit klimatisierten Gemeinschaftsräumen, landwirtschaftlichen Anbauzonen, Kinderstuben und Königsgemächern, alles miteinander verbunden durch ein Netz gut gewarteter Verkehrsadern. Der Baustoff für diese Großstädte, von denen manche mehrere Jahrhunderte alt sind, ist ein Zement aus goldfarbenen, weißen und roten Kalahari-Sanden. Die größten von ihnen sind zwei Meter hoch und recken ihre schlanke, unregelmäßige Gestalt gen Himmel, wobei sie der Sagrada Familia, Gaudis berühmter Basilika in Barcelona, an Anmut nicht nachstehen.

Und ähnlich wie Großstädte wie Barcelona sind auch diese Kalahari-Städte die Heimat von Millionen schlafloser Einwohner, von denen jeder Einzelne eine bestimmte Aufgabe zu bewältigen hat. Abgesehen einmal davon, dass diese Stadtbewohner sehr viel kleiner sind als wir, werden sie von einer Arbeitsethik in Bewegung gehalten, der nahezukommen selbst für den emsigsten und ehrgeizigsten Homo sapiens ein Traum bleiben dürfte. Diese Termiten verzichten auf Schlaf zugunsten von Arbeit und arbeiten ohne Pause bis zum Moment ihres Todes.

Die meisten Termiten sind «Handarbeiter». Blind und flügellos, sind sie diejenigen, die die gemeinschaftlichen Bauten und Infrastrukturen errichten und warten, das optimale Funktionieren des die ganze Stadt durchziehenden Lüftungssystems sicherstellen, ihre für andere Aufgaben eingesetzten Mitbürger – die Soldaten und die Fortpflanzungsfähigen – mit Nahrung und Wasser versorgen und sauber halten. Zu ihren Aufgaben gehört auch die Bewirtschaftung der innerstädtischen Pilzfarmen, die die Nahrungsgrundlage ihrer Kolonien sind. Direkt unterhalb der Gemächer der Königin angelegt, sind die Pilzfarmen der Ort, an dem die Termiten die Nahrung erzeugen, die das Überleben der Kolonie sichert. Jeden Abend verlassen die Arbeiter den Hügel, der ihre Stadt ist, um «fouragieren» zu gehen, und sie kehren erst zurück, wenn sie sich den Bauch mit Gras- und Holzteilchen vollgeschlagen haben. Im Hügel angekommen, begeben sie sich eilends zu den Kammern mit den Pilzkulturen, scheiden dort ihre teilverdaute Beute aus Holz und Gras aus und formen den Dung zu mäandernden Strecken, unter Vermischung mit Pilzsporen, die nur in der temperaturregulierten Dunkelheit, wie sie im Bauch des Termitenhügels herrscht, aufgehen und gedeihen. Im Lauf der Zeit zersetzen diese Pilze die schwer verdauliche Zellulose der Holz- und

Grasteilchen und machen daraus ein energiereiches, für die Termiten leicht zu verdauendes Futter.

Die Soldaten des Termitenvolks sind bei der Erledigung ihrer Aufgaben nicht weniger «engstirnig» unterwegs. Sobald ein potenzieller Feind eindringt und Alarm geschlagen wird – was über von Termite zu Termite übertragene Pheromonsignale passiert, die zugleich als Wegmarkierung für die in Marsch gesetzten Soldaten dienen –, eilen sie in Scharen zum Kampfplatz und opfern wie selbstverständlich ihr Leben. Feinde haben diese Stadtstaaten mehr als genug. Ameisen kommen häufig als unerbittlich kämpfende Räuber zu Besuch. Sie haben ähnlich wenig Achtung vor dem Wert des einzelnen Lebens, und ihre einzige Strategie ist es, die deutlich größeren Termitensoldaten durch die schiere Wucht der großen Zahl zu überwältigen. Auch sehr viel größere Lebewesen stellen die Kampfbereitschaft der Termitensoldaten auf die Probe, etwa Pangoline, die von Kopf bis Pfote mit einem Schuppenkleid gepanzert sind, oder das Erdferkel mit seiner langen Zunge, seiner wulstigen muskulösen Frontpartie und seinen Krallen, mit denen es die nahezu steinharten Wände des Termitenbaus aufreißen kann, als seien sie aus Pappmaschee, oder auch der Löffelfuchs, der dank seines superempfindlichen Gehörs die Arbeitertermiten orten kann, die bei Nacht zur Futtersuche den Bau verlassen.

Und dann sind da die fortpflanzungsfähigen Termiten: die Könige und Königinnen, die in nicht geringerem Maß Gefangene ihrer vorgegebenen Rolle sind wie alle anderen Termiten. Beide sind um ein Vielfaches größer als die Arbeiter und sogar die Soldaten, und ihre einzige Aufgabe ist die Fortpflanzung. In Kammern tief im Innern des Hügels gebettet und umsorgt, sind sie zu einem Leben voll sexueller Akkordarbeit verurteilt, wobei dem König die akkurate Befruchtung der nach Millionen zählenden Eier obliegt, die eine einzige Königin produziert. Biologen halten es für wahrscheinlich, dass die Königin jenseits ihres Einsatzes als Reproduktionsmaschine noch mindestens eine etwas royalere Rolle zu spielen hat: Sie weist den neu gezeugten Mitbürgern ihre spätere Rolle zu, indem sie Pheromone absondert, die auf bestimmte Gene hemmend oder katalytisch wirken, sodass sich die betreffenden Individuen zu Arbeitern, Soldaten oder Thronfolgern entwickeln.[12]

Hügel errichtende Termitenarten – die auch in Südamerika und Australien verbreitet sind – sind erfolgreich, weil sie ihre Umgebung nach ihren Bedürfnissen umfunktionieren. Nur schwer lässt sich der Zeitpunkt festlegen, an dem die evolutionären Vorgänger heutiger Termiten den Weg eines anspruchsvollen Kommunalismus einschlugen. Was feststeht, ist, dass ihre heutige Lebensweise nicht das Resultat einer einzigen genetischen Mutation war, die sie in ein städtebauendes Kollektiv verwandelte, einem königlichen Herrscherpaar untertan und beschützt von Soldaten, die sich selbstlos für das Überleben des Hügels opfern. Es war sicher ein inkrementeller Prozess. Ebenso wie jede signifikante Veränderung des Baustils ihrer Hügel die selektiven Druckpunkte verschob, die die Evolution der Termiten prägten, resultierten die neuen Eigenschaften, die sie sich aneigneten, wiederum in weiteren Änderungen der Baupläne und setzten einen Rückkopplungs-Kreislauf in Gang, der die Evolutionsgeschichte der Termiten in eine zunehmend engere Wechselwirkung mit ihrer Arbeit an der Umgestaltung ihrer Umgebung gemäß ihren Bedürfnissen einband.

Arten, die komplexe, generationenübergreifende Gesellschaften bilden, in denen die Individuen in kollektivem Zusammenwirken den Energiehaushalt und die Reproduktion sichern, oft indem sie Arbeitsteilung praktizieren – und manchmal auch unter Opferung des individuellen Lebens zum Nutzen der Gemeinschaft –, werden als «eusozial» (anstatt als nur «sozial») bezeichnet, nach dem griechischen Wort für «gut», εὐ, um ihre altruistisch erscheinenden Verhaltensmerkmale hervorzuheben.

Eusozialität ist in der Natur ein seltenes Phänomen, auch in der Welt der Insekten. Jedoch sind alle Termitenarten und die meisten Ameisenarten mehr oder weniger eusozial, während weniger als zehn Prozent aller Bienenarten und nur ein sehr kleiner Bruchteil der vielen Tausend Wespenarten wirklich eusozial sind. Außerhalb der Insektenwelt kommt Eusozialität noch seltener vor. Nur für ein einziges Meerestier ist eine eusoziale Lebensweise belegt, den sogenannten Pistolenkrebs, der allerdings eher für die Hiebe bekannt ist, die er mit seinen blitzartig zustoßenden Scheren austeilen kann, als für sein kompliziertes Sozialleben. Bei den höheren sozial lebenden Säugetieren gibt es zwar einige – etwa die afrikanischen Wildhunde der Kalahari, die im Kollektiv jagen, um jeweils ein Alphaweibchen, das für den Nachwuchs sorgt, durchzufüttern –, die mit Eusozialität zu liebäugeln scheinen, doch kennen wir, abgesehen vom Menschen, nur zwei wahrhaft eusoziale Wirbeltierarten: den ostafrikanischen Nacktmull und den Damaraland-Graumull der westlichen Kalahari. Diese beiden Erdbaubewohner haben sich im Verlauf der Evolution an das Leben in einer Umgebung angepasst, die sie selbst erheblich mitgestaltet haben. Wie bei den Termiten gibt es auch in einer Nacktmull-Kolonie an der Spitze einer Rangstufen-Hierarchie jeweils nur ein einziges für die Fortpflanzung zuständiges «Königspaar». Die meisten Mitglieder einer eusozialen Nacktmull-Kolonie sind und bleiben «Arbeiter» und verbringen ihr Leben damit, Nahrung für sich selbst und das «Königspaar» zu beschaffen, das unterirdische Domizil des Rudels zu bauen und in Schuss zu halten und Fressfeinde zu vertreiben (bzw. von ihnen getötet und verspeist zu werden).

Schon immer haben wir Menschen in der Tierwelt Analogien zu unserem Verhalten gesucht und gefunden. Wenn es um den hohen Wert der Arbeit geht, haben uns eusozial lebende Insekten einen reichen Schatz an Metaphern geliefert. So erteilt das Alte Testament den «Faulen» den Rat: «Geh hin zur Ameise, du Fauler, sieh an ihr Tun und lerne von ihr»,[13] und Spruchweisheiten über die Arbeitsamkeit von Termiten oder den Fleiß von Bienen sind allgegenwärtig. Doch erst im Zuge der europäischen Aufklärung und später, nach Erscheinen von Darwins *Entstehung der Arten* 1859, setzten systematische Überlegungen zu den übergeordneten Gesetzmäßigkeiten der natürlichen Selektion als Erklärungsansätze für das Verhalten dieser Tiere ein. Dabei wurde Herbert Spencers eloquente, aber nicht sehr glückliche Reduzierung von Darwins Theorie auf die Formel vom «Überleben der am besten Angepassten» zum Mantra derer, die die «freie Marktwirtschaft» propagierten.

1879 mokierte sich Herbert Spencer darüber, «wie oft falsch benutzte Wörter abwegige Gedanken erzeugen können».[14] Er bezog sich dabei auf die offensichtliche «Heuchelei zivilisierter Menschen», die so häufig andere unmenschlich behandeln, um sie im nächsten Atemzug ungeniert als Barbaren zu verunglimpfen. Spencer hätte sich ebenso gut aber auch über den meistzitierten Satz aus seiner eigenen Feder mokieren können, der zu jener Zeit schon zur populären Kurzformel für die Darwin'sche Evolutionstheorie geworden war.

Wenige Ausdrücke sind so missbräuchlich verwendet worden und haben so schiefe gedankliche Ableitungen erzeugt wie die Formel vom «Überleben der am besten Angepassten», im Sozialdarwinismus oft sogar noch weiter zugespitzt zum «Überleben des Stärkeren». Immer wieder wurde auf diese Idee zurückgegriffen, um feindliche Übernahmen in der Wirtschaft, Völkermorde, Kolonialkriege, Rangeleien auf dem Kinderspielplatz und vieles andere zu rechtfertigen. Man muss Spencer, auch wenn er von der besonderen, hervorgehobenen Stellung der Menschheit innerhalb des Tierreichs überzeugt war, zugutehalten, dass er mit seiner Formulierung nicht suggerieren wollte, nur die Stärksten, Cleversten und Arbeitsamsten würden überleben; was er meinte, war vielmehr, dass die Organismen, die sich auf ihrem langen Weg durch das Mahlwerk der Evolution am besten an eine ökologische Nische angepasst haben, sich dort am ehesten behaupten können, auf Kosten derjenigen reüssieren, die an die dort bestehenden Umweltbedingungen nicht so gut angepasst sind. Dementsprechend waren für Spencer der Löwe, das Gnu, der Floh, der das Ohr des Löwen als fliegenden Teppich benutzte, und das Gras, das das Gnu gerade abäste, als der Löwe es ohne jede Skrupel in die Kehle biss, auf ihre jeweils eigene Weise bestens angepasst.

Auch wenn Spencer gar nicht ernsthaft die Absicht hatte, die Evolution als brutalen Kampf um Leben und Tod darzustellen, war er doch der Überzeugung, Organismen wetteiferten miteinander um Energie, ganz wie die Läden einer vornehmen Einkaufsstraße miteinander um Kunden und Umsätze wetteifern. Anders als Darwin, glaubte Spencer, Organismen könnten Eigenschaften und Fähigkeiten, die sie im Verlauf ihres Lebens erwerben, an ihren Nachwuchs weitergeben, und die Evolution sei somit ein Propeller des Fortschritts, der Lebensformen von immer größerer Komplexität und Raffinesse hervorbringen würde, weil in ständiger Abfolge die «nicht Angepassten» von den Angepassten verdrängt würden. Konsequenterweise trat er ebenso entschieden für freie Marktwirtschaft und möglichst wenig Staat ein, wie er den Sozialismus und den Wohlfahrtsstaat ablehnte, die nach seiner Überzeugung einen wirklichen Höhenflug der Menschheit verhindern und, schlimmer noch, ein widernatürliches «Überleben der am schlechtesten Angepassten» fördern würden.[15]

Eine von Darwins Überzeugungen lautete, das Wetteifern der Arten um Energie bilde den Kern dessen, was er den «Kampf ums Dasein» nannte. Er sah darin jedoch nicht den einzigen Motor der Evolution. Wie gesehen, war er entschieden der Auffassung, dass das Streben nach sexueller Attraktivität bei vielen Arten energieverschwendende «ästhetische» Eigenarten hervorbrachte, mit denen die Tiere ihrem je eigenen «Schönheitsideal» gerecht zu werden versuchten.[16] Außerdem erkannte er, dass in der «natürlichen Selektion» auch das Phänomen der wechselseitigen Anpassung eine Rolle spielte. Er verwies beispielsweise darauf, dass die meisten Pflanzenarten zur Bestäubung und zur Verbreitung ihrer Samen von Vögeln, Bienen und anderen Arten abhängig sind, dass Parasiten auf die Gesundheit ihrer Wirtstiere oder Wirtspflanzen angewiesen sind und dass Aasfresser von der Vorarbeit von Raubtieren abhängen.

«Am deutlichsten sehen wir solch schöne wechselseitige Anpassungen beim Specht und bei der Mistel», erklärte Darwin in *Die Entstehung der Arten*, «und kaum weniger deutlich beim geringsten Parasiten, der sich an das Fell eines Säugetiers oder die Federn eines Vogels klammert.»[17]

In den 160 Jahren, seit Darwin *Die Entstehung der Arten* veröffentlichte, hat sich unser Verständnis des evolutionären Reigens, der die Geschicke unterschiedlicher Arten in unterschiedlichen Ökosystemen bestimmt, erheblich erweitert. Zu Darwins Zeiten wusste man beispielsweise nicht das Geringste über die molekularen Mechanismen bei der Vererbung von Genen; über die Myriaden Interaktionen, die ununterbrochen zwischen den fast unsichtbaren Mikroorganismen (etwa den Bakterien) vor sich gehen – deren Biomasse, wie wir heute wissen, die aller auf der Erde lebenden Tiere zusammengenommen um Längen übertrifft –, oder darüber, dass manche Arten, die auf den ersten Blick sehr wenig miteinander zu tun zu haben scheinen, für ihr Überleben oder Gedeihen indirekt aufeinander angewiesen sind.

Wenn Biologen beschreiben, wie zum Beispiel Termiten innerhalb einer Kolonie zusammenarbeiten, werden dabei immer ganze Ökosysteme sichtbar, mit weitverzweigten dynamischen Netzwerken von Interaktionen und wechselseitigen Abhängigkeiten zwischen verschiedenen Arten. Diese Interdependenzen können unterschiedliche Formen annehmen: Bei symbiotischen Beziehungen, von denen zwei oder mehr Arten profitieren, spricht man von Mutualismus, bei solchen, bei denen nur eine Spezies profitiert, der anderen aber keine Kosten entstehen, von Kommensalismus, und bei solchen, wo eine Art auf Kosten der anderen (des Wirts) profitiert, von Parasitismus. Manche Forscher sind einen Schritt weiter gegangen und vertreten die These, der vorsätzliche Verzicht auf Konkurrenz könnte ein ebenso wichtiger Motor der evolutionären Spezialisierung sein wie die Konkurrenz.[18]

Ob dem so ist oder nicht, kein Zweifel besteht jedenfalls daran, dass die Auffassungen Spencers und Darwins auch von dem Umstand geprägt waren, dass beide wohlhabende, erfolgreiche Männer waren, die im Herzen des größten Imperiums lebten, das die Welt bis dahin gesehen hatte, und in einem Zeitalter, in dem die allermeisten Menschen fest daran glaubten, das Prinzip, das die Menschenwelt zusammenhielt und antrieb, sei der sich stetig erneuernde Wettstreit zwischen Individuen, Städten, Unternehmen, Völkern, Kulturen, Staaten, Königreichen, Imperien und sogar naturwissenschaftlichen Theorien.

Das vielleicht Merkwürdigste an der Beschwörung des Wettbewerbs als der eigentlich treibenden Kraft für unsere Wirtschaft ist die Tatsache, dass jenseits der aufgeblasenen maskulinen Attitüde der Kaltschnäuzigkeit die meisten Unternehmen und Geschäftsleute nach Mustern operieren, die große Ähnlichkeit mit realen Ökosystemen aufweisen. So haben zum Beispiel alle großen Organisationen den Ehrgeiz, mit der kooperativen Effizienz eines Termitenvolkes zu funktionieren, und die meisten Unternehmensführer bemühen sich um für alle Beteiligten vorteilhafte Win-win-Beziehungen zu ihren Lieferanten, Dienstleistern und Kunden; und selbst in Ländern, die frenetisch die Theologie der freien Marktwirtschaft anbeten, gibt es ein ganzes Arsenal von Anti-Kartell-Gesetzen, die verhindern sollen, dass Unternehmen heimliche Absprachen treffen, Kartelle bilden oder zu anderen den Wettbewerb außer Kraft setzenden Mitteln greifen.

Klar ist jedenfalls, dass das Zerrbild des Darwinismus, mit dem Ökonomen, Politiker und andere operieren, um die freie Marktwirtschaft zu propagieren, nicht viel mit der Art und Weise zu tun hat, wie heutige Biologen die Beziehungen zwischen Organismen in der Natur beurteilen. Klar scheint auch, woran der unermüdlich nestbauende Webervogel uns gemahnt: dass ungeachtet der Tatsache, dass der Erfolg oder das Scheitern bei der Erschließung von Energie immer mit darüber entscheidet, wie der evolutionäre Weg einer Spezies verläuft, viele schwer erklärliche

Eigenschaften und Verhaltensweisen von Tieren eher durch ein jahreszeitliches Überangebot von Energie geprägt worden sind als durch den Kampf um knappe Ressourcen und dass hierin vielleicht ein Schlüssel zum Verständnis der Tatsache liegt, dass ausgerechnet wir, die energiereichste Spezies auf Erden, so hart arbeiten.

3

Werkzeuge und Fertigkeiten

Weder Webervögel noch Termiten fallen durch ein ausgeprägt zweckgerichtetes Verhalten auf – soweit wir das beurteilen können. Es ist unwahrscheinlich, dass sie an den Bau eines Nests bzw. eines monumentalen klimatisierten Baus mit einer klaren Vorstellung davon herangehen, was am Ende herauskommen soll. Noch schwieriger gestaltet sich die Unterscheidung zwischen Zweckgerichtetheit und Zweckmäßigkeit bei manchen der zahlreichen Arten, die scheinbar bewusst Gegenstände aus ihrer Umgebung als Werkzeuge zweckentfremden und mit diesen Werkzeugen dann diverse Arbeiten verrichten.

Der Gebrauch von Werkzeugen ist dokumentiert bei 15 wirbellosen Arten, 24 Vogelarten und vier nicht zu den Primaten gehörenden Säugetierarten, unter anderem bei Elefanten und Orcas.[1] Die 21 Affen- und fünf Menschenaffen-Arten, die gewohnheitsmäßig Werkzeuge für unterschiedlichste Betätigungen gebrauchen, waren und sind am häufigsten Gegenstand wissenschaftlicher Forschung, weil wir in ihnen am ehesten ein Ebenbild unser selbst sehen.

Der Homo sapiens ist natürlich der mit Abstand produktivste, fähigste und vielseitigste Hersteller und Verwender von Werkzeugen in der Geschichte des Lebens auf der Erde. Bei fast allem, was wir tun, gebrauchen wir eine Art Werkzeug, und das allermeiste davon findet an Orten statt, die wir auf die eine oder andere Art modifiziert haben. Der größte Teil der heute von Menschen mobilisierten Energie – über das hinaus, was wir brauchen, um unseren Körper zu erhalten und uns zu reproduzieren – dient dem Antrieb der Werkzeuge, mit denen wir unsere Umwelt gestalten und verwandeln.

Die diversen Dinge, die unsere evolutionären Vorläufer zuwege brachten, waren allesamt wichtige Meilensteine entlang der weit zurückreichenden Geschichte der Arbeit. Für ein besseres Verständnis der von unseren evolutionären Vorfahren praktizierten Arbeiten und der Art und Weise, wie sie wiederum auf die Evolution des Menschen zurückwirkten, sind wir jedoch nicht auf diese Objekte allein angewiesen. Die Geschichte des Homo sapiens, und wie er es fertigbrachte, sich in den unterschiedlichsten Arbeitstechniken zu vervollkommnen, vom Steinebehauen bis zur Mikrochirurgie, ist in unsere Hände eingeschrieben, in unsere Arme, Augen, Münder, unsere Leiber und Gehirne. Diese Geschichte offenbart uns nicht nur, dass wir physisch und neurologisch das Produkt der Arbeit unserer evolutionären Vorfahren sind, sondern auch, dass wir als Individuen in einer Phase unserer Evolution angelangt sind, in der uns die Arbeit, die wir tun, dazu bringt, uns mehrmals im Verlauf unseres Lebens neu zu erfinden. Das bedeutet, dass die fossilisierten Knochen unserer evolutionären Vorläufer ebenfalls wichtige Meilensteine dieser Geschichte sind.

Genomische und archäologische Erkenntnisse deuten darauf hin, dass Menschen mit erkennbaren Merkmalen des heutigen Homo sapiens in Afrika seit mindestens 300 000 Jahren lebten. Es ist aber oft schwer, nachzuweisen, ob ein bestimmtes aus Hominidenknochen bestehendes Skelett von einem unserer direkten Vorfahren stammt oder von Angehörigen verwandter Untergruppen, die später in eine evolutionäre Sackgasse gerieten und ausstarben. Ungeachtet dessen sind sich die Paläoanthropologen ziemlich sicher, dass unsere Art, der Homo sapiens, ebenso wie der Neandertaler und der Denisovan, allesamt vom Homo heidelbergensis oder einer anderen interpolierten Linie aus der Periode zwischen 500 000 und 300 000 Jahren vor unserer Zeit, genannt Homo antecessor, abstammen. Man nimmt an, dass die Artenfamilie des Homo heidelbergensis sich zwischen 800 000 und 600 000 Jahren vor unserer Zeit aus der ebenfalls artenreichen Familie des Homo erectus entwickelte, die ihrerseits vor rund 1,9 Millionen Jahren aus einem Zweig der Artenfamilie des Homo habilis hervorging, die sich wiederum vor rund 2,5 Millionen Jahren von den Australopithecina abspaltete. Der Australopithecus sah aus wie eine Kreuzung zwischen einem Schimpansen und einem buckligen halbwüchsigen Homo sapiens. Würde man heute einen jugendlichen männlichen Homo heidelbergensis in Jeans, T-Shirt und Designerschuhen auf die Straße schicken und die ausgeprägte Stirnwölbung über seinen Augenbrauen mit einer großzügig geschnittenen Mütze verdecken, könnte er wohl über einen Hochschulcampus schlendern, ohne mehr als einen gelegentlichen neugierigen Blick auf sich zu ziehen.

Aus steinernen Werkzeugen und anderen fragmentierten Fundstücken zu rekonstruieren, wie unsere evolutionären Vorfahren gelebt und interagiert haben, erfordert einige Fantasie. Ebenso viel Fantasie erfordert es, sich die vielen kognitiven und körperlichen Fertigkeiten vorzustellen, die sie erlernt haben müssen – Fertigkeiten wie tanzen, singen, navigieren oder Spuren lesen, die so gut wie keine archäologisch auffindbaren Relikte hinterlassen. Kein urtümliches Werkzeug hat die Vorstellungskraft der Archäologen stärker angefacht als jenes meistgebrauchte Steinwerkzeug in der Geschichte der Menschheit, der Acheuléen-Faustkeil.

Die Steinbrucharbeiter, die in einer Grube am Unterlauf der Somme, unweit der Stadt Abbéville, Schotter schaufelten, hatten sich angewöhnt, das Klirren der Francs-Münzen aufmerksam zu registrieren, das die Ankunft des Direktors des Zollamts von Abbéville ankündigte: Jacques Boucher de Crèvecoeur de Perthes entfloh der Langeweile seines Dienstes, indem er in den Kies- und Schottergruben der Flussniederung herumstöberte und Freude und Erfüllung darin fand, nach interessanten «antiquarischen» Objekten zu suchen, die, so hoffte er, mithelfen könnten, die Geheimnisse der vorgeschichtlichen Welt zu ergründen.

Boucher begann mit seinen regelmäßigen Streifzügen durch die Steingruben 1830, nachdem er bei einer eigenhändigen Grabung einen eigenartig geformten Brocken Flintstein gefunden und ihn der Gruppe der Arbeiter gezeigt hatte. Der Stein war doppelt so groß wie eine Hand, hatte zwei symmetrische, leicht konkav gehöhlte Flanken, eine handliche Tropfenform und am spitz zulaufenden Ende eine scharfe Schnittkante. Die Arbeiter kannten solche Steine gut; sie nannten sie *langues de chat*, «Katzenzungen», und fanden immer wieder welche in der Schottergrube, oft zusammen mit alten Knochen; bis dahin hatten sie diese Funde gewöhnlich nicht weiter beachtet. Jetzt versprachen sie Boucher, sie künftig für ihn zu sammeln, solange er sich bereit zeigte, seine Dankbarkeit in Gestalt einiger Francs-Münzen zu beweisen. Nicht lange, und einige der

Arbeiter lernten, ansehnliche Imitate der «Katzenzungen» herzustellen und dem Zolldirektor bei seinen Besuchen damit ein paar Extra-Francs zu entlocken.[2]

Im Verlauf des anschließenden Jahrzehnts trug Boucher eine beachtliche Sammlung dieser eigenartigen Flintstein-Faustkeile zusammen – mit nicht allzu vielen Imitaten darunter – und gelangte zu der Überzeugung, Menschen müssten diese fast symmetrisch geformten Werkzeuge hergestellt haben, Urzeitmenschen, die zusammen mit den Tieren, von deren Knochen es in den Schottergruben wimmelte, hier einmal gelebt hatten.

Boucher war nicht der erste Mensch, der sich Gedanken über den Ursprung dieser faszinierenden Objekte machte. Auch die alten Griechen hatten in ihnen schon Artefakte erkannt, doch da sie sich nicht in der Lage sahen, eine einleuchtende Erklärung für ihre Existenz zu finden, hatten sie sie schließlich zu «Donnersteinen» erklärt – zu den Speerspitzen der Blitze, die ihr Gott aller Götter, Zeus, auf die Erde herabschleuderte.

1847 präsentierte Boucher seine Theorie, der zufolge die «Katzenzungen» Produkte und Überbleibsel ausgestorbener Urmenschen waren, in einer dreibändigen Abhandlung, *Les Antiquités Celtiques et Antédiluviennes*. Zu seiner großen Enttäuschung tat die damalige Fachwelt sein Werk als ein dilettantisches Sammelsurium aus unbeholfenen Beschreibungen und abwegigen Hypothesen ab. Charles Darwin zum Beispiel sprach von «Quatsch»,[3] ein Urteil, das viele der erhabenen Mitglieder der französischen Académie des Sciences in Paris teilten. Doch einige wenige Mitglieder der Akademie, vor allem ein junger Arzt namens Marcel-Jérôme Rigollot, fanden Bouchers Büchlein immerhin interessant genug, um sich diese «Katzenzungen» einmal genauer anzusehen. In den folgenden Jahren übernahm Rigollot Bouchers Methode, die Steingrubenarbeiter im Tal der unteren Somme zu vergattern, ihm Nachricht zu geben, sobald sie eines dieser Objekte fanden. Anders als Boucher, bestand er jedoch in aller Regel darauf, die Steine selbst auszugraben.

1855 hatte Rigollot Hunderte von «Katzenzungen» zusammengetragen und akribisch dokumentiert, viele davon aus einer bestimmten Schottergrube bei dem Dorf St. Acheul bei Amiens. Viele hatte er *in situ* aus einer unangetasteten Schicht geborgen, in der sich auch Knochen urzeitlicher Elefanten und Nashörner fanden, für Rigollot ein sicheres Indiz dafür, dass diese Faustkeile ebenfalls urzeitlich sein mussten.

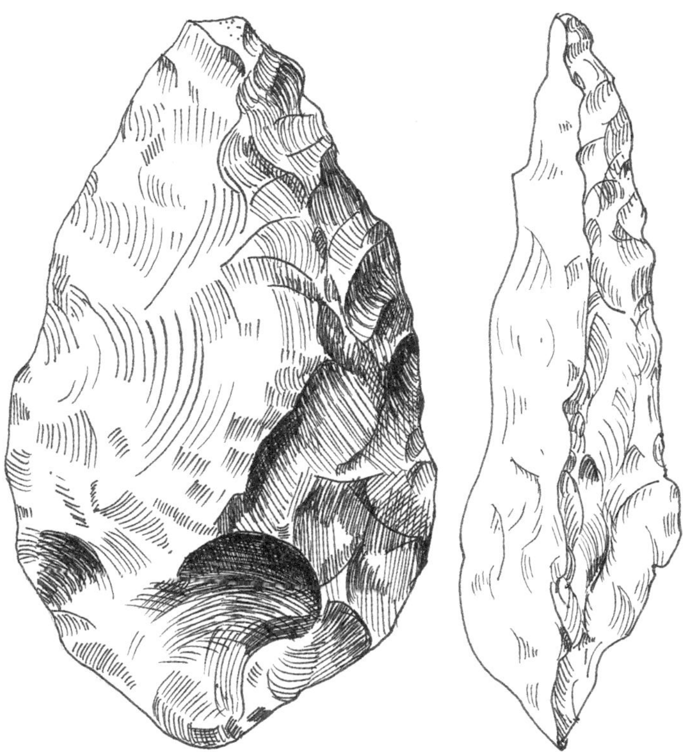

Ein Acheuléen-Faustkeil

Würde Jacques Boucher de Crèvecoeur de Perthes heute auf die Erde zurückkehren, er wäre vermutlich sehr ungehalten, festzustellen, dass dank Rigollots sorgfältig dokumentierter Funde auf der Gemarkung von St. Acheul die «Katzenzungen» heute allgemein als «Acheuléen-Faustkeile» klassifiziert werden, manchmal auch als «Handbeile» oder, etwas prosaischer, als «große Schneidewerkzeuge». Diese Steinwerkzeuge, die einem Menschheitszeitalter seinen Namen gegeben haben, sind, wie jenes erste, das Boucher den Steingrubenarbeitern zeigte, birnen- oder tropfenförmig und haben scharfe Kanten, die den Grat zwischen den beiden sauber gearbeiteten, weitgehend symmetrischen konkaven Seitenflanken bilden. Manche entsprechen in Größe und Form der Höhle, die entsteht, wenn man die Hände so zusammenlegt, wie man es beim manuellen Wasserschöpfen tut. Viele sind aber auch doppelt so groß, eine Nummer zu groß sogar für die Faust eines Steinbrucharbeiters, und sehr schwer.

Altertumsforscher, Anthropologen und Archäologen zerbrechen sich seither den Kopf über diese verwirrenden, Rätsel aufgebenden Relikte.

Dass diese «Faustkeile» den Gelehrten so große Rätsel aufgegeben haben, liegt auch daran, dass die Annahme, sie seien als händische Werkzeuge benutzt worden, mit großer Sicherheit falsch ist. So robust, unverwüstlich und zweckmäßig sie erscheinen mögen, konfrontieren sie einen doch, sobald man sie in die Hand nimmt, mit einem praktischen Problem: Es erschließt sich nicht auf Anhieb, wie man mit einer ihrer scharfen Kanten maximale Schneidekraft ausüben kann, ohne dass eine der anderen scharfen Kanten in die Finger oder Handfläche einschneidet. Das bedeutet: Wenn man versucht, mit einem solchen «Handbeil» einen Holzklotz zu spalten oder einen kräftigen Knochen zu zertrümmern, um an das Mark heranzukommen, wird man mit einiger Wahrscheinlichkeit anschließend tagelang seine Hand zu nichts mehr gebrauchen können.

Wie die Steingrubenarbeiter von Abbéville per Versuch und Irrtum herausfanden, ist es keine große Kunst, ein Imitat eines Acheuléen-Faustkeils herzustellen. Archäologen haben sich dieser Übung immer gern verschrieben und sich daran gelabt, wie Generationen von Archäologie- und Anthropologiestudenten sich als Teil ihres universitären Pflichtpensums beim Herausmeißeln solcher Werkzeuge blutige Fingerknöchel holten. Doch wie und wozu sie benutzt wurden, blieb ungeklärt. Wären sie seltene Fundstücke, könnten wir uns damit abfinden, dieses Rätsel ungelöst zu lassen; doch da sie in so großer Zahl gefunden worden sind, fällt es schwer, irgendetwas anderes zu vermuten, als dass sie das Universalwerkzeug des Homo erectus waren.

Was das Mysterium dieser Faustkeile oder Handbeile noch vergrößert, ist der Umstand, dass der Homo erectus und seine Abkömmlinge Werkzeuge dieses Typs für die Dauer von 1,5 Millionen Jahren herstellten, sodass man sie mit gutem Grund zum langlebigsten Werkzeugtypus in der Geschichte der Menschheit erklären kann. Die ältesten je gefundenen Acheuléen-Faustkeile sind afrikanischen Ursprungs und wurden vor mehr als 1,6 Millionen Jahren gefertigt. Die jüngsten sind erst 130 000 Jahre alt und wahrscheinlich das Werk der letzten verbliebenen Populationen des Homo erectus, die danach von kognitiv überlegenen Menschenarten wie dem Homo sapiens und dem Neandertaler verdrängt wurden, die zu dieser Zeit schon über kunstvoll gefertigte Speere verfügten. Zwar verbesserten sich die handwerklichen Fertigkeiten der Steinzeitmenschen im Verlauf dieser eineinhalb Millionen Jahre, doch die Grundform des Werkzeugs und die für seine Herstellung verwendeten Arbeitstechniken blieben weitgehend unverändert.

Selbst noch die urtümlichsten Exemplare eines Acheuléen-Faustkeils stellen einen markanten Fortschritt dar gegenüber den primitiveren Stadien der Werkzeugherstellung im frühesten Abschnitt der Steinzeit, von den Paläontologen als das Oldowan bezeichnet. Die ältesten gefundenen Steinwerkzeuge aus dieser Ära, erstmals entdeckt in der Olduvai-Schlucht in Tansania, sind rund 2,6 Millionen Jahre alt. Der Homo habilis («praktischer Mensch») verdankt seinen Namen den Werkzeugen vom Oldowan-Typus, die eng mit ihm verbunden sind, doch die Herstellung von Acheuléen-Werkzeugen blieb offenbar allein dem mit einem größeren Gehirn ausgestatteten Homo erectus vorbehalten. Bis vor kurzem glaubte man noch, die Oldowan-Steinwerkzeuge verkörperten die allerersten systematischen Versuche unserer evolutionären Vorfahren, aus gefundenen Steinen brauchbare Objekte zu fertigen; inzwischen haben sich jedoch vorläufige Belege dafür gefunden, dass sich auch schon der Australopithecus am Behauen von Steinen versuchte. Als Paläontologen 2011 im Umkreis des Turkana-Sees im ostafrikanischen Grabenbruch nach Spuren einer urzeitlichen Werkzeugproduktion suchten, stießen sie auf eine Ansammlung primitiver Steinwerkzeuge, die sie auf 700 000 Jahre älter schätzten als alle bis dahin entdeckten.

Die Herstellung von Oldowan-Werkzeugen erfordert ein gewisses Geschick. Allerdings sehen die meisten aus wie gefundene Steine, die man auf gut Glück behaute in der Hoffnung, dass dabei eine brauchbare Spitze oder Schneide entstand. Diese Steinwerkzeuge wirken nicht wie Produkte eines geordneten Denkens und Ergebnis eines klaren Entwurfs. Im Vergleich dazu erscheint die Herstellung eines Acheuléen-Faustkeils als ein komplexer mehrstufiger Prozess. Man muss dafür erst einmal einen geeigneten Steinbrocken finden – nicht jeder Stein eignet sich –, muss aus diesem mit einem schweren Hammer aus Stein ein handliches birnenförmiges Werkstück herausschlagen, um anschließend in mehreren Arbeitsgängen unter Hinzunahme kleinerer Steinhämmer und weniger harter Schlagwerkzeuge aus Knochen oder Horn die Seitenflanken und Schnittkanten herauszuarbeiten. Als stumme Zeugen dafür, welches Geschick es brauchte, ein solches Handbeil zu fertigen, fanden sich fast überall, wo solche Werkzeuge in größerer Zahl ausgegraben wurden, auch Überreste von Hunderten rettungslos missratener Werkstücke, jedes ein Opfer eines schlecht gezielten oder eines zu kraftvollen Hammerschlages.

Manche Anthropologen äußern die Vermutung, Faustkeile seien nicht als eigenständige Werkzeuge benutzt worden, sondern als kompakte «Werkzeugkisten», von denen kleinere, scharfkantige Steinschnitzel abgeschlagen werden konnten, wann immer man ein scharfes Schneidewerkzeug brauchte, und dass dieses Abschlagen von Schnitzeln im Lauf der Zeit die ästhetisch reizvolle symmetrische Form entstehen ließ. Die Scharten und Absplitterungen entlang der Schneidekanten von Faustkeilen zeigen, dass der Homo erectus dieses Werkzeug, so unpraktisch es war, fast sicher nicht nur dazu benutzte, kleine «scharfe Klingen» aus ihm herauszuschlagen. Am Ende rangen sich die meisten Archäologen zu dem halbherzigen Schluss durch, die Faustkeile seien, so schlecht sie auch in der Hand lagen, wahrscheinlich für viele unterschiedliche Aufgaben verwendet worden und sozusagen die Schweizermesser der Acheuléen-Periode gewesen.

Da leider keine Höhlen- oder Felszeichnungen gefunden worden sind, die einen seinen Faustkeil schwingenden Homo erectus zeigen, sodass wir sehen könnten, wie dieses Werkzeug gehandhabt wurde, werden diese Faustkeile wohl archäologische Waisenkinder bleiben. Ein anderer Blick auf das Mysterium des Faustkeils könnte sich jedoch eröffnen, wenn wir uns mit dem beschäftigen, was ich die unsichtbare Archäologie unserer evolutionären Vergangenheit nennen möchte: mit den Werkzeugen und anderen Gegenständen, die unsere steinzeitlichen Vorfahren aus organischen Materialien wie Holz herstellten, Objekten, die sich zersetzt und keine Spuren hinterlassen haben.

Jäger und Sammler mussten beweglich sein, und das heißt, dass sie, wenn sie von einem Lagerplatz zum anderen zogen, bestimmt nicht mehr schwere Utensilien mitschleppten als unbedingt nötig. Das ist einer der vielen Gründe dafür, dass Jäger und Sammler sehr bescheidene materielle Besitztümer hatten. Die meisten ihrer Werkzeuge fertigten sie aus leichten, organischen, einfach zu bearbeitenden Werkstoffen wie Holz, Leder, Sehnen, Rohleder, Pflanzenfasern, Horn und Knochen. Bevor in der Kalahari erstmals Gegenstände aus Eisen auftauchten – auf dem Weg über die Ackerbauern, die sich vor rund 800 Jahren in den Randbereichen der Wüste niederließen –, nutzten Völkerschaften wie die Ju/'Hoansi kleine Steinscherben oder spitz zugerichtete Knochenteile als Pfeilspitzen und größere Steinscherben mit geschärften Kanten als Schneidewerkzeuge. Das Material Stein spielte also eine entscheidende Rolle, bildete aber nur einen kleinen Teil der Gesamtausstattung. Unsere evolutionären Vorfahren, vom Australopithecus bis zum Homo heidelbergensis, hatten sicher viel weniger Werkzeuge als Jäger und Sammler des 20. Jahrhunderts wie die Ju/'Hoansi, und wir dürfen annehmen, dass die meisten davon aus Holz, Gras und anderen organischen Materialien gefertigt waren.

Ein Werkzeug im Besonderen findet sich bei allen Jägern und Sammlern des 20. Jahrhunderts: der Grabestock. Bei den Ju/'Hoansi besteht er aus einem dicken, geraden Aststück der Grewia, eines Strauchs mit einem sehr harten Holz, der in der gesamten Kalahari in großer Zahl wächst. Grabestöcke sind gewöhnlich einen knappen Meter lang und an einem Ende zu einem Spatel abgeflacht, der um etwa 25 Grad abgewinkelt ist und in heißem Sand gehärtet wird. Ein solcher Grabestock erweist sich als sehr praktisches Werkzeug für das Ausgraben von Wurzeln und Knollen, insbesondere aus verdichtetem Sandboden. Zugleich eignet er sich auch als Gehstock, zum Freischlagen eines Wegs durch dorniges Gesträuch, als Speer, als Prügel und als Projektil.

Auch ohne archäologische Belege spricht sehr viel für die Annahme, dass dieses urtümliche Werkzeug – schlicht und einfach ein hochstabiler, an einem Ende leicht abgewinkelter und durch Abflachen scharfkantig gemachter Stock – das langlebigste aller menschengemachten Werkzeuge in unserer evolutionären Geschichte war, eher noch als der so viel berühmtere Faustkeil. Wenn wir bedenken, dass die Savannenschimpansen im Senegal kleine, von ihnen selbst zugespitzte Stecken zum Aufspießen von Galagos benutzen, können wir fast mit Sicherheit davon ausgehen, dass der systematische Gebrauch zugespitzter Stöcke der Nutzung stei-

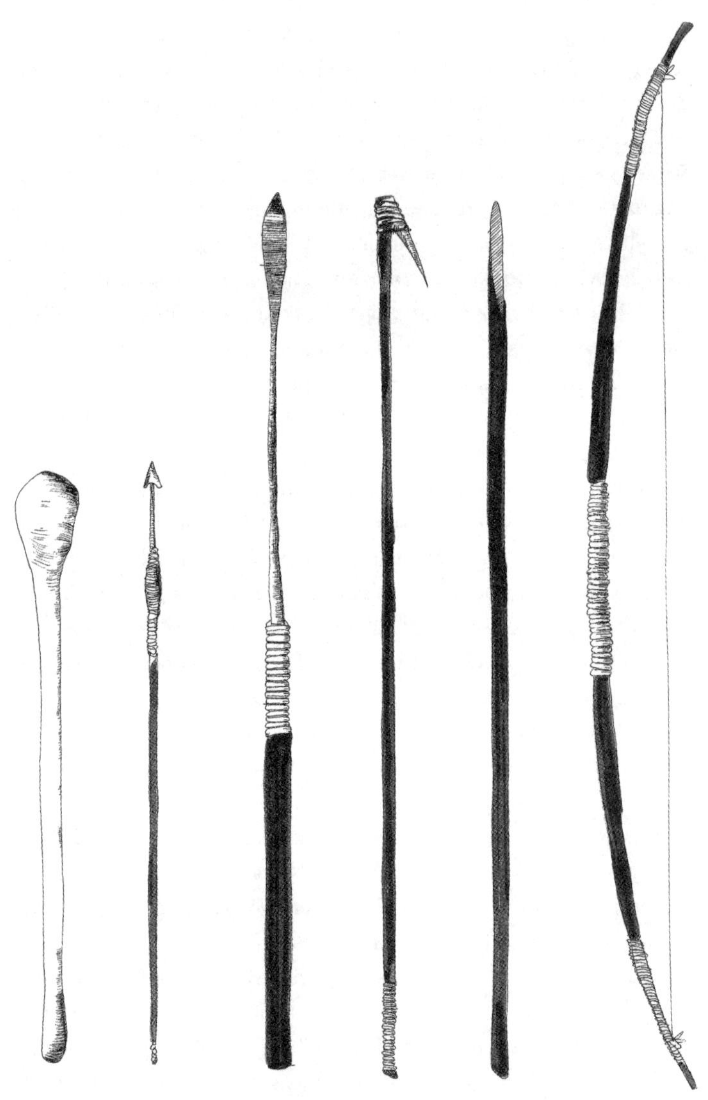

Die Jagdwaffen eines Ju/'Hoansi-Mannes: v. l. n. r.: Keule, Giftpfeil, Speer, Springhasen-Speer, Grabestock, Bogen

nerner Werkzeuge vorausging. Organische Materialien zersetzen sich unter dem Einfluss der Elemente aerobisch, ein Prozess, der durch das Einwirken diverser Nahrungssucher wie Insekten, Pilze oder Bakterien beschleunigt wird. Am schnellsten verschwinden die weichen Gewebebestandteile eines Tierkadavers; sogar ein toter Elefant kann binnen weniger Tage bis auf die nackten Knochen – auf denen womöglich kräftige Hyänenkiefer ihre Beißspuren hinterlassen haben – vom Erdboden verschwinden. Bei Lignin (dem Stoff, der dem Holz seine Stabilität verleiht) kann es unter günstigsten Bedingungen wie extremer Trockenheit ein paar Hundert Jahre dauern, bis es zu Staub zerfallen ist, bei großen Knochen ein paar Tausend Jahre. In einer feuchten Umgebung hingegen zersetzen sich Holz und Knochen schnell. Wird organisches Material in ein sauerstoffarmes Milieu eingeschlossen, etwa von klebrigem Schlamm bedeckt, zieht sich der Zerfallsprozess häufig länger hin, doch früher oder später wird es sich unter Einwirkung spezialisierter anaerober Säuren zersetzen und Mikroorganismen, sogenannte acetogene Bakterien, freisetzen.

Unter sehr außergewöhnlichen und seltenen Bedingungen können Launen des Zufalls jedoch dazu führen, dass organisches Material erstaunlich lange Zeiträume überdauert.

1994 erhielt das Institut für Denkmalpflege in Hannover einen Anruf von einem Geologen, der auf einem Braunkohle-Tagebauareal beim niedersächsischen Schöningen auf Ablagerungen gestoßen war, die nach seiner Ansicht von womöglich großem archäologischen Interesse waren. Die Vermutung des Mannes erwies sich als zutreffend. Im Verlauf der darauf folgenden vier Jahre bargen Mitarbeiter der Denkmalbehörde an der Fundstelle die Knochen von 20 Wildpferden, von einigen Rothirschen sowie mehreren Exemplaren des ausgestorbenen europäischen Bisons. Auf manchen der Knochen fanden sich Bissspuren von Raubtieren, doch von größerem Interesse für die Forscher war die Tatsache, dass viele der Knochen auch Merkmale aufwiesen, die auf Schlachtungen durch Menschenhand hinwiesen. Beweise dafür, dass Urmenschen in großem Stil und organisiert Tiere geschlachtet haben, finden sich so selten, dass dies allein schon diesem Fund eine große Bedeutung verlieh, doch was noch größeres Aufsehen erregte, waren die neun unerhört gut erhaltenen Holzspeere, die die Archäologen zusammen mit den Knochen ausgruben, darunter einer, der noch im Beckenknochen eines der Pferde steckte. Weitere Fundstücke waren eine Holzstange, die einem Grabestock ähnelte, eine Lanze und eine kleine Ansammlung von Werkstücken aus Flintstein, darunter einige, die womöglich dafür bestimmt waren, Speerspitzen zu werden.

Niemand glaubte zunächst, dass diese gut erhaltenen Artefakte aus Holz älter sein könnten als 50 000 Jahre. Doch später ergab eine Datierung nach der Radiokarbonmethode, dass sie sich vor 300 000 bis 337 000 Jahren im Schlammgrund eines Sees abgelagert haben dürften, was sie zu den mit Abstand ältesten je ausgegrabenen hölzernen Hinterlassenschaften von Menschen macht.[4] Falls sich in unmittelbarer Nähe eine Kalksteinschicht befand, sorgte der Schlamm, der die Relikte bedeckte und einschloss, für ein so alkalisches Milieu, dass sich darin keine acetogenen Bakterien ansiedeln und ihr Zersetzungswerk tun konnten.

Auch wenn die Teile unter dem Gewicht der Schlammsedimente, unter denen sie begraben waren, gelitten hatten, war noch gut zu erkennen, wie viel handwerkliches Geschick und Erfahrung in ihre Herstellung eingeflossen waren. Jeder der Speere war aus einem kerzengeraden, schlanken Fichtenstamm gefertigt und durch sorgfältiges Schnitzen, Abschleifen und Polieren in einen Wurfspeer verwandelt worden, der sich, von einem fülligeren Mittelteil ausgehend, nach beiden Enden hin verjüngte. Damit nicht genug, befand sich bei jedem Speer der Schwerpunkt im vorderen Drittel, ganz ähnlich wie bei den heute noch in der Leichtathletik verwendeten Wurfspeeren.

Um die aerodynamischen Eigenschaften der Speere von Schöningen zu testen, fertigten die Archäologen einige Repliken an und baten mehrere Weltklasse-Speerwerfer, sie Probe zu werfen. Der beste Wurf, der dabei gelang, landete bei 70 Metern, eine Weite, die bei jeder Olympiade bis 1928 zur Goldmedaille gereicht hätte.[5]

Nach vier Jahren Grabungs- und Analysearbeit gelangte der für die Grabung verantwortliche Archäologe, Hartmut Thieme, zu dem Fazit, dass man hier auf die Überreste eines Jagdplatzes mit angeschlossener «Fleischhauerei» gestoßen war, was die Schlussfolgerung zuließ, dass die Hersteller dieser Speere – höchstwahrscheinlich Neandertaler – Teil eines organisierten Gemeinwesens waren.

Die Speere von Schöningen mit ihrem Alter von etwas mehr als 300 000 Jahren stehen nicht für eine neue Entwicklungsstufe in der Werkzeugherstellung. Wir kennen sehr viele Artefakte aus derselben Periode, die den Schluss zulassen, dass um diese Zeit viele Menschengruppen über die Acheuléen-Technik hinausgewachsen waren. Wichtig sind diese Speere, weil sie von einer hochentwickelten Technik der Holzbearbeitung zeugen. Einzig die Tatsache, dass Steine so viel dauerhafter sind als organische Materialien, ist der Grund dafür, dass wir die längste Periode in der Entwicklung des Menschen nach den steinernen Überbleibseln dieses Zeitalters benannt haben, die jedoch bestenfalls eine Facette des zivilisatorischen Fortschritts unserer evolutionären Vorfahren verkörpern.

Von allen organischen Materialien, die dem Homo erectus für die Werkzeugherstellung zur Verfügung standen, sind nur Knochen, Elfenbein und Muschelschalen robust genug, viele Jahrtausende zu überstehen. Muschelschalen wurden vom Homo erectus in Ostasien als Schneidewerkzeuge benutzt, der einzigen Weltgegend, deren Bewohner nicht den Ehrgeiz hatten, unendlich viele steinerne Faustkeile herauszuhauen. Abgesehen von einigen bei Swartkrans in Südafrika gefundenen Hinweisen darauf, dass vor vielleicht 1,5 Millionen Jahren mithilfe aus Knochen gefertigter Werkzeuge Termitenbauten aufgemeißelt wurden, finden sich überraschend wenig Belege dafür, dass es früher als 300 000 Jahre vor unserer Zeit Hominiden gab, die routinemäßig Knochen zu Werkzeugen umgearbeitet hätten; erst danach fingen sie vereinzelt an, aus Elefantenknochen Handbeile zu fertigen.[6] Das Fehlen älterer Funde kann natürlich damit zusammenhängen, dass Knochen sich sehr viel schneller zersetzen als Steine und dass schon der Gebrauch als Werkzeug ihnen zusetzt. Zu bedenken ist in diesem Zusammenhang auch, dass Knochen nicht nur in großer Zahl anfielen, sondern auch in allen erdenklichen Größen und Formen, sodass sich viele auch ohne spezielle Bearbeitung für bestimmte Zwecke benutzen ließen. Das Schienbein vieler Säugetierarten lässt sich in ein gut in der Hand liegendes Schlagwerkzeug umfunktionieren und mit wenig Aufwand zu einem einfachen Hammer umarbeiten; mit Rippenknochen größerer Vögel lassen sich Schnecken aus ihrem Haus herausholen, und mit dem Kieferknochen eines Esels kann man, wie laut Altem Testament schon Samson wusste, seine Feinde erschlagen. Jeder,

der schon einmal einen großen rohen Knochen durchgebrochen hat, um an das Knochenmark heranzukommen, weiß, dass die Bruchstelle fast immer messerscharfe Spitzen und Kanten aufweist, mit denen man einem Gegner Stich- oder Schnittwunden zufügen könnte.

Abgesehen von den wenigen Tagen im Jahr, an denen über die Kleinstadt Kathu in Südafrikas nördlicher Kap-Provinz Gewitter mit Regenfluten hereinbrechen, ist dort gewöhnlich alles mit einer dünnen Staubschicht bedeckt; der Staub stammt überwiegend aus den riesigen im Tagebau betriebenen Eisenerzgruben in unmittelbarer Nachbarschaft des Städtchens und wird vom Wind gleichmäßig verteilt. Die heute dort arbeitenden Bergleute sind nicht die ersten Menschen, die Zeit und Energie darauf verwenden, unter der rötlichen Erde nach Gesteinsbrocken mit hohem Eisengehalt zu suchen. Dasselbe taten Menschen schon vor Hunderttausenden Jahren, als noch niemand eine Vorstellung davon hatte, dass man Eisenerz verhütten und das gewonnene Eisen zu zahlreichen nützlichen Dingen formen könnte. Seit kurzem graben in diesem Bereich auch Archäologen und werden vor allem auf einem Areal fündig, das sie auf den Namen Kathu Pan («Kathu-Pfanne») getauft haben.

Im Verlauf von nunmehr vier Jahrzehnten hat die Kathu-Pfanne eine Reihe sensationeller archäologischer Funde preisgegeben. Zu den bedeutsamsten gehören Relikte, die die bislang überzeugendsten Belege dafür liefern, dass der späte Homo erectus (oder möglicherweise der Homo heidelbergensis) ausgeklügelte, aus Stein und Holz zusammengesetzte Werkzeuge anfertigen konnte – eine Technik, von der man bis vor kurzem glaubte, sie habe sich erst im Verlauf der letzten 40 000 Jahre entwickelt.[7]

Nicht weniger bedeutsam als diese Hinweise auf Komposit-Werkzeuge ist ein anderes, älteres Relikt vom selben Fundort, dem man den unscheinbaren Namen «Kathu-Pan-Faustkeil» verpasst hat. Gefunden direkt neben den Zahnplatten einer ausgestorbenen Elefantenart, wurde dieses Werkzeug wahrscheinlich von einem Verwandten des Homo erectus irgendwann zwischen 750 000 und 800 000 Jahre vor unserer Zeit angefertigt. Aus einem schimmernden Brocken getigerten Eisensteins herausgehauen und wie ein Tropfen geformt, unterscheidet sich dieses Unikat erheblich von den vielen anderen in der Kathu Pan gefundenen, gut gearbeiteten Faustkeilen. Zeichnen sich Letztere durch Gediegenheit, Funktionalität und praktische Handhabbarkeit aus, so wirkt das besagte Teil wie das Meisterstück eines kunstfertigen Handwerkers. Es ist knapp 30 Zentimeter lang, hat an der dicksten Stelle rund 10 Zentimeter Durchmesser und imponiert durch perfekte Symmetrie, Balance und Präzision. Während ein geübter Steinmetz einen einfachen Faustkeil mit einem Dutzend Meißelhieben herausspitzen kann, ist dieser das Werk von Hunderten präziser, kunstfertiger Bearbeitungshiebe.

Der Kathu-Pan-Faustkeil übt sich in eisernem Schweigen darüber, was seinen Schöpfer bewogen haben mag, ihn anzufertigen, und wofür er verwendet wurde. Dafür ist er als Lobeshymne auf die Kunstfertigkeit seines Schöpfers umso redseliger. Jede Kerbe entlang seiner Oberfläche bewahrt nicht nur die Erinnerung an die Finger des Künstlers, die sich an der Symmetrie der konvex gebogenen Wangen des Keils erfreuten, sondern auch die Erinnerung an jedes einzelne weggehauene Steinschnitzelchen und an den Hieb, der es von dem gestreiften Eisenstein-Brocken abspaltete.

Ein Gorilla oder Schimpanse wird aller Wahrscheinlichkeit nach, gleich wie viel Anschauungsunterricht und Gelegenheit zum Üben man ihm gibt, niemals einen auch nur halbwegs brauchbaren Faustkeil zustande bringen, von einem Kunstwerk wie dem eleganten Kathu-Pan-Faustkeil gar nicht zu reden. Er wird auch wohl kaum je ein Buch schreiben oder ein anständiges Klavierstück spielen. Dagegen kann sich der Homo sapiens ein bemerkenswertes Repertoire unterschiedlichster Fertigkeiten aneignen, die ihm, einmal perfektioniert, gleichsam zur zweiten Natur werden können und sich als Instinkte verkleiden. Ein ausgereifter Pianist ist in der Lage, eine Melodie, die ihm vorschwebt, direkt in klingende Töne umzusetzen, ohne dass er erst darüber nachdenken müsste, welche seiner Finger in welcher Reihenfolge welche Klaviertasten betätigen sollen, ebenso wie ein erstklassiger Fußballspieler den Ball aus 40 Metern Entfernung in den Torwinkel hämmern kann, ohne sich Gedanken über die komplexen mechanischen Vorgänge zu machen, die dabei ablaufen.

Sich in einer Fertigkeit so zu perfektionieren, dass sie zum verkleideten Instinktverhalten wird, erfordert Zeit und Energie und sehr viel Übung, sprich Arbeit. Als Erstes muss man die grundlegenden Abläufe erlernen, was in der Regel durch eine Kombination von Anleitung, Nachahmung und Ausprobieren geschieht. Dann muss man üben, manchmal jahrelang, bis die Bewegungsabläufe zur zweiten Natur werden. Die Ausbildung einer Fertigkeit erfordert Energie, Geschick und die Fähigkeit zur kognitiven Analyse, ferner auch einige schwerer messbare Qualitäten, zu denen sich Naturwissenschaftler sehr viel zögerlicher äußern als etwa Dichter: Beharrlichkeit, Begehrlichkeit, Entschlossenheit, Fantasie und Ehrgeiz.

Die Fähigkeit des Homo sapiens, sich so unterschiedliche Fertigkeiten anzueignen wie den treffsicheren Umgang mit Pfeil und Bogen oder die Durchführung mikrochirurgischer Eingriffe, hat sich in unsere Hände, Arme, Augen und unsere körperliche Gestalt eingeschrieben. Wir sind nicht nur das Produkt all der unterschiedlichen Arten von Arbeit, die unsere Vorfahren verrichtet, und der Fähigkeiten und Fertigkeiten, die sie sich angeeignet haben, sondern sind auch in einem emphatischen Sinn zum Arbeiten geborene Geschöpfe und werden im Lauf unseres individuellen Lebens fortschreitend von den unterschiedlichen Arbeiten, denen wir uns widmen, geprägt.

Die zunehmende Gewöhnung unserer evolutionären Vorfahren an den Werkzeuggebrauch wirkte sich insofern prägend auf ihren genetischen Entwicklungspfad aus, als sie diejenigen Individuen begünstigte, die die besseren Anlagen für die Herstellung und den Gebrauch von Werkzeugen besaßen. Zu den offenkundigen genetischen Hinterlassenschaften, die wir dem Homo habilis und seinem entschiedenen, wenn auch noch grobschlächtigen Faible für die Umfunktionierung von Steinen und anderen Objekten zu nützlichen Werkzeugen verdanken, gehören agile Hände, die einen Faden durch ein Nadelöhr stecken können, abwinkelbare Daumen, die es uns erlauben, Gegenstände zu ergreifen und mit ihnen zu hantieren, Schultern und Arme, die einzigartig gut dafür gebaut sind, zielgenaue Würfe zu machen, vorne sitzende Augen, die uns helfen, die Entfernung zwischen zwei Objekten abzuschätzen, und eine Feinmotorik, die uns in die Lage versetzt, alle diese Qualitäten zu koordinieren.

Das wichtigste und weitest tragende physiologische Vermächtnis des Werkzeuggebrauchs unserer Vorfahren ist jedoch neurologischer Natur.

Die Falten weißen und grauen Zellgewebes, die unseren Schädel ausfüllen, sind um vieles rätselhafter als Acheuléen-Faustkeile. Und trotz der Tatsache, dass heute schlaue Maschinen jeden elektrischen Puls erkennen, verfolgen und analysieren können, der unsere Neuronen befeuert oder unsere Synapsen kitzelt, hüten diese Organe ihre Geheimnisse sehr viel beharrlicher, als zum Beispiel unsere Leber, unsere Lunge oder unser Herz es tun. Immerhin offenbaren sie uns so viel, dass wir zu erkennen vermögen, dass die Interaktionen zwischen unserem Körper und unserer Umgebung nicht nur im Verlauf unseres individuellen Lebens unser Gehirn prägen und formen, sondern dass der Erwerb von Fertigkeiten wie der Herstellung und Nutzung von Werkzeugen oder dem Lesen von Spuren im Sand Einfluss auf den Selektionsdruck ausübten, der die evolutionären Fortschritte unserer Vorfahren anschob. Das wird deutlich aus der Tatsache, dass der Großteil der zusätzlichen Energie, die wir dank des Werkzeuggebrauchs und des Kochens ernten konnten und die ansonsten vielleicht in die körperliche Entwicklung unserer Vorfahren geflossen wäre, sie größer, stärker, schneller oder attraktiver gemacht hätte, stattdessen der Entwicklung des Gehirns zugutekam, das zunehmend größer, komplexer und flexibler wurde, während zugleich der menschliche Körper physiologische Anpassungen vollzog, um diesen außerordentlich großen Klumpen neuralen Gewebes optimal unterbringen und nutzen zu können.

Das Verhältnis von Gehirngröße und Körpergröße ist ein nützlicher, wenn auch grober Maßstab für die durchschnittliche Intelligenz einer Art, die ebenso auch eine Funktion der im Gehirn herrschenden Ordnung ist. Es besteht zum Beispiel eine generelle Korrelation zwischen der Intelligenz einer Art und der Größe, Form und Faltung ihres Neokortex, eines neuralen Organs, das sich in seiner höchstentwickelten Form bei Säugetieren findet. Wenn es allerdings um die Fähigkeit geht, Fertigkeiten zu erlernen, erweisen sich bestimmte neurale Transformationen, die sich im Verlauf unserer Kindheit und Jugend und auch noch darüber hinaus vollziehen, als noch weitaus interessanter, Transformationen, die uns befähigen, im Zuge der physischen Interaktion mit der Welt um uns herum Elemente unserer neuralen Architektur physisch neu zu konfigurieren.

Während die meisten Tierarten im Zuge einer viele Generationen übergreifenden natürlichen Selektion ein Repertoire an hochspezialisierten Fähigkeiten entwickelt haben, die sie in die Lage versetzen, bestimmte Umweltbedingungen bestmöglich für sich zu nutzen, konnten unsere Vorfahren diesen Prozess kurzschließen, indem sie zunehmend flexibler und vielseitiger wurden. Sie verbesserten, anders gesagt, ihre Fähigkeit, Fähigkeiten zu erwerben.

Die meisten Säugetiere können sich schon kurz nach ihrer Geburt selbstständig bewegen. Wale und andere Angehörige der Cetacea-Ordnung mit einer Lebenserwartung, die etwa der des Menschen entspricht (wenn sie nicht für die «wissenschaftliche Forschung» und für ihre hochpreisigen Steaks harpuniert und geschlachtet werden), sind von Geburt an fähige Schwimmer; die meisten Huftiere können gleich nach der Geburt laufen, und die Neugeborenen aller Primatenarten – ausgenommen der Mensch – haben die Fähigkeit, sich ab dem Moment, da sie aus dem Muttermund schlüpfen, mit wilder Entschlossenheit an den Rücken oder Hals ihres Muttertiers zu klammern. Dagegen sind die Neugeborenen des Homo sapiens erst einmal hilflos und müssen hochgenommen und bewegt werden, wenn sie nach körperlichem Kontakt verlangen; ihr artspezifisches Merkmal ist das fast vollständige Angewiesensein auf jahrelange elterliche Fürsorge. Das Gehirn eines neugeborenen Schimpansen hat knapp 40 Prozent der ausgewachsenen Größe und wächst im Verlauf des ersten Lebensjahres auf knapp 80 Prozent der Gehirnmasse eines erwachsenen Schimpansen. Dagegen hat das Gehirn eines neugeborenen Homo sapiens nur rund ein Viertel der Größe, die es im Erwachsenenalter erreichen wird, und nähert sich der Gehirnmasse eines ausgewachsenen Menschen erst in der frühen Pubertät an. Das ist sicher nicht zuletzt eine Anpassung, die das Menschenkind in die Lage versetzt, die Gebärmutter durch einen Geburtskanal zu verlassen, der gefährlich eng ist (und so eng sein muss, um den Anforderungen des aufrechten Gangs gerecht zu werden). Sinnvoll ist es aber auch, weil eine an Sinneseindrücken reiche Umgebung für das Gehirn eines infantilen Homo sapiens anregender ist als die dumpfe Geborgenheit der Gebärmutter.

So hilflos ein neugeborener Homo sapiens erscheinen mag, so rastlos arbeitet sein Gehirn. Angespornt von einem brodelnden Universum aus akustischen, olfaktorischen, taktilen und – nach einigen Wochen – optischen Reizen, entwickelt sich das Gehirn in dieser Phase in atemberaubendem Tempo: Schauer neuer Neuronen ketten sich zu Synapsen zusammen und filtern aus dem Gewitter der Sinnesreize Bedeutungen heraus. Dieser Prozess setzt sich durch die gesamte Kindheit und bis ins frühe Jugendalter hinein fort; zu diesem Zeitpunkt besitzt das Gehirn eines Kindes doppelt so viele Synapsen wie bei seiner Geburt, und phantasmagorische, häufig groteske Imaginationen beflügeln sein Denken. Grundlegende Fähigkeiten, die man in dieser Lebensphase erwirbt, erweisen sich, kaum verwunderlich, als diejenigen, die man in späteren Lebensjahren intuitiv und instinktiv beherrscht.

Mit Beginn der Pubertät beginnt unser Organismus die Masse der in der frühen Kindheit geknüpften synaptischen Verbindungen zu lichten, sodass die meisten von uns beim Erreichen des Erwachsenenalters nur noch über halb so viele Synapsen verfügen wie beim Eintritt in die Pubertät. Diese Auslichtung von Synapsen ist für die Entwicklung des erwachsenen Gehirns ebenso wichtig wie die vorausgegangene Periode des stürmischen Wachstums. Im Zuge dieses Prozesses lernt das Gehirn, seine Prozesse zu optimieren, um besser mit äußeren Anforderungen klarzukommen und die eigenen Energieressourcen dort zu konzentrieren, wo sie am dringendsten gebraucht werden, ein Prozess, in dessen Verlauf die unterforderten synaptischen Verbindungen verkümmern und absterben.

Der Prozess der fortschreitenden Anpassung unseres Gehirns an die Umwelt, in der wir leben, endet nicht an dieser Stelle. Er setzt sich vielmehr in Gestalt neuraler Umgruppierungen und Umprägungen im Erwachsenenalter und im Grunde bis an unser Lebensende fort, auch wenn im Greisenalter das treibende Moment eher Rückentwicklung ist als Wachstum oder Regenerierung. Es sind ironischerweise gerade die außerordentliche Plastizität unseres Gehirns in unserer frühen Lebensphase und ihre Abnahme mit zunehmendem Lebensalter, die dafür verantwortlich sind, dass wir uns im Alter immer mehr gegen Veränderungen sträuben, weshalb wir uns so schwertun, Gewohnheiten, die wir in sehr frühem Alter angenommen haben, später abzulegen, warum wir uns gerne einbilden, unsere kulturellen Überzeugungen und Werte seien in einem fundamentalen Sinn Ausdruck unseres innersten Wesens, und warum wir, wenn die Überzeugungen und Werte anderer mit den unseren kollidieren, Erstere gerne als widernatürlich oder unmenschlich abtun.

Im Hinblick auf unsere evolutionären Vorfahren stellt sich nun die Frage: Waren sie als Kinder und Jugendliche ebenso flexibel und formbar und als alte Leute ebenso festgelegt wie wir? Und wenn unsere Plastizität eine Errungenschaft der Evolution ist, könnte das erklären, warum unsere Vorfahren sich Zigtausende Jahre mit dem primitiven Faustkeil herumschlugen?

Wie das fossile Archiv zeigt, favorisierte die Evolution im Bereich unserer Abstammungslinie lange Zeit konsequent die Individuen mit mehr Gehirnmasse und größerem Neokortex, bis etwa 20 000 Jahre vor unserer Zeit die Gehirne unserer Vorfahren rätselhafterweise zu schrumpfen begannen. Worüber uns das fossile Archiv allerdings ganz wenig verrät, ist, wie schnell und in welchem Ausmaß bei den Vertretern der unterschiedlichen Zweige unseres evolutionären Stammbaums das Gehirn während der individuellen Lebenszeit wuchs. Wir können hoffen, dass künftige genomische Forschungen uns neue Einsichten hierzu eröffnen. Bis es so weit ist, bleibt uns jedoch wenig anderes übrig, als uns beim Anblick von Faustkeilen zu fragen, warum unsere Vorfahren, nachdem sie diese Teile eine Million Jahre lang mit Fleiß und Hingabe hergestellt hatten, vor 300 000 Jahren plötzlich nichts mehr von ihnen wissen wollten und sich vielseitigeren Werkzeugen zuwandten, die mittels einer Anzahl neuer Techniken gefertigt wurden.

Eine mögliche Antwort auf diese Frage lautet, dass unsere Vorfahren womöglich auf ähnliche Weise genetisch an das Funktionsprinzip des Faustkeils gefesselt waren, wie diverse Vogelarten genetisch an einen jeweils bestimmten Bauplan für ihr Nest gefesselt sind. Wenn ja, dann fertigten der Homo erectus und andere ihre Faustkeile unter der steuernden Kontrolle eines instinktiven Autopiloten, und ohne bewusst über das Warum und Wofür nachzudenken[8] – bis sie vor rund 300 000 Jahren plötzlich einen entscheidenden genetischen Rubikon überschritten, an dessen anderem Ufer ein neues Zeitalter der technischen Innovation wartete.

Eine andere denkbare Antwort gerät in den Blick, wenn wir uns von der Vorstellung verabschieden, die Intelligenz sei ein Persönlichkeitsmerkmal «aus einem Guss», und sie stattdessen als eine Ansammlung unterschiedlicher kognitiver Fähigkeiten verstehen, die sich, zumindest anfänglich, als jeweils spezielle Antworten auf spezielle adaptive Herausforderungen entwickelten. Man könnte sich die Fähigkeit zur Problemlösung dementsprechend als eine Spielart der Intelligenz vorstellen, die sich in der Auseinandersetzung mit einem bestimmten Anpassungsdruck entwickelt hat, das abstrakte Denkvermögen als eine weitere Spielart, das räumliche Denken als eine wiederum andere und die Fähigkeit, gesellschaftlich tradierte Informationen aufzunehmen und zu verstehen, als eine weitere.

Im Sinne dieser These wäre es denkbar, dass der Homo erectus deswegen so unendlich lange am einfach gestrickten Faustkeil festgehalten hat, weil die Fähigkeit, von anderen zu lernen, anfänglich eine sehr viel nützlichere Anpassungsleistung war als die Fähigkeit zur Problemlösung. Kognitiv flexible Lebewesen, etwa die meisten landlebenden Säugetiere, Kopffüßler und manche Vogelarten, verfügen über die Fähigkeit, aus Erfahrung zu lernen. Für sich allein betrachtet, hat ihre Flexibilität jedoch Grenzen, erfordert sie doch, dass jedes Individuum dieselben Lektionen gleichsam von der Pike auf lernt und dieselben energieverschwenderischen und manchmal tödlichen Fehler begeht wie manche seiner Vorfahren.

Verbindet sich die Flexibilität jedoch mit Qualitäten aus dem Bereich des sozialen Lernens, kann das die Vorteile, die sie bietet, um ein Vielfaches verstärken, weil dann vorteilhafte erlernte Verhaltensweisen wie das Auf-der-Hut-Sein vor Giftschlangen oder das Wissen darum, wofür Faustkeile gut sind, kostengünstig und mit minimalem Risiko über Generationen hinweg weitergegeben werden können.

Wir mögen nicht wissen, was der Homo erectus mit seinen Faustkeilen angestellt hat, aber er selbst wusste es natürlich. Die einzelnen Individuen gewannen diese Einsicht sicher schon in jungen Jahren, indem sie beobachteten, wie Erwachsene damit umgingen. Es ist schlicht nicht vorstellbar, dass der Homo erectus sich nicht auch viele andere Fertigkeiten durch Beobachtung und Imitation aneignete. Darunter waren sicher technische Fähigkeiten wie die Anfertigung eines guten Grabestocks, das Zerlegen von Tierkörpern oder das Feuermachen. Andere könnten eher kognitiver Natur gewesen sein, etwa das Erkennen und Verfolgen von Tierspuren oder die Fähigkeit, seinen Mitmenschen mit tröstenden Worten beizustehen.

Die Tatsache, dass unsere Sprache mehr ist als eine Ansammlung von Wörtern – dass sie eine regelhafte Syntax hat, die uns in die Lage versetzt, komplexe Gedankengänge zu artikulieren –, könnte sehr wohl ein Nebenprodukt unserer Fähigkeit zur Werkzeugherstellung sein. Wörter müssen, um einen Gedanken verständlich zu übermitteln, in die richtige Reihenfolge und Ordnung gebracht werden. Viele Gorillas und Schimpansen wie Koko, die in einer von Menschen geprägten Umgebung leben, haben es geschafft, sich ein Vokabular von mehreren Tausend Wörtern anzueignen, und die grüne Meerkatze beherrscht bestimmte stimmliche Signale, mit denen sie Identität und Ort sich anschleichender Beutegreifer anzeigt. Es ist daher plausibel, anzunehmen, dass auch der Australopithecus kognitiv dazu in der Lage war. Vom Ausstoßen klar definierter Warnrufe ist es freilich noch ein großer Schritt bis zum Singen von Liebesliedern, denn Sprache entsteht erst, wenn Wörter gemäß einer Reihe komplexer grammatischer Regeln aneinandergereiht werden. Das setzt funktionierende neurale Netzwerke voraus, die einerseits die Koordination zwischen Sinneswahrnehmung und Motorik übernehmen können und andererseits in der Lage sind, eine Hierarchie von Operationen abzuarbeiten. Ebenso wie dieser Satz nur einen Sinn ergibt, weil die Wörter auf bestimmte Weise angeordnet sind, kann der Prozess der Werkzeugherstellung nur funktionieren, wenn eine bestimmte Hierarchie von Operationen eingehalten wird. Einen Speer kann man nicht anfertigen, ohne erst einmal eine Speerspitze herzustellen, den Korpus zu formen und die Materialien zu finden, die man zum Zusammenbinden der Bestandteile braucht. Von der Sprachverarbeitung glaubte man lange, sie sei die exklusive Funktion eines hochspezialisierten und anatomisch abgegrenzten «Moduls» innerhalb des Gehirns, des Broca-Areals; heute weiß man, dass das Broca-Areal auch bei nichtsprachlichen Betätigungen wie der Werkzeugherstellung und dem Werkzeuggebrauch eine wesentliche Rolle spielt,[9] woraus man möglicherweise schließen kann, dass ein im Zusammenhang mit der Herstellung und dem Gebrauch von Werkzeugen wirksam gewesener Selektionsdruck wichtig für die Anfänge der menschlichen Sprachentwicklung gewesen ist.

George Armitage Miller lebte in einer Welt der Wörter. Jeder Gegenstand, der ihm vor Augen kam, und jedes Wort, das er hörte, ließen sogleich eine Kaskade aus Assoziationen, Synonymen und Antonymen durch seinen Kopf schwirren. Als Psychologe mit einem gesteigerten Interesse daran, die kognitiven Prozesse hinter der menschlichen Sprache und Informationsverarbeitung besser zu verstehen, gründete er das Center for Cognitive Studies in Harvard. Und 1980, lange bevor digitale Netzwerke zum Bestandteil unseres Alltags wurden, war er die treibende Kraft hinter der Entwicklung von Wordnet, einer bis heute aktiven Online-Datenbank, die die unzähligen lexikalischen Bezüge zwischen den meisten Wörtern der englischen Sprache aufschlüsselt.

1983 steckte Miller eine Zeit lang fest auf der Suche nach einem Wort, mit dem sich das Verhältnis zwischen lebenden Organismen und Information beschreiben ließ. Fasziniert von Erwin Schrödingers *Was ist Leben?*, war er sich sicher, dass Schrödinger bei seiner Definition von «Leben» etwas Wichtiges ausgelassen hatte. Wenn lebende Organismen nach den Vorgaben des Entropiesatzes freie Energie nutzten, mussten sie, so meinte Miller, zunächst einmal in der Lage sein, sie zu finden, und um sie zu finden, mussten sie die Fähigkeit besitzen, zweckdienliche Informationen über ihre Umwelt zu beschaffen, zu interpretieren und zu verarbeiten. Anders ausgedrückt: Nach Millers Überzeugung verbrauchten diese Organismen einen erheblichen Teil der von ihnen geernteten Energie dafür, mittels ihrer Sinne Information zu finden und zu sammeln und diese Information sodann für das Erschließen von noch mehr Energie zu nutzen.

«Ebenso wie ein Körper sein Überleben durch die Aufnahme negativer Entropie [freier Energie] sichert», erklärte Miller, «sichert der Geist sein Überleben durch die Aufnahme von Information.»[10]

Miller fand das gesuchte Wort für die Benennung Information aufnehmender und verarbeitender Organismen nicht und prägte deshalb ein neues: «Informavoren». Ursprünglich hatte er vor, es nur auf «höhere Organismen» wie den Menschen anzuwenden, die über energiehungrige Nervensysteme und Gehirne verfügen, doch inzwischen ist deutlich geworden, dass alle Lebensformen, von den Prokaryoten bis zu den Pflanzen, Informavoren sind. Bakterien in einer Pfütze zum Beispiel verfügen womöglich nicht einmal über eine physische Struktur, die Denken ermöglicht, doch sind sie, wie Pflanzen, die ihre Blätter dem Sonnenlicht zuwenden, in der Lage, auf Reize zu reagieren, die das Vorhandensein von Energiequellen in der Nähe signalisieren, und, wenn solche Reize ausbleiben, aktiv nach ihnen zu suchen.

Bei komplexen Organismen mit Gehirn und Nervensystem läuft die Energieaufnahme überwiegend über Prozesse des Filterns und Verarbeitens von über die Sinne aufgenommenen Informationen. Wird die abgegriffene Information als irrelevant erkannt, wird sie in der Regel sofort aussortiert und bleibt unbeachtet. Im gegenteiligen Fall löst sie in aller Regel eine Reaktion aus. Ein Gepard schaltet beim Anblick einer leichten Beute ebenso unverzüglich in den Jagdmodus, wie eine Gazelle beim Anblick eines Gepardenschweifs in den Fluchtmodus schaltet. Viele Arten haben die Fähigkeit erlangt, auf eine Information nicht nur instinktiv zu reagieren, sondern lernen, wie die Pawlow'schen Hunde, auf ganz bestimmte Reize eine quasi-instinktive Antwort zu geben. Manche haben auch die Fähigkeit entwickelt, Reaktionen auf Reize abzurufen, die eine Kombination aus Instinkt und Erfahrungswissen darstellen. Wenn etwa ein hungriger Schakal ein Löwenrudel entdeckt, das es sich in der Nähe des Kadavers eines kurz vorher gerissenen Beutetiers bequem gemacht hat, und geneigt ist, sich aus dem Kadaver einen saftigen Knochen zu holen, wird er sorgfältig die Wachsamkeit und Stimmungslage der Löwen sondieren, bevor er das Risiko eingeht.

Mit seinem superflexiblen Neokortex und seinen hochgradig koordinierten Sinnen ist der Homo sapiens der Vielfraß in der Welt der Informavoren. Wir sind einzigartig gut dafür aufgestellt, Informationen aufzunehmen, zu verarbeiten und zu ordnen, und einzigartig flexibel und vielseitig, wenn es darum geht, uns von der Information, die wir verarbeiten, formen zu lassen. Wenn wir von sinnlicher Information abgeschnitten sind, wie ein Gefangener in Isolationshaft, schaffen wir es manchmal, aus dem finsteren Nichts fantastische informationsreiche Welten vor unserem geistigen Auge erstehen zu lassen, um unseren inneren Informavoren zu füttern.

Es bedarf keiner großartigen Hirnleistungen, um unsere diversen Organe, Gliedmaßen und andere Getriebeteile unseres Körpers am Laufen zu halten. Der überwiegende Teil des energiezehrenden Gewebes in unserem Schädel ist damit beschäftigt, Information zu verarbeiten und zu organisieren. Wir Menschen sind mit ziemlicher Sicherheit einzigartig insofern, als diese ansonsten unbeweglichen Organe beim Arbeiten Wärme erzeugen, geschuldet den unaufhörlichen elektrischen Pulsen, die unser Gehirn bei der Begutachtung der oft trivialen Informationen produziert, die unsere Sinnesorgane einsammeln. Wenn wir schlafen, träumen wir; wenn wir wach sind, suchen wir beständig nach Reizen und Beschäftigung; und wenn wir von Information abgeschnitten werden, leiden wir.

Die großen Primaten sind bereits Ausnahmeerscheinungen in der Tierwelt, was das Ausmaß der von ihrem Gehirn geleisteten physischen Arbeit betrifft, von der ein Großteil auf die Verarbeitung und Organisierung von Information entfällt. Und in der Entwicklungsgeschichte unserer Vorfahren signalisierte jede Größenzunahme des Gehirns eine deutliche Steigerung ihres Appetits auf Information und auf die für ihre Verarbeitung erforderlichen Energiemengen.

Vielleicht weil es zu einem hohen Maß an Interaktionen des stadtbewohnenden Homo sapiens mit anderen Menschenarten kam, hat man sich bei der Beantwortung der Frage nach den Implikationen unserer kognitiven Plastizität für die Evolutionsgeschichte des Menschen auf die Rolle dieser Plastizität bei der Entwicklung etwa von Sprache konzentriert, die uns zur Weitergabe kulturell erworbenen Wissens befähigt und dem Einzelnen hilft, sich in komplexen sozialen Beziehungsgefügen zurechtzufinden. Angesichts der Tatsache, dass unsere Vorgänger womöglich erst in einem relativ späten Stadium der menschlichen Evolution hoch leistungsfähige Sprachkünstler geworden sind, kann man es überraschend finden, dass die Forschung den Fertigkeiten, die der Mensch für die Verarbeitung nichtsprachlicher Information entwickelt hat, sehr viel weniger Aufmerksamkeit schenkte. Diese Fertigkeiten erwarb und kultivierte der Mensch durch Beobachten, Lauschen, Berühren und durch sein Interagieren mit der Welt um ihn herum.

Bei den Jäger-und-Sammler-Gesellschaften in der Kalahari herrschte kein Zweifel an der großen Bedeutung kulturell überlieferter Information. Das Wissen etwa, welche Pflanzen gut und nahrhaft und zu welchem Zeitpunkt sie reif waren oder welche Knollen und Melonen genug Flüssigkeit enthielten, um einen Jäger am Leben zu erhalten, war überlebenswichtig. Bei Themen wie der Jagd ließen sich sicherlich etliche wichtige Kenntnisse mit Worten weitergeben – etwa wo man Larven der Diamphidia finden konnte, mit denen sich Pfeilspitzen vergiften ließen, oder welche Tiere die besten Sehnen für den Bogen lieferten. Für die wichtigsten Elemente des Erfahrungswissens galt das nicht. Es gab nach

Überzeugung der Jäger und Sammler Erfahrungswissen, das nicht verbal vermittelt werden konnte, weil es nicht einfach nur im Gehirn residierte, sondern auch im Körper, und weil es seinen Niederschlag in Fähigkeiten und Fertigkeiten fand, die sich niemals auf bloße Wörter reduzieren ließen.

Welches diese individuellen Fähigkeiten und Fertigkeiten waren, können wir natürlich nur vermuten. Orientierung und die Fähigkeit, den Weg wiederzufinden, gehörten sehr wahrscheinlich dazu, ebenso die Fähigkeit, das Verhalten potenziell gefährlicher Tiere und Situationen richtig zu deuten und Risiken zu berechnen und damit umzugehen. Bei Jägern gehörte ganz bestimmt auch die Fähigkeit dazu, aus wenig mehr als Tierspuren im Sand detaillierte Schlüsse zu ziehen und daraus Nutzen für eine erfolgreiche Jagd zu schöpfen.

Für die Dauer einiger Stunden nach Einsetzen der Morgendämmerung schmücken die Fußspuren von Tieren den Sandboden der Kalahari-Wüste mit in hundert verschiedenen Schrifttypen und Schriftgrößen geschriebenen Buchstaben, die sich zu einem Wirrwarr einander unablässig schneidender Linien addieren. Für fast alle in der Kalahari lebenden Tierarten ist die Nacht die geschäftigste Zeit, und jeden Morgen hinterlassen sie im Sand die Logbücher ihrer nächtlichen Abenteuer als Lektüre für diejenigen, die den Buchstabencode zu entschlüsseln wissen.

Wenn die Sonne höher steigt und die Schatten kürzer werden, verlieren die Spuren erheblich an Sichtbarkeit, und erst recht wird es schwieriger, sie zu identifizieren. Für einen erfahrenen Spurenleser fällt der Unterschied jedoch kaum ins Gewicht. Wie jemand, der einen Satz, in dem einige Buchstaben oder Wörter geschwärzt worden sind, fließend zu lesen vermag oder der aus einem ihm unbekannten Dialekt vertraute Wörter heraushört, nutzen sie ihre Intuition, um kaum noch sichtbare Spuren derer, die zuvor hier durchkamen, zuerst zu antizipieren und sie dann zu finden.

Für Ju/'Hoansi, die auf Nahrungssuche gehen, sind Fußspuren eine endlos sprudelnde Quelle der Belustigung, wobei von Menschen hinterlassene Spuren genauso sorgfältig begutachtet werden wie Tierspuren – ein Umstand, der das Leben in einem Ju/'Hoansi-Dorf denen, die einer heimlichen Liebschaft frönen, ebenso schwer macht wie Dieben.

Erwachsene Ju/'Hoansi unterhielten mit den Geschichten, die sie aus dem Sand herausgelesen hatten, oft ihre Kinder, legten es aber nicht ausdrücklich darauf an, ihnen das Spurenlesen beizubringen. Vielmehr ermutigten sie die Kinder gleichsam diskret, die Dinge, die sich in ihrer Umwelt abspielten, zu beobachten und daran teilzunehmen – und dadurch nebenbei zu guten Spurenlesern zu werden. Bewaffnet mit Pfeil und Bogen in Kindergröße, verbrachte der Nachwuchs seine Tage damit, Insekten, Eidechsen, Vögel und Nagetiere aller Art, die verstohlen durch die Gassen flitzten, aufzuspüren und zu erlegen. Dabei konnten die Jungen, so erklärten es die Erwachsenen, «sehen lernen», was eine gute Vorbereitung auf die Zeit war, da sie die fortgeschrittenere Kunst erlernen mussten, in die Wahrnehmungswelt aller relevanten Beutetiere einzutauchen – was den Unterschied zwischen einer erfolgreichen Jagd und einer vergeblichen ausmachte.

Jäger vom Stamm der Ju/'Hoansi erleben die Wüste als ein großes interaktives Leinwandpanorama, beseelt von den Geschichten der diversen Tierarten, die im Sand die Spuren ihres Kommens und Gehens hinterlassen. Wie Poesie haben auch Spuren im Sand eine Grammatik, ein Versmaß und einen Wortschatz. Gemein haben sie mit der Poesie auch, dass die Aufgabe, sie zu entschlüsseln und zu deuten, sehr viel komplexer und vielschichtiger ist, als dass man sich damit begnügen könnte, einfach eine Abfolge von Buchstaben zu lesen und ihnen zu folgen, wohin sie einen führen. Um die verschiedenen Bedeutungsschichten jeder einzelnen Spur aufzublättern und herauszufinden, von welchem Tier sie stammte und wie frisch sie war, und um zu antizipieren, wohin das Tier unterwegs war und warum, mussten die Jäger versuchen, die Welt aus der Perspektive des Tieres zu sehen.

Bei den Ju/'Hoansi gilt als Maß für die Güte eines Jägers nicht nur seine Ausdauer und seine Treffsicherheit mit Pfeil und Bogen. Das Maß aller Dinge ist seine Fähigkeit, das Tier erst einmal zu finden – oft nach kilometerlanger Verfolgung seiner Spur – und dann nahe genug an es heranzukommen, um einen aussichtsreichen Schuss ansetzen zu können. Das alles könne, so versichern sie, nur gelingen, wenn man sich in die Psyche des Tiers versetze und die Welt durch seine Augen sehe; das probate Mittel dafür sei das Deuten seiner Spuren.

In weiten Teilen der Kalahari gibt es keine Hügel oder höher liegende

Stellen, von denen aus man weidende Tiere in der Ebene beobachten könnte, und der Busch ist oft so dicht, dass man nur ein paar Meter weit sieht. Hier kann man Jagd auf die großen Fleischlieferanten machen – die Elandantilope, die Säbelantilope oder die Kuhantilope –, notfalls auch ohne Waffe oder Werkzeug, aber nie ohne die Fähigkeit, die von den Tieren in den Sand geschriebenen Geschichten zu lesen.

Heute praktiziert kein Ju/'Hoansi mehr regelmäßig die Ausdauerjagd. Aus der langsam schrumpfenden Gruppe der aktiven Jäger in Nyae-Nyae ziehen es heute praktisch alle vor, dem essbaren Wild mit Giftpfeil und Bogen zu Leibe zu rücken. Die meisten dieser Männer sind inzwischen jenseits der Lebensmitte angekommen, und so fit sie auch noch sein mögen, finden sie doch, die Ausdauerjagd sei etwas für die jüngeren, «hungrigeren» Männer. In den 1950er Jahren waren noch etliche der Ju/'Hoansi in Nyae-Nyae Meister der Ausdauerjagd, einer Kunst, die womöglich so alt ist wie unsere Spezies, vielleicht aber sogar viel älter. Es ist jedenfalls eine Kunst, die uns daran gemahnt, ein wie wesentlicher Teil der Arbeit, die unsere evolutionären Vorgänger für die Stillung ihrer Grundbedürfnisse geleistet haben, zerebraler Natur war, das heißt mit dem Sammeln, Filtern, Verarbeiten, Antizipieren und Bewerten sensorischer Informationen zu tun hatte, die ihnen aus ihrer Umgebung zuflossen.

Der evolutionäre Rüstungswettlauf in der Kalahari hat dafür gesorgt, dass die meisten der wichtigen fleischliefernden Tiere ziemlich schnell und agil und die meisten der sie jagenden Beutegreifer ein bisschen schneller und ein gutes Stück kräftiger geworden sind. Andererseits haben weder die Raub- noch die Beutetiere, von wenigen Ausnahmen abgesehen, viel Ausdauer. Unfähig zu schwitzen, benötigen Tiere wie der Löwe oder die Kuhantilope Zeit, um die Körperwärme abzubauen, die sie bei einem Sprint als Verfolger oder Verfolgter erzeugen. Wenn ein Kudu von einem Löwen oder ein Springbock von einem Gepard verfolgt wird, entscheiden in aller Regel ein paar extrem energiezehrende Sekunden über Erfolg oder Misserfolg. Wenn das Beutetier entkommt, braucht es ebenso wie sein Jäger einige Zeit, um sich zu verschnaufen, abzukühlen und zur Besinnung zu kommen.

Ein Mensch hat keine Chance, einen kurzen Sprint gegen ein Raubtier wie einen Löwen oder ein Fluchttier wie eine Antilope zu gewinnen. Andererseits sind wir Menschen unbehaart und können schwitzen. Als Zweibeiner mit raumgreifender Schrittlänge sind wir in der Lage, weite Strecken zu laufen und ein gleichmäßiges, nicht nachlassendes Lauftempo beizubehalten, notfalls über mehrere Stunden.

Eine Ausdauerjagd ist in der Theorie eine einfache Sache. Man muss zunächst ein geeignetes Beutetier finden, idealerweise eines, das ein schweres Gehörn mit sich herumschleppt, und es dann beharrlich verfolgen, ohne ihm je die Chance zu geben, sich auszuruhen, abzukühlen oder zu trinken; irgendwann wird das dehydrierte, überhitzte und panisch gewordene Tier wie erstarrt stehen bleiben, ein Schatten seiner selbst, sodass die Jäger nur noch locker aufzuschließen und ihm den Rest zu geben brauchen.

Noch in den 1950er Jahren jagten die Ju/'Hoansi auf diese Weise, und zwar hauptsächlich in einigen umliegenden flachen Niederungen, in denen sich die Feuchtigkeit der sommerlichen Regenfälle sammelte und an deren Rändern sich ein zäher grauer Schlamm absetzte, der beim Durchtrocknen zu einer zementartigen Konsistenz aushärtete. Für das Eland, die größte afrikanische Antilope und das beliebteste Tier auf dem Speisezettel der Ju/'Hoansi, ist dieser Schlamm ein Problem. Wenn es aus den Pfützen trinkt, dringt der weiche Schlamm in die Fugen zwischen den Hufen ein und drückt, wenn er später aushärtet, die Hufe auseinander, was den Tieren dann beim Laufen Schmerzen bereitet. Für erfahrene Jäger ist es ein Leichtes, auf den Sandböden abseits der feuchten Niederungen die unverwechselbaren Fußabdrücke von Elandantilopen mit vom Zementschlamm gespreizten Hufen zu finden.

Die Ju/'Hoansi setzten eine Ausdauerjagd immer nur an den heißesten Tagen an, wenn die Lufttemperatur nahe an 40 Grad herankam oder sogar noch darüber stieg und alle ihre potenziellen Beutetiere nichts anderes wollten, als einen schattigen Platz zu finden und möglichst wenig zu tun. Die Jäger suchten und fanden dann die Spur einer Elandantilope und folgten ihr in lockerer rhythmischer Gangart. Anders als bei der Jagd mit Pfeil und Bogen, die ein sorgsames geräuschloses Heranpirschen erfordert, kommt es bei der Ausdauerjagd darauf an, das Beutetier so in Panik zu versetzen, dass es irgendwann mit Höchsttempo in den Busch flieht. Nach einem Sprint von vielleicht zwei Kilometern sucht sich das Eland in der Hoffnung, die unmittelbar drohende Gefahr abgeschüttelt zu haben, einen schattigen Platz, an dem es wieder zu Atem kommen und seinen schmerzenden Hufen Erholung gönnen kann. Doch schon nach kurzer Zeit tauchen die Jäger, die konsequent seiner Spur gefolgt sind, wieder auf und zwingen das Tier zu einem erneuten panischen Sprint. Nach drei oder vier Stunden und 30 bis 40 zurückgelegten Kilometern wird sich das Eland, zermartert vom Schmerzen seiner einzementierten Klauen, von Krämpfen geschüttelt und vor Erschöpfung von Sinnen, den Jägern in verzweifelter Demut ergeben, die sich ihm dann ganz offen nähern, es zu Boden ringen und es töten können, indem sie sich auf seinen Hals legen und ihm mit den Händen die Nüstern und das Maul zuhalten.

Diese Jagdmethode wurde nicht nur im südlichen Afrika praktiziert. Amerikanische Ureinwohner vom Stamm der Paiute und der Navajo brachten auf dieselbe Weise den niederkalifornischen Gabelbock zur Strecke; Jäger vom Volk der Tarahumara in Mexiko taten dasselbe mit Hirschen und Rehen; sie verfolgten sie bis zur völligen Erschöpfung und erstickten sie dann mit bloßen Händen; auch manche australische Aborigine-Jäger wandten bei der Kängurujagd gelegentlich diese Technik an.

Weil bei dieser Art zu jagen keine Artefakte oder erkennbaren Spuren zurückbleiben, verfügen wir über keine archäologischen Beweismittel dafür, dass unsere evolutionären Vorfahren so jagten. Doch wenn schon der Homo erectus und andere technisch noch eher beschränkte Menschenstämme neben dem Sammeln auch schon das Jagen von Weidetieren praktizierten, kann man sich bei ihnen kaum eine andere Jagdmethode vorstellen. Und wenn sie schlau genug waren, sich beim Anblick eines beliebigen Steinbrockens vorzustellen, dass sich daraus ein Faustkeil fertigen ließe, gibt es keinen Grund, zu bezweifeln, dass sie intelligent genug waren, um einem ihnen vertrauten Tier Fußspuren eines bestimmten Typs zuzuordnen. Für manche Anthropologen – und das gilt vor allem für Louis Liebenberg, der selbst ein hervorragender Spurenleser ist – sprechen die Spuren, die sich in der archäologischen und fossilen Asservatenkammer finden, eine klare Sprache. Liebenberg ist überzeugt, dass der Homo erectus auf die beschriebene Weise gejagt hat und dass diese Jagdmethode auch einen Beitrag dazu geleistet hat, dass wir zu Zweibeinern wurden – sie förderte unsere Fähigkeit, rennend längere Strecken zurückzulegen und dabei unsere Körpertemperatur durch Schwitzen zu regulieren, und trug zur Entwicklung unserer Fähigkeit bei, diese Vorgänge kognitiv zu deuten, was nach seiner Überzeugung dann schon den Weg zu den allerersten Schriftzeichen ebnete.

Liebenberg liegt damit sehr wahrscheinlich richtig. Die kognitiven Fähigkeiten, derer es bedarf, um komplexe Schlüsse aus Hufspuren im Sand zu ziehen, verweisen nicht nur auf das zweckgerichtete Handeln, das wir heute vor allem dem Menschen zuschreiben, sondern auch auf die Denkprozesse, die uns in die Lage versetzen, von Grammatik und Syntax einen anspruchsvolleren Gebrauch zu machen als Koko. Anders gesagt: Die Jagd war fast sicher eines der wirksamsten Selektionskriterien in der Evolution des Menschen, indem sie die Entwicklung der Sprachfähigkeit förderte. Eine vielleicht ebenso wichtige Rolle könnte die Jagd für die Entwicklung des Menschen zu einem geselligen Wesen mit sozialer Intelligenz wie auch für die Kultivierung von Eigenschaften wie Beharrlichkeit, Geduld und Durchsetzungswillen gespielt haben, die unser Verhältnis zur Arbeit charakterisieren.

Wir können davon ausgehen, dass auch noch weitere Fähigkeiten, die keine sichtbaren archäologischen Spuren hinterlassen, wichtige Beiträge dazu geleistet haben, dass unsere Vorfahren sich zu so erfolgreichen Nahrungsbeschaffern entwickelt haben. Die vermutlich wichtigste dieser vielen Fähigkeiten half nicht nur entscheidend mit, die Nahrungsgrundlage für die Größenzunahme des menschlichen Gehirns zu sichern, sondern löste auch die bedeutsamste und folgenreichste Energierevolution in der Geschichte der Menschheit aus: die Beherrschung des Feuers.

4

Die weiteren Segnungen des Feuers

Für die Ju/'Hoansi ist Feuer der große Geist, der alles verwandelt. Die Götter machen Feuer, indem sie Blitze schleudern, doch kann auch jeder Mensch lernen, mittels zweier trockener Stöckchen oder mit einem Flintstein ein Feuer zu entzünden. Feuer verwandelt Rohes in Gekochtes, macht kalte Gegenstände heiß, härtet feuchtes Holz, bis es knochenhart ist, und kann Eisen schmelzen. Damit nicht genug, kann Feuer die Dunkelheit erhellen und neugierige Löwen, Elefanten und Hyänen davon abhalten, sich an schlafende Menschen heranzupirschen. In jeder Trockenzeit fegen Brände über die Kalahari hinweg, die verdorrtes Gras vom Boden abrasieren und eine herzliche Einladung an den ersten Sommerregen hinterlassen, er möge fallen und ein neues Jahr und ein neues Leben einläuten.

Für die Ju/'Hoansi-Schamanen steht auch fest, dass aus dem Feuer die Energie entspringt, die sie in die Lage versetzt, im Vollzug ihrer heilenden Tänze lodernde Flammen zu durchpflügen und sich in Kohle zu wälzen, um ihre Heilkraft *n/um* auf Betriebstemperatur zu bringen, eine Kraft, die tief im Inneren ihres Bauches haust und, wenn sie angeheizt wird, die Herrschaft über ihren Körper übernimmt.

Besäße Feuer die Fähigkeit, diese Schamanen in die Urzeit zurückzuversetzen, könnten sie in den Flammen eine Vision erblicken, die zeigt, wie unsere evolutionären Vorgänger durch Beherrschung des Feuers den Aufwand an Zeit und Kraft für die Nahrungsbeschaffung reduzieren konnten und wie dies im Gegenzug wiederum die Entwicklung von Sprache, Kultur, Erzähltradition, Musik und Kunst förderte und die Parameter sowohl für die natürliche als auch für die sexuelle «Selektion» verschob, indem es bewirkte, dass wir zu der einzigen Tierart wurden, bei der möglicherweise das Gehirn für die sexuelle Attraktivität wichtiger ist als die Muskeln. Sie würden dann auch erkennen, dass und wie das Feuer, indem es unseren Vorfahren zu Muße, Sprache und Kultur verhalf, auch das anrüchige Gegenstück zur Muße heraufbeschwor: die «Arbeit».

Eine Frucht mit einem Stock vom Baum zu schlagen, macht weniger Arbeit und ist weniger riskant, als den Baum zu erklettern und die Früchte abzupflücken; und die Haut eines toten Mastodons aufzuschlitzen, indem man ihr mit konzentrierter Muskelkraft und der Schneidkante einer Glaslava-Scherbe zu Leibe rückt, geht schneller und besser, als mit einem Gebiss, das eher dafür gemacht ist, weiches Fruchtfleisch und Gemüserohkost zu einem verdaulichen Brei zu kauen, als die Haut des toten Tieres aufzureißen. Der zunehmend routiniertere Gebrauch von Werkzeugen erweiterte das unseren evolutionären Vorgängern zur Verfügung stehende Nahrungsangebot erheblich; sie konnten sich dadurch zu flexiblen Generalisten entwickeln in einer Welt, in der die meisten anderen Tierarten Nahrungsspezialisten waren, die sich im Verlauf der Evolution eine oft kleinräumige ökologische Nische für die Deckung ihres Energiebedarfs erobert hatten. Energetisch betrachtet, kann kein dingliches Werkzeug dem wichtigsten Werkzeug das Wasser reichen, das der Mensch im Verlauf seiner gesamten Evolutionsgeschichte für sich entdeckt hat: dem Feuer.

Vor rund zwei Millionen Jahren konnte der Australopithecus seiner Umwelt nur auf eine Weise Energie entziehen: auf dem «Umweg» über Pflanzen. Er verspeiste, wie viele andere Tierarten, bekömmliche und nahrhafte Teile von Pflanzen, die zuvor die Energie der Sonne eingefangen, gespeichert und durch Fotosynthese in Blätter, Früchte und Knollen verwandelt hatten. Dann, vor ungefähr 1,5 Millionen Jahren, erweiterte der Homo sapiens dieses «Umwegmodell» der Energiegewinnung, indem er die Fähigkeit erlangte, höher entwickelte Organismen als Nahrung zu verwerten, die sich bereits die Arbeit gemacht hatten, sich Energie und Nährstoffe von Pflanzen einzuverleiben und sie in Fleisch, Organe, Fett und Knochensubstanz zu verwandeln. Das war die erste Energierevolution unserer urtümlichen Vorfahren, führte die zusätzliche Nahrungs- und Energiezufuhr durch den Verzehr von Fleisch, Fett und Knochen doch dazu, dass der Homo sapiens seine Hirnmasse deutlich vergrößern konnte. Der Fleischkonsum verminderte die Abhängigkeit von einer energieärmeren Pflanzenkost und reduzierte damit auch den zeitlichen Aufwand für die Nahrungsbeschaffung. Rohes Fleisch, Fett und Knochen reichten jedoch für sich allein nicht aus, um ein so großes und energiehungriges Gehirn wie das des Homo sapiens heranzuzüchten und in Betrieb zu halten. Um das zu schaffen, musste die tierische Nahrung gekocht werden, und um sie kochen zu können, mussten die Menschen lernen, das Feuer zu beherrschen, ein Entwicklungsschritt, der die zweite und wahrscheinlich größte Energierevolution in der Geschichte der Menschheit in Gang setzte.

Was unsere evolutionären Vorgänger auf die Idee brachte, das Feuer zu zähmen, werden wir nie wissen. Vielleicht war es der (be)stechende Geruch angebrannten Fleischs, der ihnen in die Nase stieg, als sie nach einem Buschfeuer das Gelände erkundeten, und sicher fanden sie die gefährliche Schönheit lodernder Flammen faszinierend. Wir wissen nicht einmal, welche unserer evolutionären Vorfahren als Erste das Feuer beherrschen lernten und wann das geschah.

Ein Stück Glut aus den Hinterlassenschaften eines Buschfeuers zu bergen in der Absicht, damit ein kleines, kontrolliertes Feuer zu entzünden, auf dem man Fleisch braten oder an dem man sich warmhalten kann, ist das eine; aber die Fähigkeit zu erlangen, jederzeit Feuer zu machen und sich damit eine fast unerschöpfliche Energiequelle zu erschließen, ist etwas ganz Anderes und Besonderes. Diese Kunst zu erlernen, wäre nicht möglich gewesen, wenn nicht unsere Vorfahren irgendwann angefangen hätten, mit Objekten, die sie in ihrer Umgebung fanden, herumzuspielen, sie umzufunktionieren und für neue Zwecke zuzurichten. Das Aha-Erlebnis, wenn das Kunststück des Feuermachens gelang, dürfte sich zu unterschiedlichen Zeiten an unterschiedlichen Orten zugetragen haben, und fast sicher war dabei jedes Mal ein glücklicher Zufall während der Beschäftigung mit Werkzeugen zu einem vermutlich ganz anderen Zweck mit im Spiel. In manchen Kulturen passierte es vielleicht beim Abschlagen dünner Schnitzel von einem eisenreichen Gestein wie Pyrit, aus dem sich leicht Funken schlagen lassen. Ein plausibleres Szenario ist, dass unsere Vorfahren das Geheimnis des Feuermachens bei der Herstellung eines Werkzeugs oder Gebrauchsgegenstandes entdeckten, bei der eine starke Reibung zwischen Holzstücken eine Rolle spielte.

Ein Feuer mithilfe zweier Stöckchen zu entfachen, ist eine komplizierte Angelegenheit. Es erfordert nicht nur einige Geschicklichkeit, sondern auch eine «leichte Hand» und ein sehr viel fortgeschritteneres Verständnis von Kausalität, als man es braucht, um eine Frucht von einem Baum zu schlagen oder mit einem Zweig Termiten aus ihrem Hügel zu scheuchen. Wir assoziieren solche Fähigkeiten mit dem modernen Homo sapiens, doch sprechen gute Gründe für die Annahme, dass unsere evolutionären Vorläufer das Feuer schon beherrschen gelernt hatten, bevor unsere Spezies vor rund 300 000 Jahren auf der Erde erschien.

In der Sprache der holländischen Siedler in Südafrika, dem Afrikaans, heißt die Höhle «Wonderwerk»; sie befindet sich nahe des Gipfels eines Dolomit-Berges nördlich der Kleinstadt Kuruman in der semiariden Nordkap-Provinz. Ihren Namen verdankt die Höhle einer Gruppe von Entdeckungsreisenden, die vor rund zwei Jahrhunderten, als sie kurz vor dem Verdursten war, im Inneren der Höhle einen lebensrettenden kleinen See entdeckte. Geologen ziehen es vor, dieses spezielle Wunder auf natürliche Prozesse zurückzuführen, was aber Mitglieder der umliegenden apostolischen Kirchengemeinden nicht von dem immer wieder einmal unternommenen Versuch abhält, etwas von dem «heiligen» Wasser der Wonderwerk-Höhle für sich abzuzweigen.

So wie die Wonderwerk-Höhle die Gottgläubigen dazu inspiriert, von Wundern zu fabulieren, bringt sie auch Paläoanthropologen zum Schwärmen, die bislang letzten in einer langen Abfolge menschlicher Besucher, die im Inneren der Höhle Hoffnung und Inspiration finden.

Die Höhle erstreckt sich fast 140 Meter weit in den Berg hinein. Ihre Seitenwände und ihre Decke fügen sich zu einem harmonisch geformten Gewölbe, das die Höhle auf ihrer gesamten Länge überspannt und ihr die Aura eines in den Fels gehauenen Flugzeughangars verleiht. Selbst an hellsten Sonnentagen dringt das Tageslicht nur rund 50 Meter tief ins Innere der Höhle; dahinter herrscht absolute Finsternis. Beim Betreten der Höhle erblickt man als ersten offenkundigen Hinweis auf ihre menschheitsgeschichtliche Bedeutung eine ganze Galerie fingergemalter Elandantilopen, Strauße, Elefanten und rätselhafter geometrischer Muster, die die Wände zieren, soweit das Tageslicht reicht. Diese Wandmalereien sind rund 7000 Jahre alt und stammen von den Vorfahren der als Jäger und Sammler lebenden Ureinwohner Südafrikas. Die Wonderwerk-Höhle birgt aber noch sehr viel bedeutsamere Schlüssel zur Erforschung der Geschichte der Arbeit als diese mit den Fingern aufgetragenen Bilder aus relativ später Zeit.

Ein fünf Meter hoher, an eine hochgereckte geballte Faust erinnernder Stalagmit steht wie ein Wachtposten im Zugangsbereich der Höhle und markiert auch den Ausgangspunkt für die hier stattfindenden archäologischen Grabungen. Diese erstrecken sich weit in den Bauch der Höhle hinein, wo Archäologen inzwischen in mehrere Meter Tiefe unter dem aktuellen Höhlengrund vorgedrungen sind. Jede von den Archäologen freigelegte Sedimentschicht hat ein weiteres Kapitel der langen Geschichte unserer Spezies aus der Zeit vor rund zwei Millionen Jahren aufgeschlossen.

Die bei weitem wichtigsten in der Wonderwerk-Höhle zutage geförderten Funde sind eine runde Million Jahre alt. Es gehören dazu angekohlte Knochen und Asche von verbrannten Pflanzen, die bisher ältesten Belege für eine methodische Nutzung des Feuers durch Menschen. Die Urmenschen, die diese Knochen und Aschereste hinterlassen haben, gehörten wahrscheinlich einem Zweig des Homo erectus an, des ersten Urmenschen, der aufrecht ging und dessen Gliedmaßen annähernd dieselben Proportionen aufwiesen wie beim Homo sapiens. Die Aschefunde von Wonderwerk geben allerdings keine Auskunft darüber, wie die Feuer entzündet und wozu sie verwendet wurden.

Wäre Wonderwerk der einzige Ort, an dem sich Belege für eine methodische Nutzung des Feuers vor mehr als einer halben Million Jahren finden, könnte man darin einen Ausreißer sehen; es sind jedoch auch anderswo faszinierende Indizien für den Feuergebrauch aufgetaucht, darunter welche, die deutlich älter als eine Million Jahre sind. Im Sibiloi-Nationalpark, angrenzend an den Turkana-See in Kenia, haben Archäologen eine eindeutige Korrelation bestätigt gefunden zwischen der Anwesenheit von Hominiden und Feuerstellen aus der Zeit vor etwa 1,6 Millionen Jahren, wobei es in Ermangelung anderer Beispiele schwerfällt, zu entscheiden, ob es sich um kontrollierte Feuer handelte.

Für die jüngere Vergangenheit liegen hingegen jede Menge Hinweise auf eine kontrollierte und methodische Feuernutzung vor. So haben archäologische Grabungen eine große Zahl von Belegen für einen regelmäßigen Feuergebrauch durch Urmenschen ergeben, die vor 400 000 Jahren in der Qesem-Höhle in Israel hausten. Relikte von Gebissen urmenschlicher Bewohner der Höhle, die aus derselben Periode stammen, stützen diese Erkenntnis. Diese Relikte zeugen davon, dass diese Höhlenmenschen an fürchterlichem Husten gelitten haben müssen, weil sie wohl zu viel Rauch einatmeten.[1] Zwingende Belege für die kontrollierte Nutzung des Feuers haben Archäologen auch an einer anderen israelischen Fundstätte ausgegraben: an den Ufern des ehemaligen Chula-Sees, der in vorgeschichtlicher Zeit ein Becken am Oberlauf des Jordans ausfüllte. In den Augen der Archäologen handelt es sich bei den dortigen Funden um Herdstellen mit Ascheresten von wilder Gerste, Oliven und Weintrauben sowie versengten Flintstein-Bruchstücken. Das Alter dieser Funde wird auf 790 000 Jahre geschätzt.[2]

Einen zwingenden Beweis für einen kontrollierten Feuergebrauch durch unsere frühen Vorfahren zu erbringen, ist so gut wie unmöglich. Da ist einmal das Problem, dass die Belege für die Feuernutzung – wie kaum anders zu erwarten – verbrannt sind und dass Aschereste leicht von Windböen oder Gewitterstürmen davongetragen werden können. Allgemein gilt, dass Relikte kontrollierter menschlicher Feuernutzung nur dort auffindbar sind, wo Menschen (oder ihre evolutionären Vorgänger) mehrere Male an derselben Stelle Feuer unterhielten, sodass sich genug Asche ansammelte, um einen Restbestand zu hinterlassen, der sich von den Überbleibseln eines natürlichen Feuers unterscheidet.

Ein zweites Problem ist, dass viele «Höhlenmenschen» nicht wirklich in Höhlen lebten, also in den einzigen Behausungen, in denen Asche und verkohlte Knochen gute Chancen haben, länger als nur ein paar Monate zu überdauern. Als Savannenbewohner nächtigten wohl die meisten Urmenschen unter freiem Himmel, allenfalls durch eine einfache Zudecke vor den Elementen geschützt, so wie viele Jäger und Sammler es noch bis ins 20. Jahrhundert hinein praktiziert haben. Wie wir von Gruppen wie den Ju/'Hoansi wissen, reicht ein kräftiges Feuer, um selbst die hungrigsten nächtlichen Raubtiere auf Abstand zu halten. Ein anderes auf der Hand liegendes Problem ist – wie die ehemaligen Bewohner der Qesem-Höhle bezeugen könnten –, dass offenes Feuer in einem geschlossenen Raum unbekömmlich und lebensgefährlich ist, wenn es einen nicht ohnehin in den Wahnsinn treibt.

Neben den Überresten von Feuerstellen an Orten wie der Wonderwerk-Höhle gibt es ein Indiz, das zwingender als alle anderen darauf hinweist, dass zumindest manche Gruppen von Urmenschen vor vielleicht schon einer Million Jahren das Feuer beherrschten: die Tatsache, dass zu ebenjener Zeit eine Periode anhaltender und rapider Zunahme der menschlichen Gehirnmasse einsetzte, eine Erkenntnis, die wir maßgeblich dem in Harvard forschenden und lehrenden Evolutions-Archäologen Richard Wrangham verdanken.

Bis vor zwei Millionen Jahren fiel das Gehirn unserer Urahnen von der Australopithecus-Familie in dieselbe Größenklasse wie die Gehirne heutiger Schimpansen und Gorillas. Sie hatten ein Gehirnvolumen von 400 bis 600 Milliliter. Der Homo habilis, erste beglaubigte Inkarnation der Gattung Homo, erschien vor rund 1,9 Millionen Jahren auf der Bildfläche. Sein Gehirn war mit durchschnittlich knapp über 600 Milliliter Volumen nur unwesentlich größer als das des Australopithecus. Nach dem fossilen Archiv zu urteilen, war der Homo habilis etwas anders beschaffen als der Australopithecus – einige der Merkmale, die wir mit der neuronalen Plastizität und der höheren kognitiven Leistungsfähigkeit des modernen Menschen assoziieren (wie der ungewöhnlich große Neokortex), finden sich bei ihm in bereits höher entwickelter Form.

Die ältesten bisher gefundenen fossilen Schädel des Homo erectus sind 1,8 Millionen Jahre alt. Das Gehirn dieses Urmenschen war bereits deutlich größer als das des Homo habilis, was den Schluss zulässt, dass um diese Zeit herum etwas geschehen sein muss, das die rasche Größenzunahme des Gehirns des Homo erectus ermöglichte. Dessen eine Million Jahre währende Herrschaft als intelligentester aller Primaten brachte allerdings keine nennenswerte Größenzunahme des Gehirns mehr. Erst ab etwa 600 000 Jahren vor unserer Zeit kam es zu einem erneuten Quantensprung in der Größenzunahme des Gehirns, die sich im Homo heidelbergensis manifestierte, auf den ein paar Hunderttausend Jahre später der archaische Homo sapiens und der Neandertaler folgten, mit Gehirnen, die bei vielen Vertretern ihrer Art größer waren als die der meisten unserer heutigen Artgenossen.

Als Erklärungsversuche für diese beiden Entwicklungssprünge der Gehirnmasse sind eine ganze Reihe unterschiedlicher Theorien angeführt worden, von denen aber nur eine den außerordentlichen Energie-

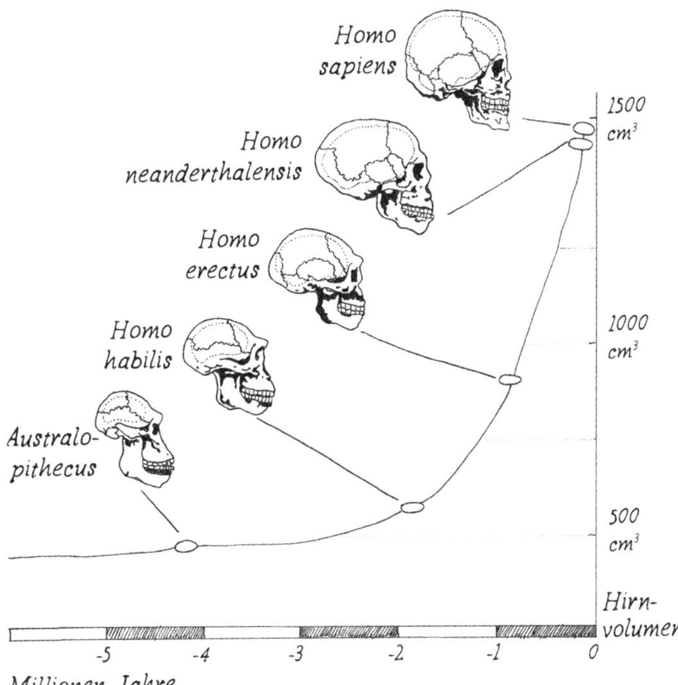

Entwicklung des Hirnvolumens

bedarf berücksichtigt, den der Aufbau und die Erhaltung eines großen Gehirns mit einem großen Neokortex erfordern.

Unser Gehirn macht nur zwei Prozent unseres Gesamtgewichts aus, verbraucht aber rund 20 Prozent unserer Energieressourcen. Beim Schimpansen, dessen Gehirn nur ein rundes Drittel der Masse unseres Gehirns besitzt, liegt die Energieverbrauchsrate näher bei zwölf Prozent, bei den meisten anderen Säugetieren zwischen fünf und zehn Prozent.[3]

Allein auf der Grundlage eines aus gesammelter Rohkost bestehenden vegetarischen Speiseplans wären Aufbau und Erhaltung eines so großen Gehirns unmöglich gewesen. Ein Gorilla oder ein Orang-Utan könnte, selbst wenn er während jeder wachen Minute aller seiner Tage nichts anderes täte als fressen, einen so großen Energiebedarf nicht decken. Um ein Gehirn von der Größe des unsrigen mit Energie versorgen zu können, würde eine nur aus wild wachsenden Früchten, Blättern und Knollen bestehende Diät nicht ausreichen; es bedarf dazu einer deutlich nahrhafteren Kost. Den Übergang vom Homo habilis zum Homo erectus markieren aussagekräftige archäologische Belege dafür, dass er mit einer graduellen Umstellung auf eine energiereichere Nahrung einherging. Zusammen mit den zugegebenermaßen dünnen Belegen für die Nutzung des Feuers vor mindestens einer halben Million Jahren, ergibt sich daraus die Wahrscheinlichkeit, dass der nächste große Entwicklungssprung in Sachen Gehirnmasse vom Verzehr gekochter und gebratener Nahrung vorangetrieben wurde.

Fleisch und Innereien bilden sicherlich eine reiche Quelle von Kalorien, Aminosäuren und anderen Nährstoffen, doch sie sind im Rohzustand auch schwabbelig, zäh, schwer zu kauen und schwer zu verdauen. In unserer heutigen industrialisierten Welt haben zwar viele Leute eine Vorliebe für fettarmes Fleisch, doch ist das wohl eher ein Indiz für die erstaunliche Produktivität der modernen Lebensmittelindustrie als Ausweis eines besonderen Mehrwerts solcher Fleischsorten. Jäger und Sammler – und in der Tat die meisten menschlichen Gesellschaften vor Anbruch des 20. Jahrhunderts – verschmähten mageres Fleisch wie etwa Filets zugunsten fetterer, knorpeliger Fleischstücke, Innereien, zumal die einen deutlich höheren Nährwert hatten. Wie Ihnen jeder Jäger und Sammler bestätigen wird, ist es äußerst anstrengend, eine lange, gummibandartige, fettige Sehne zu verschlingen oder aus dem Schienbein eines Büffels den letzten Rest Knochenmark herauszukratzen; wesentlich leichter geht es, wenn man die Sachen vorher kocht.

Nicht nur Fleisch wird durch Kochen bekömmlicher. Es gibt auch eine ganze Palette von Pflanzen, die für uns erst in gekochter Form genießbar werden.[4] Viele Knollen, Stängel, Blätter und Früchte, die im Rohzustand unverdaulich oder sogar giftig sind, verwandeln sich durchs Kochen in nahrhaftes und wohlschmeckendes Gemüse. Brennnesseln roh zu essen, ist ein Rezept für Magenschmerzen. Gekochte Brennnesseln sind eine Zutat für eine gesunde, überraschend leckere Suppe. In der Kalahari, wo die meisten wild lebenden Pflanzenfresser auf die Vertilgung großer Mengen einiger weniger ausgewählter Pflanzen angewiesen sind (mehr als eine Handvoll Arten stehen selten auf ihrem Speisezettel), konnten die

Ju/'Hoansi dank der Nutzung des Feuers mehr als hundert unterschiedliche Pflanzenarten als Nahrung nutzen (die in gekochter Form sogar mehr Energie lieferten). Dazu kam noch der Verzehr von gekochtem oder gebratenem Fleisch von praktisch allem, was kreuchte und fleuchte.

Wenn das Feuer die sich zuvor ganz überwiegend vegetarisch ernährenden Hominiden in die Lage versetzte, den Kalorienreichtum fleischlicher Nahrung zu erschließen und ein größeres Gehirn zu entwickeln, trug es höchstwahrscheinlich auch dazu bei, andere Aspekte der Physiologie des modernen Menschen zu prägen. Bei Primaten wie Schimpansen oder Gorillas ist der Darm deutlich länger als bei uns Menschen. Sie brauchen dieses Mehr an Darmkapazität, um aus ihrer ballaststoffreichen Diät möglichst viel Nährwert herauszuholen. Indem der Mensch seine Nahrung durch Kochen in einen «vorverdauten» Zustand versetzte, machte er einen nicht geringen Teil des Verdauungsapparats überflüssig. Das Kochen trug ferner dazu bei, unsere Physiognomie zu verändern. Die Umstellung auf weichgekochte Nahrung hatte zur Folge, dass ein kräftiger, muskelbepackter Kiefer keinen evolutionären Selektionsvorteil mehr bot. In dem Maß, wie das Gehirn unserer Vorfahren größer wurde, bildete sich ihre Kieferpartie zurück.[5]

Viele von uns betrachten das Kochen als schwere Arbeit, und das ist vielleicht der Grund dafür, dass wir einem Aspekt so wenig Aufmerksamkeit geschenkt haben, der womöglich zu den wichtigsten der vielen Segnungen des Feuers gehört: der geschenkten Zeit. Das Feuer steht nämlich nicht nur für die erste richtig große Energierevolution in der Geschichte des Homo sapiens, es war auch unsere erste große Zeit und Arbeit sparende Errungenschaft.

Gorillas müssen, weil ihre Kost keinen großen Nährwert hat, jeden Tag rund 15 Prozent ihres Körpergewichts an Nahrung zu sich nehmen, um gesund zu bleiben. Da bleibt nicht viel Zeit fürs Kämpfen oder Spielen oder für Sex übrig. Forscher, die sich mit Gorillas oder anderen Primaten beschäftigen, sind deshalb dazu verurteilt, ihre Studienobjekte über endlos lange Zeiträume beim Suchen, Verschlingen und Verdauen von Nahrung zu beobachten, um vielleicht nach ein paar Tagen einmal zu erleben, dass sie etwas Interessanteres tun. Die meisten größeren Primaten verbringen acht bis 18 Stunden täglich mit Nahrungsbeschaffung und Fressen. Das summiert sich zu einer 56- bis 70-Stunden-Woche. So viele Blätter, Stängel, Wurzeln und Knollen zu kauen, zu schlucken und zu verdauen, ist zeit- und energieaufwändig. Den Großteil der ihnen dann noch verbleibenden Zeit verbringen die Tiere mit Schlafen oder mit entspannter gegenseitiger Körperpflege.

Vermutlich sah der Alltag des letzten unserer evolutionären Vorfahren, der noch affenartig aussah, des Australopithecus, nicht viel anders aus.

Der Anblick eines All-you-can-eat-Buffets gibt uns vielleicht manchmal das Gefühl, wir könnten es in Sachen Appetit mit unserer Primaten-Verwandtschaft aufnehmen. Das ist weit gefehlt: Der Homo sapiens kommt gut damit zurecht, pro Tag nur zwei oder drei Prozent seines Körpergewichts zu sich zu nehmen (wenn man den Speisezettel von Jägern und Sammlern zugrunde legt). Und wenn wir eine Gesellschaft wie die der Ju/'Hoansi als Maßstab nehmen, stellen wir fest, dass die leistungsfähigen Erwachsenen unter ihnen trotz der äußerst kargen Umgebung, in der sie leben, fast das ganze Jahr über nur zwischen 15 und 17 Stunden pro Woche aufwenden müssen, um sich selbst und eine gleich große Zahl unproduktiver Stammesgenossen zu ernähren. Das sind umgerechnet zweieinhalb Arbeitsstunden täglich, ein Bruchteil des Zeitaufwandes, den andere große Primaten für ihre Ernährung aufwenden, und auch nur ein Bruchteil der Zeit, die die meisten von uns mit Arbeit zubringen.

In dem Maß, wie der Homo erectus sich durch die Beherrschung des Feuers und die Technik des Kochens in die Lage versetzte, mit weniger körperlicher Anstrengung eine größere Energieausbeute zu erzielen, nahm nicht nur seine Gehirnmasse zu, sondern auch die ihm zu Gebote stehende Zeit für die Anwendung seiner Intelligenz und Energie auf andere Aktivitäten als die Beschaffung, Zubereitung und Aufnahme von Nahrung. Das archäologische Archiv hat uns leider nicht allzu viele Hinweise darauf zu bieten, was unsere Vorgänger mit der freien Zeit anfingen, die die Umstellung auf gekochte Kost ihnen einbrachte. Was wir wissen, ist, dass sie in dem Maß, wie ihr Gehirn an Größe zunahm, immer besser darin wurden, Werkzeuge herzustellen – und wahrscheinlich hatten sie auch sehr viel mehr Zeit für Sex. Für alles andere bleiben uns nur Mutmaßungen.

Bei der Beschäftigung mit der Frage, in welchen Etappen sich die Intelligenz des Homo sapiens entwickelte, richtet sich die Aufmerksamkeit vieler Forscher auf Mechanismen wie den, dass die Erfahrung des gemeinsamen Jagens wahrscheinlich die für Problemlösung und für Kommunikation wichtigen Fähigkeiten geschärft hat. Davon kann man mit großer Bestimmtheit ausgehen, doch andererseits könnte die Hervorhebung dieses Zusammenhangs eher ein Ausdruck des hohen kulturellen Stellenwerts sein, den wir heute der wirtschaftlichen Betätigung zuweisen, als eine Widerspiegelung der Alltagsrealität unserer evolutionären Vorfahren.

Wie der Homo habilis und der Homo erectus die freie Zeit verbrachten, die ihnen nach der Nahrungsbeschaffung verblieb, hatte sicher auch einen erheblichen Einfluss auf den Verlauf ihrer Reise durch die Evolution. Daraus ergibt sich die faszinierende Idee, dass wir in evolutionstheoretischer Hinsicht vielleicht ebenso sehr ein Produkt unserer Muße wie unserer Arbeit sind.

Langeweile ist keine exklusiv menschliche Erfahrung, doch manifestiert sie sich bei unterschiedlichen Arten auf unterschiedliche Weise. Manche Philosophen, etwa Martin Heidegger, haben mit Nachdruck die Ansicht vertreten, die Behauptung, reizunterforderte Tiere litten unter Langeweile, sei ein Anthropomorphismus in Reinkultur. Zwingende Voraussetzung für echte Langeweile sei ein Ichbewusstsein, und daran fehle es den meisten Tieren.

Ein Hundebesitzer, dessen Tier bei der Aussicht auf einen Spaziergang erfreut mit dem Schwanz wedelt, würde das bestreiten, ebenso wie Tierverhaltensforscher, die sich große Mühe geben, das Leiden vieler unter Reizmangel leidender Zootiere zu lindern. Worin wir uns offensichtlich von vielen anderen Arten unterscheiden, ist die Intensität unseres Bedürfnisses, Langeweile in Kreativität umzumünzen. Wir spielen, wir üben auf der Geige, wir experimentieren, wir reden (manchmal nur mit uns selbst), wir träumen in den Tag hinein, malen uns Dinge aus, und irgendwann geben wir uns einen Ruck und finden etwas zu tun.

Überraschend wenig wissenschaftliche Arbeit ist in die Erforschung der Langeweile investiert worden, bedenkt man, wie viel Zeit viele von uns mit dem Kampf gegen sie verbringen. Nachhaltig interessiert haben sich für das Thema Langeweile eigentlich nur diejenigen in einsamen

Berufen wie Philosophen oder Schriftsteller. Einige der bedeutendsten wissenschaftlichen Ideen Newtons, Einsteins, Descartes' oder Archimedes' waren angeblich der Langeweile zu verdanken. Wie Friedrich Nietzsche es ausdrückte (der ebenfalls der Langeweile das Verdienst zusprach, einigen seiner bekanntesten Ideen Leben eingehaucht zu haben): «Für den Denker und für alle erfindsamen Geister ist Langeweile jene unangenehme ‹Windstille› der Seele, welche der glücklichen Fahrt und den lustigen Winden vorangeht.»

Nietzsche hatte damit sehr wahrscheinlich recht: Der einzige auf der Hand liegende Selektionsvorteil der Langeweile liegt in ihrem Vermögen, jene Kreativität, Neugierde und Rastlosigkeit zu animieren, die uns Lust macht, auf Entdeckungstour zu gehen, neue Erfahrungen zu sammeln und Risiken einzugehen. Im Übrigen lehren uns Psychologen, dass die Langeweile eine fruchtbarere Mutter von Erfindungen ist als die Not, und dass sie sowohl höchst unnietzscheanische sozialethische Gedanken hervorbringen kann als auch ein geschärftes Ichbewusstsein, ein Aspekt, der im Zen-Buddhismus seinen theologischen Niederschlag gefunden hat.[6]

Jenseits von all dem fungiert Langeweile als Motor unseres zielgerichteten Handelns und eröffnet uns die Möglichkeit, beim Reiten von Steckenpferden, die keinen anderen unmittelbaren Zweck erfüllen als den, uns auf Trab zu halten, Befriedigung, Stolz und Zufriedenheit mit der eigenen Leistung zu empfinden. Gäbe es keine Langeweile, wir würden in einer Welt ohne Trainspotter, ohne Freizeit-Jediritter, ohne Briefmarkensammler, ohne Holzschnitzer und womöglich ohne eine einzige der Erfindungen leben, die den Lauf unserer Geschichte verändert haben. Es war sehr wahrscheinlich die Langeweile und nicht das Nachdenken über Physik, die dem Australopithecus zu der Entdeckung verhalf, dass beim Gegeneinanderschlagen bestimmter Steine scharfkantige Schnitzel herausspringen konnten, mit denen man schneiden konnte. Und es war vielleicht auch Langeweile, die das Interesse unserer Vorfahren am Feuer weckte, und vermutlich verhalfen ihnen ihre gelangweilt herumspielenden Hände zu der Einsicht, dass beim Aneinanderreiben von Holzstückchen eine Glut entstehen konnte, die heiß genug war, ein Feuer zu entzünden.

Die Langeweile, die uns in die Lage versetzt und veranlasst, herumzuspielen, herumzustöbern und kreativ zu sein, dürfte auch mitgeholfen haben, unsere Vorfahren zur Anfertigung von Kunstwerken zu animieren, eine Aktivität, die ein Zwitter aus Arbeit und Muße ist, die emotionalen, geistigen und ästhetischen Zwecken dient, aber für Jäger und Sammler keinen praktischen Nutzen in Sachen Nahrungsbeschaffung besitzt.

Beispiele für rein darstellende Kunstwerke tauchen an eher später Stelle im archäologischen Archiv auf. Die ältesten erhalten gebliebenen qualitativ hochwertigen Felsenzeichnungen sind auf ein Alter von rund 35 000 Jahren bestimmt worden, das wäre rund 265 000 Jahre nach dem ersten nachweislichen Auftreten des Homo sapiens. Die ältesten darstellenden Skulpturen, Ockerplatten mit eingeritzten geometrischen Mustern von schöner Ebenmäßigkeit, werden auf ein Alter von 90 000 bis 70 000 Jahren geschätzt. Wenn wir allerdings Kunst nur als darstellende Kunst im engen Sinn definieren, verschließen wir unsere Augen und Herzen vor einer halben Welt. Schließen wir in unseren Kunstbegriff kunstvoll, planvoll und mit ästhetischer Hingabe gefertigte Handwerksprodukte ein, können wir von Entstehungszeiten lange vor dem Erscheinen des Homo sapiens ausgehen.

Der Kathu-Pan-Faustkeil zeigt uns, dass manche Exemplare des Homo erectus nicht nur einen ästhetischen Sinn hatten, sondern auch die Energie, die Zeit und das Verlangen besaßen, Dinge zu tun, die nicht unmittelbar mit der Nahrungsbeschaffung zu tun hatten. Er zeigt uns, mit anderen Worten, dass sie mit Sicherheit bereits über einen Begriff von Arbeit verfügten.

Wir können ferner annehmen, dass das künstlerische Empfinden unserer evolutionären Vorläufer ihrer Fähigkeit, Gegenstände wie den Kathu-Pan-Faustkeil anzufertigen, zeitlich vorausgegangen und erst recht wesentlich älter ist als die ersten zweifelsfreien Zeugnisse einer darstellenden Kunst. Gesang, Musik und Tanz hinterlassen keine Spuren außer in der Erinnerung derer, die als Ausführende oder Zuschauer dabei waren. Dasselbe gilt für das bei weitem wichtigste Medium symbolischer Darstellung, die gesprochene Sprache.

Die höchstentwickelten Lebewesen, mit denen es jeder einzelne Homo erectus, Homo habilis, Homo heidelbergensis oder der Ur-Homo-sapiens zu tun bekam, waren die jeweils eigenen Artgenossen. Diejenigen, die gelernt hatten, das Feuer zu beherrschen, und die ein gewisses Maß an

Muße hatten, dürften wohl nicht wenig Zeit mit Angehörigen ihres Stammesverbandes verbracht haben, sicher ohne große Vorstellung davon, was sie mit der Extra-Energie anfangen sollten, die ihnen dank der Umstellung auf gekochtes Essen zu Gebote stand – bei diesem Stand der Dinge musste wohl der Pflege der Sozialbeziehungen innerhalb des Verbandes ein deutlich höherer Stellenwert zukommen.

Gut kämpfen zu können, ist eine wichtige Qualifikation für diejenigen, die in einem komplexen gesellschaftlichen Gebilde Ordnung aufrechterhalten wollen. Bei vielen Primatenarten funktioniert die Friedenserhaltung über die Errichtung und Durchsetzung von Hierarchien durch die Demonstration von Aggressionsbereitschaft und, als letztes Mittel der Wahl, durch körperliche Gewalt. Wenn eine bestehende Hierarchie herausgefordert wird – was nicht selten geschieht –, kann das Leben in einer Primatengruppe entschieden ungemütlich und lebensgefährlich werden. Welchen Stellenwert Rangkämpfe für die früheren (und dann auch die späteren) Hominiden hatten, hing davon ab, an welcher Stelle des Spektrums zwischen aggressiv hierarchischen Primatengesellschaften und entschieden egalitären, hyper-kooperativen Jäger-und-Sammler-Gesellschaften sie sich befanden. In dem Maß, wie unsere Vorfahren sich zunehmend mehr freie Zeit verschafften, dürften friedensstiftende Sozialtechniken wie Humor, Kurzweil, Überredungskunst und Verbindlichkeit auf Kosten der primitiveren Methode, Unterwerfung durch Gewalt zu erzwingen, an Bedeutung gewonnen haben. Diese Techniken setzten die Bereitschaft und Fähigkeit zu emotionaler Zuwendung, Empathie und Freundschaft voraus, vor allem aber die Fähigkeit, sich mitzuteilen.

Es ist unwahrscheinlich, wenn auch nicht völlig undenkbar, dass die einzigartigen kommunikativen Fähigkeiten unserer Spezies sich so hätten entwickeln können, wie sie es getan haben, hätten wir nicht unsere Sprechfähigkeit erlangt.

Frühe Versuche, die lingualen Fähigkeiten anderer hochentwickelter Primaten zu erkunden, scheiterten hauptsächlich daran, dass die Forscher noch nicht erkannt hatten, dass diese Lebewesen einfach nicht über die physische Ausstattung verfügten, derer sie bedürften, um dieselben Laute erzeugen zu können wie der Mensch. Morphologische Schädelstudien an diversen ausgestorbenen Hominidenarten lassen den Schluss zu, dass ein enger Zusammenhang zwischen unseren stimmlichen Fähigkeiten und unserem aufrechten Gang besteht; vieles deutet darauf hin, dass im Zuge der Umgestaltung unserer Mundpartie, unserer Kehle und unseres Kehlkopfes im Gefolge der Umstellung auf gekochtes Essen auch unsere Sprachwerkzeuge ihre heutige Gestalt erhielten.

Vielseitig verwendbare Stimmbänder und ein für das Sprechen optimierter Kehlkopf garantieren für sich allein noch keine Sprechfähigkeit. Es bedarf dazu einer kognitiven Verarbeitungsfähigkeit auf einem für andere Primaten unerreichbaren Niveau.

Das Interesse an einem besseren Verständnis der Sprachentstehung hat inzwischen Forscher aus einer breiten Palette von Disziplinen angesteckt – aus Anthropologie, Neurowissenschaft, Linguistik, vergleichender Anatomie, Archäologie, Klimatologie, Psychologie und weiteren. Von Bedeutung ist das, weil kein monodisziplinärer Ansatz die Herausbildung unserer bemerkenswerten Sprachfähigkeit adäquat zu erklären vermag. Was aber Fachleute aus diversen Disziplinen nicht davon abhält, es trotzdem zu versuchen. Zu den in den Raum gestellten Hypothesen gehört eine Theorie der «Grammatikalisierung», die von der Grundannahme ausgeht, die Regeln unserer Sprache hätten sich inkrementell im Verlauf sehr langer Zeiträume aus einigen wenigen grundlegenden Sprachformen entwickelt, oder auch die von Noam Chomsky vorgeschlagene Single-Step-Theorie, der zufolge die Fähigkeit unserer Vorfahren, sich sprachlich zu verständigen, sich quasi über Nacht einstellte, nachdem ein einziger revolutionärer Fortschritt den Schaltkreis vervollständigt hatte, dessen es noch bedurfte, um das kognitive grammatische Instrumentarium einzuschalten, über das wir alle verfügen.

Die meisten der miteinander wetteifernde Theorien sind bis zu einem gewissen Grad mit der Vorstellung kompatibel, die Vermehrung freier Zeit und Muße sei eines der Selektionskriterien gewesen, die die Entwicklung unserer Sprachfähigkeit voranbrachten; für keine gilt das mehr als für die von dem Primatenforscher Robin Dunbar vorgelegte «Klatsch-, Tratsch- und Streicheln-Hypothese». Sie besagt, unsere Sprache habe ihren Ursprung in der liebevollen gegenseitigen Körperpflege, die wir bei Primatengruppen beobachten können, besonders augenfällig beim Herauskämmen von Parasiten aus dem Fell der Artgenossen; unsere sprachlichen Fähigkeiten haben sich nach Dunbars Überzeugung aus einer Art «stimmlicher Körperpflege» entwickelt, die den Hominiden die Möglichkeit eröffnete, Artgenossen auch aus der Distanz zu «berühren» und ihnen beruhigend zuzureden, eine Technik, mittels derer der Einzelne sogar mehr als nur einen Artgenossen betreuen konnte. Dass Dunbar auch das Wort «Klatsch» in die Benennung seiner Hypothese aufgenommen hat, hängt mit der Erkenntnis zusammen, dass eine unserer Lieblingsbeschäftigungen als komplexe soziale Wesen das Austauschen von Klatschnachrichten über andere ist.

Die Vorstellung, unsere Sprache habe sich als Ausläufer unseres sozialen Pflegeverhaltens entwickelt, ist nicht ohne Reiz. Sie trägt zum einen der Tatsache Rechnung, dass Sprache eine starke emotionale Komponente hat, und legt zum anderen die Annahme nahe, Frauen hätten für die Entwicklung unserer Sprache wahrscheinlich eine deutlich bedeutsamere Rolle gespielt als Männer. «Wenn Frauen den Kern dieser frühen Gruppen bildeten und sich die Sprache entwickelte, um diese Gruppen zu verbinden», argumentiert Dunbar, folge daraus natürlich, «dass die frühen menschlichen Frauen die Ersten waren, die sprachen».[7]

Der Mensch besitzt die einzigartige Fähigkeit zur intensiven passiven Auseinandersetzung mit Worten, Bildern, Tönen und Vorgängen. Wir können uns in Musik versenken und uns in eine andere Welt versetzen lassen, indem wir wenig mehr tun, als jemandem zuzuhören, und sei es nur einer körperlosen Stimme aus dem Radiogerät oder einem elektronisch generierten, unscharfen zweidimensionalen Konterfei auf einem Bildschirm.

Das gebieterische Bedürfnis, ein zunehmend rastloseres Gehirn über länger werdende Mußezeiten hinweg auf Trab zu halten, übte einen evolutionären Selektionsdruck aus, der offenbar diejenigen begünstigte, die die Fähigkeit hatten, andere von der Pein der Langeweile zu befreien: die Charmanten, Wortgewandten, Fantasievollen, Musikalischen und Sprachbegabten – all jene, die sich darauf verstanden, Geschichten zu erzählen und ihre Mitmenschen zu unterhalten, zu bezaubern, zu beruhigen, zu belustigen, zu inspirieren und zu verführen. «Verführen» ist ein besonders wichtiges Glied dieser Gleichung, weil die natürliche Selektion nicht nur die schlecht Angepassten aussortiert, sondern auch ein positiver Mechanismus ist, der bestimmte individuelle Eigenschaften zu Auswahlkriterien bei der sexuellen Partnerwahl macht. Bei vielen Primatengruppen ist es die Regel, dass hochrangige, körperlich starke Individuen exklusiven sexuellen Zugriff auf potenzielle Sexualpartner haben.

Als beim Homo sapiens die Nahrungsbeschaffung immer weniger zeitaufwändig wurde, konnten indes auch körperlich nicht so robuste männliche Individuen, wenn sie etwas aus ihrer Sprachbegabung machten, ihre Erfolgsaussichten im Wettbewerb um attraktive Sexualpartner verbessern und so dafür sorgen, dass auch ihre Gene den Sprung in die nachfolgende Generation schafften. Anders ausgedrückt: Als unsere Vorfahren einen Teil ihres Energiebedarfs ans Feuer delegierten, war das der erste Schritt auf dem Weg in eine Welt, in der die körperlich Stärkeren hin und wieder gegen die Redegewandten und Charismatischen den Kürzeren zogen.

Die Beherrschung des Feuers machte es manchen Angehörigen früher menschlicher Gemeinschaften leichter, diejenigen durchzufüttern, die ihre Ernährung nicht in die eigene Hand nehmen konnten, und vielleicht auch diejenigen, die der Gemeinschaft willkommene nichtmaterielle Dienste leisteten, also zum Beispiel begnadete Geschichtenerzähler oder Schamanen waren. Bei anderen Arten findet sich eigentlich nur eine einzige weitverbreitete «altruistische» Beziehung, nämlich die zwischen Müttern (in selteneren Fällen auch Vätern) und ihren Kindern in deren ersten Lebensjahren. Es gibt natürlich eusoziale Arten wie die Termiten, bei denen die Arbeiter die Soldaten und die für die Fortpflanzung Zuständigen mit Nahrung versorgen, sowie Arten, bei denen produktivere Individuen ihre Nahrung mit anderen, weniger produktiven, aber oft dominanten Individuen teilen; das berühmteste Beispiel sind Löwinnen, die das dominante Männchen an ihrer Jagdbeute teilhaben lassen. Es finden sich jedoch im Tierreich keine unzweideutigen Beispiele für eine systematische und alltägliche Fürsorge einer Familie oder Gruppe für Mitglieder, die zu alt sind, um sich eigene Nahrung beschaffen zu können, auch wenn Verhaltensweisen dieses Typs gelegentlich bei sozial lebenden Arten wie den matriarchalisch geprägten afrikanischen Wildhund-Familien der Kalahari beobachtet worden sind. Ein systematisches, organisiertes einseitiges Teilen außerhalb der Eltern-Kind-Fürsorge ist demzufolge eine ausgesprochen und ausschließlich menschliche Errungenschaft, die ohne das Feuer wohl kaum möglich gewesen wäre.

Wir wissen nicht, ob und in welchem Ausmaß etwa der Homo habilis oder der Homo erectus nichtproduktive Mitglieder ihrer Gemeinschaft mitversorgten – anders gesagt, ob und in welchem Ausmaß sie willens waren, die Früchte ihrer Arbeit mit anderen zu teilen. Es liegen ausreichende Belege dafür vor, dass dies beim Homo heidelbergensis, einem wahrscheinlichen Vorläufer des Neandertalers, der vor einer runden halben Million Jahren lebte, der Fall war.[8] Aber wenn der Homo habilis oder der Homo erectus bereits das Feuer beherrschten, lag ein solches Verhalten sicher nicht außerhalb ihrer wirtschaftlichen Möglichkeiten. Eine Fürsorge für die Alten deutet auf das Vorhandensein von Empathie, Zuneigung und Ichbewusstsein hin (Letzteres jedenfalls entwickelt genug, um Respekt und Furcht vor dem Tod zu empfinden). Den offenkundigen Beleg für dieses Niveau kognitiver und emotionaler Reife liefern Gemeinschaftsrituale wie die Bestattung der Toten.

Es gibt kaum eindeutige Indizien für Begräbnisrituale bei unseren entfernteren evolutionären Vorläufern bis vor 30 000 Jahren, seltsamerweise jedoch bei einem Hominiden mit relativ kleinem Gehirn, dem Homo naledi, einem Zeitgenossen des späten Homo erectus und des frühen Homo sapiens. Forscher stießen im südlichen Afrika auf Belege für eine planvolle, wahrscheinlich ritualisierte Ablegung von Leichnamen in einer schwer zugänglichen Kammer eines weitläufigen Höhlenkomplexes zwischen 335 000 und 236 000 Jahren vor unserer Zeit.[9] Wenn der Homo naledi so etwas praktizierte, können wir mit gutem Grund annehmen, dass auch kognitiv höher entwickelte Hominiden zu diesem frühen Zeitpunkt bereits Todesfurcht kannten, sich um die Älteren kümmerten und deren Tod betrauerten. Das wiederum bedeutet, dass sie kognitiv in der Lage gewesen sein müssen, sich einen Begriff von der Welt um sie herum und von ihrem Leben und Erleben in dieser Welt zu machen, dass sie also über Kultur und Sprache verfügten, in wie rudimentärer Form auch immer. Wenn ja, hätten sie ziemlich sicher einige ihrer Aktivitäten als «Arbeit» begriffen und andere als Zeitvertreib. Das ist wichtig, weil Arbeit nicht nur etwas ist, was wir machen; sie ist auch ein in unserer Sprache und unserer Kultur verankertes gedankliches Konstrukt, mit dem wir alle möglichen unterschiedlichen Bedeutungen und Werte verbinden.

Wenn die Kanalisation funktionierte und der Müll abgeholt war, animierten die Gerüche, die von den Marktständen, Cafés und Restaurantküchen angeweht kamen, die Paris zur Welthauptstadt der Gastronomie in der Ära nach dem Zweiten Weltkrieg machten, die meisten Pariser, wenn sie nicht gerade beim Essen saßen, dazu, entweder über das Essen nachzudenken oder darüber zu reden. Wie bei vielen anderen Intellektuellen, die in jenen Jahren die Pariser Rive Gauche unsicher machten, kamen das Feuer, das Essen und das Kochen auch in den Schriften des meistbewunderten öffentlichen Intellektuellen im Frankreich der zweiten Hälfte des 20. Jahrhunderts, Claude Lévi-Strauss, häufig vor. «Das Kochen», erklärte er, «ist eine Sprache, mittels derer die Gesellschaft unbewusst ihre Struktur verrät.»

Ein Anthropologe, der keinen gesteigerten Wert auf direkten Kontakt zu «Eingeborenen» in fremden Ländern legte, zog Lévi-Strauss es vor, aus den Feldforschungen anderer Anthropologen eine ganz neue Art von Kulturdeutung zu synthetisieren, die er «Strukturalismus» nannte.

Lévi-Strauss legte seine strukturalistische Herangehensweise in einer Reihe gewichtiger Wälzer dar, vor allem in seinem vierbändigen Magnum Opus *Mythologiques*. Wie um der großen Bedeutung des Feuers und des Essens in seinem Denken seine Reverenz zu erweisen, brachte er in den Titeln von drei der vier Bände der *Mythologiques* ausdrückliche Bezüge zur Kochkunst und zum Feuer unter. Der erste Band, *Das Rohe und das Gekochte*, erschien 1964, der zweite, *Vom Honig zur Asche*, 1966, der dritte, *Vom Ursprung der Tischsitten*, 1968. Kochen war für Lévi-Strauss geradezu die Quintessenz des Menschseins.

Was und wie Lévi-Strauss über das Kochen schreibt, wirkt überraschend unfreudig für einen Pariser. Seine Kritiker hatten, ebenso wie bei vielen seiner anderen Schriften, bei *Mythologiques* leichtes Spiel, ihm vorzuhalten, dass die in dem Werk vorgetragenen Ideen sehr viel mehr Einsicht in das akribisch geordnete, sehr technische, todernste, aber auch höchst scharfsinnige Innenleben des Denkers Claude Lévi-Strauss eröffneten als Aufschlüsse über die Welt außerhalb seines gelehrten Kopfes.

So komplex, wie manche von Lévi-Strauss' Schriften erscheinen mögen, so simpel war die Prämisse, auf die er seine große «strukturalistische» Kulturtheorie gründete: Sie besagte, die individuellen Überzeugungen, Normen und Praktiken, die eine Kultur ausmachen, seien für sich genommen bedeutungslos; ihr Sinn erschließe sich erst, wenn man sie als Elemente eines Beziehungsgefüges interpretiere.

Er nahm Anleihen bei der Linguistik auf, die zu diesem Zeitpunkt nachgewiesen hatte, dass zwischen der von einem Wort (gleich in welcher Sprache) bezeichneten Sache und dem Wort als solchem keine organische Beziehung besteht. Die Buchstaben «H-u-n-d» stehen in keiner organischen Beziehung zu dem Tier, mit dem viele von uns ihr Leben teilen; in diesem Sinne gilt, dass für ein und dasselbe Lebewesen in den verschiedenen Sprachen unterschiedliche, letzten Endes willkürliche Klanggebilde verwendet werden: «dog» im Englischen, «chien» im Französischen, «ǂhuin» in der Klicksprache der Ju/'Hoansi. Wer, so erklärten die Linguisten, verstehen wolle, was das Wort «Hund» bedeutet, müsse es in den Kontext der betreffenden Sprache als Ganzer stellen. Zum Beispiel ergebe das Lautbild eines Wortes wie «Hund» im Deutschen nur einen Sinn im Rahmen des gesamten Vokabulars der deutschen Sprache, innerhalb dessen phonetisch ähnliche Wörter wie «Mund» oder «rund» eine vollkommen andere Bedeutung haben.

Im Zuge seiner Erkundung der ständig weiter anwachsenden ethnographischen Literatur gelangte Lévi-Strauss zu der Überzeugung, nicht nur die lautlichen Elemente unseres Wortschatzes seien willkürlich, sondern auch unsere kulturellen Normen, Symbole und Praktiken. Eine Geste etwa, die in einer Kultur als Ausweis von Höflichkeit gilt – zum Beispiel einen Fremden mit einem Kuss zu begrüßen –, mag in einer anderen Kultur als zudringlich empfunden werden und in einer dritten als völlig bedeutungslos. Daraus folgte für Lévi-Strauss, dass man den Sinn kultureller Praktiken nur erschließen könne, indem man sie in Beziehung zu anderen Praktiken innerhalb derselben Kultur setze. So betrachtet, könne man zu dem Ergebnis gelangen, dass ein Küsschen auf die Wange in Frankreich das Äquivalent zu einem Händeschütteln in Deutschland oder zum Aufeinanderdrücken der Nasenspitzen bei den Inuit sei.

Lévi-Strauss vertrat außerdem die Ansicht, unsere Kulturen seien immer auch Ausdruck und Reflex der Arbeitsweise unserer Psyche. Für ihn stand fest, dass das Denken in Gegensätzen in der menschlichen Psyche fest verankert ist. Das Urteil «gut» beispielsweise ergebe einen Sinn nur in Bezug auf sein Gegenteil, «böse» oder «schlecht». Dito links versus rechts, dunkel versus hell, roh versus gekocht, Arbeit versus Freizeit usw. Dies führte ihn zu der Überzeugung, dass der Anthropologe, der sich um das Verständnis einer bestimmten Kultur bemühe, erst einmal die für diese Kultur kennzeichnenden Gegensatzpaare identifizieren und die zwischen ihnen bestehenden Kreuz- und Querbezüge kartieren müsse.

Der Gegensatz zwischen Rohem und Gekochtem war ein häufig wiederkehrender Topos in den Mythen und Kulturtechniken unterschiedlicher Ethnien in aller Welt. «Alle Kulturen müssen dieses Ringen zwischen Natur und Kultur bewältigen», schreibt Lévi-Strauss dazu. «Die Natur (‹roh›) wird mit Instinkt und dem Körper assoziiert, die Kultur (‹gekocht›) hingegen mit der Vernunft und dem Geist, neben anderem.»

Was ihn an diesem Gegensatzpaar ebenfalls besonders interessierte, war der Umstand, dass es einen Übergang implizierte. Während aus links niemals rechts werden kann, kann aus etwas Rohem etwas Gekochtes werden. «Nicht genug damit, dass das Kochen den Übergang von Natur zu Kultur markiert», argumentierte Lévi-Strauss, «lässt sich durch [das Kochen] und mit seiner Hilfe der Zustand der Menschheit mit allen seinen Attributen definieren.»

In der Frühzeit seiner Laufbahn war Lévi-Strauss fasziniert von dem Gedanken, man könne Zeit und Ort des Übergangs vom Hominiden zum Menschen präzise bestimmen, den Punkt also, an dem wir vom Tier zum Menschen geworden und von der Natur zur Kultur übergegangen sind. Als er dann aber mit der Konzipierung des Strukturalismus begann, trat dieses Thema für ihn in den Hintergrund.

Der Versuch, der Menschheitsgeschichte einen Sinn abzugewinnen, habe Ähnlichkeit mit der «Erforschung eines Weichtiers», schrieb Lévi-Strauss, gleiche die Menschheit doch einem «amorphen, klebrigen Gallert, das ein Gehäuse von vollkommener mathematischer Gestalt hervorbringt, so wie das Chaos der Menschheit strukturell vollkommene kulturelle Artefakte hervorgebracht hat». Nach seiner Überzeugung bestand die Aufgabe des Völkerkundlers darin, die strukturell perfekte äußere Form zu studieren, während andere Forscher im gallertigen Inneren des «Weichtiers» namens Menschheit herumstocherten.

Selbst wenn Lévi-Strauss das Kochen als ausschweifende Metapher und nicht so sehr als konkreten historischen Forschungsgegenstand verstand, symbolisiert es in seinem Werk vielleicht eloquenter als alles andere das Heranwachsen und Strukturwerden einer vielschichtigen Kultur im Verlauf unserer Evolutionsgeschichte, denn zu den Definitionsmerkmalen der Kultur gehört die Fähigkeit, Objekte aus einem «rohen» Naturzustand zweckgerichtet und schöpferisch in einen «gekochten» kultivierten Zustand zu überführen.

Und damit sind wir natürlich bei einem Definitionsmerkmal der Arbeit angelangt. So wie wir rohe Lebensmittel durch eine Kombination aus menschlicher Tätigkeit und Feuer zu einer Mahlzeit «verarbeiten», verarbeitet ein Möbelschreiner Baumstämme zu Möbeln, und ein Hersteller von Plastikbesteck verarbeitet Chemikalien zu Kunststoffmessern; ein Lehrer arbeitet daran, Schüler aus dem Zustand der Unwissenheit in den Zustand der Aufgeklärtheit zu überführen; und der Leiter einer Marketing-Abteilung arbeitet daran, die Produkte seiner Firma zu Verkaufsschlagern zu machen.

Wenige Anthropologen, wenn überhaupt noch welche, verschreiben sich heute noch der strukturalistischen Philosophie von Claude Lévi-Strauss. Fortschritte in der Kognitionsforschung haben gezeigt, dass unser Geist – und auch unsere Kultur – sehr viel mehr ist als die mit Gegensatzpaaren und Assoziationen gefüllte Schale eines Weichtiers. Wie wir heute außerdem wissen, unterscheiden nicht alle Kulturen so, wie Lévi-Strauss es annahm, zwischen «Natur» und «Kultur». Menschliche Kulturen sind in sehr viel stärkerem Maß, als er und seine Jünger es ahnten, das Produkt der Arbeit, die unser Körper leistet. Andererseits prägt die Vorstellung, man müsse Kulturen als Systeme begreifen, nach wie vor große Teile der modernen anthropologischen Forschung, desgleichen die Auffassung, wir müssten, um den Sinn und Zweck jeglicher individuellen kulturellen Handlung, Überzeugung oder Norm zu erfassen, zunächst einmal verstehen, was diese nicht sind.

An dieser Stelle fügt das strukturalistische Modell von Lévi-Strauss der Geschichte der menschlichen Arbeit eine weitere kritische Dimension hinzu, indem es davon ausgeht, dass die Beherrschung des Feuers, weil sie unseren Vorfahren mehr freie Zeit verschaffte, dem begrifflichen Gegenteil der Freizeit, also der Arbeit, zusätzliches Leben einhauchte und unsere Spezies auf eine Reise schickte, die vom Jagen und Sammeln im Wald zur modernen Fabrikhalle führte.

TEIL ZWEI

FREIGIEBIGE NATUR

5

«Die ursprüngliche Überflussgesellschaft»

Auch wenn es bei Anbruch des dritten Jahrtausends unserer Zeitrechnung triftige archäologische Belege für die Annahme gab, dass der anatomisch moderne Homo sapiens seit mindestens 150 000 Jahren auf Erden wandelt, waren die meisten Anthropologen der Überzeugung, der Übergang zu «modernen» Verhaltensweisen habe bei unseren Vorfahren erst sehr viel später stattgefunden. Es herrschte die Ansicht vor, der frühe Homo sapiens habe bis vor rund 50 000 Jahren auf der «falschen Seite» einer wichtigen kognitiven Entwicklungsschwelle gestanden; es habe ihm insbesondere an der Fähigkeit gefehlt, sich Gedanken über die Mysterien des Lebens zu machen, Götter zu verehren und böse Geister zu verfluchen, lustige Geschichten zu erzählen, ordentliche Bilder zu malen, vor dem Wegdämmern in einen traumgefüllten Schlaf über die Ereignisse des verflossenen Tages nachzudenken, Liebeslieder zu singen oder sich mit schlauen Ausreden um die Erledigung einer Aufgabe zu drücken. In eine ähnliche Richtung wies ihre Überzeugung, unsere Vorfahren seien bis zu dem Zeitpunkt, da der Homo sapiens diese Schwelle überschritt, geistig nicht agil genug gewesen, etwa Fertigkeiten, die sie in einem Kontext erlernt hatten, mit der Flexibilität, mit der wir das heute tun, in schöpferischer Weise auf andere Aufgabenstellungen zu übertragen. Sie waren, kurz gesagt, überzeugt, dass unsere Vorfahren erst in jüngerer Vergangenheit die Fähigkeit entwickelten, Arbeit mit der zweckgerichteten und bewussten Zielstrebigkeit zu verrichten, wie wir das heute tun.

Sie glaubten davon ausgehen zu können, weil lange Zeit die ältesten eindeutigen Belege für dieses Intelligenzniveau – künstlerisch gelungene Felszeichnungen und Gravuren, symbolhafte Skulpturen, vielfältige Traditionen fortgeschrittener Werkzeugherstellung, elegant gestaltete Schmuckstücke und aufwändigere Begräbnisrituale – nie älter als 40 000 Jahre waren. Da der Homo sapiens um diese Zeit keine deutlich sichtbaren körperlichen Veränderungen zeigte, griffen die Anthropologen auf die Hypothese zurück, der vermutete «große Sprung vorwärts» müsse sich vollzogen haben, als vor vielleicht 60 000 Jahren ein unsichtbarer genetischer Schalter umgelegt wurde. Als Folge davon habe sich bei den in Afrika lebenden menschlichen Populationen ebenso wie bei denen, die bereits den Weg nach Europa und Asien gefunden hatten, ziemlich gleichzeitig eine «Verhaltensmodernisierung» vollzogen, vorangetrieben von ihren neu entwickelten Fähigkeiten; sie seien dann sofort darangegangen, den Rest der bewohnbaren Welt zu kolonisieren, und hätten überall, wo sie hinkamen, Zeugnisse ihrer Erfindungskraft, Kreativität und Intelligenz hinterlassen, jedenfalls solange sie nicht voll damit beschäftigt waren, lokale Wildarten auszurotten oder sich Kämpfe mit entfernt verwandten Menschenarten wie den Neandertalern zu liefern.

Die löcherigen Schädel von Neandertalern und anderen Frühmenschen, die in Museumsdepots und Hochschularchiven in aller Welt eingelagert sind, kümmert es nicht, was irgendwer heute über sie sagt. Es ist aber offenkundig problematisch, das kognitive Niveau einer Menschenkohorte hauptsächlich nach den von ihr hinterlassenen handwerklichen Produkten zu beurteilen. Viele indigene Ethnien in aller Welt wurden bis vor kurzem noch als minderwertig eingestuft, weil Außenstehenden ihre Kultur primitiv erschien, allen voran die Aborigines im Tasmanien des 18. Jahrhunderts, die jedoch so exzellente Jäger und Sammler waren, dass sie mühelos alle Nahrung, die sie brauchten, mittels eines kleinen Arsenals von Werkzeugen beschaffen konnten, gegen die der Faustkeil eines Homo erectus wie ein Hightech-Produkt wirken würde.

Inzwischen müssen wir dank eines wachsenden Bestandes an Erkenntnissen davon ausgehen, dass der frühe Homo sapiens kein bisschen weniger ichbewusst und zweckgerichtet agiert hat als wir heutigen Menschen und dass er die Erde wesentlich früher betreten hat, als wir das lange Zeit geglaubt haben. Wie neue archäologische Entdeckungen im südlichen Afrika und anderswo zeigen, brachten Menschen schon Zehntausende Jahre vor der vermeintlichen «kognitiven Revolution» alle möglichen raffinierten Dinge zustande. In der Zusammenschau mit den Ergebnissen anthropologischer Feldforschung bei räumlich isolierten Völkerschaften, die auch im 20. Jahrhundert noch als Jäger und Sammler lebten, lassen diese Erkenntnisse den Schluss zu, dass während 95 Prozent der Entwicklungsgeschichte unserer Spezies die Arbeit nicht annähernd den erhabenen Podestplatz im Leben der Menschen einnahm, den wir ihr heute zuweisen.

Nach der Veröffentlichung von Darwins *Die Entstehung der Arten* lebten die akademischen Diskussionen über die genetischen Verwandtschaftsgrade urmenschlicher Populationen ebenso sehr von Anflügen der Inspiration, der Fantasie, der aristotelischen Logik und der in den Debattierclubs studentischer Verbindungen in Oxford und Cambridge geschliffenen Rhetorikkünste wie von konkreten empirischen Erkenntnissen. Es gab einfach kein absolut probates Mittel, das es erlaubt hätte, genetische Verwandtschaften zwischen Individuen allein auf Grundlage physischer Übereinstimmungen bzw. Unterschiede zu bestimmen.

Die Paläogenetik, die die Urgeschichte der Menschheit aus der Analyse archaischer Genome ableitet, steckt als Wissenschaft noch in den Kinderschuhen, hat jedoch gute Chancen, in Siebenmeilenstiefeln zu einem Riesen heranzuwachsen. Im Verlauf der letzten beiden Jahrzehnte ist die Entwicklung der Analyseverfahren rapide vorangeschritten, und die Forscher verstehen sich immer besser darauf, jahrtausendealten Knochen und Zähnen genetische Information zu entlocken und sie mit der Genausstattung heute lebender Menschengruppen zu vergleichen; sie haben auf diese Weise eine Fülle neuer Einsichten in (und neuer Fragen im Hinblick auf) die Evolution, die Ausbreitung und die Interaktionen des Homo sapiens im Lauf der zurückliegenden halben Million Jahre gewonnen.

Es gibt heutzutage Tausende Laboratorien, die in der Lage sind, ein menschliches Genom im Verlauf eines Nachmittags zu sequenzieren – zu einem Preis deutlich unter 500 Euro. Mit der Erschwinglichkeit kam die «Massenproduktion»: Eine ganze Armee von Algorithmen durchforstet mittlerweile Tag und Nacht fast unvorstellbar gigantische Datensätze, bestehend aus hochauflösenden digitalen Passbildern der DNA von Millionen Menschen, lebenden wie verstorbenen. Die meisten dieser Algorithmen sind darauf getrimmt, interessante Muster zu finden, zu vergleichen und abzuklopfen, sei es innerhalb eines individuellen Genoms oder quer über eine Auswahl von Genomen, oft im Rahmen medizinischer und epidemiologischer Forschungsprojekte. Manche Algorithmen sind jedoch speziell darauf ausgerichtet, die Geheimnisse unserer Evolutionsgeschichte zu entschlüsseln, indem sie Affinitäten zwischen archaischen DNA-Proben, gewonnen aus gut erhaltenen urzeitlichen Knochen, und DNA-Proben von Angehörigen heute lebender menschlicher Populationen herausfinden. Dabei wurden und werden Erkenntnisse gewonnen, die uns zu einer völligen Neuinterpretation großer Teile der Vor- und Frühgeschichte unserer Spezies zwingen.

Neue empirisch fundierte Erkenntnisse werden heute in so dichter Abfolge gewonnen und veröffentlicht und bergen häufig so große Überraschungen, dass Genom-Historiker sich selten an einer bestimmten Interpretation der gewonnenen Daten festhalten, haben sie doch damit zu rechnen gelernt, dass von heute auf morgen etwas Neues herauskommen kann, das vieles, was man bislang zu wissen glaubte, auf den Kopf stellt.

Einige dieser Entdeckungen – wie die eindeutigen genetischen Beweise dafür, dass die meisten von uns Neandertaler als Urahnen haben – werfen neue Fragen zu unserem Selbstverständnis als Angehörige der Art Homo sapiens auf. Manche konfrontieren uns auch mit der Frage, ob wir uns nicht von dem liebgewordenen Bild eines evolutionären Stammbaums mit einem Stamm, Ästen und Zweigen verabschieden sollten, das grafisch veranschaulicht, wie sich Erbinformationen über die Generationen hinweg und zwischen den diversen Reichen, Stämmen, Klassen, Ordnungen, Familien, Gattungen und Arten aufgeteilt haben, die zusammen das irdische Tier- und Pflanzenreich bilden. Wenn wir nämlich diesen «Stammbaum» unter die Lupe nehmen, erkennen wir, dass er eher dem Mündungsdelta eines Flusses ähnelt, mit Tausenden verästelter Wasseradern, die immer wieder ineinanderfließen und sich aufspalten.

Eine der atemberaubendsten unter den von der Genforschung eröffneten Erkenntnissen ist die, dass die wohlgeordnete Geschichte vom Homo sapiens, der gleichsam in reinblütiger Linie von einer irgendwo in Afrika entstandenen Variante des Urmenschen abstammt und sich von dort aus aufmachte, die Erde zu erobern, mit ziemlicher Sicherheit falsch ist. Sehr viel wahrscheinlicher ist, dass mehrere distinkte, von einem gemeinsamen Vorfahr abstammende Linien des Homo sapiens sich vor rund einer halben Million Jahren parallel zueinander entwickelten und vor rund 300 000 Jahren fast zeitgleich in Nordafrika, im südlichen Afrika und in der Region des ostafrikanischen Grabenbruchs in Erscheinung traten und dass fast alle heute auf der Erde lebenden Menschen genetische Mischlinge mit Anteilen aus allen diesen «Wasseradern» sind.[1]

Die neuen genomischen Erkenntnisse sind aufschlussreich, doch ist unser aus archäologischen Quellen geschöpftes Wissen über die ersten 250 000 Jahre in der Geschichte des Homo sapiens noch zu lückenhaft und unvollständig, um uns mehr als vereinzelte Einblicke in sein Leben zu gestatten. Wie einschlägige Funde zeigen, verabschiedete sich der Homo sapiens (ebenso wie der Neandertaler) vor rund 300 000 Jahren überall in Afrika von den allgegenwärtigen Faustkeilen und verlegte sich auf die Herstellung und den Gebrauch diverser anderer Werkzeuge, vor allem kleinerer, gleichförmig gestalteter Steinscherben, die jeweils speziell für die Durchführung unterschiedlicher Arbeiten zugerichtet wurden.

In manchen Fällen verraten uns Steinschnitzel mehr über die Lebensumstände ihrer Benutzer als über ihre technischen Fertigkeiten und Begabungen. Zu den interessantesten Steinwerkzeugen aus dieser Periode zählen etwa 320 000 Jahre alte Scherben aus Lavaglas und Feuerstein, gefunden in der Region Olorgesailie im südlichen Kenia. Diese Teile sind zwar an sich nicht besonders bemerkenswert, aber was sie interessant macht, ist die Tatsache, dass um diese Zeit in vielen Menschengruppen Werkzeuge dieses Typs hergestellt wurden und dass sie offenbar sehr genau wussten, dass eine Lavaglas-Scherbe eine schärfere Schnittkante hat als ein modernes Chirurgenskalpell und dass Feuerstein – ein aus winzigen Quarzkristallen bestehendes Sedimentgestein – das zweitbeste Schneidewerkzeug lieferte. Eine weitere Besonderheit an diesen Werkzeugen war, dass das Rohmaterial – Lavaglas und Feuerstein – aus fast 100 Kilometer entfernten Steinbrüchen herbeigeschafft wurde,[2] um dann zu Schneide- und Stechwerkzeugen unterschiedlicher Größe und Form gehauen zu werden. Man könnte daraus auf die Existenz komplexer Tausch- und Sozialbeziehungen innerhalb eines sich über Hunderte Quadratkilometer erstreckenden Netzwerks schließen. In diese Richtung gehen jedenfalls die Vermutungen der Archäologen, die Relikte dieser Werkzeuge gefunden haben. Man kann zumindest davon ausgehen, dass die Hersteller dieser Werkzeuge vorausschauend und ambitioniert genug waren, um sehr lange Marschwege zu bestimmten Fundstellen zurückzulegen, an denen sie sich die besten Ausgangsmaterialien für ihre Steinwerkzeuge holen konnten.

Es ist damit zu rechnen, dass in absehbarer Zeit weitere sehr alte archäologische Stätten wie Olorgesailie erschlossen werden, die geeignet sind, unser Wissen um die Lebensweise des frühen Homo sapiens in Afrika zu unterfüttern. Gedämpft wird dieser Optimismus dadurch, dass die Umweltbedingungen in großen Teilen des afrikanischen Kontinents bekanntlich sehr viel ungünstiger für die Konservierung von Knochen und organischen Artefakten jeglicher Art sind als etwa in den Permafrost-Gebieten Nordeuropas und Asiens. Die derzeit plastischsten und überraschendsten Belege dafür, womit einige frühe Homo-sapiens-Gesellschaften in Afrika ihre Tage verbrachten, stammen aus einer Anzahl küstennaher Höhlen im südlichen Afrika.

Die Blombos-Höhle thront über einer stillen Bucht nicht weit von dem Abschnitt der Südküste Afrikas, in dem die Gewässer des Indischen auf die des Atlantischen Ozeans treffen. Vom Höhlenmund aus hat man einen schönen Blick auf die Bucht, in der zuweilen südliche Glattwale überwintern.

Rund 35 Meter unterhalb des Höhlenmundes reihen sich heute etliche exponierte Felsbrocken aneinander, in deren mit Meerwasser gefüllten Vertiefungen es von Kleinfischen, Strandschnecken, Muscheln, Tintenfischen und Krabben wimmelt. Über weite Teile der letzten 200 000 Jahre hinweg waren diese natürlichen Wasserbassins jedoch trocken. Billionen Kubikmeter Wasser waren damals in den Eiskappen des Süd- und Nordpols gebunden, sodass vom Höhlenmund aus der Ozean allenfalls als ein Streifen schwarzen Schlicks fern am Horizont zu erkennen war. Der lange und beschwerliche Weg von der Höhle zum Strand dürfte damals über eine Abfolge gewellter grasbewachsener Dünen und durch ein in ständiger Veränderung begriffenes Labyrinth schmaler Flussarme und knietiefer Lagunen geführt haben.[3] Doch dann folgte, beginnend vor rund 100 000 Jahren, eine 30 000 Jahre währende Periode, in der der Meeresspiegel entlang dieser Küste mit den höchsten Stand der letzten halben Million Jahre erreichte und sich somit ein nicht viel anderes Bild bot als heute.

In jener Zeit bemerkten die in der Bucht rastenden Glattwale vielleicht hin und wieder Menschen, die von der hochgelegenen Höhle aus das Auftauchen und Flossenschlagen der Wale beobachteten oder die in den Felsenbassins in Strandnähe Weichtiere und Muscheln sammelten. Die Höhle gewährte den Menschen nicht nur einen guten Ausblick auf die Bucht und einen leichten Zugang zu weiter östlich und westlich gelegenen Strandabschnitten, sondern bot ihnen natürlich auch Schutz vor den Winterstürmen, die von Süden her gegen die Küste wüteten. Doch das vielleicht attraktivste an dieser Höhle war der exzellente maritime Speisezettel, der sich vor ihren Bewohnern ausbreitete, allen voran das feste Fleisch und der energiereiche Speck und Tran der Wale, die sich in die seichten Ablaufrinnen entlang der Küste verirrten, strandeten und ihr Leben aushauchten.

Fossile Hinterlassenschaften im Innern der Höhle zeigen, dass deren Bewohner sehr viel mehr verzehrten als nur Walsteaks. Sie ließen sich auch Napfschnecken, Strandschnecken und fangfrische Muscheln schmecken und verstanden sich darauf, Krustentiere gleich sackweise nach oben zu schleppen und in der Geborgenheit der Höhle zu verspeisen. Um ihre Kost abwechslungsreicher zu machen, jagten sie darüber hinaus Seehunde, Pinguine, Schildkröten, fleischige Schliefer und weniger fleischige Nacktmulle. Die Archäologen haben in der Höhle sogar Fischgräten gefunden. Da Fischgräten sich schnell zersetzen, ist es schwer, aus diesen Funden Schlüsse darüber zu ziehen, wie viel Fisch die diversen Bewohner der Blombos-Höhle tatsächlich aßen und wie viele der Fische auf das Konto der die Höhle bewohnenden Eulen gingen; es finden sich jedoch Gräten in solcher Vielfalt und Menge, dass man davon ausgehen kann, dass etliche Bewohner der Höhle etwas vom Fischefangen verstanden.

Pflanzenreste bleiben nicht annähernd so gut konserviert wie die Schalen von Weichtieren. Die Landschaft entlang der Küste war indes reich an Pflanzen; wir können also sicher sein, dass auch Gemüse, Knollen, Pilze und Früchte ihren Platz auf dem Speisezettel der menschlichen Höhlenbewohner hatten.

In der Höhle fanden sich jede Menge Steinspitzen und Scherben, darunter einige sauber gearbeitete, rasiermesserscharfe Lanzenspitzen, ein Beleg dafür, dass die Bewohner anspruchsvolle Kombiwerkzeuge und Waffen fertigen konnten, nicht unähnlich denen, die Jäger vom Stamm der Ju/'Hoansi noch heute benutzen. Am berühmtesten ist die Blombos-Höhle jedoch durch das geworden, was ihre Bewohner taten, wenn sie nicht unterwegs waren, um Nahrung zu beschaffen.

Ein Häufchen 75 000 Jahre alte Tropfenperlen aus Meeresschnecken, versehen mit Bohrungen wahrscheinlich für das Durchziehen eines Faden aus Leder, einer Sehne oder einer Pflanzenfaser, zeigt, dass die Höhlenbewohner Freude daran hatten, Ketten zu basteln und sich damit zu schmücken. Aus der obersten Schicht des Höhlenbodens förderten die Archäologen zwei Ockerplatten zutage. In beide war ein diamantartiges Muster eingeritzt, alles andere als ebenmäßig zwar, aber doch offensichtlich mit Bedacht gestaltet. Auch ein Bruchstück eines geglätteten Steins kam zum Vorschein, auf den jemand mit einem Ockerstift ein ähnliches Muster gezeichnet hatte. Diese Bilder sind vor schätzungsweise 77 000 bis 73 000 Jahren entstanden. Und auch wenn keines von ihnen künstlerisch imponiert und sie offenkundig von weit weniger geübten Händen gefertigt wurden als der Kathu-Pan-Faustkeil, gibt es viele Experten, die ihnen bescheinigen, die ältesten bisher gefundenen Beispiele für darstellende Kunst von Menschenhand zu sein.

Die ältesten Fundstücke fanden sich in den untersten Schichten des Höhlenbodens. Sie sind rund 100 000 Jahre alt, und es sind zwei «Farbmörser» aus Abaloneschalen, gefüllt mit einer Mixtur aus gemahlenem Ocker, Holzkohle und anderen Bindemitteln; dazu passende Stößel aus Stein für das Zermahlen zu Pulver und Rührwerkzeuge aus Knochen, um aus dem Pulver eine Paste herzustellen. Ocker und Holzkohle dienten vielleicht als Bindemittel oder Kleber oder wurden, was wahrscheinlicher ist, mit Fett vermischt und zu einer Allzweck-Creme gerührt, die sowohl als Sonnenschutz als auch zur Insektenabwehr dienen konnte. In einer Anordnung hinterlassen, als habe ein Höhlenbewohner, der gerade dabei war, eine Paste oder Creme herzustellen, sie nur kurz beiseitegestellt, sind diese verwaisten Utensilien ein Hinweis auf kultivierte Menschen, deren Leben eine plötzliche und unerklärliche Unterbrechung erfuhr.

Im südlichen Afrika haben Archäologen mehrere weitere Stätten gefunden, die, wie die Blombos-Höhle, so reich an ähnlichen Artefakten sind, dass viele Forscher der Versuchung erliegen, ihre sonstige professionelle Zurückhaltung aufzugeben und in ihrer Fantasie ein vollständiges und komplexes Bild vom Leben der Menschen zu zeichnen, die diese

Rekonstruktion eines 70 000 bis 75 000 Jahre alten Halsbandes aus Nassarius-Schneckenhäusern, wie in der Blombos-Höhle in Südafrika gefunden

materiellen Relikte hinterlassen haben. Nicht weit nördlich und landeinwärts von Blombos befindet sich die Sibudu-Höhle. Zwischen 77 000 und 70 000 Jahren vor unserer Zeit fertigten die damaligen Bewohner der Höhle mit fleißigen Händen schöne Schmuckstücke aus Muschelschalen und schliefen auf Polstern aus Riedgras und anderen Duftkräutern. Es finden sich auch Hinweise darauf, dass sie Leder bearbeiteten und Lederschmuck fertigten und dafür aus Knochen hergestellte Ahlen und Nadeln verwendeten. Einer der Gründe dafür, dass sie es sich erlauben konnten, sich solchen zeitintensiven Tätigkeiten hinzugeben, war, dass sie die Technik des Bogenschießens ertüftelt hatten – rund 60 000 Jahre bevor dies irgendeiner Homo-sapiens-Gemeinschaft in Europa oder Asien gelang.[4]

Es haben sich auch einige faszinierende Belege dafür gefunden, dass dieser hohe Entwicklungsstand sich nicht auf das südliche Afrika beschränkte. An einer Grabstätte am Fluss Semliki im Kongo – einem Gebiet in einer Klimazone, die eher ungünstig für die Konservierung urzeitlicher Relikte ist und in dem heute eine politische Instabilität herrscht, die nachhaltige archäologische Projektarbeit fast unmöglich macht, haben Forscher einen Vorrat an 90 000 Jahre alten Harpunenspitzen aus Knochenteilen entdeckt.[5] Sie wiesen entlang einer ihrer Kanten regelmäßige Einkerbungen mit präzise darin eingelassenen Widerhaken auf, was sie zur perfekten Waffe für die Jagd auf den fettreichen und nahrhaften Wels machte, dessen Gräten unweit der Harpunenspitzen gefunden wurden. Weiter nördlich haben sich in mehreren Regionen Nordafrikas[6] ebenfalls handfeste Belege dafür gefunden, dass die dortigen Menschen, wie die Bewohner der Blombos-Höhle, gleichsam in Serienproduktion die Schalen von Schlammschnecken aus der Nassarius-Familie zu Schmuck verarbeiteten.

Genom-Daten lassen den Schluss zu, dass die urtümlichen afrikanischen Jäger-und-Sammler-Gesellschaften sich durch eine überraschend hohe demographische Stabilität auszeichneten. Daraus lässt sich im Rückschluss ableiten, dass sie sehr nachhaltig wirtschafteten. Wenn das Maß für den Erfolg einer Zivilisation ihre Langlebigkeit ist, dann waren die unmittelbaren Vorgänger der südafrikanischen Khoisan die erfolgreichste Zivilisation in der Geschichte der Menschheit – mit ziemlichem Abstand. Die Bevölkerung Afrikas weist eine sehr viel höhere genetische Diversität auf, als sie irgendwo anders auf der Welt anzutreffen ist, und sogar die auf winzige 100 000 Mitglieder geschrumpfte heutige Khoisan-Population besitzt noch einen höheren Diversitätsgrad als irgendeine andere auf der Welt. Ein Stück weit lässt sich dies mit dem kurzzeitigen Einfließen von Genen zugewanderter Abenteurer aus Ostafrika vor etwa 2000 Jahren erklären, aber ein wichtiger ursächlicher Faktor ist wohl auch, dass die Khoisan nur sehr selten Hungersnöte und andere Katastrophen erlebten, die andere Jäger-und-Sammler-Gesellschaften, die nach Europa und von dort weiter emigrierten, im Verlauf der letzten 60 000 Jahre immer wieder ereilten und manchmal auslöschten.

Die archäologischen Funde der jüngeren Vergangenheit im südlichen Afrika sind beweiskräftig, auch wenn man aus ihnen nicht wirklich viel darüber erfährt, wie viel Arbeit diese Jäger und Sammler leisteten oder was sie über ihre Arbeit dachten. Sie sind aber aussagekräftig genug, um uns zu lehren, dass diese Gesellschaften in Bezug auf ihre wirtschaftlichen Praktiken, ihre materielle Kultur und ihre Gesellschaftsstruktur sehr viel mit den Mitgliedern der kleinen Jäger-und-Sammler-Populationen gemein hatten, die im Wesentlichen dank ihrer Isoliertheit ihre Jäger-und-Sammler-Lebensweise noch bis weit ins 20. Jahrhundert hinein beibehielten.

Im Oktober 1963 schlug Richard Borshay Lee, Doktorand der Anthropologie an der Universität von Kalifornien, ein provisorisches Lager bei einem Wasserloch in einer menschenleeren Wüstenei im Nordosten Botswanas auf. Er war in der Absicht dort hingegangen, einige Zeit bei einer der weltweit letzten isoliert lebenden Jäger-und-Sammler-Gesellschaften zu verbringen, den nördlichen Ju/'Hoansi, die er damals allerdings die «!Kung-Buschmänner» nannte. Sie gehörten im Großen und Ganzen derselben Sprachgruppe an wie die südlichen, an Orten wie Skoonheid lebenden Ju/'Hoansi. In den 1960er Jahren besaßen diese Ju/'Hoansi bemerkenswerterweise noch die Freiheit, ihre traditionellen Jagd- und Sammel-Reviere zu durchstreifen, wo sie Löwen, Hyänen, Stachelschweinen, Erdferkeln und unzähligen anderen Tieren begegnen konnten, mit denen ihre Vorfahren wahrscheinlich seit 300 000 Jahren gelebt hatten.

Wie viele Studenten der Anthropologie in jener Zeit fand Lee es frustrierend, dass der fragmentarische archäologische Wissensfundus kein wirklich plastisches Bild davon vermittelte, wie der Alltag unserer als Jäger und Sammler lebenden Vorfahren selbst in der jüngeren Vergangenheit ausgesehen hatte. In seinen Augen warfen abgebrochene Pfeilspitzen, verwaiste Feuerstellen und zerbröselnde Überreste angekauter Tierknochen, die das täglich Brot der Paläoanthropologen sind, mehr Fragen auf, als sie beantworteten. Wie groß waren zum Beispiel Jäger-und-Sammler-Verbände?, fragte er sich. Wie waren sie organisiert? Bestanden von einem Ökosystem zum anderen deutliche Unterschiede zwischen ihnen? Und war ihr Leben wirklich so anstrengend, wie alle Welt es sich vorstellte?

Lee hatte die Idee, dass, wenn er die an einer Hand abzuzählenden Gesellschaften, die im 20. Jahrhundert noch als Jäger und Sammler lebten, aufsuchte und studierte, seine Erkenntnisse den Anthropologen und Archäologen vielleicht helfen würden, eine klarere Vorstellung von einer

Lebensweise zu gewinnen, die «bis vor 10 000 Jahren die Menschheitsnorm war».[7] Das überraschendste an dem von Lee gewählten Ansatz war, dass bis dahin niemand auf die Idee gekommen war, so etwas zu tun. Lange Zeit hatte alle Welt geglaubt, Völkerschaften wie die BaMbuti-Pygmäen oder die Ju/'Hoansi-Buschmänner seien lebende Fossilien, die aus geographischen Gründen, wegen ungünstiger Umstände oder einfach, weil es für sie dumm gelaufen war, in der Steinzeit stecken geblieben waren, während die übrige Menschheit auf ihre epische Reise Richtung Wissenschaft und Aufklärung gegangen war.

Was Lee vor allem herausfinden wollte, war, wie gut Jäger und Sammler mit dem Problem der Knappheit zurechtkamen; dies ließ sich seiner Meinung nach am besten bewerkstelligen, indem man dokumentierte, wie viel Zeit sie aufwenden mussten, um ihre nach seiner Überzeugung magere Kost einzubringen. Der wissenschaftliche Konsens lautete zu jener Zeit, Jäger und Sammler lebten beständig am Rande der Hungersnot, litten ständig Hunger und müssten sich glücklich schätzen, wenn sie älter als 30 Jahre wurden. Außerhalb akademischer Kreise war die Vorstellung, die sich die meisten Leute von Jägern und Sammlern machten, von einem Potpourri haarsträubender Anekdoten geprägt, etwa von «Eskimos», die, wenn einer ihrer älteren Stammesgenossen seine Last nicht mehr tragen konnte, ihn auf einer Eisscholle zurückließen, oder von Völkerschaften in irgendeinem Hinterland, bei denen Mütter ihre Neugeborenen den Hyänen zum Fraß vorwarfen, weil sie wussten, dass sie sie nicht ernähren konnten.

Lee entschied sich gegen Australien oder Südamerika, wo es beglaubigte Jäger-und-Sammler-Gesellschaften gab, und ging stattdessen in die nördliche Kalahari, in der Überzeugung, die dortigen Gruppen von Ju/'Hoansi-Buschmännern würden ihm den besten Anschauungsunterricht über das Leben von Steinzeitmenschen erteilen. Wie er wusste, waren anderswo im südlichen Afrika Buschmännerstämme bereits teilweise «akkulturiert», während die nördlichen Ju/'Hoansi sich noch außer Reichweite der weißen Viehzüchter befanden und wegen der lebensfeindlichen Bedingungen in der Kalahari-Wüste weitgehend isoliert von der ackerbautreibenden Gesellschaft lebten; dazu kam, dass Lee glaubte, die Kalahari entspreche weitgehend «der Tier- und Pflanzenwelt in den Lebensräumen der Urmenschen».[8]

Der Wunsch Lees, am Leben von Jägern und Sammlern teilzunehmen, wurzelte nicht nur in wissenschaftlicher Neugierde. Wie viele andere Angehörige einer Generation, zu deren prägenden Kindheitserlebnissen der Zweite Weltkrieg gehört hatte, tat Lee sich schwer damit, vorbehaltlos den Fortschrittsglauben zu teilen, der die Lebenseinstellung seiner Eltern und Großeltern, einschließlich ihres Verständnisses von Arbeit und Wohlfahrt, prägte. Er fragte sich, ob nicht ein besseres Verständnis für die Lebensweise unserer Vorfahren (die alle einmal Jäger und Sammler gewesen waren) wertvolle Einsichten in das «Wesen des Menschen» liefern könnte, «bereinigt von all den von Landwirtschaft, Verstädterung, moderner Technik und den Konflikten zwischen Nationen und Klassen generierten Auswüchsen und Komplikationen».

Es sei «immer noch eine offene Frage», schrieb Lee, «ob der Mensch sich als fähig erweisen wird, die außerordentlich komplexen und instabilen ökologischen Verhältnisse, die er für sich selbst geschaffen hat, zu überleben», und ob der technologische Wildwuchs, der auf die landwirtschaftliche Revolution gefolgt sei, der Menschheit den Weg nach Utopia weisen oder sie in den Untergang führen werde.[9]

Lee taktete sich in die Rhythmen des Lebens in der Kalahari ein und beeindruckte seine Gastgeber damit, wie schnell er mit ihrer komplizierten Klicksprache zurande kam. Sie fanden auch Gefallen an seiner Großzügigkeit und Zwanglosigkeit, wobei ihm allerdings ihre fast unaufhörliche Bettelei um Geschenke (Essbares und Tabak) irgendwann auf die Nerven ging. Die Ju/'Hoansi zeigten sich bereit, die in die Hunderte gehenden, oft nervtötenden Fragen zu beantworten, die Anthropologen nun einmal stellen, und ließen es sich auch gefallen, dass er sie bei allen ihren täglichen Besorgungen und Arbeiten beobachtete, seine Stoppuhr betätigte und jedes Stückchen Essbares, das sie in die Hand nahmen, auf seine Waage legte.

18 Monate nach seiner Ankunft in der Kalahari verstaute Lee seine Notizbücher, baute sein Lager ab und kehrte in die Vereinigten Staaten zurück. Die vorläufigen Ergebnisse seiner Feldforschung präsentierte er auf einer Konferenz, die er im April 1966 zusammen mit seinem langjährigen Forschungspartner Irven DeVore an der Universität von Chicago veranstaltete. Es hatte sich herumgesprochen, dass bei dieser Veranstaltung, der Lee den Titel «Man the Hunter» gegeben hatte, etliche überra-

schende neue Erkenntnisse vorgestellt würden, was dazu führte, dass einige prominente Anthropologen, darunter der berühmte Claude Lévi-Strauss, sogar den Atlantik überquerten, um teilzunehmen.

Was Lee verkündete, stimmte die Teilnehmer auf eine der aufsehenerregenderen Konferenzen in der Geschichte der modernen Anthropologie ein. In einem Vortrag, der inzwischen Kultstatus erreicht hat, berichtete Lee, dass und wie die Ju/'Hoansi ihn zu der Überzeugung gebracht hatten, entgegen dem verbreiteten Klischeeglauben sei «das Leben in einem Naturzustand nicht unbedingt scheußlich, bestialisch und kurz».[10]

Lee berichtete seinen Zuhörern, trotz der Tatsache, dass während der Dauer seines Forschungsprojekts eine so schwere Dürre über das Land gekommen sei, dass ein Großteil der bäuerlichen Bevölkerung im ländlichen Botswana nur dank staatlicher Katastrophenhilfe in Gestalt von Lebensmittellieferungen überlebt habe, hätten die Ju/'Hoansi keine Hilfe von außen gebraucht, sondern seien mit gesammelten Früchten und gejagten Tieren problemlos über die Runden gekommen. Jedes Mitglied der von ihm studierten Ju/'Hoansi-Gruppe konsumierte nach seinen Angaben durchschnittlich 2140 Kilokalorien pro Tag, knapp zehn Prozent mehr als die empfohlene tägliche Kalorienmenge für Personen ihrer körperlichen Statur. Auf das größte Erstaunen stieß Lees Mitteilung, dass die Ju/'Hoansi die gesamte Nahrung, die sie brauchten, mit einem «bescheidenen Aufwand» an Arbeit zu beschaffen wussten – so bescheiden, dass sie tatsächlich erheblich mehr «freie Zeit» hatten als Vollzeitbeschäftigte in der industrialisierten Welt. Unter Berücksichtigung dessen, dass Kinder und Alte von anderen mitversorgt wurden, ergaben seine Zahlen, dass die wirtschaftlich aktiven Erwachsenen der Gruppe im Durchschnitt nur etwas mehr als 17 Stunden pro Woche für die Nahrungsbeschaffung aufwendeten, wozu noch rund weitere 20 Stunden pro Woche für die Erledigung anderer Arbeiten kamen: Essen zubereiten, Feuerholz sammeln, Behausungen herrichten und Werkzeuge anfertigen oder reparieren. Insgesamt summierte sich das zu nicht einmal der Hälfte der Stunden, die ein durchschnittlicher amerikanischer Arbeiter oder Angestellter für seine Erwerbsarbeit und seine häuslichen Pflichten aufwendete.

Die Daten und Zahlen, die Lee präsentierte, kamen nicht für alle Konferenzteilnehmer überraschend. Unter den Teilnehmern befanden sich mehrere, die ebenfalls in der jüngeren Vergangenheit bei Jäger-und-

Sammler-Völkern in anderen Teilen Afrikas, in der Arktis, in Australien und in Südostasien gelebt und gearbeitet hatten. Sie hatten zwar keine präzisen Messungen von Kalorien und Gewichten gemacht, konnten aber bestätigen, dass auch ihre Gastgeber, wie die Ju/'Hoansi, die Nahrungsbeschaffung mit bemerkenswerter Gelassenheit angingen, ihren Nahrungsbedarf normalerweise mühelos decken konnten und den größeren Teil ihrer wachen Stunden mit «Zeitvertreib» zubrachten.

In der Zeit, in der Richard Lee seine «Man the Hunter»-Konferenz abhielt, rangen viele Sozialanthropologen mit der selbst gestellten Aufgabe, die oft Rätsel aufgebende Wirtschaftsweise von «Stammesvölkern» gegen die beiden damals beherrschenden und miteinander wetteifernden volkswirtschaftlichen Ideologien abzuwägen: gegen den von der westlichen Welt hochgehaltenen marktwirtschaftlichen Kapitalismus und den von der Sowjetunion und China praktizierten Staatskommunismus. Um diese Zeit hatte sich ein «Ökonomismus» als sozialanthropologische Spezialdisziplin in den Vordergrund gedrängt, und die Kontroverse über die Wirtschaft der Naturvölker hatte die ökonomistisch denkenden Anthropologen in zwei verfeindete Lager gespalten, die «Formalisten» und die «Substantivisten».

Die Formalisten vertraten die Auffassung, die Ökonomie sei eine streng wissenschaftliche Disziplin, basierend auf einer Anzahl universeller Regeln, die für das wirtschaftliche Verhalten aller Völker gälten. «Primitive» Volkswirtschaften wie die der Ju/'Hoansi und diverser amerikanischer Indianerstämme ließen sich in ihren Augen am besten als unausgereifte Entwicklungsstadien einer modernen kapitalistischen Volkswirtschaft begreifen, da sie doch von denselben grundlegenden Bedürfnissen, Wünschen und Verhaltensweisen geprägt seien. Die Formalisten hatten kein Problem damit, anzuerkennen, dass die Kultur maßgeblich mit darüber entscheidet, was Angehörige unterschiedlicher Gesellschaften als wertvoll einstufen. Bei nicht wenigen Volksstämmen im östlichen und südlichen Afrika vor Beginn des Kolonialzeitalters wurden beispielsweise Reichtum und Status an der Zahl, Größe, Farbe, Hornform und Wesensart der Rinder gemessen, die einer besaß, bei den Indianerstämmen entlang der nordamerikanischen Westküste wie den Kwakwaka'wakw und den Küsten-Salish daran, wie viele Tierhäute, Kanus, Zedernfaser-Matten, Sklaven und schön geschnitzte Holztruhen sie anderen schenken konnten. Dennoch beharrten die Formalisten auf ihrer Überzeugung, alle Menschen seien in ihrem tiefsten Inneren wirtschaftlich «rational» handelnde Subjekte, und ungeachtet der Tatsache, dass Angehörige unterschiedlicher Kulturen unterschiedliche Dinge als wertvoll betrachteten, seien Knappheit und Konkurrenz universelle Faktoren: Jeder Mensch, so lautete ihr Credo, strebe egoistisch nach dem, was ihm wertvoll erscheine, und jede Gesellschaft entwickle wirtschaftliche Mechanismen für die Verteilung und Zuweisung knapper Ressourcen.

Die Substantivisten bezogen ihre Denkanstöße von einigen der radikaleren und originelleren ökonomischen Impulsgeber des 20. Jahrhunderts. Die lauteste Stimme innerhalb dieses Chores aufmüpfiger Volkswirtschaftler gehörte dem Ungarn Karl Polanyi, nach dessen Überzeugung das einzig Universelle am marktwirtschaftlichen Kapitalismus die Hybris seiner leidenschaftlichen Verfechter war. Polanyi vertrat die Auffassung, der Marktkapitalismus sei ein Kulturphänomen, das sich überall dort herausbilde, wo der moderne Nationalstaat ältere, unschärfer definierte, vielgestaltige, sozial unterfütterte Wirtschaftssysteme ablöse, die hauptsächlich auf Verwandtschaft, Gütergemeinschaft und dem Austausch von Geschenken basierten. Die Substantivisten behaupteten, die wirtschaftliche Rationalität, die die Formalisten als Bestandteil der menschlichen Natur definierten, sei ein kulturelles Nebenprodukt des Marktkapitalismus, und man müsse mit sehr viel mehr geistiger Offenheit an die Frage herangehen, wie andere Völkerschaften den Wert von Dingen maßen, wie sie arbeiteten oder wie sie Produkte miteinander tauschten.

Einer der Teilnehmer der «Man the Hunter»-Konferenz, Marshall Sahlins, war mit den Windungen und Feinheiten dieser speziellen Debatte eng vertraut und hatte sich auch in die breiteren gesellschaftlichen und wirtschaftlichen Fragestellungen eingeklinkt, mit denen sich das boomende Nachkriegsamerika um diese Zeit auseinandersetzte. Wie Claude Lévi-Strauss hatte auch Sahlins etwas anthropologische Feldforschung betrieben, fühlte sich aber im Reich der Theorie besser aufgehoben als beim Abwehrkampf gegen Schmeißfliegen und Durchfall in irgendeinem fremden Land. Mit dem Ruf gesegnet, mindestens ebenso unbescheiden wie begabt zu sein,[11] besaß er einen etwas weiteren und lebhafteren Blick für das große Ganze als einige seiner braungebrannten

Kollegen und traute sich zu verkünden, dass Jäger und Sammler wie die Ju/'Hoansi für ihn «die ursprüngliche Überflussgesellschaft» verkörperten.

Lees Erkenntnis, dass das Leben von Jägern und Sammlern wie den Ju/'Hoansi keineswegs ein ständiger Kampf ums Dasein im Zeichen materieller Entbehrungen ist, kam für Sahlins nicht überraschend. Er hatte sich zuvor schon jahrelang mit Fragen der Evolution und des Hervorgehens komplexer aus einfachen Gesellschaften beschäftigt. Während Lee und andere irgendwo in der Wüste oder im Urwald Skorpione von ihren Stiefeln geschnipst hatten, hatte Sahlins sich durch anthropologische Texte, Berichte von Kolonialverwaltungen und andere Dokumente gewühlt, die Schilderungen über Begegnungen zwischen Europäern und Jägern und Sammlern enthielten. Er hatte daraus den Schluss gezogen, dass das Klischee von den Jägern und Sammlern als Menschen, deren Leben ein beständiger Kampf gegen den Mangel sei, zu allermindest eine allzu grobe Vereinfachung war. Was Sahlins am meisten interessierte, war nicht die Frage, wie viel Freizeit Jäger und Sammler im Vergleich zu gestressten Workaholics in der modernen Landwirtschaft oder Industrie hatten; was ihn vielmehr faszinierte, war die «Bescheidenheit ihrer materiellen Ansprüche». Jäger und Sammler hatten, so lautete seine Schlussfolgerung, hauptsächlich deshalb so viel mehr freie Zeit als andere, weil sie sich nicht von einem Wust bohrender Wünsche jenseits ihrer unmittelbaren materiellen Bedürfnisse verrückt machen ließen.

«Wünsche lassen sich leicht erfüllen», notierte Sahlins, «entweder indem man viel produziert oder indem man wenig braucht.»[12] Jäger und Sammler wählten die Alternative, wenig zu brauchen, und verschafften sich so, auf ihre ganz eigene Weise, einen größeren Überfluss als ein Banker an der Wall Street, der, obwohl er vielleicht mehr Geld, Boote, Autos und Armbanduhren besitzt, als er jemals sinnvoll nutzen kann, ständig darauf aus ist, noch reicher zu werden.

Sahlins Fazit lautete: In vielen Jäger-und-Sammler-Gesellschaften – und womöglich in allen menschlichen Gemeinschaften während des größten Teils der Menschheitsgeschichte – war Knappheit nicht das Organisationsprinzip des menschlichen Wirtschaftens, und ergo bestand das «fundamentale ökonomische Problem» eben nicht, wie die klassische Wirtschaftslehre es postulierte, in einem immerwährenden Kampf ums Überleben.

6

Geister im Urwald

Für den 38-jährigen Joseph Conrad waren die Regenwälder des Kongo eine Brutstätte von Albträumen. Man schrieb das Jahr 1895, und der Autor von *Heart of Darkness* malte, sich auf einem Liegestuhl zu Füßen des Schornsteins des schrottreifen 15-Tonnen-Dampfers *Roi des Belges* fläzend, der zwischen Handelskontoren für Elfenbein und Gummi an den Ufern des Kongo hin- und herschipperte, sich diesen Urwald als einen Brutkasten für «vergessene und brutale Instinkte» all derer aus, die sich seiner «gnadenlosen Umarmung» hingaben. Und nichts war geeigneter, bei Conrad solche Fantasien wachzurufen, als das pulsierende Getrommel und die «unheimlichen Gesänge», die, von den hinter der Baumkulisse verborgenen Dörfern herüberwabernd, durch die abendfeuchte Luft schwirrten und «die Seele über die Grenzen zulässiger Sehnsüchte hinaus betörten».

Conrads packende Schilderungen aus dem Inneren von Afrikas größtem Waldgebiet bezogen ihre Textur aus den Malaria- und Durchfallschüben, die er wiederholt durchmachte und die im Verlauf seiner sechsmonatigen Abenteuerreise durch den östlichen Kongo immer wieder zu Phasen des Delirierens und Halluzinierens führten. Doch mehr als alles andere spiegelten sie wider, was er dort unmittelbar erlebte und was er später als den «niederträchtigsten Kampf um Beute, der je die Geschichte des menschlichen Gewissens und der geographischen Erkundungsreisen verschandelt hat», bezeichnete: Die Force Publique des belgischen Königs Leopold bezahlte für den Kautschuk, das Elfenbein und das Gold, die sie von den kongolesischen Dorfbewohnern eintrieb, in einer Währung namens Angst, indem sie denen, die ihre Lieferquoten nicht erfüllten, die Hände abhackte und jedem, der dagegen zu protestieren wagte, den Kopf.

Dieselben «unheimlichen Gesänge», die den Soundtrack zu Conrads makabren Albträumen lieferten, animierten sechs Jahrzehnte später, 1953, den damals 29-jährigen britischen Anthropologen Colin Turnbull dazu, den Ituri-Wäldern im nördlichen Kongo einen Besuch abzustatten. Ein Liebhaber von Chormusik, hatte Turnbull sich mit wachsender Begeisterung Aufnahmen mit Liedern der dort beheimateten BaMbuti-Pygmäen mit ihren ungewöhnlichen, kaskadenhaften mehrstimmigen Melodielinien angehört. Er wollte diese Gesänge einmal live erleben.

Zwischen 1953 und 1958 unternahm Turnbull drei längere Forschungsreisen zu den Ituri. Wo Joseph Conrad in den unaufhörlichen «tönenden Kaskaden» des Urwalds nur eine «rachsüchtige Finsternis» gefunden hatte, erlebte Turnbull zu seinem Entzücken einen «herzhaften Chor der Lobpreisung», zu Ruhm und Ehre einer «wunderbaren Welt». Nach seinen Schilderungen hatten für die BaMbuti diese Wälder nichts Finsteres, Bedrückendes oder Abweisendes, sondern waren ihnen «Mutter und Vater» in einem, ein großzügiger Spender von «Nahrung, Wasser, Kleidung, Wärme und Zuneigung», der sie, seine «Kinder», hin und wieder auch mit Süßigkeiten wie Honig verwöhnte.

«Sie waren ein Völkchen, das im Wald etwas gefunden hatte, das ihr Leben mehr als nur lebenswert machte», erklärte Turnbull, «etwas, das ihr Leben trotz aller Nöte und Probleme und Tragödien zu einer wunderbaren Erfahrung machte, angefüllt mit Freude und Glück, frei von Angst und Sorge.»[1]

Nach seiner Heimkehr lieferte Turnbull die obligatorischen akademischen und laufbahnrelevanten Arbeiten ab, doch seine wichtigste Schrift, *The Forest People: A study of the People of the Congo*, war alles andere als der gelehrte Wälzer, nach dem sich der Buchtitel anhörte. Mit seiner lyrischen Schilderung des Lebens der BaMbuti lüftete Turnbull den dunklen Schleier, den Conrad über den kongolesischen Urwald gebreitet hatte, gab dem britischen und amerikanischen Lesepublikum einen Denkanstoß und stand eine ganze Weile an der Spitze der Bestsellerliste. Der Erfolg katapultierte ihn für kurze Zeit in den Fokus der Illustriertenreportagen und der Nachmittagssendungen im Fernsehen, brachte ihm aber nicht die Anerkennung vieler seiner anthropologischen Fachkollegen ein. Manche missgönnten ihm den kommerziellen Erfolg und erklärten ihn zu einem Populisten par excellence. Sie raunten einander zu,

Turnbull sei ein Romantiker, dessen Schriften mehr über seine überbordende Leidenschaft verrieten als über die Regenwald-Welt der BaMbuti. Andere lobten ihn zwar als gefühlvollen und sympathischen Chronisten des Lebens der BaMbuti, zeigten sich aber nicht überzeugt davon, dass seine Arbeit von hohem wissenschaftlichen Wert war. Das focht Turnbull nicht sonderlich an. Er machte sich aus der Kritik seiner Kollegen so wenig wie aus dem Klatsch und Tratsch seiner neuen Nachbarn, als er und sein farbiger Lebenspartner ihr neues Haus in einer der konservativen Kleinstädte Virginias bezogen.

Mit seinen Schilderungen des Lebens der BaMbuti legte Turnbull ein Stück der tiefen Logik frei, die das Denken von Jägern und Sammlern über Knappheit und Arbeit prägte. Zum einen offenbarten seine Beobachtungen, dass und wie die für Jäger-und-Sammler-Gesellschaften typische «Ökonomie des Teilens» als organischer Auswuchs ihrer Beziehung zu der sie ernährenden Umgebung fungierte. So wie diese Umgebung ihre Früchte mit ihnen teilte, teilten sie Nahrung und andere Produkte ihrer Arbeit miteinander. Zum Zweiten machten diese Beobachtungen deutlich, dass eine Jäger-und-Sammler-Gruppe als wirtschaftendes Subjekt selbst dann, wenn ihre Mitglieder nur bescheidene, leicht zu erfüllende Ansprüche und Bedürfnisse hatten, eine Art Urvertrauen in die zuverlässige Fruchtbarkeit ihrer Umwelt als Sicherheitspfand brauchte.

Die BaMbuti waren nicht die einzigen Jäger und Sammler des 20. Jahrhunderts, die im Schattenreich ihrer Wälder freigiebige und liebevolle «Eltern» am Werk sahen. Viele Hundert Kilometer weiter westlich, in Kamerun, gab es andere Pygmäenvölker wie die Baka und die Biaka, die es ebenso sahen, und noch weiter weg andere Waldbewohner wie die Nayaka in der indischen Provinz Kerala oder die Batek im mittleren Malaysia.

Jäger-und-Sammler-Gesellschaften, die in einer offeneren, nicht wie der Tropenwald die Geborgenheit eines Mutterschoßes gewährenden Umgebung lebten, bezeichneten sich nicht immer als die «Kinder» einer fruchtbaren, sie mit allem Nötigen versorgenden und sie beschützenden Natur. Aber sie alle glaubten in ihrer Umgebung etwas zu erkennen, worin sie das Wirken von Geistern, Göttern und anderen metaphysischen

Entitäten sahen, die Nahrung und andere nützliche Dinge mit ihnen teilten. So versichern viele australische Aborigines bis heute, ihre heiligen Flüsse, Berge, Wälder und Billabongs seien von urtümlichen Geistern bevölkert, die am Anfang aller Dinge, in der «Traumzeit», die Menschen «Ins Dasein gesungen» haben. Bei Nomadenvölkern des Nordens, etwa bei vielen Inuit-Gruppen – darunter etlichen, die sich bis heute ihren Lebensunterhalt als Jäger entlang der rasch dahinschmelzenden Ränder der arktischen Eiskappe sichern –, herrscht die Überzeugung vor, Elche, Rentiere, Walrösser, Seehunde und andere Tiere, von denen sie sich ernähren, hätten nicht nur eine Seele, sondern böten ihr Fleisch und ihre Organe selbstlos den Menschen als Futter und ihre Haut und ihren Pelz als Kälteschutz an.

Im Unterschied dazu hatten die Jäger-und-Sammler-Gesellschaften der Kalahari ein ungewöhnlich profanes Verhältnis zu ihrer landschaftlichen Umgebung, das die gemischten Gefühle widerspiegelte, die sie gegenüber ihren Göttern hegten, denen sie kein hohes Maß an Großzügigkeit, Menschenliebe oder auch nur Interesse an den Angelegenheiten der Menschen zuschrieben. Das hinderte die Ju/'Hoansi aber nicht daran, so fest an die «Freigiebigkeit» ihrer Umwelt zu glauben, dass sie nie Nahrungsmittel horteten oder mehr als das sammelten bzw. erlegten, was sie zum Stillen ihrer unmittelbaren Bedürfnisse am jeweiligen Tag brauchten.

Bei fast allen gründlich dokumentierten kleinräumigen Jäger-und-Sammler-Gesellschaften in gemäßigten und tropischen Klimazonen findet sich ein ähnliches Desinteresse an der Anhäufung von Überschüssen und am Horten von Nahrung. Wenn die Erntezeit für diese oder jene wild wachsende Frucht- oder Gemüsesorte kam, holten sie sich nie mehr davon, als sie an einem Tag vertilgen konnten, und fanden nichts dabei, das, was sie aktuell nicht brauchten, den Tieren oder Fäulnisbakterien zu überlassen.

Damit verblüfften sie nicht nur ihre ackerbauenden Zeitgenossen und später Kolonial- und Staatsbeamte oder Entwicklungshelfer, die in stetigen Kontakt zu den Jägern und Sammlern traten. In deren Augen waren der Anbau von Nahrungsmitteln und das Anlegen von Vorräten etwas, das den Unterschied zwischen Mensch und Tier ausmachte. Wenn die Natur periodisch Überschüsse produzierte, warum, so fragten sie sich, machten sich Jäger und Sammler dies nicht zunutze und investierten etwas mehr Arbeit, um für die Zukunft vorzusorgen?

Antworten auf diese Frage fand in den frühen 1980er Jahren ein Anthropologe, nachdem er zwei Jahrzehnte in den Reihen einer weiteren Jäger-und-Sammler-Gruppe des 20. Jahrhunderts gelebt und gearbeitet hatte: der Hadzabe, deren Lebensraum die Gegend um den Eyasi-See auf dem Serengeti-Plateau am ostafrikanischen Grabenbruch war.

Manche Hadzabe-Ältesten schwören Stein auf Bein, ihre allerersten Vorfahren seien aus einem Himmelsreich auf die Erde herabgeschwebt. Sie sind sich nur nicht sicher, ob die Landebahn dabei der Hals einer besonders hoch gewachsenen Giraffe war oder einer der kräftigen Äste eines gigantischen Baobab-Baums. Nicht dass es ihnen besonders wichtig wäre, wie genau die Landung vonstattenging, und im Übrigen sind sich auch Archäologen und Anthropologen unsicher über die Herkunft dieser Urbevölkerung ostafrikanischer Jäger und Sammler. Genom-Analysen deuten darauf hin, dass sie ein regionaler Sonderfall sind, Abkömmlinge eines urtümlichen Zweiges von Jägern und Sammlern, dessen Geschichte Zehntausende Jahre zurückreicht. Sie sind auch ein sprachlicher Ausnahmefall in einer Region, in der die Sprache der meisten Völkerschaften mit der der ersten Ackerbau-Kulturen verwandt ist, die vor rund 3000 Jahren nach Ostafrika ein- und von dort aus weiterwanderten. Die Sprache der Hadzabe ist von phänomenaler Komplexität und enthält einige der stimmlosen Klicklaute, die man sonst einzig und allein in den Khoisan-Sprachen findet, was für eine direkte, wenn auch sehr weit in der Vergangenheit liegende sprachliche Verbindung zwischen ihnen und indigenen Völkerschaften des südlichen Afrika spricht. Die Savannenlandschaft, in der die Hadzabe leben, ist nicht so spartanisch wie die nördliche Kalahari und besser mit Wasser versorgt. Gleichwohl bilden die Hadzabe ähnlich dimensionierte Gruppen wie die Ju/'Hoansi und pendeln, wie diese, zwischen diversen saisonalen Lagerplätzen.

Anders als die-Jäger-und-Sammler-Gesellschaften im südlichen Afrika, etwa die Ju/'Hoansi, haben die Hadzabe noch Zugang zu genügend großen Landflächen, um staatlichen Beamten, die ihnen sagen, sie müssten sich von ihrer traditionellen Lebensweise verabschieden und sich in die subsistenz- und marktwirtschaftliche Agrarökonomie Tansanias einklinken, die kalte Schulter zu zeigen. Da sie zu dieser Art Integration nicht bereit sind, leben viele von ihnen bis heute überwiegend vom Jagen und Sammeln, mit der Folge, dass der Eyasi-See zu einem Anziehungspunkt für Forscher aus aller Welt geworden ist, die mehr über das Verhältnis zwischen Ernährung, Arbeit und Energie in unserer Evolutionsgeschichte herausfinden wollen.

Im Sommer 1957 erreichte James Woodburn nach anstrengender Durchwanderung des Serengeti-Plateaus das Ufer des Eyasi-Sees und wurde zum ersten Sozialanthropologen, der eine stabile Beziehung zu den Hadzabe aufbaute. Woodburn gehörte in den 1960er Jahren zu den einflussreichsten Mitgliedern einer Gruppe junger Anthropologen, die eine neue Etappe der Erforschung von Jäger-und-Sammler-Gesellschaften einläuteten. Wie vor ihm Richard Lee, beobachtete auch Woodburn mit Verblüffung, wie wenig Mühe und Aufwand es die mit Pfeil und Bogen jagenden Hadzabe kostete, ihren Nahrungsbedarf zu decken. Er beschrieb die Hadzabe der frühen 1960er Jahre als unermüdliche Zocker (um kleine Einsätze), denen es viel wichtiger war, einander im Glücksspiel Pfeile abzuknöpfen, als sich Gedanken darüber zu machen, wo ihre nächste Mahlzeit herkommen würde. Und er fand es bemerkenswert, dass sie, wie die Ju/'Hoansi, das, was sie zum Essen brauchten, «ohne große Mühe, ohne große Planung, ohne viel Ausrüstung oder aufwändige Organisation» zu beschaffen wussten.[2]

Bis Woodburn 2008 in den Ruhestand ging, verbrachte er fast ein halbes Jahrhundert als Pendler zwischen den Welten: zwischen dem Eyasi-See und der London School of Economics, wo er Sozialanthropologie lehrte. Was ihn an den Hadzabe mit am meisten faszinierte, war nicht nur, wie wenig Zeit sie auf die Nahrungsbeschaffung verwendeten, sondern dass sie, wiederum wie die Ju/'Hoansi, nie auf die Idee kamen, mehr zu ernten, als sie an dem betreffenden Tag zu essen brauchten, sich also nie die Mühe machten, Vorratshaltung zu betreiben. Und je mehr Zeit er bei den Hadzabe verbrachte, desto klarer wurde ihm, dass dieses wenig vorausschauende Denken der Schlüssel zur Antwort auf die Frage war, wie solche Gesellschaften es schafften, so weitgehend egalitär, stabil und langlebig zu sein.

«Die Leute erhalten einen direkten und sofortigen Ertrag aus ihrer Arbeit», erklärte er. «Sie gehen auf die Jagd oder zum Sammeln und verzehren das, was sie erbeutet haben, noch am selben Tag oder verteilt über die nachfolgenden Tage. Sie bereiten ihr Essen nicht aufwändig zu und betreiben keine Vorratshaltung. Sie verwenden relativ einfache, tragbare, praktische, einfach herzustellende, ersetzbare Werkzeuge und Waffen, die sie mit großer Geschicklichkeit, aber ohne großen Arbeitsaufwand anfertigen.»[3]

Woodburn kennzeichnete die Wirtschaftsweise der Hadzabe als eine «Ökonomie des unverzüglichen Ertrags»[4] und kontrastierte sie mit der in Industrie- und Agrargesellschaften praktizierten «Ökonomie des verzögerten Ertrags». Bei Letzterer zielte nach seiner Beobachtung die Arbeit fast immer vor allem auf künftige Erwartungen und Belohnungen ab, und darin sah Woodburn den grundlegenden Unterschied zwischen Gruppen wie den Ju/'Hoansi oder den BaMbuti und sowohl modernen Agrar- und Industriegesellschaften als auch den größer dimensionierten und komplexeren Jäger-und-Sammler-Gesellschaften entlang den lachsreichen Gewässern der pazifischen Nordwestküste Amerikas.

Woodburn hatte kein gesteigertes Interesse daran, zu ergründen, wie sich in manchen Gesellschaften der Übergang von einer Ökonomie des unverzüglichen Ertrags zu einer des verzögerten Ertrags vollzogen hat oder wie ein solcher Übergang unsere Einstellung zur Arbeit verändert haben könnte. Was ihn faszinierte, war, dass alle Gesellschaften mit einer Ökonomie des unverzüglichen Ertrags Hierarchien verschmähten: Es gab bei ihnen keine Häuptlinge, Führer oder institutionalisierte Autoritäten, und sie duldeten keine nennenswerten materiellen Wohlstandsunterschiede zwischen den Mitgliedern ihrer Gruppe. Für Woodburn folgte daraus, dass die Einstellung der Jäger und Sammler zur Arbeit nicht bloß eine Funktion ihres Vertrauens in die Freigiebigkeit ihrer Umgebung war, sondern auch Ausdruck gesellschaftlicher Normen und Bräuche, die dafür sorgten, dass Nahrungsmittel und andere materielle Ressourcen gleichmäßig verteilt wurden. Dass, anders ausgedrückt, kein Mitglied der Gruppe Macht über andere gewinnen konnte. Eines der wichtigsten Prinzipien ihres Wirtschaftens war die «Bedarfsteilung».

Für viele der Anthropologen, die in der zweiten Hälfte des 20. Jahrhunderts ihr Leben mit einer der wenigen übrig gebliebenen Jäger-und-Sammler-Gesellschaften teilten, war die Unbefangenheit, mit der ihre Gastgeber sie um Geschenke angingen – Essbares, Werkzeuge, Töpfe,

Pfannen, Seife, Kleidung –, zunächst eine beruhigende Erfahrung, die ihnen das Gefühl gab, es bringe ihnen Sympathiepunkte ein und erleichtere ihnen den Zugang zu einer Lebensweise, in der sie sich anfänglich nicht zu Hause fühlten. Aber nicht lange, und sie erlebten unangenehme Überraschungen: Der Proviant, den sie für sich mitgebracht hatten, verschwand in den Mägen ihrer Gastgeber, die Tabletten, Heftpflaster, Binden und Salben in ihrer Reiseapotheke schwanden dahin, oder sie bemerkten, dass jemand aus dem Dorf in Kleidern herumlief, die vor wenigen Tagen noch Bestandteil ihrer Garderobe gewesen waren.

Das dumpfe Gefühl der Anthropologen, von ihren Gastgebern ausgenutzt zu werden, wurde durch die Erfahrung, dass der Warenverkehr im Wesentlichen nur in eine Richtung floss – von ihnen weg –, verstärkt und erfuhr zuweilen eine zusätzliche Bestätigung durch das Ausbleiben mancher der gesellschaftlichen Höflichkeitsgesten, an die sie gewöhnt waren. Es war bei Jägern und Sammlern, wie ihnen schnell klar wurde, nicht üblich, Floskeln wie «bitte» und «danke» oder andere Gesten wechselseitiger Anbiederung und Dankbarkeit zu gebrauchen, wenn man von einem anderen etwas zu essen oder ein Geschenk bekommen wollte, Gesten und Formeln, die sonst fast überall auf der Welt zum festen Repertoire des Anbietens, Gebens und Nehmens gehören.

Manche Forscher taten sich schwer, sich rückhaltlos auf die Lebensweise der Jäger und Sammler einzulassen, und wurden so das Gefühl, ausgenutzt zu werden, nie ganz los. Doch die meisten bekamen schon nach kurzer Zeit ein Gespür für die Logik, die der Kultur des Teilens innerhalb der Gruppe innewohnte, und fügten sich entspannt in eine Welt ein, deren Regeln und Gebräuche für das Geben und Nehmen in mancher Hinsicht das krasse Gegenteil von dem verkörperten, womit sie selbst aufgewachsen waren. Sie verstanden, dass niemand es hier als unhöflich empfand, von einem anderen rundheraus etwas zu erbitten, wogegen es als große Unverschämtheit galt, eine solche Bitte abzuschlagen – Letzteres mündete oft in den heftig geäußerten Vorwurf des Egoismus und konnte sogar zu Handgreiflichkeiten führen.

Was die anthropologischen Feldforscher ebenfalls schnell begriffen, war, dass in Jäger-und-Sammler-Gesellschaften jeder, der irgendetwas besitzt, das auf andere einen Reiz ausübt, mit dem Ansinnen konfrontiert wird, es zu teilen; dass die westlichen Anthropologen um so viele Dinge angegangen wurden, hatte schlicht den Grund, dass sie, auch wenn sie über eher magere Forschungsbudgets verfügten, doch in materieller Hinsicht unermesslich reicher waren als irgendeiner der Einheimischen. Anders ausgedrückt: Die Verpflichtung, mit anderen zu teilen, war in diesen Gesellschaften nach oben unbegrenzt; wie viel Freigiebigkeit von einem erwartet wurde, richtete sich danach, wie viel mehr an Verschenkbarem man besaß als die anderen. In jeder Jäger-und-Sammler-Gesellschaft gab es ein paar besonders produktive Individuen, die mehr heranschafften und zustande brachten als die anderen, und komplementär dazu diejenigen, die, um in der Sprache misanthropischer Politiker und befremdeter Ökonomen zu reden, eher in die Kategorie Trittbrettfahrer oder Schnorrer fielen.

Nicolas Peterson, ein Anthropologe, der in den 1980er Jahren einige Zeit bei den Yolngu-Aborigines im australischen Arnhemland zubrachte, prägte für ihre Verteilungspraktiken den Begriff «Bedarfsteilung».[5] Der Ausdruck etablierte sich und wird heute auf alle Gesellschaften angewandt, in denen Nahrung und Dinge nicht auf der Basis von Angeboten des Gebenden geteilt werden, sondern auf Grundlage dessen, was der Empfangende sich wünscht. Möglicherweise sind Jäger-und-Sammler-Gesellschaften die einzigen, in denen die Bedarfsteilung der hauptsächliche Mechanismus für die Verteilung von Besitztümern zwischen Gruppenmitgliedern ist, doch das heißt nicht, dass dieses Phänomen nur bei ihnen anzutreffen wäre. Auch in allen anderen Gesellschaften spielt die Bedarfsteilung in bestimmten Kontexten eine wichtige Rolle als Verteilungsmechanismus für Nahrung und andere lebenswichtige Dinge.

Allerdings waren nicht alle Anthropologen der Meinung, «Bedarfsteilung» sei der treffende Begriff für diesen Typus der Güterverteilung in einer Gemeinschaft. Nicolas Blurton-Jones gehörte zu einem Anthropologenteam, das in den 1970er und 80er Jahren per Fallschirm in der Kalahari einfiel, um eine Reihe zeitlich begrenzter Forschungsprojekte durchzuführen. Er äußerte die Ansicht, statt von «Bedarfsteilung» solle man vielleicht besser von «geduldetem Diebstahl» reden.[6]

An «geduldeten Diebstahl» denken viele von uns vielleicht, wenn sie ihre Gehaltsabrechnung überfliegen und feststellen, wie viel der Fiskus wieder einmal einbehalten hat. Selbst wenn es stimmt, dass Steuern einem ähnlichen Umverteilungszweck dienen wie die Bedarfsteilung, wäre «konsensbasierte Zwangsteilung» doch vielleicht eine treffendere Umschreibung für das staatliche Besteuerungswesen – zumindest in funktionierenden Demokratien. Anders als bei der Bedarfsteilung, wo eine unmittelbare persönliche Beziehung zwischen Gebenden und Nehmenden besteht, vollzieht sich die Einziehung von Steuern hinter einem Schleier der Anonymität und verbürgt durch die gesichtslose Macht des Staates, auch wenn dessen Autorität sich letzten Endes daraus herleitet, dass die Bürger dem Staat das Mandat erteilt haben, bei ihnen abzukassieren.

Die Ju/'Hoansi waren entsetzt, als ich sie fragte, ob man ihre Bedarfsteilung als eine Spielart von «Diebstahl» bezeichnen könne. In ihrem Koordinatensystem bedeutete Diebstahl, jemandem ungefragt etwas wegzunehmen. Sie betonten, dass es «damals», als sie noch nach Gutdünken jagten und sammelten, schlicht keinen Sinn ergeben hätte, einander zu bestehlen, denn es habe doch, wenn man von jemandem etwas haben wollte, genügt, ihn darum zu bitten.

Wir verwenden Ausdrücke wie «geduldeter Diebstahl» oder «Trittbrettfahrer» manchmal zur Beschreibung des Verhaltens von Leuten, die ihren Lebensunterhalt in der parasitären Wirtschaft verdienen: Rentiers, Geldverleiher, Vermieter von Elendsquartieren, Winkeladvokaten und andere, die oft und gerne von Pantomimen als Gauner dargestellt werden, die nichtsahnenden Bürgern Geld aus der Tasche ziehen. Das Phänomen ist nicht neu. Die Gleichsetzung von Steuereinnehmern mit Räubern ist so alt wie der Wucher. Und man kann natürlich leicht auf die Idee kommen, Besteuerung mit Raub gleichzusetzen, wenn das Geld der Steuerzahler dazu dient, den verschwenderischen Lebensstil und die egoistischen Ambitionen von Königen und Kleptokraten zu finanzieren; doch in einer Gesellschaft, in der gewählte Volksvertreter die kollektive Verantwortung für das Gemeinwohl übernehmen, um sicherzustellen, dass die Ungleichheit nicht überhandnimmt, tut man sich eher schwer, Akzeptanz für eine so akkusatorische Gleichsetzung zu gewinnen.

Befürworter einer kapitalistischen Marktwirtschaft und Sozialisten sind ähnlich schlecht auf «Trittbrettfahrer» zu sprechen, wobei sich ihre Abneigung allerdings gegen unterschiedliche Arten von Trittbrettfahrern richtet. Für Sozialisten sind «reiche Nichtstuer» die Verkörperung allen Übels, während die Jünger des Kapitalismus dazu neigen, ihr Mütchen an «armen Faulenzern» zu kühlen. Dass Leute jeder politischen Couleur heutzutage über den Gegensatz zwischen Machern (Gebern) und Nehmern, zwischen Produktiven und Parasiten reden, selbst wenn sie von unterschiedlichen Definitionen ihrer Kategorien ausgehen, könnte den Schluss zulassen, dass die dichotomische Gegenüberstellung von «Fleißigen» und «Faulenzern» in unseren Gesellschaften eine Universalkonstante ist. Andererseits lässt die Tatsache, dass in Jäger-und-Sammler-Gesellschaften, die die Bedarfsteilung praktizieren, solche Gegensatzpaare einen relativ geringen Stellenwert haben, die Folgerung zu, dass diese spezielle Dichotomie sehr viel jüngerer Herkunft ist.

Eine Kultur wie die der Ju/'Hoansi stellt auch diejenigen vor Probleme, die der Überzeugung sind, materielle Gleichheit und individuelle Freiheit seien unverträglich und unvereinbar. Tatsächlich waren Gesellschaften mit Bedarfsteilung zugleich in hohem Maß individualistisch, da keines ihrer Mitglieder der zwingenden Autorität irgendeines anderen unterworfen war, und extrem egalitär. Indem sie jedem Einzelnen das Recht einräumten, jeden anderen spontan zu «besteuern», sorgten diese Gesellschaften zum einen dafür, dass materieller Wohlstand immer ziemlich gleichmäßig verteilt wurde, zum Zweiten dafür, dass alle genug zu essen bekamen, egal wie produktiv sie waren, zum Dritten dafür, dass seltene oder kostbare Dinge durch viele Hände gingen und jedem zur Verfügung standen, und schließlich auch dafür, dass es für niemanden ein Motiv gab, Energie auf den Versuch zu verschwenden, mehr materiellen Wohlstand anzuhäufen als alle anderen, denn das hätte keinen praktischen Nutzen gebracht.

Die Normen und Regeln, nach denen das Teilen nach Bedarf funktionierte, variierten von einer Jäger-und-Sammler-Gesellschaft zur anderen. Bei den Ju/'Hoansi zum Beispiel wirkte sich eine subtile Grammatik des vernünftigen Abwägens dämpfend auf die Bedarfsteilung aus. Kein Ju/'Hoansi hätte von einem anderen erwartet, dass er mehr von seinem Essen an andere abgab, als bis alle gleich viel hatten, und niemand würde vernünftigerweise daran denken, sich das Hemd eines anderen zu nehmen, wenn der Betreffende nur dieses eine Hemd besäße. Die Ju/'Hoansi hatten im Übrigen eine lange Litanei von Vorschriften und Regeln, die genau festlegten, wer wann und unter welchen Umständen was von wem erbitten durfte. Und weil alle diese Regeln kannten und verstanden, kam es kaum je zur Äußerung unangemessener Wünsche. Ebenso wichtig ist, dass niemand je einem anderen eine Bitte übelnahm, nicht einmal dann, wenn er die Bitte nur ungern erfüllte.

Es gab bei den Ju/'Hoansi auch noch ein anderes, deutlich strenger formuliertes System für das Hergeben von Dingen wie Schmuck, Kleidung oder Musikinstrumenten. Hierfür galten ganz andere Regeln, die die beteiligten Individuen zu Freundeskreisen zusammenschweißten, die weit über den inneren Kreis einer Sippe oder Familie hinausreichten. Bemerkenswerterweise behielt niemand jemals ein im Rahmen dieses Systems erhaltenes Geschenk lange in seinem Besitz. Das Wichtige war der Akt des Schenkens, und ein wesentlicher Teil der Freude, die das Schenken den an diesem System Beteiligten bereitete, war, dass alle Geschenke nach kurzer Zeit an andere Mitglieder des Freundeskreises weitergereicht wurden, die sie dann wenig später an andere weitergaben. Das Endergebnis eines solchen Reigens war, dass jedes einzelne Geschenk – beispielsweise eine Halskette aus leergeblasenen Straußeneiern – schließlich wieder bei seinem ursprünglichen Besitzer (und Schöpfer) landete, nachdem es eine unter Umständen mehrjährige Rundreise durch die Hände vieler Individuen absolviert hatte.

Neid und Eifersucht gelten nicht als Tugenden. Sie sind vielmehr als «Todsünden» verschrien, und Thomas von Aquin nannte sie in seiner *Summa Theologiae* «Unreinheiten des Herzens». Aber nicht nur die katholische Morallehre lässt kein gutes Haar an diesen selbstsüchtigsten aller menschlichen Schwächen. Alle großen Weltreligionen scheinen sich darin einig zu sein, dass auf all jene, die sich vom gelben bzw. grünen Monster beißen lassen, ein besonderer Platz in der Hölle wartet.

Nicht alle Sprachen haben für Eifersucht und Neid zwei verschiedene Wörter. In den meisten europäischen Sprachen bezeichnet Neid die Empfindungen einer Person, die sich wünscht, ebenso erfolgreich, wohlhabend oder mit Glück gesegnet zu sein wie eine ihm als Referenz dienende Person, während wir Eifersucht mit den ganz überwiegend negativen Empfindungen assoziieren, die uns zuflüstern, wir müssten das, was uns gehört, den begehrlichen Blicken anderer entziehen. Im praktischen Leben machen die meisten von uns keinen großen Unterschied zwischen den beiden Ausdrücken. Insofern braucht es uns auch nicht zu überraschen, dass es viele Sprachen gibt, die keine passgenauen Entsprechungen für die beiden Untugenden kennen. Die Ju/'Hoansi machen überhaupt keinen Unterschied zwischen Neid und Eifersucht, und ein Ju/'Hoansi, der fließend Englisch oder Afrikaans spricht, würde umstandslos für beides das Wort «jealousy» gebrauchen.

Es ist nicht schwer zu verstehen, warum Evolutionsbiologen sich schwertun, egoistische Bestrebungen wie Eifersucht und Neid mit unserer sozialen Natur zu versöhnen. Es ist auch nicht schwer, nachzuvollziehen, warum Darwin im kooperativen Verhalten hochgradig sozialer Insektenarten ein «besonderes Problem» sah, von dem er fürchtete, es könne seiner Evolutionstheorie zum Verhängnis werden.[7]

Auf der individuellen Ebene erscheinen die evolutionären Vorteile unserer egoistischen Emotionen einleuchtend. Sie helfen uns, am Leben zu bleiben, wenn wir Mangel leiden, laden uns mit Energie auf, wenn wir auf der Suche nach einem Sexualpartner sind, und erhöhen so unsere Chance, zu überleben und unsere Gene weiterzugeben. Wir können dieses Spiel ad infinitum bei anderen Arten beobachten und davon ausgehen, dass Impulse, die in etwa unseren Empfindungen, wenn wir neidisch oder eifersüchtig sind, entsprechen, auch durch die Synapsen anderer Tierarten fluten, wenn bei ihnen ehrgeizige Individuen im Kampf gegeneinander die soziale Rangordnung festlegen oder sich den bevorrechtigten Zugang zu ihrer Lieblingsspeise oder zu attraktiven Sexualpartnern sichern.

Freilich ist auch der Homo sapiens eine soziale, gesellige und auf Zusammenarbeit geeichte Spezies. Wir sind darauf ausgelegt, zusammenzuarbeiten. Und wir alle wissen aus bitterer Erfahrung, dass kurzfristige Vorteile, die wir aus egoistischem Handeln ziehen mögen, fast immer von den längerfristigen sozialen Kosten aufgezehrt werden.

Das Bemühen, den Widerspruch zwischen unseren egoistischen und unseren sozialen Instinkten aufzulösen, war und ist nicht die Spezialität allein der Evolutionspsychologen. Es gehört vielmehr zu den fast allgegenwärtigen Betätigungen unserer Spezies, seit einer unserer evolutionären Vorfahren anfing, sich die Gewissensfrage zu stellen, ob es in Ordnung sei, seinen kleinen Geschwistern einen leckeren Bissen vor der Nase wegzuschnappen. Es hat seinen expressiven Niederschlag in allen erdenklichen künstlerischen Genres gefunden und hat endlose Debatten und Kontroversen unter und zwischen Theologen und Philosophen befeuert. Dieser Widerspruch lauert auch hinter den verwickelten Theoremen, vielgliedrigen Grafiken und wuchernden Gleichungen, die zum Handwerkszeug moderner Ökonomen gehören. Denn wenn die Volkswirtschaftslehre sich hauptsächlich mit den Systemen befasst, die wir für die Zuweisung knapper Ressourcen entwickeln, haben wir es doch nur deshalb jemals mit knappen Ressourcen zu tun, weil Einzelne sie für sich selbst beanspruchen und weil wir uns, wenn unsere Gesellschaft weiterhin funktionieren soll, auf gesellschaftliche Regeln für eine faire Verteilung der Ressourcen einigen müssen. Auch wenn nur sehr wenige zeitgenössische Ökonomen in ihren Schriften ausdrücklich Bezug auf diesen fundamentalen Widerspruch nehmen, stand er in der Zeit, in der der aufgeklärte Philosoph Adam Smith daran ging, das Buch zu schreiben, das später zum anerkannten Gründungsdokument der modernen Volkswirtschaftslehre wurde, im Vordergrund des soziologischen Denkens.

Seit dem Tod Adam Smiths 1790 haben Historiker, Theologen und Ökonomen in seinen Schriften nach der Antwort auf die Frage gesucht, ob er ein religiöser Mensch war oder nicht. Die meisten sind sich darin einig, dass er, wenn er überhaupt an Gott glaubte, dann vermutlich allenfalls mit halber Kraft, und dass er mehr Vertrauen in die Vernunft als in Glaubenslehren setzte, wenn es darum ging, die Welt, in der er lebte, zu verstehen. Andererseits war er der festen Überzeugung, es gebe bestimmte rätselhafte Dinge, die man beschreiben und analysieren, aber nicht lückenlos erklären könne.

Smith entschied sich für die Sichtweise, der Mensch sei letzten Endes ein egoistisches Wesen; ein jeder habe «nur seinen eigenen Vorteil im Auge», dekretierte er. Zugleich war er aber überzeugt, dass, wenn alle Menschen ihrem Eigeninteresse gemäß handelten, irgendwie alle profitieren würden, als ob eine «unsichtbare Hand» ihr Handeln dirigieren und die Interessen der Gesellschaft als Ganzer wirksamer voranbringen würde, als «der Mensch» es könnte, selbst wenn er es wollte. Als Referenzpunkte dienten Smith die Marktgemeinden im Europa des 18. Jahrhunderts, in denen Gewerbetreibende, Handwerker und Kaufleute jeweils für ihren persönlichen Verdienst arbeiteten, jedoch ihr kollektives Wirken den Wohlstand ihrer Städte und ihres Gemeinwesens mehren half. Daraus zog Smith den Schluss, ein von keiner staatlichen Gängelung beeinträchtigtes freies Unternehmertum würde quasi unwillentlich Wohlstand für alle schaffen und für «dieselbe Verteilung der lebensnotwendigen Dinge [sorgen], die stattgefunden hätte, wenn das Land an jeden seiner Bewohner zu gleichen Anteilen gegeben worden wäre».

Adam Smith war weder der kompromisslose Apologet des Egoismus noch der Propagandist einer unregulierten Marktwirtschaft, als den ihn sowohl seine heftigsten Kritiker als auch seine leidenschaftlichen Anhänger porträtieren. Auch wenn seine «unsichtbare Hand» noch bis in unsere Tage von einigen wie eine Heilsbotschaft verkündet wird, würden nur die wenigsten sich heute noch für eine starre Interpretation seiner Botschaft aussprechen. Smith wäre wahrscheinlich einer der Ersten, die anerkennen würden, dass die heutige Wirtschaftswelt mit ihren verschachtelten Derivaten und sonstigen inflationär wachsenden Finanzprodukten ein ganz und gar anderer Ort ist als jener überschaubare Tummelplatz von «Kaufleuten und Handwerkern», den er vor Augen hatte, als er sich die These von den unbeabsichtigten sozialen Segnungen des auf den je eigenen Vorteil bedachten Wirtschaftens ausdachte. Nach seinen philosophischen Schriften zu urteilen, kann man sich in der Tat nur schwer vorstellen, dass er sich gegen den Sherman Act ausgesprochen hätte, den der US-Kongress 1890, 100 Jahre nach Smiths Tod, einstimmig verabschiedete – mit dem Ziel, die Eisenbahn- und Erdölmonopole zu zerschlagen, die um diese Zeit langsam, aber sicher dabei waren, die amerikanische Wirtschaft zu erdrosseln.

Beim Nachdenken über die gesellschaftliche Rolle des Egoismus und der Eifersucht in Jäger-und-Sammler-Gesellschaften stellt sich ironischerweise die Vorstellung ein, dass Smiths «unsichtbare Hand» zwar keine gut passende Metapher für den Spätkapitalismus abgibt, aber seine Überzeugung, die Summe der individuellen Egoismen könne zur denkbar gerechtesten Verteilung der «Notwendigkeiten des Lebens» führen, viel für sich hat, wenn auch vielleicht nur in der Anwendung auf sehr kleine «Volkswirtschaften». In einer Gesellschaft wie der der Ju/'Hoansi sorgte das von Neid beflügelte Teilen nach Bedarf für eine sehr viel gerechtere Verteilung der «Notwendigkeiten des Lebens», als man sie in jedweder Marktwirtschaft findet.

Der «kämpferische Egalitarismus» von Jägern und Sammlern wie den Ju/'Hoansi war, anders ausgedrückt, das organische Resultat von Interaktionen zwischen ihrem egoistischen Eigeninteresse gehorchenden Personen in hochgradig individualistischen, mobilen «Kleingesellschaften» ohne Herrscher, ohne ausformulierte Gesetze und ohne förmliche Institutionen. Die Erklärung ist einfach: In einer kleinräumigen Jäger-und-Sammler-Gesellschaft stand das Eigeninteresse des Einzelnen immer unter «Beschattung» durch den als Gegengift wirkenden Neid der anderen, und das sorgte dafür, dass alle ihren fairen Anteil erhielten und jeder Einzelne seine persönlichen Ambitionen einer Art Fairnesskorrektur unterwarf. Dieser Mechanismus stellte auch sicher, dass diejenigen, die über ein natürliches Charisma verfügten, eine ihnen dadurch eventuell zufallende Führungsrolle mit Zurückhaltung und Umsicht wahrnahmen. Jenseits der Bedarfsteilung war die wichtigste von Jägern und Sammlern eingesetzte Waffe für die Durchsetzung ihres unbedingten Gleichheitsgebots die Kunst des Nachäffens. Von den Ju/'Hoansi und anderen gut dokumentierten Jäger-und-Sammler-Gesellschaften wissen wir, dass bei ihnen niemand vor bewusst und gezielt eingesetzter Nachäffung sicher war. Dieses Mittel wurde oft schonungslos und ohne Rücksicht auf die Gefühle des Betreffenden eingesetzt, wobei jedoch die Schwelle zur Bösartigkeit oder Böswilligkeit selten überschritten wurde.

In hierarchisch gegliederten Gesellschaften ist das Nachäffen oft eine Spezialität von Machtmenschen, die sich ihre Kontrolle über andere weniger durch moralische Autorität als durch Einschüchterung sichern. Aber auch die Schwächeren nutzen das Nachäffen als Mittel, um höher Gestellte vorzuführen und bloßzustellen. Bei den Ju/'Hoansi ist das anschaulichste Beispiel für diese traditionelle Praxis ein Ritual, das man mit «Beleidigung des Fleisches des Jägers» übersetzen könnte.

Bei den Ju/'Hoansi galten Fett, Knochenmark, Muskelfleisch und Innereien als die «kraftvollsten» aller Nahrungsmittel. Reich an Kalorien, Vitaminen, Eiweißen und Mineralien, die in den Nüssen, Knollen und Früchten, die sie in der Umgebung sammelten, weniger üppig enthalten waren, gehörte Fleisch – erst recht, wenn es einmal ausblieb – zu den wenigen Dingen, die selbst die ruhigsten unter ihnen dazu bringen konnten, aus der Haut zu fahren.

Ju/'Hoansi-Jäger konnten nie damit rechnen, Lob zu ernten – und bekamen es auch nie –, wenn sie mit einem erlegten Tier ins Lager zurückkehrten. Sie mussten vielmehr damit rechnen, dass ihre Stammesgenossen sich über sie mokierten und dass diejenigen, die sich an dem Fleisch mit gütlich taten, sich darüber beschwerten, die Jäger hätten eine bedürftige Beute erledigt, deren Fleisch gar nicht für alle ausreiche. (In Wirklichkeit konnte es sich aber durchaus um ein Prachtexemplar handeln.) Von den Jägern wurde im Gegenzug erwartet, dass sie sich, wenn sie mit dem erlegten Tier ankamen, für ihren Jagderfolg fast entschuldigten und ihre Leistung herunterspielten.

Die Ju/'Hoansi selbst nannten als Beweggrund für dieses Verhalten die «Eifersucht» (oder den «Neid») auf die Jäger, verbunden mit der Sorge, Einzelne könnten zu viel politisches oder gesellschaftliches Kapital ansammeln, wenn ihnen zu oft die Rolle der Fleischverteilers zufiel.

«Wenn ein junger Mann viel Fleisch erlegt, kommt er in Versuchung, sich als Häuptling oder großer Mann zu fühlen, und sieht uns Übrige als seine Diener oder Untergebenen an», erläuterte ein besonders redegewandter Ju/'Hoansi-Mann dem Anthropologen Richard Lee. «Das können wir nicht akzeptieren. [...] Deshalb stellen wir sein Fleisch immer als wertlos dar. Auf diese Weise kühlen wir sein Herz herunter und lehren ihn Sanftmut.»[8]

Beleidigt zu werden – wenn auch auf eine eher harmlose Art –, war nicht der einzige Preis, den man als fähiger Jäger für seine schwere Arbeit und sein Geschick bezahlen musste.

Weil sich an Fleisch so heftige Emotionen entzündeten, wurden bei dessen Verteilung extra strenge Maßstäbe angelegt. War eine Jagdbeute so groß, dass mehr als genug Fleisch für alle da war und jeder sich satt essen konnte, gab es kein Problem. Doch wenn es nicht zu einer großen Portion für alle reichte, wurde die Entscheidung darüber, wer welches Stück bekam und wie viel davon, zum Problem. Zwar verteilten die Jäger das Fleisch immer nach derselben altbewährten Regel, doch bestand stets die Möglichkeit, dass jemand mit seinem Anteil unzufrieden war und seiner Enttäuschung in der Sprache der Eifersucht Ausdruck verlieh. Auch wenn die Euphorie über eine Fleischmahlzeit immer sehr groß war, empfanden die Jäger die Aufgabe, das Fleisch zu verteilen, oft als so undankbar, dass sie sich fragten, ob es die Mühe wert war.

Die Ju/'Hoansi hatten für den Umgang mit diesem Problem noch einen weiteren Trick in petto. Sie bestimmten nicht den Jäger, sondern den Besitzer des Pfeils, der das Tier tödlich getroffen hatte, zum rechtmäßigen

«Eigentümer» des Fleisches und übertrugen ihm dessen Verteilung. In der Mehrzahl der Fälle war diese Person zwar dann doch der Jäger selbst, doch war es für eifrige Jäger auch nicht ungewöhnlich, sich von weniger ehrgeizigen Stammesbrüdern Pfeile zu borgen – gerade auch um nicht in die missliche Lage zu kommen, das Fleisch verteilen zu müssen. Diese Praxis hatte zur Folge, dass auch die Kurzsichtigen, Klumpfüßigen und Faulen hin und wieder Gelegenheit bekamen, im Zentrum der Aufmerksamkeit zu stehen. Allerdings standen nicht alle gründlich dokumentierten Jäger-und-Sammler-Gesellschaften sozialen Hierarchien so ablehnend gegenüber wie die Ju/'Hoansi oder die Hadzabe.

Vor rund 120 000 Jahren setzten Vertreter des Homo sapiens den Fuß über die Landbrücke zwischen Afrika und Asien (die heute vom Suezkanal durchschnitten wird) und ließen sich im Nahen Osten nieder. Ob es die Nachfahren dieser Auswanderer waren, die sich später von diesen warmen Breitengraden aus nach Mitteleuropa und Asien ausdehnten, können wir nicht mit Bestimmtheit sagen. Genom-Proben aus Knochen- und Zahnrelikten deuten darauf hin, dass die Ausbreitung des modernen Menschen, auf die die genetische Komposition aller relevanten heutigen nichtafrikanischen Bevölkerungen in wesentlichen Teilen zurückgeht, vor rund 65 000 Jahren einsetzte. Das fiel mit dem Höhepunkt der letzten Eiszeit zusammen, einer Periode, in der die globale Durchschnittstemperatur um etwa 5 Grad niedriger war als heute und die arktischen Eisschilde sich rapide südwärts ausdehnten und nacheinander ganz Skandinavien, große Teile Asiens und das gesamte nördliche Europa – einschließlich Britanniens und Irlands – überdeckten, mit der Folge, dass sich die Tundra an manchen Stellen bis in den Süden Frankreichs verlagerte und große Teile Italiens, der Iberischen Halbinsel und der Côte d'Azur mehr Ähnlichkeit mit den Kältesteppen Ostasiens hatten als mit den sonnenverwöhnten Urlaubsdestinationen, die ihr heutiges Gesicht prägen.

Dieselben Genom-Daten legen auch die Vermutung nahe, dass die Vorhut dieser Ausbreitungswelle zunächst die Richtung des Sonnenaufgangs einschlug und schließlich, zwischen 60 000 und 45 000 Jahren vor unserer Zeit, bis nach Australien gelangte. Dagegen verlief der Zug westwärts und nordwärts in Richtung eines eisbedeckten Europa sehr viel langsamer, wobei vieles dafür spricht, dass die Iberische Halbinsel bis vor rund 42 000 Jahren ausschließlich von Neandertalern bevölkert war.[9] Nord- und Südamerika waren für unsere Vorfahren vom Zweig des Homo sapiens, ganz ähnlich wie für Auswanderer aus Europa in den letzten 300 Jahren, eine neue Welt. Als den ersten Menschen vor 16 000 Jahren der Sprung nach Nordamerika gelang, gab es im südlichen Afrika schon seit mehr als 275 Jahrtausenden eine kontinuierliche Besiedlung durch moderne Menschen. Und genau wie viele von denen, die später in die neue Welt auswanderten, kamen die allerersten Amerikaner wahrscheinlich mit Booten übers Meer.[10]

Manche der Jäger und Sammler, die sich in den gemäßigteren Zonen Europas und Asiens angesiedelt hatten, arbeiteten und organisierten sich im Großen und Ganzen nach dem Vorbild ihrer afrikanischen Vorfahren. Das galt jedoch nicht für alle.

Diejenigen, die in einer kälteren Klimazone landeten, wo die Jahreszeiten ausgeprägter waren als in den feuchten Tropen und Subtropen Afrikas oder Südasiens, mussten eine andere Art zu arbeiten entwickeln, zumindest für einige Monate im Jahr. Nach Überzeugung mancher Anthropologen dürfte ihre Lebensweise der der «komplexen» Jäger-und-Sammler-Gesellschaften des amerikanischen pazifischen Nordwestens entsprochen haben, etwa der Kwakwaka'wakw oder der Küsten-Salish und der Tsimshian, die vor rund 4400 Jahren auf der Bildfläche erschienen und sich bis ins späte 19. Jahrhundert hinein hielten. Ihre eleganten Langhäuser und Dörfer aus Zedernholz beherbergten nicht selten Hunderte Personen und sprenkelten einst die Buchten und Inlets der Pazifikküste von Alaska im Norden bis zu den heutigen US-Staaten Washington und Oregon; ihre imposanten geschnitzten Totempfähle bewachten die verschlungenen Wasserwege, die die vielen vorgelagerten Inseln vom kontinentalen Festland trennen. Abgesehen davon, dass diese Stämme ihre Ernährung durch Jagen, Sammeln und Fischen sicherten und ebenfalls fest an die allzeitige Freigiebigkeit ihrer Umwelt glaubten, hatten sie mit Jägern und Sammlern wie den Ju/'Hoansi äußerlich wenig gemein. In anthropologischen Lehrbüchern wechselweise als «komplexe Jäger und Sammler» oder «ertragsverzögerte Jäger und Sammler» bezeichnet, hatten sie wohl mehr Ähnlichkeit mit einigen der produktivsten Ackerbau-Gesellschaften weltweit. Sie lebten in großen dauerhaften Ansiedlungen, betrieben Lagerhaltung von Lebensmitteln in großem Stil und legten großen Wert auf sozialen Rang und Status, den sie sich durch großzügiges Verteilen von Geschenken zu sichern versuchten. Die Möglichkeit dazu hatten sie, weil die Region, in der sie lebten, erstaunlich reich an saisonalen Früchten war, zum Beispiel an Beeren und Rohrkolbengewächsen, die vom Frühjahr bis in den Herbst hinein gediehen. Es waren indes ihre Vorliebe für Meeresfrüchte und ihre meisterliche Beherrschung von Fischfangtechniken, die die Besonderheit dieser Küstenbewohner ausmachten.

Im Jahresverlauf ernährten sie sich von schwarzem Kabeljau, Lengdorsch, Katzenhaien, Flundern, Schnappern, Krustentieren und Seezungen aus dem Meer sowie von Forellen und Stören aus Flüssen und Seen. Insbesondere waren es jedoch die dichten Schwärme fettreicher Fischarten wie Hering und Kerzenfisch, die sich in einigen Kilometern Entfernung von der Küste tummelten, und die fünf Lachsarten, die jedes Jahr zwischen Frühsommer und Herbst zu Millionen die Flüsse hinaufwanderten, die diesen Küstenstämmen die Möglichkeit eröffneten, die frugale Lebensweise von Jägern und Sammlern wie den Ju/'Hoansi hinter sich zu lassen. Insbesondere Lachs ernteten sie in so fantastischen Mengen, dass sie innerhalb weniger Wochen genug davon einbringen und einlagern konnten, um ihre Ernährung bis zum nächsten Jahr zu sichern.

Mit ihrer Saisonarbeit als Fischer waren diese Jäger und Sammler so produktiv, dass die Mitglieder ihrer Gemeinschaften den größten Teil ihrer Zeit und ihrer Energie darauf verwenden konnten, eine reiche Tradition des künstlerischen Schaffens zu entwickeln, sich politisch zu betätigen, aufwändige Zeremonien zu veranstalten und opulente rituelle Feste zu feiern – «Potlatsch»-Zeremonien zum Beispiel –, bei denen die Gastgeber einander mit Gesten der Großzügigkeit zu übertrumpfen versuchten. Ausdruck und Demonstration des materiellen Überflusses, in dem sie lebten, dienten diese Feste ihnen oft dazu, ihren Wohlstand herauszustellen, wozu manchmal auch die rituelle Zerstörung wertvoller Besitztümer gehörte, etwa das Verbrennen von Booten oder die zeremonielle Tötung von Sklaven. Wenn die Gäste in ihren Kanus heimfahren, die schwer beladen waren mit Geschenken – Fischtran, kunstvoll gewebten Decken, Holztruhen und Kupferplatten –, verkündeten die Gastgeber oft nicht ohne Stolz, welch beträchtliche Schulden sie gemacht hatten, um sich ihrerseits den erstrebten Status in der Gemeinschaft durch ausreichend viele und ausreichend wertvolle Geschenke zu sichern.

Nichts deutet darauf hin, dass die Jäger und Sammler, die vor ungefähr 50 000 Jahren ins mittlere und nördliche Asien und Europa einzuwandern begannen, ein auch nur annähernd so hohes materielles Niveau erreichten wie die Zivilisationen, die zwischen 1500 vor Christus und dem späten 19. Jahrhundert in den Küstengebieten des amerikanischen pazifischen Nordwestens aufblühten. Und man kann auch ausschließen, dass sie in großen permanenten Siedlungen lebten. Andererseits gibt es gute Gründe für die Annahme, dass ihr Wirtschaften einige grundlegende saisonale Elemente aufwies, die an die Stämme des pazifischen Nordwestens erinnern, und dass dies eine bedeutsame Abkehr von der Lebensweise und gesellschaftlichen Organisation kleinerer Jäger-und-Sammler-Gesellschaften in wärmeren Klimazonen darstellte.

Zunächst einmal mussten Menschen, die sich beispielsweise in den winterkalten Steppen Asiens niederließen, für ihr bloßes Überleben mehr tun als Jäger und Sammler in Afrika. Sie konnten nicht das ganze Jahr über nackt herumlaufen und unter freiem Himmel übernachten. Um lange kalte Winter zu überstehen, mussten sie lernen, schützende Kleidung und haltbares, isolierendes Schuhwerk anzufertigen, und mussten für genug Brennstoffe sorgen, um dauerhafte Feuer zu unterhalten. Außerdem mussten sie Behausungen finden oder errichten, die robust genug waren, winterlichen Schneestürmen zu trotzen.

Von daher ist es kaum verwunderlich, dass sich die ältesten Beispiele für einigermaßen dauerhafte menschliche Behausungen und Schutzbauwerke an einigen der kältesten Orte finden, die auf dem Höhepunkt der letzten Eiszeit von Menschen besiedelt wurden – vor ungefähr 29 000 bis 14 000 Jahren. Darunter sind stabile Kuppelbauten, errichtet aus Hunderten schwerer, ausgetrocknete Mammutknochen, entdeckt bei Ausgrabungen in der Ukraine, in Mähren, Tschechien und im südlichen Polen. Verkleidet waren diese Kuppelbauten, um sie wind- und wasserdicht zu machen, wahrscheinlich mit zusammengenähten Tierhäuten. Die größten dieser Bauwerke maßen mehr als sechs Meter im Durchmesser, und man darf alleine angesichts des gigantischen Arbeitsaufwandes für ihre Errichtung vermuten, dass ihre Erbauer sie jedes Jahr bei Wintereinbruch wieder aufsuchten. Die ältesten dieser ausgegrabenen Relikte sind vor rund 23 000 Jahren entstanden, doch deutet vieles darauf hin, dass ähnliche Bauten anderswo und früher errichtet wurden, wobei anstelle von Mammutknochen auch andere Materialien, etwa Holz, verwendet worden sein können.

Um in solchen Umwelten leben zu können, mussten die Menschen nicht nur mehr arbeiten, sondern auch ihre Wirtschaftsweise anders organisieren, zumindest zu bestimmten Zeiten des Jahres. Vorkehrungen für den Winter zu treffen, erforderte erheblich mehr Planungsaufwand, als etwa afrikanische Jäger und Sammler ihn betreiben mussten. Die Errichtung eines Kuppelbaus aus Mammutknochen und seine Abdichtung durch einen Überzug aus Tierhäuten ist nichts, das man nach dem Durchzug der ersten Winterstürme in Angriff nehmen kann. Dasselbe gilt für die Beschaffung und Bearbeitung von Tierhäuten und Fellen, aus denen man warme Winterkleidung nähen kann. Es war in der Wintersaison auch nicht immer leicht (und zuweilen sogar unmöglich), spontan loszuziehen und innerhalb weniger Stunden genug Essbares für alle zu finden. Das Land lag mehrere Monate unter einer Schnee- und Eisdecke, was das Sammeln sehr erschwerte und das Jagen zu einem viel unsichereren Abenteuer machte. Andererseits hatte das mehrmonatige Leben in einer tiefgefrorenen Welt auch seine Vorteile: Nahrungsmittel verdarben nicht so schnell, und Fleisch von Tieren, die man in der Zeit der ersten starken Fröste erbeutet hatte, war unter Umständen noch Monate später genießbar, wenn Schnee und Eis zu tauen begannen. Wenn diese Menschen nach allem, was wir wissen, routinemäßig Jagd auf große und gefährliche Tiere wie Mammuts machten, fällt es schwer, dafür ein anderes Motiv zu unterstellen als das Anlegen von Vorräten für den Winter.

In der Zeit des tiefsten Winters näherten sich die Lebens- und Arbeitsrhythmen vermutlich zunehmend dem eher glazialen Tempo des jahreszeitlichen Naturgeschehens an. Abgesehen von gelegentlichen Jagdexpeditionen oder Einsätzen zur Herbeischaffung von Feuerholz, dürften die Menschen viele Stunden um das Feuer geschart zugebracht haben. Ihre wachen Geister labten sich wahrscheinlich an Geschichten, die sie erzählten und erzählt bekamen, an Feierlichkeiten, Gesängen und Einblicken in die Welt der Schamanen. Agile Finger suchten sicher Beschäftigung und fanden sie, indem sie neue Fertigkeiten ausprobierten und vervollkommneten. Früher gingen Archäologen und Anthropologen davon aus, dass die Blüte, die das Kunsthandwerk damals in Europa und Asien erlebte, Ausdruck eines bedeutsamen kognitiven Entwicklungssprungs des Homo sapiens war; dass sich ein solcher Entwicklungssprung gleichzeitig mit dem Vordringen der Menschen in Zonen mit langen Wintermonaten vollzog, ist jedoch wohl kaum ein Zufall. Ebenso wenig dürfte es ein Zufall sein, dass große Teile des damaligen Kunstschaffens, wie die 32 000 Jahre alten Fresken von Mammuts, Wildpferden, Höhlenbären, Nashörnern, Löwen und Rehwild, die die Wände der Chauvet-Höhle in Frankreich schmücken, im Inneren wetterfester Höhlen entstanden (also wohl im Schein lodernder Feuer), während in Afrika und Australien die meisten Felsmalereien auf exponierte Steinflächen im Freien aufgetragen wurden.

Beispiele dafür, womit sich diese Frühmenschen im Winter im wärmenden Umkreis ihrer Feuer beschäftigten, finden sich in Gestalt von Schnitzereien aus Knochen, Geweih und Mammut-Elfenbein wie auch von originellen, akribisch gearbeiteten Schmuckobjekten, wie sie in vielen Teilen Europas und Asiens ergraben worden sind. Zu den berühmtesten Objekten in dieser Kategorie gehört die weltweit älteste figürliche Skulptur, der «Löwenmensch» von Hohlenstein-Stadel. Diese zwischen 40 000 und 35 000 Jahren vor unserer Zeit aus Mammut-Elfenbein geschnitzte Statue gemahnt uns daran, dass die Jäger und Sammler jener Periode nicht nur die Beziehung zwischen sich und ihren Nachbarn aus dem Tierreich als ontologisch fließend betrachteten, sondern auch eine ganze Palette handwerklicher Techniken und Werkzeuge entwickelt hatten, die sie in die Lage versetzten, die ganz besonderen Materialeigenschaften des Elfenbeins als künstlerisches Ausdrucksmittel zu beherrschen.

Mehr als jede andere archäologische Fundstätte gewährt uns Sungir, entdeckt in den 1950er Jahren an den schlammigen Ufern des Flusses Kljasma am östlichen Stadtrand der russischen Stadt Wladimir, eine Vorstellung davon, wie und womit sich diese Gemeinschaften in der langen Zeit des Wartens auf ein Ende des Winters beschäftigten. Neben Steinwerkzeugen und anderen eher erwartbaren Objekten und Fragmenten fanden die Archäologen dort auch mehrere Gräber. Keines davon war so erstaunlich wie das reich ausgestattete Doppelgrab zweier Knaben, die zwischen 34 000 und 30 000 Jahren vor unserer Zeit dort bestattet worden sind, mit einer Lanze aus einem geraden Stück Mammut-Stoßzahn direkt neben sich und in Kleidern, die mit fast 10 000 handgeschnitzten Perlen aus demselben Material verziert sind. Zu den weiteren Fundstücken in diesem Grab gehört ein mit unzähligen Zähnen dekorierter Gürtel – mehr als 100 Füchse müssen für diese Zähne ihr Leben gelassen haben.

Nach Schätzung der Archäologen muss es bis zu 10 000 Stunden Arbeit gekostet haben, allein diese Perlen zu schnitzen, was ungefähr fünf Arbeitsjahren einer daran 40 Stunden pro Woche arbeitenden Einzelperson entspräche. Manche Experten vermuten, dass es sich bei den beiden Knaben um so etwas wie Adlige gehandelt haben muss, was bedeuten würde, dass dieses Doppelgrab ein Beleg für förmliche hierarchische Abstufungen innerhalb dieser Jäger-und-Sammler-Gesellschaften wäre.[11] Es ist jedoch ein bestenfalls halbgarer Beweis für die Existenz einer festgefügten Hierarchie; erinnern wir uns, dass auch in manchen egalitären Jäger-und-Sammler-Gesellschaften, etwa bei den Ju/'Hoansi, ähnlich arbeitsintensive und kunstvolle Objekte gefertigt wurden. Was mir angesichts des Aufwandes an Zeit und Geschicklichkeit, den wir für die Herstellung der Perlen aus Mammut-Elfenbein und anderer kunsthandwerklicher Produkte ansetzen müssen, sicher scheint, ist, dass in diesen Kulturen, wie bei den indigenen Völkern des pazifischen Nordwestens Amerikas, der jährliche Arbeitszyklus saisonal gegliedert war und dass die Menschen in den Wintermonaten ihre Energie oft in kunsthandwerkliche oder künstlerische Betätigungen unter einem schützenden Dach investierten.

Mit der sporadischen Vorratshaltung und der Unterteilung ihres Arbeitsjahres in jahreszeitliche Phasen taten die europäischen und asiatischen Jäger-und-Sammler-Gesellschaften einen wichtigen Schritt hin zu einer längerfristig angelegten, vorausschauenderen Beziehung zur Arbeit. In diesem Zuge entwickelten sie auch ein anders geartetes Verhältnis zur Knappheit, das schon Ähnlichkeiten mit dem aufweist, das bis heute unser Wirtschaftsleben in so mancher bedeutsamen Hinsicht prägt. Aber auch wenn sie vorausschauender planen mussten als Jäger und Sammler in wärmeren Klimazonen, hielten sie an ihrem hochgradigen Vertrauen in die zumindest saisonale Freigiebigkeit ihrer Umwelt fest. Paradoxerweise entwickelten sich erst, als die Erde sich vor 18 000 Jahren wieder zu erwärmen begann, die ersten schicksalhaften Ansätze einer landwirtschaftlichen Produktion, und diese wurde zur Grundlage für das rapide Wachstum unseres energetischen Fußabdrucks und für unsere zwanghafte Beziehung zur Arbeit.

TEIL DREI

ACKERN

7

Von der Klippe gesprungen

Am Abend des 19. Oktober 1957, eines Samstags, stießen Wanderer, die die Felsklippen bei Govett's Leap in den australischen Blue Mountains erkundeten, auf eine Brille, eine Tabakspfeife, einen Kompass und eine Mütze, alles ordentlich auf einem zusammengefalteten Macintosh-Regenmantel abgelegt. Wie sich später herausstellte, gehörten die Sachen Professor Vere Gordon Childe, dem kurz zuvor in den Ruhestand gegangenen weltberühmten Archäologen (und Exzentriker). Er hatte sich im nahegelegenen Carrington-Hotel einquartiert, war morgens zu einer Bergwanderung aufgebrochen und hatte für das Mittagessen eine Verabredung. Sein Chauffeur, der ihn deswegen im Hotel abholen wollte, meldete ihn als vermisst. Eine Suchmannschaft, die losgeschickt wurde, fand den Leichnam des Professors am Fuß der 150 Meter aufragenden Felsklippen von Govett's Leap. Der zuständige Leichenbeschauer kam zu dem Schluss, der kurzsichtige Professor sei in Ermangelung seiner Brille wohl aufgrund eines Fehltritts in den Abgrund gestürzt – ein schrecklicher Unfall.

23 Jahre später stellte sich heraus, dass der Leichenbeschauer sich geirrt hatte.

Ein Jahr bevor Professor Childe im Carrington abstieg, hatte er sich im Alter von 64 Jahren von einer langen und ehrenvollen akademischen Laufbahn – erst als Professor der Archäologie an der Universität von Edinburgh und später als Direktor der Archäologischen Fakultät der Universität von London – verabschiedet. Einige Tage vor seinem Felssturz hatte er einen Brief an Professor William Grimes geschrieben, seinen Nachfolger in London. Der Brief enthielt die Bitte an Professor

Grimes, über den Inhalt mindestens zehn Jahre Stillschweigen zu bewahren, da andernfalls ein Skandal drohe. Grimes kam dieser Bitte nach. Er enthüllte Childes Geheimnis erst zwei Jahrzehnte später, als er den Brief der führenden archäologischen Fachzeitschrift *Antiquity* übergab, die ihn in vollem Wortlaut veröffentlichte.[1]

«Die Vorurteile gegen Selbstmord sind vollkommen irrational», hatte Childe an Grimes geschrieben. «Dem eigenen Leben in freier Entscheidung ein Ende zu setzen, ist nämlich etwas, das den Homo sapiens von anderen Tieren noch deutlicher unterscheidet als die feierliche Beisetzung seiner Toten. Ein Unfall kann mir auf einer Felsklippe auf einfache und natürliche Weise zustoßen», hatte er geschrieben und hinzugefügt: «Das Leben endet am besten, wenn man sich glücklich und stark fühlt.»

Die Aussicht auf einen einsamen Ruhestand auf der Grundlage einer dürftigen Pension spielte sicher eine Rolle für die Entscheidung Childes (der lebenslang Junggeselle aus Überzeugung geblieben war), seinem Leben ein Ende zu setzen. Sein Brief an William Grimes war jedoch vor allem eine nüchterne Meditation über die Sinnlosigkeit eines Lebens ohne nützliche Arbeit. Seiner Überzeugung nach waren die Alten nicht viel mehr als parasitäre Rentenempfänger, die aus der Energie und Arbeitskraft der Jungen Honig saugten. Kein Verständnis äußerte er für die Älteren, die weiter arbeiteten, um zu beweisen, dass sie noch zu etwas nutze waren. Sie waren nach seiner dezidierten Ansicht Hindernisse auf der Bahn des Fortschritts und versperrten «jüngeren und produktiveren Nachfolgern» den Weg.

1892 im australischen Sydney geboren, war Childe der weltweit führende Prähistoriker der Zwischenkriegszeit, mit einem Œuvre aus Hunderten vielbeachteten Aufsätzen und 20 Büchern. Mit 64 gelangte er jedoch zu der niederschmetternden Einsicht, er habe «keine weiteren brauchbaren Beiträge mehr» zu bieten. Damit nicht genug, beurteilte er im Rückblick große Teile seines Lebenswerks als nutzlos.

«Ich befürchte tatsächlich, dass das Gros der empirischen Evidenz gegen Theorien spricht, für die ich eingetreten bin, oder sogar für die [Theorien], die ich scharf ablehne», gestand er.

Mit seinem Selbstmord lieferte Childe eine letzte revolutionäre Tat in einem Leben, in dem Revolutionen eine große Rolle gespielt hatten. Als junger Mann hatte der überzeugte Marxist die Hoffnung geäußert, die blutige Menschheitskatastrophe des Ersten Weltkrieges würde vielleicht den Untergang des imperialen Zeitalters beschleunigen und eine weltweite kommunistisch orientierte Revolution in Gang setzen; damit war er bei vielen in Australien in Ungnade gefallen. Dieser Einstellung hatte er es auch zu verdanken, dass er später nie ein Einreisevisum für die Vereinigten Staaten erhielt und dass der britische Geheimdienst MI5 ihn auf seine Beobachtungsliste setzte und routinemäßig seine gesamte Korrespondenz überwachte. Seine revolutionärsten Taten verbrachte Childe jedoch auf dem politisch sehr viel weniger verminten Terrain der Urgeschichtsforschung. Er formulierte als Erster das Postulat, der Übergang unserer Vorfahren vom Jagen und Sammeln zum Ackerbau sei eine so grundlegende Umwälzung gewesen, dass man statt von einer «Transformation» besser von einer «Revolution» sprechen solle. Das war ein Gedanke, an dem er seine ganze Laufbahn über festhielt und weiterarbeitete und den er in seinem wichtigsten Buch *Man Makes Himself* (1936) am entschiedensten und klarsten ausführte.[2]

Über weite Strecken von Childes Karriere waren die wichtigsten Werkzeuge der Archäologen Kellen, Bürsten, Eimer, Siebe, Panamahüte und die eigene Vorstellungskraft. Gegen Ende seines Lebens machte ihm zunehmend die Vorstellung zu schaffen, dass sich viele seiner besten Ideen als wertlos erweisen könnten. Mittlerweile waren die Archäologen dazu übergegangen, enger als früher mit Geologen, Klimatologen und Ökologen zusammenzuarbeiten, und dabei stellte sich zunehmend heraus, dass die Geschichte des Übergangs zur Landwirtschaft sehr viel komplizierter war, als Childe es in *Man Makes Himself* beschrieben hatte. Nach heutigem Kenntnisstand erweisen sich wohl einige der Dinge, die er als Folgen des Übergangs zum Ackerbau erklärt hatte – etwa die Errichtung permanent bewohnter Ansiedlungen –, eher als Voraussetzungen dafür. Absolut recht hatte Gordon Childe allerdings auch noch aus heutiger Sicht mit seiner Einschätzung, der Übergang zu Ackerbau und Viehzucht sei mindestens so umwälzend gewesen wie jede andere Transformation davor oder danach. Vielleicht unterschätzte er die Bedeutung dieses Übergangs sogar. Denn während vorherige und spätere technisch bedingte Umwälzungen – von der Beherrschung des Feuers bis zur Entwicklung des Verbrennungsmotors – ebenfalls das Potenzial an Energie, das die Menschen mobilisieren und in nützliche Arbeit umsetzen konnten, erheblich vermehrten, ermöglichte die landwirtschaftliche Revolution nicht nur eine starke Beschleunigung des Bevölkerungswachstums, sondern veränderte auch grundlegend den Umgang der Menschen mit ihrer Umwelt, bis hin zu ihrem Verständnis der eigenen Verortung im Universum und ihrer Beziehung zu den Göttern, zur Erde, zu ihrer Umgebung und zu ihren Mitmenschen.

Gordon Childe interessierte sich nicht besonders für Kultur, zumindest nicht in der Art und Weise, wie seine Kollegen vom sozialanthropologischen Fach es taten. Er hatte auch, wie die meisten seiner Zeitgenossen, keinen Grund zu glauben, kleine Jäger-und-Sammler-Gesellschaften wie die australischen Aborigines hätten ein reich mit Muße gesegnetes Leben geführt oder seien sich der unendlichen Freigiebigkeit ihrer Umwelt sicher gewesen. Infolgedessen stellte er nie eine Verbindung her zwischen dem tiefen Loch, in dem er versank, als ihn das Gefühl überkam, als Wissenschaftler keine nützlichen Beiträge mehr erbringen zu können, und den kulturellen und wirtschaftlichen Veränderungen, die sich organisch aus dem Einstieg unserer Vorfahren in die Landwirtschaft ergaben, und er konnte sich wohl auch kaum vorstellen, dass die das Wirtschaftssystem, das er für seine drohende Altersarmut verantwortlich machte, definierenden Grundsätze wie die Vorstellung, Müßiggang sei Sünde, und nur Arbeit bringe Segen, gar nicht unbedingt ein ewiges Erbteil des menschlichen Vorwärtsdrangs sind. Sie waren nicht zuletzt auch Nebenprodukte des Übergangs vom Jagen und Sammeln zum Ackerbau.

Bei den MI5-Beamten, die sich auf der Suche nach verschwörerischen Schlüsselwörtern in Gordon Childes Korrespondenz auch durch seine archäologischen Forschungsberichte wühlten, beschwor das Wort «Revolution» die Vorstellung hochverräterischer Umtriebe herauf, bei seinen akademischen Kollegen eher das harmlosere Bild einer etablierten Theorie, die in aller Stille unter dem Gewicht ihrer eigenen inneren Widersprüche in die Knie ging und so den Weg zu neuen Lösungsmöglichkeiten für alte Probleme frei machte.

Vor dem Hintergrund einer nach Millionen Jahren zählenden Menschheitsgeschichte war der Übergang vom Jagen und Sammeln zur ortsfesten landwirtschaftlichen Produktion mindestens so revolutionär wie die Transformationen, die es zuvor gegeben hatte und die danach kamen.

Standorte selbstständiger Nährpflanzenzüchtung

Dieser Übergang vollzog sich innerhalb eines evolutionären Wimpernschlages. Allerdings hatte wohl keiner von denen, die an dieser Revolution beteiligt waren, das Gefühl, irgendetwas besonders Bemerkenswertes zu vollbringen. Gemessen an der Lebensspanne eines einzelnen Menschen oder auch mehrerer aufeinanderfolgender Generationen, war der Übergang zum Ackerbau ein schrittweiser Prozess, in dessen Verlauf die Menschen auf der einen Seite und eine ganze Anzahl von Pflanzen und Tieren auf der anderen Seite ihre Zukunft allmählich, aber unaufhaltsam miteinander verknüpften und dabei sich und einander unumkehrbar veränderten.

Im Verlauf einer 5000 Jahre währenden Periode, die vor etwas mehr als 10 000 Jahren einsetzte, begannen Völkerschaften in mindestens elf unterschiedlichen und unverbundenen Regionen Asiens, Afrikas, Ozeaniens und Amerikas sukzessive mit dem Anbau von Feldfrüchten und mit der Züchtung und Haltung diverser gezähmter Tiere. Wie und warum das an unterschiedlichen Orten fast gleichzeitig geschah, ist ein Stück weit rätselhaft geblieben. Vielleicht ist es einfach ein erstaunlicher Zufall, doch sehr viel wahrscheinlicher ist, dass diese auf den ersten Blick unwahrscheinlich anmutende Parallelität von einer Reihe ökologischer, kultureller, demographischer und möglicherweise auch evolutionärer Triebkräfte befördert wurde.[3]

Die ältesten eindeutigen Belege für den Anbau domestizierter Pflanzen fanden sich in den Mittelgebirgs- und Tallandschaften der Levante, einer Region, die sich über die heutigen Länder Libanon, Palästina, Syrien und Türkei erstreckt. Die dort lebenden Menschen fingen vor rund 12 500 Jahren an, Wildweizen und Hülsenfrüchte wie Kichererbsen zu kultivieren; vor rund 11 000 Jahren begannen sich mehrere gezüchtete Weizenarten in der archäologischen Asservatenkammer abzulagern. Abgesehen von Hunden, deren Verbindung zum Menschen mindestens 14 700 Jahre zurückreicht, wenn nicht noch viel weiter,[4] waren nach allem, was wir aus den ältesten (ungefähr 10 500 Jahre alten) gefundenen Relikten einer systematischen Nutztierzucht ablesen können, Ziegen und Schafe die ersten vom Menschen domestizierten und in Herden gehaltenen Tiere. Eine Region, in der der Ackerbau ebenfalls sehr früh Wurzeln schlug, war China. Dort fingen Siedler in den Überschwemmungsebenen des Jangtse, des Gelben Flusses und des Xiliao He vor rund 11 000 an, Jahren Hirse anzubauen und Schweine zu züchten. Ein paar Tausend Jahre später begannen sie mit der Kultivierung primitiver Varietäten zweier Nutzpflanzen, die heute zu den wichtigsten Grundnahrungsmitteln Ostasiens gehören, nämlich Sojabohnen und Reis.[5]

Es dauerte vier Jahrtausende, bis die Landwirtschaft sich als hauptsächliche Ernährungsgrundlage für im heutigen Nahen und Mittleren Osten siedelnde Völkerschaften durchgesetzt hatte. Etliche wichtige Pflanzen- und Tierarten, darunter Gerste, Linsen, Erbsen, Ackerbohnen, Kichererbsen, Weizen, Schweine, Rinder, Ziegen und Schafe, fanden in dieser Zeitspanne ihre Bestimmung in den Händen der Frauen und Männer, die sie züchteten, fütterten und verspeisten.[6] In dieser Periode kam die Landwirtschaft auch anderswo aus den Startlöchern, mit der Folge, dass ab ungefähr 6000 Jahren vor unserer Zeit Ackerbau und Viehzucht in vielen Teilen Asiens, Arabiens sowie Nord-, Süd- und Mittelamerikas zu einem maßgeblichen Mittel der Existenzsicherung wurde.

Das Natufien gilt als die erste Kultur auf der Erde, die systematisch mit Ackerbau und Viehzucht experimentiert hat. Welche Sprache die

Natufier sprachen und wie sie sich selbst nannten, wissen wir nicht. Den Namen, mit dem wir sie bezeichnen, verdankt dieses Volk, das zwischen 12 500 und 9500 Jahren vor unserer Zeit in Teilen des Nahen Ostens siedelte, einer der sehr viel jüngeren Vergangenheit angehörenden Vordenkerin zum Thema Arbeit namens Dorothy Garrod, einer Archäologin und Zeitgenossin von Vere Gordon Childe. Sie taufte das Natufien in Anlehnung an eine der Örtlichkeiten, an denen sie bei Ausgrabungen Spuren dieser Kultur entdeckte, das Wadi an-Natuf im damals britisch verwalteten Palästina.

Dorothy Garrod war 1913 die erste Frau, die an der Universität Cambridge ein Geschichtsstudium abschloss. Etliche Jahre später, nachdem sie sich eine Auszeit genommen hatte, um ihren Beitrag zur britischen Kriegsanstrengung zu leisten, absolvierte sie an der Universität Oxford ein weiterführendes Studium der Archäologie und Anthropologie und erkannte, dass es ihre Bestimmung war, archäologische «Feldarbeit» zu leisten. Dass zunächst niemand sie bei einem bedeutenden Grabungsprojekt dabeihaben wollte, ist wenig verwunderlich – archäologische Grabungsstätten waren damals eine Domäne von Männern mit Tabakspfeife zwischen den Zähnen und Ginflasche im Tornister, die der festen Überzeugung waren, Frauen seien nicht dafür geschaffen, mit den Strapazen einer Grabungskampagne in einem Niemandsland fern der Heimat klarzukommen.

So beherrscht im Auftreten wie unerschütterlich in ihren Zielen, vertrat Garrod, auch wenn sie sich nicht als Feministin verstand, mit Nachdruck ihre Überzeugung, Frauen seien keinen Deut weniger in der Lage als ihre männlichen Kollegen, allen Widrigkeiten der archäologischen Feldarbeit zu trotzen. Diese Überzeugung teilte der französische Archäologe Abbe Breuil, bei dem Garrod nach ihrem Abschied aus Oxford zwei Jahre in Paris studierte. 1925 und 1926 beauftragte er sie mit der Leitung einiger kleinerer Ausgrabungen in Gibraltar. Nach ihrer Rückkehr nach Paris – und nachdem sie einen mittlerweile als «Teufelsturm-Kind» berühmt gewordenen Neandertaler-Schädel geborgen und aus seinen Fragmenten zusammengesetzt hatte – blieb ihren männlichen Kollegen kaum eine andere Wahl, als sie als anerkanntes Mitglied in ihre Zunft aufzunehmen.

1928 erhielt Dorothy Garrod, die sich zu diesem Zeitpunkt den Ruf einer ernst zu nehmenden Ausgräberin erworben hatte, das Angebot, eine Reihe neuer Grabungen im Bereich des Karmel-Bergrückens in Palästina zu leiten. Auftraggeber waren die American School of Prehistoric Research und die British School of Anthropology in Jerusalem. Entgegen aller Konventionen stellte Garrod für das Karmel-Projekt eine fast ausschließlich weibliche Mannschaft zusammen, darunter nicht wenige aus umliegenden palästinensischen Dörfern rekrutierte Frauen. Ab 1929 leitete Garrod im Verlauf von fünf Jahren insgesamt zwölf größere Grabungsprojekte im und nahe dem Karmel-Gebiet, wobei sie Pionierarbeit in der Nutzung von Luftbildern als archäologisches Hilfsmittel leistete. Die Ergebnisse dieser Arbeit veröffentlichte sie 1937 in dem Buch *The Stone Age of Mount Carmel*, an dem als Koautorin eine weitere Geschlechterklischees ad absurdum führende Frau mitwirkte: Dorothea Bates.

The Stone Age of Mount Carmel war ein bahnbrechendes Werk, die erste archäologische Arbeit, die einen lückenlosen Entwicklungsbogen über eine knappe halbe Million Jahre menschlicher Urgeschichte aufspannte. Es war auch die erste Studie, die chronologisch aufbereitetes Material sowohl von Neandertaler- als auch von Homo-sapiens-Populationen vereinte. Noch wichtiger war jedoch, dass Garrod und Bates in dieser Arbeit erstmals die These vertraten, das Gebiet um den Karmel-Bergrücken sei vor rund 12 000 Jahren die Heimat einer eigenständigen regionalen Kultur gewesen, und zwar der Kultur, die die Landwirtschaft erfunden hat.

An der archäologischen Fakultät der Universität Cambridge hat heute niemand mehr eine Erinnerung daran, ob Dorothy Garrod, die dort von 1939 bis zu ihrer Emeritierung 1952 einen Lehrstuhl innehatte, das Ende ihres Arbeitstages gerne damit beschloss, dass sie sich im Gemeinschaftsraum der Fakultät des Newnham College, in dem sie ihre Wohnung hatte, ein Glas Sherry oder Gin Tonic gönnte. Es war dies ein allgemein übliches Ritual vor dem im College eingenommenen Abendessen, und als die erste Frau, die in Cambridge jemals eine volle Professorenstelle bekleidete, hatte Garrod wahrscheinlich oft Lust auf einen Drink, wenn sie den Tag über abfällige Bemerkungen einiger ihrer männlichen Kollegen abbekommen hatte. Tatsächlich fanden sich in dem ständig wachsenden Fundus neu ausgegrabener Artefakte neben Belegen für ihre Theorie, der zufolge die Natufier eine Schlüsselrolle beim Übergang zur Landwirtschaft gespielt hatten, auch Dinge, die darauf hindeuten, dass sie die ersten Menschen auf der Welt waren, die ihren Arbeitstag mit dem Genuss eines alkoholischen Getränks ausklingen ließen. Wie sich bei der Analyse mikroskopisch kleiner Rückstände in Mörsern und auf Stößeln zeigte, verwendeten die Natufier diese nicht nur zum Zermahlen und Zerstoßen von Weizen- und Gerstenkörnern oder Leinsamen, um aus dem Mehl einfaches ungesäuertes Brot zu backen,[7] sondern auch um Getreide zu fermentieren und Bier zu brauen.

Die Forscher, die nachweisen konnten, dass die Natufier begeisterte Hobbybrauer waren, äußerten die höchst plausible Vermutung, die Entdeckung der Kunst des Bierbauens habe sie darin bestärkt, Ackerbau zu betreiben und sich damit einen regelmäßigen Nachschub an fermentierbaren Körnern zu sichern. Die Forscher dürften auch mit ihrer These richtig liegen, das Bier sei hauptsächlich zu rituellen Anlässen getrunken worden.[8]

Andererseits haben es Archäologen und Anthropologen oft zu eilig, das Sakrale im Profanen zu finden, namentlich im Kontext von Sexualität und Drogen. So wie sich manche berühmte Fresken letztlich als softe Porno-Bilder entmystifizieren lassen, können wir vermuten, dass die Natufier ihr Bier aus denselben Gründen getrunken haben, wie die meisten von uns es heute tun.

Die noch als Jäger und Sammler wirtschaftenden Vorfahren der Natufier waren mit ziemlicher Sicherheit keine Biertrinker. Aber sie waren flexible, vielseitige und geschickte Nahrungsbeschaffer, die routinemäßig mit mehr als hundert verschiedenen Pflanzenarten etwas anzufangen wussten, darunter Weizen, Gerste,[9] wilder Wein, Mandeln und Oliven. Wahrscheinlich waren sie nicht so festgelegt darauf, immer nur ihre unmittelbaren Bedürfnisse zu stillen, wie die Ju/'Hoansi oder andere Jäger und Sammler. Die stärkeren jahreszeitlichen Kontraste, die in der Levante während der letzten Eiszeit herrschten, hatten zur Folge, dass die Bevölkerung, auch wenn sie nach wie vor den größten Teil des Jahres über von der Hand in den Mund leben konnte, zweifellos jedes Jahr eine Periode erlebte, in der sie mehr arbeiten musste als sonst, um die kältere und dunklere Winterzeit zu überstehen.

Wie vorläufige und überraschende neue Funde vermuten lassen, gab es vor rund 23 000 Jahren unweit des Sees Genezareth eine sehr innovative Stammesgemeinschaft, die schon zu diesem frühen Zeitpunkt mit dem Anbau von Pflanzen experimentierte. Das erhärtet die Annahme, dass sich bei Jäger-und-Sammler-Gesellschaften in der Levante ein deutlich stärker vorsorgeorientiertes Denken durchgesetzt hatte als etwa bei den Ju/'Hoansi. Was das archäologische Archiv allerdings auch offenbart, ist dass diese Leute das Pech hatten, mit ihren Ackerbau-Experimenten vor allem auch die Evolution just der Unkräuter voranzutreiben, mit denen sich Weizenfarmer bis heute herumschlagen müssen.[10]

Ungeachtet der frühen ackerbaulichen Experimente der Natufier gehörte Getreide nach heutigem Kenntnisstand vor Einsetzen der bis heute andauernden Warmzeit nicht zu ihren Hauptnahrungsmitteln. Die wilden Weizen-, Gersten- und Roggenbestände, die in der Levante wuchsen, waren nicht besonders ergiebig. Die wenigen und kleinen Körner, die sie lieferten, waren wohl manchmal kaum der Mühe des Erntens und Dreschens wert. Es bedurfte eines signifikanten und relativ abrupten Klimawandels, um speziell diese Pflanzen so nahrhaft zu machen, dass es für eine symbiotische Partnerschaft zwischen ihnen und den Menschen reichte, die sie gelegentlich aberntetne.

Einige der anerkannter Theorien, die den Übergang zum Ackerbau mit einem Klimawandel verknüpfen, fußen im Großen und Ganzen auf der Hypothese, der allmähliche Übergang von der letzten Eiszeit in die gegenwärtige interglaziale Warmzeit, der sich zwischen 18 000 und 8000 Jahren vor unserer Zeit vollzog, habe als Katalysator für eine ganze Reihe ökologischer Veränderungen fungiert, die einige entwickelte Jäger-und-Sammler-Gesellschaften in große Nöte stürzten. Gemäß dem Gebot, aus der Not eine Tugend zu machen, sei diesen Völkerschaften kaum etwas anderes übrig geblieben, als mit neuen Überlebensstrategien zu experimentieren – und mit den neuen Pflanzenarten, die die älteren verdrängten. Neuere Forschungen in benachbarten Fächern haben seither die Annahme bekräftigt, die durch Klimaveränderungen bewirkte Nahrungsmittelverknappung habe entscheidend dazu beigetragen, dass zumindest einige Völkerschaften auf den Weg zur ackerbaulichen Nahrungsproduktion einbogen. Zugleich deuten diese Forschungsergebnisse aber auch darauf hin, dass es Perioden eines durch Klimawandel bedingten

Nahrungsüberflusses gab, die in diesem Prozess ebenfalls eine wichtige Rolle spielten.

Die Erde befindet sich gegenwärtig im Griff ihrer fünften größeren Eiszeit, genannt die quartäre Eiszeit. Sie hat vor rund 2,58 Millionen Jahren eingesetzt, als die polaren Eiskappen entstanden, und hat sich durch periodische Pendelbewegungen zwischen kürzeren «interglazialen» Warmzeiten und kälteren «glazialen» Perioden hervorgetan. In den glazialen Perioden herrschen auf der Erde um ungefähr 5 Grad Celsius niedrigere Temperaturen als in den interglazialen Warmzeiten, und sie sind auch erheblich trockener, weil viel Wasser in den polaren Eisschilden gebunden ist. Die glazialen Perioden dauern typischerweise rund 100 000 Jahre, während die interglazialen Warmzeiten – und in einer solchen befinden wir uns gerade – «flatterhafter» sind und es auf nur 10 000 bis 20 000 Jahre bringen. Zwischen dem Ende einer glazialen Periode und dem Zeitpunkt, da die globalen Temperaturen wieder das für eine interglaziale Warmzeit charakteristische Niveau erreichen, können oft bis zu 10 000 Jahre vergehen.

Sonnenflecken-Aktivität, kosmische Strahlung, Vulkantätigkeit und Sternenkollisionen haben immer schon einen Einfluss auf das empfindliche Klimageschehen auf der Erde ausgeübt. Eine auf die Nutzung fossiler Brennstoffe fixierte Menschheit ist keineswegs der erste oder einzige lebende Organismus auf Erden, der die Zusammensetzung der Erdatmosphäre nachhaltig genug verändert hat, um einen radikalen Klimawandel herbeizuführen. Wir sind noch weit davon entfernt, eine so folgenschwere Veränderung zu bewirken wie die Kohlendioxid verdauenden Cyanobakterien im Verlauf der sogenannten Großen Sauerstoffkatastrophe, die die Voraussetzungen für die Entstehung und Ausbreitung Sauerstoff atmender Lebensformen auf der frühen Erde schuf. Die Hauptursachen dafür, dass die Erde zwischen eisigen glazialen und milderen interglazialen Perioden fluktuiert, sind zum einen die Pendelbewegung der Erdachse – das langsame und fast unmerkliche Trudeln der Erde im Zuge ihrer Rotation –, zum anderen Veränderungen ihrer Umlaufbahn um die Sonne als Folge der von anderen großen Himmelskörpern ausgehenden, auf die Erdkugel einwirkenden Gravitationskräfte.

Die Warmzeit, in der sich die Erde gerade befindet, begann vor rund 18 000 Jahren als Folge einer Konvergenz dieser zyklischen Vorgänge. Es dauerte jedoch sehr lange, bis vor ungefähr 3300 Jahren irgendjemand auf der Erde überhaupt bemerken konnte, dass sich etwas Grundlegendes verändert hatte. Dann jedoch schnellten innerhalb weniger kurzer Jahrzehnte die Temperaturen in Grönland um 15 Grad in die Höhe, in Südeuropa immerhin noch um bescheidenere, aber dennoch klimatisch völlig umwälzende 5 Grad. Diese Periode einer rapiden Erwärmung und Gletscherschmelze und die beiden nachfolgenden Jahrtausende nennt man das Alleröd-Interstadial. In dieser kurzen Zeit verwandelte sich der Nahe Osten aus einer kalten, trockenen Steppenlandschaft mit einem kargen Ökosystem in einen warmen, feuchten, gemäßigten Garten Eden mit Eichenwäldern und Beständen an Oliven-, Mandel- und Pistazienbäumen und dazwischen Graslandschaften mit Wildformen von Gerste und Weizen, auf denen große Herden glücklicher Gazellen weideten, immer mit einem wachen Blick für Löwen, Geparde und hungrige Natufier.

Es waren jedoch nicht nur die wärmeren, feuchteren Wetterverhältnisse, die die Natufier dazu animierten, sich in dieser Zeit an etwas zu versuchen, das an eine Vorstufe des Landbaus herankam. Hand in Hand mit dem Rückgang der Eisschilde vollzog sich eine kleine, aber signifikante Veränderung in der Zusammensetzung der Gase in der Erdatmosphäre, und das ließ Bedingungen entstehen, die bestimmte Getreidearten, wie den Weizen, in die Lage versetzten, auf Kosten einiger anderer Pflanzenarten besonders gut zu gedeihen.

Nicht alle Pflanzen lösen die Aufgabe, den im Kohlendioxid enthaltenen anorganischen Kohlenstoff in die organischen kohlenstoffbasierten Bausteine ihrer Zellen umzuwandeln, auf genau dieselbe Weise. Manche, etwa Weizen, Bohnen, Gerste, Reis oder Roggen, fangen mithilfe eines Enzyms – des RuBisCO – vorbeikommende Kohlendioxid-Moleküle ein und verstoffwechseln sie zu organischen Baustoffen. Zwar sind die Fangkünste des RuBisCO bestenfalls mittelmäßig – er bringt es hin und wieder fertig, versehentlich ein Sauerstoffmolekül zu erwischen, eine (Fehl-) Leistung, die man Photorespiration nennt und die die Pflanze teuer zu stehen kommt. Sie ist eine Verschwendung der Energie und der Nährstoffe, die in die Synthese des RuBisCO eingeflossen sind, und mindert die Wachstumschancen der Pflanze. Die relative Häufigkeit, mit der sich das RuBisCO mit Sauerstoff verbindet, entspricht mehr oder weniger dem Anteil des Sauerstoffs im Verhältnis zum Anteil des Kohlendioxids in der Luft. In der Folge erweisen sich diese «C_3»-Pflanzen, wie die Biologen sie nennen, als besonders reaktionsfreudig auf Veränderungen im Kohlendioxidgehalt der Atmosphäre: Jede Erhöhung des CO_2-Anteils führt zu einem Anstieg der Fotosynthese-Rate und zu einem Weniger an Photorespiration. Ganz anders bei «C_4»-Pflanzen wie Zuckerrohr oder Hirse, die fast ein Viertel aller Pflanzenarten stellen: Sie verstoffwechseln das Kohlendioxid deutlich fehlerloser. Sie haben sich in ihrer Evolution einige Mechanismen zugelegt, die sicherstellen, dass sie keine Energie für Photorespiration verschwenden. Sie sind deshalb relativ unempfindlich für mäßige Erhöhungen des Kohlendioxidspiegels, während sie, wenn der CO_2-Anteil in der Luft abnimmt, C_3-Pflanzen überflügeln.

Wie sich bei Analysen von Eisbohrkernen aus Grönland herausgestellt hat, stand das Ende der letzten Eiszeit im Zeichen eines deutlich steigenden atmosphärischen Kohlendioxidspiegels. Dies ermöglichte den C_3-Pflanzen eine um 25 bis 50 Prozent höhere Fotosynthese-Aktivität, was sie wiederum in die Lage versetzte, ihr Größenwachstum zu steigern und die C_4-Pflanzen im Wettbewerb um die im Boden enthaltenen Nährstoffe auszustechen.[11] Das wiederum führte zu höheren Stickstoffgehalten im Boden, was den C_3-Pflanzen weiteren Auftrieb gab.[12] In dem Maß, wie es im Nahen Osten wärmer wurde, erlebten diverse C_3-Arten – vor allem Getreide, Hülsenfrüchte, Leguminosen und Obstbäume, darunter Weizen, Gerste, Linsen, Mandeln und Pistazien – einen Aufschwung, während eine ganze Palette anderer Pflanzenarten, die besser an kühlere Verhältnisse angepasst waren, auf den absteigenden Ast gerieten.

Als den Menschen im Nahen Osten wegen der Klimaerwärmung und des steigenden Kohlendioxidgehalts in der Atmosphäre einige ihrer vertrauten Nährpflanzen abhandenkamen, während zugleich andere produktiver wurden, gerieten sie nolens volens in eine zunehmende Abhängigkeit von einer deutlich kleineren Auswahl an Nahrungspflanzen, die dafür jedoch relativ reichlich zu Gebote standen.

Jäger und Sammler sind Opportunisten, und den Natufiern eröffnete die Warmzeit des Alleröd-Interstadials die Chance, sich mit deutlich geringerem Aufwand gut zu ernähren. Ihre Sommer wurden lauer, ihre Winter weniger klirrend; es regnete häufiger, und ihre Nahrungsquellen wurden so ergiebig, dass im Verlauf einiger Jahrhunderte viele Natufier sich frohgemut von der früher notwendig gewesenen migrantischen Lebensweise ihrer Vorfahren abwandten und sich für ein sesshafteres Dasein in kleinen, permanenten dörflichen Siedlungen entschieden. Manche Natufier machten sich sogar die Mühe, sturmfeste Behausungen mit Trockenmauern und sauber gepflasterten Steinböden um eine in Stein gefasste Feuerstelle zu errichten – die ältesten jemals auf der Erde gefundenen Dauerbauwerke von Menschenhand. Den neben diesen Siedlungen gelegenen Friedhöfen nach zu urteilen, waren die Dörfer über viele Generationen hinweg ununterbrochen bewohnt. Was die Sesshaftigkeit zudem bedeutete, war, dass die Natufier wesentlich mehr Zeit und Energie als irgendjemand vor ihnen darauf verwenden konnten, Bauwerke zu errichten und größere und schwerere Werkzeuge zu benutzen, die man nicht ohne weiteres von einem Lagerplatz zum nächsten mitnehmen konnte. Mit zu den wichtigsten zählten die sehr schweren Stößel aus Kalkstein oder Basalt, mit denen sie Getreidekörner zermahlten, Knollenfrüchte zerstampften und die sie allem Anschein nach auch beim Biermachen verwendeten.

Unter den Bedingungen einer so üppigen Nahrungsbasis konnten die Natufier auch andere Fähigkeiten und Fertigkeiten ausbilden. Kunstvoll ausgestaltete Werkzeuge aus Stein und Knochen, erotikschwangere steinerne Skulpturen und elegante Schmuckstücke, die bei Grabungen im Siedlungsraum der Natufier zutage gefördert wurden, lassen den Schluss zu, dass sie Freude daran hatten und sich viel Zeit nahmen, ihre Werkzeuge, ihre Wohnstätten und sich selbst schön herzurichten. Wir wissen nichts über die Lieder, die sie sangen, die Musik, die sie spielten, oder die Überzeugungen, nach denen sie lebten, aber wenn wir die große Mühe, die sie sich offenbar gaben, ihre Toten schön dekoriert und geschmückt ins ewige Leben zu schicken, als Maßstab nehmen dürfen, war ihr Leben auch reich an rituellen Elementen.

Die Friedhöfe der Natufier erzählen noch eine andere wichtige Geschichte über ihre Lebensweise. Osteologische Analysen ihrer Knochen und Zähne geben Aufschluss darüber, dass sie nur selten an ernährungsbedingten Mangelerkrankungen litten und auch keine längeren Hungerphasen durchmachten, wie sie bei anderen frühen Ackerbau-Gesellschaften auftraten. Diesen Erkenntnissen zufolge mussten sich die Natufier ihren Lebensunterhalt wohl auch nicht durch dauerhaft schwere körperliche Arbeit verdienen, wie das für spätere Ackerbau-Kulturen belegt ist. Andererseits muss es auch Dinge gegeben haben, die den Natufiern das Leben schwer machten. Wie die osteologische Indizienkette zeigt, wurden nur wenige Bewohner der permanenten Siedlungen der Natufier sehr viel älter als 30 Jahre – vielleicht hatten sie noch nicht gelernt, den sehr speziellen hygienischen Anforderungen gerecht zu werden, die für das sesshafte Leben in einem Dorf unerlässlich sind.

Die Natufier blieben während dieser ganzen Periode eifrige Jäger und verspeisten regelmäßig Auerochsen (eine Nummer größeren Vorfahren unserer heutigen Rinder), wilde Schafe, Steinböcke und wilde Esel. Sie ließen sich auch Schlangen, Baummarder, Hasen und Schildkröten schmecken, holten Süßwasserfische aus dem Jordan und erbeuteten entlang der Ufer des Flusses mit Fallen Wasservögel. Doch die Gazellenknochen, die die Archäologen bei ihren Grabungen zuhauf fanden, lassen den Schluss zu, dass diese Tiere die bevorzugte Eiweißnahrung der Natufier waren. Mit durchgehenden Kerben versehene Steinblöcke, die keinem anderen einleuchtenden Zweck gedient haben können als dem Geraderichten von Holzpfeilen, lassen angesichts der Vorliebe der Natufier für Gazellen den Schluss zu, dass sie hervorragende Bogenschützen gewesen sein müssen, gehört doch die Gazelle zu den schnellsten und flinksten Huftieren. Jäger-und-Sammler-Völker des südlichen und östlichen Afrika können ein Lied davon singen, dass die Bejagung leichtfüßiger Fluchttiere wie Gazellen ohne gute Schusswaffen nahezu unmöglich ist.

Wilder Weizen bringt sehr viel geringere Ernteerträge als moderne Zuchtsorten, weshalb man, wenn man heute ein aus dem Mehl «antiker Getreidesorten» gebackenes Brot essen will, tiefer in die Tasche greifen muss. Im Vergleich zu anderen essbaren Wildpflanzen wiederum ist der Energiegehalt wilden Getreides fast unerreicht. Eine der Urformen des modernen Weizens, der Emmer, liefert unter günstigen Bedingungen Hektarerträge bis zu 3,5 Tonnen, wobei allerdings Erträge zwischen einer und 1,5 Tonnen pro Hektar der Normalfall sind. Das Einkorn, ein weiterer Vorfahr des modernen Weizens, kann Hektarerträge von bis zu zwei Tonnen erbringen.

In den 1960er Jahren stieß Jack Harlan, Pflanzenagronom und einer der Ersten, die lautstark auf die große Bedeutung pflanzlicher Biodiversität hinwiesen, im Südosten der Türkei, an den unteren Hängen zu Füßen des erloschenen Vulkans Karacadağ, auf «großflächige Bestände wilden Urweizens». Wie viel wilden Weizen, fragte er sich, hätte wohl ein vorgeschichtlicher Jäger und Sammler im Nahen Osten in einer Stunde auf einem solchen Naturacker ernten können? Er beschloss, einige Proben aufs Exempel zu machen.

In einem ersten Versuch stellte Harlan fest, wie viel wilden Weizen er von Hand ernten konnte. In einem zweiten Experiment benutzte er eine aus Flintstein und Holz gefertigte Sichel ähnlich denen, die Dorothy Garrod rund 30 Jahre zuvor ausgegraben hatte. Mit bloßen Händen konnte er binnen einer Stunde zwei Kilo Weizenkörner ernten; wenn er die Weizenhalme mit der Sichel mähte und dann die Körner von Hand herausquetschte, konnte er seine Erntemenge um 25 Prozent steigern. Wie er feststellte, reduzierte das Arbeiten mit der Sichel den Schwund, doch was noch wichtiger war, es bewahrte seine schwielenlosen «Stadtbewohnerhände» vor dem Wundgescheuertwerden. Auf der Grundlage dieses Selbstversuchs gelangte er zu der Einschätzung, eine «Familiengruppe», die am Fuß des Karacadağ Weizen zu sammeln begann und sich im Saisonverlauf hangaufwärts vorarbeitete, habe «im Verlauf von drei Wochen […], ohne sich zu überarbeiten, […] mehr Getreide ernten können, als die Familie in einem Jahr verbrauchen konnte».[13]

Wenn Jäger und Sammler wie die Ju/'Hoansi zwar nicht im Überfluss, so doch relativ gut lebten, weil sie bescheidene Ansprüche hatten, die leicht erfüllbar waren, und weil ihre Umwelt genug hergab, um ihren bescheidenen Ansprüchen zu genügen, konnten die Natufier einen Wohlstand genießen, der auf einem viel größeren materiellen Überfluss beruhte. Die Landschaft, in der sie lebten, besaß für eine gewisse Zeit eine natürliche Produktivität, die ihnen fast so hohe Hektarerträge bescherte, wie spätere Ackerbau-Kulturen, die viel mehr Köpfe zählten, sie erzielen sollten. Allerdings mussten die Natufier für ihre Erträge nicht annähernd so schwer arbeiten. Während spätere Ackerbauern zu Gefangenen eines bäuerlichen Kalenders wurden, der strenge Terminvorgaben für bestimmte Arbeitsgänge machte – pflügen, hacken, einsäen oder setzen, bewässern, Unkraut jäten, ernten, dreschen –, brauchten die Natufier nicht mehr zu tun, als dorthin zu gehen, wo das Wildgetreide stand, zu ernten

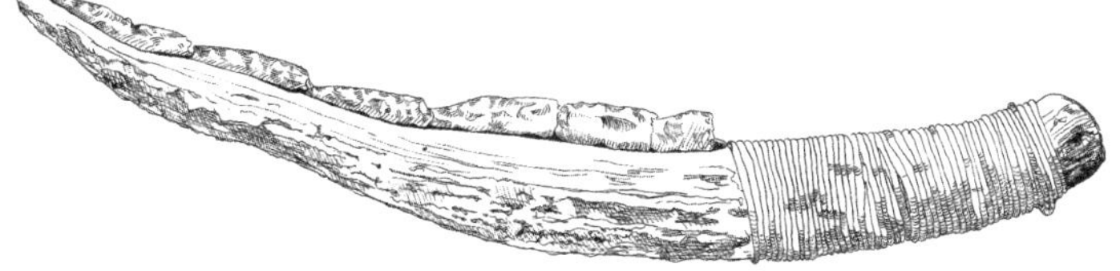

Rekonstruktion einer natufischen Sichel aus Stein

und das Korn weiterzuverarbeiten. Der Überfluss, den sie vorfanden, war allerdings jahreszeitlich begrenzt. Sie mussten für die kommende magere Jahreszeit vorsorgen, mit der Folge, dass sie in der Zeit, in der sie ernteten und die überzählige Ausbeute einlagerten, sicher mehr und länger arbeiteten als im Rest des Jahres. Dieselben Archäologen, die Belege dafür fanden, dass die Natufier Bier brauten, konnten in einigen der ergrabenen großen steinernen Mörser mikrobotanische Spuren nachweisen, die den Schluss zulassen, dass die Natufier vor immerhin 13 000 Jahren in diesen großen Gefäßen Getreide lagerten. Ihre Entdeckung, dass man aus Getreide Bier brauen kann, verdankte sich wahrscheinlich einem Missgeschick bei der Lagerung von Körnern.[14]

Auch wenn steinerne Mörser die einzigen unbestreitbaren Beweismittel dafür sind, dass schon die frühen Natufier Vorratshaltung betrieben, bedeutet das nicht, dass sie nicht auch andere Verfahren für die Lagerung und Konservierung von Nahrungsmitteln entwickelten. Es liegen beispielsweise Indizien dafür vor, dass sie aus Fasermaterial (Jute, Kenaf, Flachs, Hanf) Körbe flochten (die natürlich längst zu Staub zerfallen sind). In den gepflasterten Steinböden einiger natufischer Behausungen finden sich grubenartige Vertiefungen, in denen die Bewohner möglicherweise Lebensmittel aufbewahrten. Und eingedenk der großen Zahl von Gazellen, die sie erlegten, können wir fast mit Sicherheit davon ausgehen, dass sie deren Fleisch manchmal haltbar machten, vermutlich durch Trocknung.

Getreide und Leguminosen waren keineswegs die einzigen Pflanzen, die von der Klimaerwärmung profitierten. Auch viele andere Pflanzenarten erlebten einen Aufschwung, sodass die Natufier in dieser Periode des Überflusses die Auswahl aus einer breiten Palette von Knollenfrüchten, Pilzen, Nüssen, Beeren, Obst, Stängeln, Blättern und Blüten hatten.[15] Dass sie sich von opportunistischen Getreidesammlern mit einer Vorliebe für Sauerbier schrittweise zu Intensivnutzern und Kultivierern wilder Getreidearten und zu Anhäufern großer Ernteüberschüsse entwickelten, war sehr wahrscheinlich die Folge einer weiteren, sehr viel unerfreulicheren Klimaveränderung.

Im Verlauf der ersten 1800 Jahre des Alleröd-Interstadials kühlte das Klima allmählich ab, aber nie so, dass irgendjemand von einem Jahr zum anderen einen Unterschied bemerkt hätte. Doch dann, irgendwann um das Jahr 12 900 vor unserer Zeit, kam es zu einem plötzlichen Temperatursturz. In Grönland fiel die Durchschnittstemperatur innerhalb von nur zwei Jahrzehnten um bis zu 10 Grad Celsius, mit der Folge, dass Gletscher, die sich zuvor deutlich auf dem Rückzug befunden hatten, wieder rapide zunahmen und vorrückten, dass Tundrazonen wieder vereisten und die polaren Eisschilde mit hohem Tempo südwärts wuchsen. Außerhalb der Polarzone waren die Temperaturrückgänge weniger ausgeprägt, in ihrer Wirkung aber nicht weniger einschneidend. In großen Teilen Europas und des Nahen Ostens dürfte es vielen so erschienen sein, als sei fast über Nacht die Eiszeit zurückgekehrt.

Wir wissen nicht sicher, was diesen plötzlichen Temperatursturz verursachte, den die Paläoklimatologen auf den Namen Jüngere Dryas getauft haben. Erklärungsversuche reichen von der Vermutung, eine kosmische Supernova habe die schützende Ozonschicht der Erde weggefegt, bis zur Hypothese eines massiven Meteoriteneinschlags irgendwo in Nordamerika.[16] Die Gelehrten sind sich auch nicht sicher, wie stark sich die Abkühlung in unterschiedlichen geographischen Breiten auswirkte. Es sind zum Beispiel keine Belege dafür gefunden worden, dass sich der Kohlendioxidgehalt der Erdatmosphäre während der Jüngeren Dryas verringert hätte oder dass im südlichen und östlichen Afrika überhaupt einschneidende Folgewirkungen eintraten. Ungewiss ist auch, ob die Levante während dieser Periode der Erdgeschichte so kalt und trocken war wie während der vorherigen Eiszeit – es ist möglich, dass sie eine Abkühlung erlebte, aber relativ feucht blieb.[17] Kein Zweifel kann jedoch daran bestehen, dass die plötzliche und unwillkommene Wiederkehr langer, frostiger Winter und kürzerer und kühlerer Sommer zu erheblichen Ertragseinbußen bei vielen der wichtigen Nahrungspflanzen führte, an die sich die Natufier im Verlauf der Jahrtausende gewöhnt hatten. Wir können annehmen, dass ihnen in der Folge sowohl der Glaube an die verlässliche Freigiebigkeit ihrer Umwelt als auch die Zuversicht abhandenkamen, sie könnten sich weiterhin während großer Teile des Jahres einzig und allein darauf konzentrieren, ihre unmittelbaren Bedürfnisse zu stillen.

Wie wir wissen, mussten die Natufier bald nach dem Temperatursturz ihre Dörfer verlassen, weil die unmittelbare Umgebung nicht mehr fruchtbar genug war, sie das ganze Jahr über zu ernähren. Wir wissen aber auch, dass nach 1300 Jahren Kälte und Unwirtlichkeit die Temperaturen plötzlich wieder nach oben gingen, ebenso abrupt, wie sie gesunken waren.

Im Übrigen sind wir auf Spekulationen darüber angewiesen, wie die Natufier sich mit diesen Veränderungen arrangierten, und vor allem, wie der Reim, den sie sich auf das Geschehen machten, ihr Verständnis der eigenen Umwelt und ihr Verhältnis zu ihr veränderte. Nach dem archäologischen Archiv aus dem unmittelbar auf die Jüngere Dryas folgenden Zeitraum zu urteilen, vollzogen sich hier tiefgreifende Veränderungen.

Der erste sichtbare Beleg dafür, dass die Jäger-und-Sammler-Kulturen der Levante spätestens zu diesem Zeitpunkt das Vertrauen in die ewige Freigiebigkeit ihrer Umwelt verloren hatten, sind die Relikte menschengemachter Kornkammern – darunter einige mit einem Fassungsvermögen von bis zu zehn Tonnen Weizen. Archäologen stießen auf sie bei Ausgrabungen unweit der Küste des Toten Meeres (auf dessen jordanischer Seite) und datierten sie auf die Zeit vor rund 11 500 Jahren, als die Jüngere Dryas abrupt zu Ende ging.[18] Es handelte sich nicht um schlichte Kammern, sondern um Bauwerke aus Steinen, Lehm und Stroh mit erhöhten Böden aus Holz, deren raffinierter Bauplan speziell darauf ausgelegt war, Ungeziefer fernzuhalten und Schimmelbildung zu verhindern. Praktischerweise befanden sich diese Kornspeicher unmittelbar neben Gebäuden, die anscheinend als Nahrungsmittel-Ausgabestellen dienten. Es ist ziemlich offensichtlich, dass es sich nicht um improvisierte Bauwerke handelte, auch wenn die Archäologen bis heute keine Beispiele für ältere, primitivere Kornkammern gefunden haben. Die bis jetzt ausgegrabenen waren so durchdacht konzipiert, dass sie das Ergebnis der Erfahrungen und Lernprozesse vieler Generationen gewesen sein müssen.

Den mit großem Abstand triftigsten Beweis dafür, dass sich im Verlauf der Jüngeren Dryas etwas Grundlegendes verändert hatte, liefert jedoch ein anderes Bauwerk, eine ehrgeizigere und technisch anspruchsvollere Konstruktion als selbst die größten Kornkammern der Natufier. Es handelt sich um das nach aktuellem Forschungsstand älteste Beispiel eines Monumentalbauwerks, einen Komplex aus Gebäuden, Kammern, Megalithen und Durchgängen, gefunden 1994 bei Göbekli Tepe in der Hügellandschaft bei Örencik im Südosten der Türkei. Der Komplex von Göbekli Tepe, mit dessen Bau im zehnten vorchristlichen Jahrtausend begonnen wurde, gilt als das bisher älteste Beispiel dafür, dass irgendwo eine große Zahl von Menschen zusammenkam, um an einem Großprojekt zu arbeiten, das nicht erkennbar etwas mit Nahrungsbeschaffung zu tun hatte.

Die Ruinen bei Göbekli Tepe wurden von ihrem Entdecker, dem deutschen Archäologen Klaus Schmidt, einmal als «Steinzeit-Zoo» bezeichnet.[19] Es ist ein passender Titel für das vielleicht rätselhafteste aller prähistorischen Monumente. Es waren indes nicht nur die an der Grabungsstätte gefundenen unzähligen Tierknochen – von 21 verschiedenen Säugetier- und 60 verschiedenen Vogelarten, vermutlich Überreste opulenter Schlemmermahle –, die Schmidt dazu animierten, von einem Zoo zu sprechen. Es war vor allem auch der Umstand, dass jeder der rund 240 Kalkstein-Monolithen, die sich zu einer Reihe imposanter Trockenmauer-Einfriedungen gruppieren, mit eingemeißelten Tierbildern verziert ist, die sich zu einem regelrechten Bilderbogen der urzeitlichen Fauna summieren: Zu erkennen sind unter anderem Skorpione, Ottern, Spinnen, Eidechsen, Schlangen, Füchse, Bären, Wildschweine, Ibisse, Geier, Hyänen und Wildesel. Die meisten dieser in Stein gemeißelten Bildnisse sind als Basreliefs ausgeführt, einige der eindrucksvollsten jedoch in Hochrelief-Technik und manche sogar als frei stehende Statuen und Statuetten.

Schmidts Zoo-Vergleich bezog sich nicht allein auf die Tier-Konterfeis. Als Bewacher oder Beschützer dieser steinernen Menagerie ragt in der Mitte jeder der Einfriedungen eine Gruppe riesenhafter Kalksteinwärter in Form zweier spiegelbildlich aufgestellter T-förmiger Monolithen auf. Sie sind jeweils fünf bis sieben Meter hoch, und der größte wird auf ein Gewicht von bis zu acht Tonnen geschätzt. Die eindrucksvollsten unter diesen Respekt einflößenden Skulpturen aus akkurat bearbeitetem Kalkstein sind unverkennbar anthropomorph. Ihre Schöpfer haben ihnen menschliche Arme und Hände sowie ornamentale Gürtel, gemusterte Kleider und Lendenschurze verpasst.

Dieses Monument strahlt absolut keine Bescheidenheit aus. Die Menschen, die es schufen, ließen sich offenbar nicht im Geringsten von der neidgetriebenen Häme oder Spottlust, die bei kleinräumigen Jäger-und-Sammler-Gemeinschaften wie den Ju/'Hoansi für einen so kämpferischen Egalitarismus standen, in ihrem Ehrgeiz bremsen. Auch hatten sie offenbar eine Neigung, die freie Zeit, die ihnen nach erfolgreicher Sicherung ihrer Nahrungsgrundlage blieb, für Dinge zu nutzen, die ihnen persönlich Freude bereiteten. Die Errichtung dieses Komplexes aus verschlungenen Durchgängen zwischen rechteckigen Kammern und imposanten ovalen Einfriedungen, deren größte einen Durchmesser ähnlich der Kuppel der Londoner St.-Pauls-Kathedrale hat, kostete einen erheblichen Aufwand an Zeit, Energie, Organisation und – vor allem – Arbeit.

Noch ist erst ein kleiner Teil der Anlage freigelegt, doch ist sie mit einer Gesamtfläche von mehr als neun Hektar um ein Vielfaches größer als Stonehenge und immerhin dreimal so groß wie der Parthenon in Athen. Sieben Einfriedungen sind bislang ausgegraben, und geophysische Aufnahmen lassen die Annahme zu, dass im Untergrund des Hügels noch mindestens 13 weitere der Freilegung harren.

Anders als viele später entstandene Monumente, wurde dieser Komplex nach und nach errichtet. Im Verlauf von tausend Jahren kamen immer wieder neue Einfriedungen hinzu, wobei manche älteren Teilbereiche aufgefüllt und mit neuen Strukturen überbaut wurden. Die Arbeiten an dem Komplex fanden, wie wir ziemlich sicher wissen, nur in den Wintermonaten statt. Da zu jener Zeit nur wenige Menschen das Glück hatten, älter als 40 Jahre zu werden, ist es unwahrscheinlich, dass jemand, der an der Errichtung einer der größeren Einfriedungen von Anfang an mitarbeitete, deren Fertigstellung erlebte.

Bis zur Entdeckung von Göbekli Tepe gab es auf die Frage, wie frühe Ackerbau-Gesellschaften es anstellten, Monumente zu errichten, eine einfache Standardantwort: Bauten dieser Größe galten einerseits als steingewordener Ausdruck der durch eine intensivierte Landwirtschaft

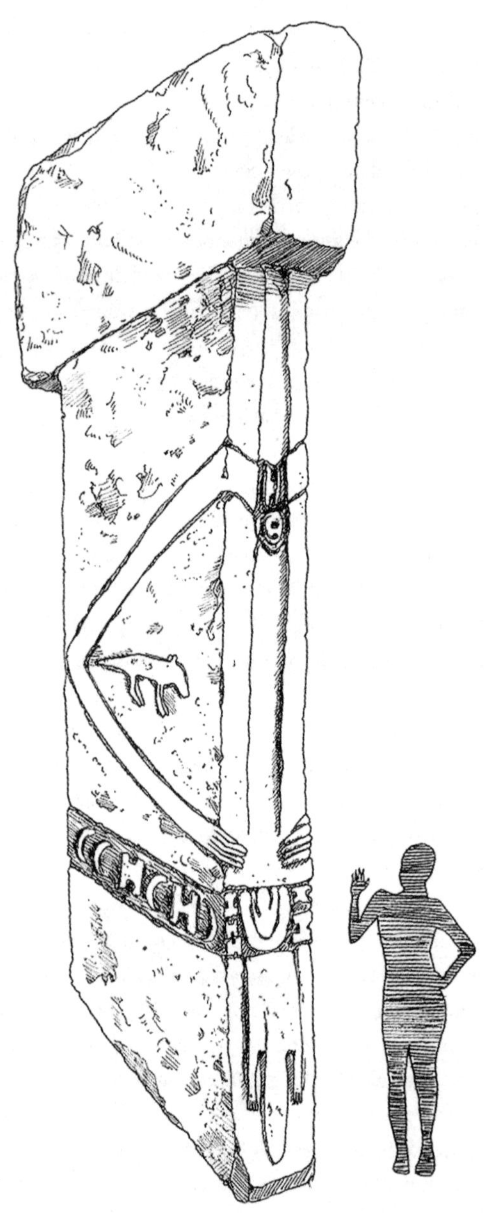

Ein als «Zoowärter» fungierender Monolith in Göbekli Tepe

generierten Überschüsse und andererseits als Monumente der technischen Kreativität und menschlichen Eitelkeit ihrer Erbauer und der Macht der Götter oder Herrscher, zu deren Ruhm sie errichtet wurden. Denn schließlich erforderte der Bau solcher Monumente sowohl die Präsenz von Führernaturen mit der Ambition und Macht, solche Megaprojekte zu organisieren, als auch jede Menge technische und manuelle Arbeitskräfte für die Erledigung der schweren Arbeit.

Bald nachdem Klaus Schmidt und sein Team 1994 ihre erste Probegrabung bei Göbekli Tepe geschafft hatten, wurde jedoch deutlich, dass dieses Narrativ viel zu simpel war. Und je weiter Schmidt und seine wachsende Truppe archäologischer Mitstreiter vorankamen und je mehr Funde sie datieren konnten, desto klarer wurde, dass das historische Kräftespiel zwischen Landwirtschaft, Kultur und Arbeit viel komplexer und auch interessanter war, als irgendjemand es sich hätte vorstellen können. Göbekli Tepe war, wie sich herausstellte, kein Denkmal, das eine wohlsituierte Ackerbau-Kultur sich gesetzt hatte. Die Errichtung des Komplexes begann vor rund 11 600 Jahren, also mehr als tausend Jahre vor dem Auftauchen der ersten von Menschen gezüchteten Getreidesorten und der ersten von Menschen hinterlassenen Knochen domestizierter Tiere im archäologischen Archiv.[20]

Rätsel aufgebende Fundstätten wie Göbekli Tepe eignen sich gut als wehrlose Kulisse für Fantastereien aller Art. Die gigantische Anlage ist abwechselnd schon zur Ruine des alttestamentarischen Babylonischen Turms, zu einem überdimensionierten Katalog aller in die Arche Noah verladenen Kreaturen und zu einem Tempelkomplex erklärt worden, den irdische Menschen unter Anleitung einer von Gott mit dem Auftrag, Wacht über den Garten Eden zu halten, losgeschickten Truppe von Schutzengeln errichteten.

Weil die Reliefbilder auf den Steinstelen auffällig oft Hyänen, Geier und andere Aasfresser zeigen und weil unlängst mehrere menschliche Schädel zum Vorschein kamen, die Spuren von Bearbeitung und Dekoration zeigen, ist die Vermutung geäußert worden, Göbekli Tepe könne vielleicht, zumindest vorübergehend, die Heimstätte eines vorgeschichtlichen «Schädelkults» gewesen sein.[21] In anderen Deutungsversuchen figuriert die Anlage wahlweise als sakraler oder als profaner Ort, nämlich entweder als Tempelkomplex oder als so etwas wie ein vorgeschichtlicher Nachtclub, in dem rauschende Feste gefeiert wurden.

Göbekli Tepe wird uns seine tiefsten Geheimnisse vermutlich nie verraten. Dabei liegt zumindest seine Bedeutsamkeit für die Geschichte unserer Spezies und insbesondere ihrer Beziehung zur Arbeit auf der Hand. Die Anlage ist nicht nur eine monumentale Hinterlassenschaft der ersten mit Landwirtschaft experimentierenden Menschengruppen, sondern auch das weltweit älteste Zeugnis einer Kultur, die es schaffte, einen so großen Energieüberschuss zu erwirtschaften, dass sie sich über viele aufeinanderfolgende Generationen hinweg der Verwirklichung einer großen Vision widmen konnte, die keinen direkten Bezug zur weiteren Verbesserung der Energiebilanz aufwies und die dafür bestimmt war, lange über die Lebenszeit ihrer Erbauer hinaus zu bestehen.

Vielleicht kann sich Göbekli Tepe in puncto Monumentalität und Komplexität nicht mit den Pyramiden der Ägypter oder mit den Tempeln der Maya messen, beides Produkte deutlich späterer landwirtschaftlicher Kulturen. Doch dürfte die Errichtung der Anlage ähnlich komplexe organisatorische Anforderungen gestellt haben im Hinblick auf die Arbeitsteilung zwischen Steinmetzen, Künstlern, Schnitzern, Zimmerleuten und technischen Gestaltern, die sich allesamt darauf verließen, von den anderen mit ernährt zu werden. Wir haben es hier, anders ausgedrückt, mit dem ersten eindeutigen Hinweis auf eine Gesellschaft zu tun, in der viele Personen etwas ausübten, das wir heute als einen hochgradig spezialisierten Vollzeitjob bezeichnen würden.

8

Festessen und Hungersnöte

Rund 2000 Jahre nachdem die ersten Monolithen bei Göbekli Tepe aufgerichtet wurden, geschah irgendetwas, das Dutzende, wenn nicht Hunderte der Urbewohner Anatoliens veranlasste, sich dort einzufinden und in monatelanger – vielleicht sogar jahrelanger – Arbeit sämtliche tief in den Boden eingelassenen Gänge und Kammern und sämtliche ummauerten Einfriedungen mit Geröll und Sand aufzufüllen, bis die ganze Anlage sich in einen unscheinbaren Hügel verwandelt hatte, der innerhalb weniger Jahre zuwucherte und bald so aussah, als sei er ein natürlicher Bestandteil der hügeligen Landschaft.

Nach der Errichtung der Anlage bei Göbekli Tepe spielte das Jagen und Sammeln noch mindestens ein Jahrtausend lang eine bestimmende Rolle im Leben und Wirtschaften der Anatolier. Nach dem archäologischen Archiv zu urteilen, fanden es die Bewohner zahlreicher Ansiedlungen in der Levante mindestens eine Zeit lang unter ihrer Würde, sich ernsthaft an Ackerbau und Viehzucht zu versuchen. Es war indes nur eine Frage der Zeit, bis immer mehr Dorf- oder Stammesgemeinschaften im Nahen Osten auch von angebautem Getreide zu leben begannen. In dem Maß, wie ihre Äcker und Weidegründe den Lebensraum wilder Tiere und Pflanzen einengten und zurückdrängten, wurde es auch für die überzeugtesten Jäger und Sammler immer schwerer, sich allein auf ihre traditionelle Art der Nahrungsbeschaffung zu verlassen.

Zum Zeitpunkt der «Erdbestattung» der Anlage bei Göbekli Tepe vor 9600 Jahren hatte sich in großen Teilen des Nahen Ostens ein Umbruch vollzogen: Es war ein Verbund kleiner landwirtschaftlicher Siedlungen entstanden, darunter mindestens eine von kleinstädtischem Format: das im südlichen Teil der mittleren Türkei gelegene Çatalhöyük, von dem man annimmt, es habe in seiner Blütezeit mehr als 6000 Einwohner gehabt. Diese Ansiedlungen erstreckten sich von der Sinai-Halbinsel bis in die westliche Türkei und weiter östlich entlang den Ufern des Euphrat und des Tigris. Zuchtsorten von Weizen und anderen Getreidearten sowie Überreste der Werkzeuge und Gefäße, mit denen Feldfrüchte geerntet und bearbeitet bzw. in denen sie gelagert wurden, finden sich zuhauf an vielen Grabungsstätten der Region, zusammen mit Knochen von Schafen, Ziegen, Rindern und Schweinen, und an diesen Relikten lassen sich die Veränderungen im Körperbau, die wir mit der Entwicklung vollständig domestizierter Rinder- und Schweinerassen assoziieren, an vielen Stellen des archäologischen Archivs nachvollziehen.[1] Es finden sich auch Belege für die Annahme, dass es unter den Levantinern welche gab, die das Meer zu befahren lernten und Kreta und Zypern besiedelten, zwei Inseln, die später als Sprungbretter für die Ausbreitung der Landwirtschaft über das südliche Europa und weit darüber hinaus dienen sollten. Es kann kein Zweifel daran bestehen, dass der massive Kraftakt, in dem die überlebensgroßen Zoowärter von Göbekli Tepe zusammen mit ihrer in Stein gehauenen Menagerie zugeschüttet wurden, ein durchorganisierter Akt des Vandalismus war. Man darf den Urhebern dieser Tat ein ähnliches Maß an Leidenschaft und Entschlossenheit zusprechen wie denen, die zuvor die Errichtung der Anlage vorangetrieben hatten. Es scheint fast, als bereite es uns Menschen, wie dem Schwarzmasken-Webervogel, ebenso viel Freude, Dinge zu zerstören, wie Dinge zu erschaffen, und so ist es im Verlauf der Menschheitsgeschichte immer wieder zu ähnlich monumentalen Akten der mutwilligen Zerstörung von Bauwerken gekommen. Die grobschlächtige Sprengung von Tempeln und Grabstätten in der semitischen Ruinenstadt Palmyra (nur wenige Fahrstunden von Göbekli Tepe entfernt) durch zornige junge IS-Kämpfer ist nur eines von vielen Beispielen aus jüngerer Zeit.

Aus welchem Grund die Anatolier die Anlage bei Göbekli Tepe unter Geröll und Sand begruben, werden wir nie erfahren. Wenn freilich diese Anlage als architektonische Hommage an den Überfluss gedacht war, in dem ihre Erbauer lebten, weil sie gegen Ende der Jüngeren Dryas gelernt hatten, Getreide zu kultivieren und intensiv anzubauen und Ernteüberschüsse einzulagern, ist es verlockend, sich vorzustellen, dass zwei Jahrtausende später ihre Nachkommen ihr Zerstörungswerk in der Überzeugung verrichteten, die in die Monolithen von Göbekli Tepe eingemeißelten Schlangen hätten sie mit bösem Zauber zu einem Leben in endloser Mühsal und Arbeit verurteilt. Wir können nämlich davon ausgehen, dass die frühen landwirtschaftlich geprägten Kulturen nach jedem Maßstab ein schwereres Leben hatten als diejenigen, die 2000 Jahre zuvor Göbekli Tepe errichtet hatten. Es sollten in der Tat noch mehrere weitere Jahrtausende vergehen, ehe irgendeine Ackerbau und Viehzucht treibende Kultur wieder ein Energie- und Ressourcenniveau erreichte, das ihr erlaubte, Zeit für die Errichtung grandioser Monumente zu ihrem eigenen Ruhm oder dem ihrer Götter zu erübrigen.

Je produktiver landwirtschaftlich geprägte Gesellschaften wurden und je mehr Energie sie ihrer Umwelt abzapften, desto knapper schien die Energie zu werden und desto mehr Arbeit mussten die Menschen offenkundig leisten, um ihre Grundbedürfnisse zu decken. Das lag daran, dass bis zur industriellen Revolution jeder Zuwachs an Produktivität, den die Agrargesellschaft zuwege brachte, indem sie die Arbeitsintensität erhöhte, neue Techniken einsetzte, neue Feldfrüchte anbaute oder neue Anbaugebiete erschloss, immer wieder durch ein Bevölkerungswachstum aufgefressen wurde, mit dem die Produktivität nicht Schritt halten konnte. So kam es, dass zwar die bäuerlichen Gesellschaften immer weiter expandierten, aber ihr Wohlstand sich auch immer wieder als flüchtig erwies – Mangel und Knappheit wurden von einem gelegentlichen Ärgernis, wie Jäger und Sammler es mit stoischem Gleichmut ertrugen, wenn es ihnen einmal widerfuhr, zu einem anerkannten Dauerzustand. In vielerlei Hinsicht zahlten Hunderte Generationen in bäuerlichen Gesellschaften vor Anbruch der kohlebefeuerten industriellen Revolution den Preis für eine höhere Lebenserwartung und eine größere Körperfülle mit einem Dasein, das für die meisten von ihnen kürzer, freudloser und mühsamer ausfiel, als wir es aus unserer Gegenwart kennen – und mit ziemlicher Gewissheit auch strapaziöser als das ihrer jagenden und sammelnden Vorfahren.

Man täte sich schwer, jemanden davon zu überzeugen, dass ein langes Leben in Not und Elend besser ist als ein kurzes voller Freude und Glück. Ungeachtet dessen dient uns die Lebenserwartung nach wie vor als grober Gradmesser für unser materielles und körperliches Wohlergehen. In der Demographie finden sich typischerweise zwei Maßzahlen für die Lebenserwartung: die zum Zeitpunkt der Geburt und die ab Erreichen des 15. Lebensjahres. Für alle vorindustriellen Gesellschaften klaffen diese beiden Maßzahlen meilenweit auseinander, weil dort viele Kinder bei der Geburt oder in den Jahren danach starben und den Durchschnitt weit nach unten ziehen. Bei den Ju/'Hoansi und Hadzabe lag die Lebenserwartung zum Zeitpunkt der Geburt bei 36 bzw. 34 Jahren, doch wer es bis zur Pubertät schaffte, hatte eine sehr gute Chance, 60 und älter zu werden.[2]

Umfassende demographische Daten mit Angaben über die Zahl der Geburten, Todesfälle und das Sterbealter wurden vor dem 18. Jahrhundert nirgendwo erhoben. Die ersten Länder, die solche Daten erfassten, waren Schweden, Finnland und Dänemark, und das ist der Grund dafür, dass Daten aus diesen Ländern in so vielen Studien auftauchen, die Veränderungen der durchschnittlichen Lebenserwartung in der Periode der europäischen Aufklärung und der industriellen Revolution zum Thema haben. Angaben zur Lebenserwartung in vorherigen bäuerlichen Gesellschaften sind eher lückenhaft. Vieles, was wir darüber wissen, entstammt der osteologischen Analyse von aus Grabstätten geborgenen Knochenresten. Das ist allerdings schwerlich eine zuverlässige Erkenntnisquelle, nicht zuletzt weil wir nicht wissen, ob in den betreffenden Kulturen alle Menschen auf dieselbe Weise bestattet wurden, also wie repräsentativ ausgegrabene Knochenrelikte aus alten oder uralten Grabstätten sind. Bei manchen späteren bäuerlichen Gesellschaften finden sich Grabinschriften und manchmal sogar «standesamtliche» Angaben, so etwa in ägyptischen Gräbern aus römischer Zeit, doch sind diese Daten in der Regel zu bruchstückhaft, um mehr als eine grobe Orientierung zu liefern. Auch wenn die Demographen mit Aussagen zur Lebenserwartung in frühen bäuerlichen Gesellschaften vorsichtig sind, besteht weitgehende Einigkeit darüber, dass in den Jahrtausenden vor Einsetzen der industriellen Revolution (und bevor bedeutsame Fortschritte in der Medizin ihre Wirkung zu tun begannen) die landwirtschaftliche Revolution keinerlei Erhöhung der durchschnittlichen Lebenserwartung brachte, sondern im Gegenteil in vielen Fällen einen Rückgang gegenüber der durchschnittlichen Lebenserwartung bei Jägern und Sammlern wie den Ju/'Hoansi. Wie aus einer umfassenden Untersuchung sterblicher Überreste von Menschen aus der

Zeit des Römischen Reichs – also aus einer der wohl reichsten Agrargesellschaften unserer Geschichte – hervorgeht, konnten die meisten damals lebenden Männer von Glück sagen, wenn sie wesentlich älter als 30 Jahre wurden.[3] Und wenn man die ältesten verlässlichen Sterbestatistiken analysiert, die aus Schweden kommen und zwischen 1751 und 1759 erhoben wurden, stellt sich heraus, dass Angehörige der Ju/'Hoansi und der Hadzabe eine etwas höhere Lebenserwartung hatten als Europäer am Vorabend der industriellen Revolution.[4]

Osteologische Studien an vorzeitlichen Knochen und Zähnen eröffnen auch Einblicke in die Lebensqualität der damaligen Menschen. Sie legen den Schluss nahe, dass die frühen Bauern nicht nur deutlich schwerer schuften mussten als Jäger und Sammler, sondern dass die Belohnung für ihren Mehraufwand an Plackerei allenfalls marginal war. Sieht man einmal von den kleinen gehätschelten Führungseliten ab, die es in vielen Gesellschaften gab, erzählen die ausgegrabenen Friedhöfe aller bedeutenden agrarischen Zivilisationen der Welt bis an die Schwelle zur industriellen Revolution eine sich stets wiederholende Geschichte von Mangelernährung, Blutarmut, regelmäßigen Hungersnöten und Haltungsschäden als Folge repetitiver körperlicher Schwerarbeit, gar nicht zu reden von einem erschreckenden Ausmaß an schlimmen und manchmal tödlichen Verletzungen durch Arbeitsunfälle. Der größte Schatz an Bauernknochen aus sehr früher Zeit stammt aus Çatalhöyük. Diese Knochenreste malen das düstere Bild einer «übermäßigen Häufigkeit von Krankheiten und Arbeitsbelastungen als Folge der Abhängigkeit des Kollektivs von gezüchteten pflanzlichen Kohlehydraten und deren Produktion, einer wachsenden Bevölkerungszahl und Bevölkerungsdichte infolge gesteigerter Fruchtbarkeit und einer wachsenden Stressbelastung infolge gesteigerter Arbeitsbelastungen […] über die fast zwölf Jahrhunderte hinweg, in denen die Siedlung bewohnt war».[5]

Sowohl die frühen Ackerbauern und Viehzüchter als auch viele Jäger-und-Sammler-Gesellschaften erlebten jahreszeitliche Nahrungsverknappungen. In solchen Zeiten gab es Tage, an denen sowohl Kinder als auch Erwachsene hungrig zu Bett gingen und alle an Fettreserven und Muskelmasse verloren. Doch über längere Zeiträume betrachtet, hatten bäuerliche Gesellschaften ein weitaus größeres Risiko als Jäger und Sammler,

Opfer einer schweren, existenzbedrohenden Hungersnot zu werden.[6] Jagen und Sammeln mag weniger produktiv sein und eine deutlich geringere Energieausbeute liefern als der Ackerbau, aber es birgt auch sehr viel geringere Risiken. Das liegt zum einen daran, dass Jäger und Sammler ihre Existenz in aller Regel innerhalb der natürlichen Grenzen fristeten, die ihre Umgebung ihnen setzte, anstatt ständig deren riskante Ränder auszutesten, und zum Zweiten daran, dass Subsistenzbauern ihre Existenz typischerweise auf ein oder zwei Grundnahrungsmittel gründeten, während Jäger und Sammler selbst in einer relativ lebensfeindlichen Umwelt auf Dutzende unterschiedlicher Nahrungsquellen zurückgreifen konnten und daher normalerweise in der Lage waren, ihren Speisezettel anzupassen, wenn das ihren Lebensraum prägende Ökosystem sich beispielsweise klimabedingt veränderte. In einem komplexen Ökosystem ist es normalerweise so, dass, wenn in einem bestimmten Jahr ein für bestimmte Pflanzenarten ungünstiger Wetterverlauf herrscht, dieser fast unweigerlich das Wachstum anderer Pflanzen begünstigt. Dagegen stehen bäuerliche Gesellschaften, wenn es einmal, etwa aufgrund einer anhaltenden Dürre, zu schweren Ernteausfällen kommt, sogleich am Abgrund.

Für frühe bäuerliche Gemeinschaften waren Dürren, Überschwemmungen und Kälteeinbrüche zur Unzeit mit die bedrohlichsten Umweltrisiken, aber keineswegs die einzigen. Es gab auch unzählige Schädlinge und Krankheitskeime, die ihre Äcker und Herden befallen und Unheil anrichten konnten. Diejenigen, die sich auf Viehzucht und Herdenhalten verlegten, lernten schnell, dass es zwar Vorteile hatte, ihren Tieren erwünschte Eigenschaften wie Fügsamkeit anzuzüchten, dass diese dadurch aber auch zur leichteren Beute für Raubtiere wurden, mit der Folge, dass man sie fast durchgehend bewachen musste. Die Bauern sahen sich auch gezwungen, zum Schutz ihrer Tiere Umzäunungen zu errichten. Als sie dann auch noch begannen, ihr Vieh die Nacht über in geschlossene Ställe zu sperren, in denen drangvolle Enge herrschte, beschleunigten sie damit unwissentlich die Entwicklung und Verbreitung einer Armada neuer pathogener Viren, Bakterien und Pilze. Bis heute versetzt nichts ein Bauerndorf so leicht und in so große Alarmstimmung wie ein Ausbruch der Maul- und Klauenseuche oder der Lungenseuche der Rinder.

Im Bereich des Ackerbaus war die Liste potenzieller Bedrohungen sogar noch länger. Wie Viehzüchter mussten sich auch Ackerbauern mit wilden Tieren herumschlagen, doch umfasste der Katalog der potenziellen Problemfälle sehr viel mehr als nur ein paar Raubtiere mit scharfen Zähnen und Krallen auf der Suche nach leichter Beute. In Regionen wie Kavango im nördlichen Namibia sehen sich Ackerbauern auch heute noch mit einer Armee von Schädlingen wie Blattläusen, Kaninchen, Pilzen, Schnecken, Schmeißfliegen und vielen anderen konfrontiert, wie sie auch Kleingärtnern zu schaffen machen. Dazu gehören mehrere Arten, deren individuelle Vertreter Tonnengewichte auf die Waage bringen, wie Elefanten und Nilpferde, sowie Affen und Paviane, die dank ihrer Schnelligkeit, Flinkheit und Intelligenz immer wieder die von findigen Farmern ausgetüftelten Schutzvorkehrungen überwinden, sowie jede Menge in Schwärmen anrückende hungrige Insektenarten.

Mit der Züchtung von Nahrungspflanzen trugen die frühen Ackerbauern maßgeblich dazu bei, die Evolution einer ganzen Reihe von Pathogenen, Parasiten und Schädlingen voranzutreiben. Die natürliche Selektion half diesen Organismen, sich an fast jede durch die Ackerbauern bewirkte Veränderung von Umweltbedingungen anzupassen und sie zu ihrem Vorteil zu nutzen, und wie kaum anders zu erwarten, folgten sie migrierenden Ackerbauern überallhin. Eine Hauptrolle unter diesen Trittbrettfahrern spielten die «Unkräuter».

Zwar ist und bleibt es korrekt, ein Unkraut als eine Pflanze am falschen Ort zu definieren, doch gibt es unter den vom menschlichen Standpunkt aus als unerwünscht geltenden und von Landwirten aktiv bekämpften Pflanzenarten auch etliche, die ihre mittlerweile erstaunliche Widerstandskraft gerade auch den beharrlichen Bemühungen der Bauern verdanken, sie mit Gift auszumerzen oder sie durch konsequentes Jäten unschädlich zu machen. Die bemerkenswertesten unter diesen Unkräutern sind die ursprünglich aus dem Nahen Osten stammenden Ackerunkräuter, deren diverse Vertreter sich über die ganze Welt verbreitet und sich schnell an jede erdenkliche ackerbauliche Nische angepasst und sogar «Keimruhe-Zyklen» entwickelt haben, die eng mit denen von Weizen und Gerste synchronisiert sind.

Die Viehbestände und Feldfrüchte der frühen Bauern waren nicht die einzigen Opfer dieser neuen Schädlinge; die Bauern selbst wurden von ihnen infiziert. Insbesondere ihre Viehherden betätigten sich als fünfte Kolonnen, die in aller Stille ganz neue Stämme krankmachender bis tödlicher Pathogene in Menschenpopulationen hineintrugen. Heute sind Zoonosen (durch von Tieren übertragene Pathogene verursachte Krankheiten) für fast 60 Prozent aller Infektionskrankheiten und drei Viertel aller neuen Infektionskrankheiten verantwortlich. In absolute Zahlen übersetzt, heißt das: für rund 2,5 Milliarden Erkrankungen und 2,7 Millionen Sterbefälle pro Jahr.[7] Einige davon entfallen auf Ratten, Flöhe und Bettwanzen, die seit jeher in den dunklen Ecken menschlicher Siedlungen ihr Auskommen fanden, doch die meisten verdanken wir den Haus- und Nutztieren, die uns mit Fleisch, Milch, Leder und Eiern versorgen oder die wir als Lasttiere, Jagdhelfer und – ausgerechnet – als Schädlingsbekämpfer halten, nämlich Katzen. Enthalten in dieser Wundertüte sind Auslöser von Magen-Darm-Krankheiten, bakterielle Pathogene wie Anthrax oder Tuberkelbazillen, Parasiten wie die Toxoplasmose und die für Grippe und Masern verantwortlichen Viren. Der in manchen Ländern übliche Verzehr wilder Tiere (von Pangolinen bis Fledermäusen) hat zahlreiche Pathogene auf Menschen überspringen lassen, darunter Coronaviren wie SARS und SARS-CoV-2. In der fernen Menschheitsvergangenheit, als die Siedlungsgebiete der Menschen noch erheblich kleiner und viel weiter voneinander entfernt waren, kamen Infektionswellen normalerweise an ihr natürliches Ende, wenn die Wirtsorganismen der Seuche erlagen oder gegen deren Erreger immun wurden.

Mikroskopisch kleine Krankheitserreger sind heute nicht mehr so unbekannt und unheimlich wie in der Vergangenheit. Wir haben auch Mittel und Wege gefunden, manche von ihnen unter Kontrolle zu halten, auch wenn die Evolution immer dafür sorgen wird, dass diese Kontrolle nur eine Zeit lang funktioniert. Doch in den Agrargesellschaften der vorindustriellen Ära waren diese erfolgreichen und unsichtbaren Mörder wahre Todesengel, von denen die Menschen glaubten, zornige Götter hätten sie ihnen geschickt. Dazu kam, dass in vorindustriellen bäuerlichen Gesellschaften oft eine prekäre Ernährungslage herrschte und meist nur ein oder zwei Grundnahrungsmittel den Speisezettel beherrschten, sodass die Menschen häufig unter Mangelzuständen litten, die ihre Fähigkeit beeinträchtigten, Krankheiten abzuwehren oder zu überstehen, die den meisten gut und gesund ernährten Menschen nichts anhaben könnten.

Eine weitere ernst zu nehmende umweltbedingte Herausforderung, der sich urzeitliche Bauern gegenüber sahen, war die Tatsache, dass es sich als unmöglich erwies, auf einem Stück Ackerboden jedes Jahr zuverlässige Ernteerträge zu erzielen. Für diejenigen, die das Glück hatten, ihrem Gewerbe in der Schwemmebene eines Flusses nachzugehen, wo regelmäßige Hochwässer die Humusschicht immer wieder mit Nährstoffen versorgten, war das kein dauerhaftes Problem. Für die anderen jedoch war es eine ernüchternde Lektion in Sachen Nachhaltigkeit, eine Herausforderung, der sie zunächst hauptsächlich damit begegneten, dass sie zu neuen, noch nicht übernutzten Ackerbaugründen weiterzogen und so die Ausdehnung des Landbaus über ganz Europa, Indien und Südostasien beschleunigten. Rudimentäre Fruchtwechsel-Methoden, etwa der abwechselnde Anbau von Getreide und Hülsenfrüchten auf derselben Ackerfläche oder das Brachlegen von Feldern in einem bestimmten Turnus, fanden in vielen frühen Bauerngesellschaften Anwendung, doch erst im 18. nachchristlichen Jahrhundert setzte sich das Wissen um die Vorteile eines systematischen Fruchtwechsels durch, sodass wir uns vorstellen können, wie frustrierend es in den Jahrtausenden davor für Bauern gewesen sein muss, wenn trotz optimaler Wetterbedingungen, reicher Samenvorräte und funktionierender Vorkehrungen gegen Schädlinge die Ernte manchmal so dürftig ausfiel, dass das Überleben der Gemeinschaft bis zur nächsten Ernte nicht gesichert war.

Jede Menge schriftliche Aufzeichnungen dokumentieren die vielen Katastrophen, die seit Beginn der klassischen Ära der Landwirtschaft über bäuerliche Gesellschaften hereingebrochen sind. Allerdings liegen keine solchen Aufzeichnungen für die ersten 6000 Jahre des Ackerbaus und keine aus der Geschichte agrarischer Gesellschaften ohne Schriftsprache vor. Die Archäologen gründeten ihre Überzeugung, dass auch frühe bäuerliche Gesellschaften von ähnlichen Katastrophen heimgesucht wurden, bis vor kurzem auf Belege, die von einem plötzlichen Bevölkerungsrückgang oder von der schlagartigen Entvölkerung einer Stadt, einer Ansiedlung oder eines Dorfes zu erzählen schienen. Inzwischen sind jedoch eindeutige direkte Beweise dafür, dass solche Katastrophen passiert sind, gefunden worden – in unserem Genom. Vergleiche zwischen archaischen und modernen Genomen, die europaweit angestellt wurden, weisen auf eine Serie von Katastrophen hin, die jeweils 40 bis 60 Prozent der jeweiligen Bevölkerung auslöschten, was zu einer drastischen Reduzierung der genetischen Vielfalt bei den Nachkommen der Überlebenden führte. Diese genetischen «Flaschenhals-Ereignisse» fielen eindeutig in die Zeit, in der sich, vor rund 7500 Jahren, Ackerbauern-Gesellschaften über ganz Mitteleuropa und später auch – vor rund 6000 Jahren – über den Nordwesten Europas ausdehnten.[8]

Ausgelaugte Böden, Seuchen, Hungersnöte und in späteren Zeiten bewaffnete Konflikte waren wiederkehrende Ursachen für katastrophale Rückschläge, die agrarische Gesellschaften erlitten. Sie bremsten den Siegeszug der Landwirtschaft jedoch immer nur für kurze Zeit. Trotz aller Herausforderungen erwiesen sich Ackerbau und Viehzucht letzten Endes als deutlich produktiver im Vergleich zum Jagen und Sammeln, und nach Katastrophen dauerte es gewöhnlich nur ein paar Generationen, bis der Bevölkerungsschwund kompensiert war, womit der Keim gepflanzt war für den nächsten katastrophalen Einbruch, für gesteigerte Ängste vor der nächsten Hungersnot und für das Verlangen, zu neuen Ufern aufzubrechen.

Das unumstößliche Diktum der Entropie, das besagt, je komplexer eine Struktur sei, desto mehr Arbeit müsse in ihre Errichtung und ihre Erhaltung investiert werden, lässt sich sowohl auf unsere Gesellschaft anwenden als auch auf unseren Körper. Es erfordert Arbeit, aus Lehm Ziegelsteine und aus Ziegelsteinen Gebäude zu machen, ebenso wie es Energie erfordert, ein Feld voll Getreide in Brotlaibe zu verwandeln. In diesem Sinne ist die Komplexität einer bestimmten Gesellschaft zu einem bestimmten Zeitpunkt oft ein brauchbares Maß dafür, wie viel Energie diese Gesellschaft «erntet» und wie viel Arbeit (im physikalischen Sinn) vonnöten ist, um diese Komplexität aufzubauen und zu erhalten.

Das Problem ist: Deduktiv zu ermitteln, welche Größenordnungen von Energie unterschiedliche Gesellschaften zu unterschiedlichen Zeiten der Menschheitsgeschichte mobilisiert und in Arbeit umgesetzt haben, ist schwierig, nicht zuletzt weil es davon abhängt, wo und wie die Energie «geerntet» und wie effizient sie eingesetzt wurde. Kaum verwunderlich, dass die Gelehrten in den Details nur selten übereinstimmen. Es wird gerne und oft darüber gestritten, ob die Energieertragsrate der Römer in der Blütezeit ihres Imperiums ungefähr der der europäischen Bauernschaft am Vorabend der industriellen Revolution entsprach oder ob sie eher auf dem Niveau früherer bäuerlicher Gesellschaften lag.[9] Breite Übereinstimmung besteht jedoch darin, dass es in der Menschheitsgeschichte mehrere sprunghafte Steigerungen der Energiegewinnung gegeben hat, immer wenn zu bestehenden Energiequellen eine neu erschlossene hinzukam. Unumstritten ist auch, dass Menschen, die in den stärker industrialisierten Ländern unserer Welt leben, einen in etwa 50-mal so großen Energieumsatz haben wie Angehörige kleinräumiger Jäger-und-Sammler-Gesellschaften und einen annähernd zehnmal so großen wie die meisten vorindustriellen Gesellschaften. Es herrscht auch ein breiter Konsens darüber, dass, nachdem der Mensch erstmals gelernt hatte, das Feuer zu beherrschen, zwei Prozesse in Gang kamen, die zu einer drastischen Erhöhung der Energieertragsrate führten: Der später einsetzende war die intensive Förderung und Nutzung fossiler Brennstoffe, die den Treibstoff für die industrielle Revolution lieferte, der ihr vorausgehende und unter dem Gesichtspunkt der Arbeit wichtigste die Entwicklung des Ackerbaus.

Ein erwachsener US-Amerikaner nimmt pro Tag durchschnittlich 3600 Kilokalorien als Nahrung zu sich,[10] hauptsächlich in Form von Stärke, Eiweiß, Fett und Zucker. Das ist erheblich mehr als die für ein gesundes Leben empfohlene Menge von 2000 bis 2500 Kilokalorien. Abgesehen davon, dass viele von uns mehr Kalorien zu sich nehmen, als uns guttut, stellt die Energie, die wir uns aus unserer Nahrung holen, nur einen kleinen Bruchteil unseres gesamten Energieumsatzes dar. Damit ist freilich noch nichts über den energetischen Fußabdruck gesagt, den unsere Nahrungsmittelproduktion hinterlässt.

Weil Pflanzen für ihr Wachstum Kohlendioxid benötigen und Böden die Fähigkeit haben, Kohlenstoff zu binden, könnte die Landwirtschaft theoretisch klimaneutral funktionieren oder sogar mehr Kohlendioxid binden, als sie freisetzt. Tatsächlich aber erzeugt unsere Nahrungsmittelproduktion einen massiven energetischen Fußabdruck. Wenn man die systematische Abholzung von Wäldern und die Umwandlung von Gras- in Ackerland in die Gleichung einbezieht, ist die Landwirtschaft derzeit für bis zu ein Drittel aller Treibhausgas-Emissionen verantwortlich. Der Großteil des Rests entfällt auf die Herstellung von Düngemitteln (und ihren Zerfall), den Energieaufwand für die Herstellung und den Betrieb landwirtschaftlicher Maschinen, die für die Verarbeitung, Lagerung und

Beförderung unserer Lebensmittel nötige Infrastruktur und auf die vielen Megatonnen Methan, die unser Mastvieh in Form von Blähungen emittiert.

In modernen Industriegesellschaften, in denen Energie überwiegend durch die Verbrennung fossiler Brennstoffe gewonnen wird, liefert der CO_2-Fußabdruck eine brauchbare Annäherung zur Bestimmung des Energieumsatzes. Er ist nur eine grobe Annäherung, weil ein kleiner, aber immerhin wachsender Teil unseres Energieverbrauchs inzwischen auf «erneuerbare Energien» wie Windkraft entfällt und wir immer besser darin werden, Energie effizienter zu nutzen und die in Form von Abwärme anfallenden Verluste zu verringern. Wir können somit sagen, dass ein Kilogramm Kohle heute deutlich mehr nützliche Arbeit leistet als früher.

Im Verlauf der, über den Daumen gepeilt, halben Million Jahre zwischen der erstmaligen Beherrschung des Feuers und den ersten tastenden Versuchen, Ackerbau zu betreiben, blieben die Energiemengen, die unsere jagenden und sammelnden Vorfahren mobilisierten und nutzten, im Wesentlichen unverändert. Es bestanden keine nennenswerten Unterschiede zwischen der Energieertragsrate etwa der Ju/'Hoansi, zu denen sich Richard Lee 1963 gesellte und deren Leben er eine Weile teilte, und der der Urmenschen, die sich in der Wonderwerk-Höhle an ihren Feuern wärmten. Damit sollte nicht behauptet werden, die Energieertragsrate sei bei allen Jägern und Sammlern genau dieselbe gewesen, oder alle hätten eine gleich große Arbeitsleistung erbracht. Allein schon der Fleischanteil in ihrer Ernährung sorgte für Unterschiede, ebenso wie die Geographie ihres Lebensraums. So war die Gesamtmenge der mobilisierten Energie beispielsweise bei den elfenbeinschnitzenden Jägern und Sammlern von Sungir vor 35 000 Jahren größer als bei allen in wärmeren Klimazonen lebenden Jägern und Sammlern der letzten 100 000 Jahre. Die Sungir-Menschen mussten, um auch winterliche Schneestürme zu überstehen, stabilere Behausungen bauen, schützende Kleidung und festes Schuhwerk anfertigen, mehr Feuerholz verheizen und energiereicheres Essen zu sich nehmen, einfach um ihre Körpertemperatur zu halten. Wenn Jäger und Sammler im südlichen und östlichen Afrika pro Tag vielleicht 2000 Kilokalorien in Form von Nahrung zu sich nahmen und vielleicht weitere 1000 für andere lebensnotwendige Dinge aufwendeten (etwa in

Form von Brennstoffen für ihre Feuer oder in Gestalt von Ressourcen für die Herstellung ihrer Speere oder ihrer Halsketten aus Straußeneiern), können wir annehmen, dass Jäger und Sammler, die es in den eisigen Norden verschlagen hatte, in den kältesten Monaten des Jahres womöglich die doppelte Kalorienmenge zum Überleben benötigten.

Während die Menge der für die Ernährung der Menschheit erzeugten Lebensmittel ins fast Unermessliche gewachsen ist, gilt das nicht für die Zahl der Pflanzen- und Tierarten, von denen wir uns routinemäßig ernähren. Zwar können wir heute in den meisten Städten der Welt Spezialitäten aus den Küchen sämtlicher Kontinente essen, aber einen Speisezettel, der in seiner Mannigfaltigkeit an den von Jäger-und-Sammler-Gemeinschaften heranreichen würde, deren Lebensraum nicht viel größer war als ein Vorort einer modernen Metropole, kennen nur ausgewiesene Kosmopoliten. Der Löwenanteil aller Ackerflächen auf unserem Globus dient dem Anbau einer begrenzten Zahl energiereicher Nähr- und Futterpflanzen. Davon entfallen knapp zwei Drittel heute auf Getreide, hauptsächlich Weizen, Mais, Reis und Gerste. Der zweitgrößte Anteil, rund ein Zehntel aller Ackerflächen, entfällt auf den Anbau Öl liefernder Pflanzen wie Raps und Ölpalmen, deren Produkte allerdings auch in der kosmetischen Industrie und anderswo Verwendung finden. Die verbleibenden rund 30 Prozent der weltweiten Ackerflächen bilden gleichsam einen Flickenteppich aus Hülsenfrüchten, Zuckerlieferanten, Rüben und Knollen, Obst, Gemüse, Kräutern, Gewürzpflanzen, Tee, Kaffee, Non-Food-Produkten wie Baumwolle und Narkotika wie Cocablättern oder Tabak. Dass wir auf so riesigen Flächen ertragreiche Getreidepflanzen anbauen, hat nicht nur damit zu tun, dass sie uns zu geringen Kosten kalorienreiche Kohlehydrate liefern, sondern auch damit, dass wir mit ihnen Millionen Zuchttiere füttern, um sie in Rekordzeit bis zur Schlachtreife zu mästen oder um sie in die Lage zu versetzen, uns ungeheure Mengen Milch und Eier zu liefern.

Jede einzelne der vielen Tausend Pflanzenarten, die die Menschheit in ihrer Geschichte für den Verzehr geerntet hat, ist im Prinzip züchtbar, wenn man nur genug Zeit und Energie investiert oder die Techniken für die gezielte Manipulation ihres Genoms beherrscht. In Herbarien und botanischen Gärten in aller Welt gelingt es den Fachleuten häufig, Umgebungsbedingungen herzustellen, die die Nachzüchtung selbst der anspruchsvollsten und empfindlichsten Pflanzen ermöglichen – und im Anschluss daran auch die Kreierung neuer Varianten, die robust genug sind, auch in den Händen von Hobbygärtnern und unter ganz unterschiedlichen Umgebungsbedingungen zu gedeihen. Manche Pflanzenarten sind sehr viel leichter domestizierbar als andere, etwa weil es weniger Zwischenschritte erfordert, Varietäten zu züchten, die sich zuverlässig in großem Stil anbauen und ernten lassen. Bei manchen Arten ist der Anbau von Zuchtsorten wirtschaftlicher als bei anderen, etwa weil sie mehr Energie in Form von Nährwert liefern, als man in ihren Anbau vorher investiert hat. Auf der wirtschaftlichen Seite der Nährpflanzenzüchtung spielt heute der Faktor der erwarteten Nachfrage eine ebenso große Rolle wie die Ausschläge und Launen der «Gastromode» und die Tatsache, dass Angehörige einer elitären Schicht bereit sind, sehr viel Geld für exotische Produkte wie etwa Trüffeln zu bezahlen, die sich nur eingeschränkt oder gar nicht vermehren oder züchten lassen. In der Vergangenheit drehte sich, was die wirtschaftlichen Aspekte der Pflanzenzucht betraf, fast alles um den Energieertrag.

Für Biologen ist die systematische Züchtung von Nährpflanzen nur eines von vielen Beispielen dessen, was sie «Mutualismus» nennen, einer Spielart der Symbiose, bei der die Interaktion zweier unterschiedlicher Arten von Organismen für beide von Vorteil ist. Miteinander verbundene Netzwerke mutualistischer Beziehungen sind ein Merkmal aller komplexen Ökosysteme und finden sich auf jeder erdenklichen Ebene, bei winzigsten Bakterien ebenso wie bei den größten Organismen der Erde wie Bäumen oder Großsäugern. Und während nicht alle mutualistischen Beziehungen für das Überleben der an ihnen beteiligten Arten entscheidend wichtig sind, schließen viele von ihnen eine wechselseitige Abhängigkeit ein. Zu den offenkundigen Beziehungen dieses Typs gehören die zwischen Pflanzen und Bienen, Fliegen und anderen an der Bestäubung beteiligten Tierchen, die Symbiose zwischen Weidetieren wie dem Büffel und den Reihern und Madenhackern, die ihnen Parasiten wie Zecken vom Halse schaffen; oder die in die Tausende gehenden Baumarten, die darauf angewiesen sind, dass Tiere ihre Früchte verzehren und mit ihrem Kot ihre Samen verteilen. Ein weniger offensichtliches Beispiel ist unsere symbiotische Beziehung zu einigen der vielen Bakterienarten, die unseren Verdauungsapparat bevölkern und uns etwa dabei behilflich sind, Zellulose zu verdauen.

Die Beziehung zwischen einem Bauern und seinem Weizen unterscheidet sich natürlich in vielen wichtigen Aspekten von anderen mutualistischen Beziehungen. Wenn ein hochgezüchteter Weizen nachwachsen soll, muss der Bauer das geerntete Getreide erst dreschen, um die Samenkörner aus der Spindel, ihrem aus Fasern bestehenden Behälter, herausschleudern. Nur ganz wenige Arten sind, wie der Weizen, darauf angewiesen, dass Angehörige einer ihnen genetisch fremden Art ihnen mit einem zielgerichteten Eingreifen oder durch geeignete Vorkehrungen helfen, eine entscheidende Etappe ihres Fortpflanzungszyklus zu bewältigen. Man kann die Kultivierung, so selten sie in der Natur auch vorkommt, als eine in der Regel besonders erfolgreiche Form des Mutualismus bezeichnen – Beispiele dafür liefern die wenigen Tierarten außer dem Menschen, die ihre Nahrung züchten und anbauen, etwa die Pilzfarmen betreibenden Termiten.

Manche Pflanzenarten, wie die wilden Weizen- und Gerstensorten Anatoliens oder die in Ostasien heimische Hirse, haben die frühen Menschen buchstäblich eingeladen, sie zu domestizieren. Ein typisches Merkmal praktisch aller dieser Nährpflanzen der ersten Stunde, die bis heute die Grundlage unserer Ernährung bilden und schon vor Tausenden Jahren domestiziert worden sind, ist der Umstand, dass es, weil sie von vornherein ertragsstark und Selbstbestäuber waren, nur relativ weniger Zuchtgenerationen bedurfte, bis sie die für Zuchtpflanzen charakteristischen Mutationen entwickelten. Beim Weizen zum Beispiel steuert ein einziges Gen die Mutation hin zu einer spröden Spindel, und zudem trat und tritt diese Mutation an den meisten Wildweizen-Standorten schon seit jeher auf, zusammen mit Mutationen, die zu größeren Körnern führen.

Auch waren, was ein ebenso wichtiger Faktor ist, manche Umgebungen bessere Brutstätten für die Domestizierung von Pflanzen als andere. Es ist kein Zufall, dass die meisten der Pflanzen, die wir heute als Grundnahrungsmittel betrachten, in den Zonen zwischen dem 20. und dem 35. Breitengrad Nord in der Alten Welt und zwischen 15 Grad südlicher und 20 Grad nördlicher Breite auf dem amerikanischen Kontinent beheimatet waren; dies waren durchweg gemäßigte Klimazonen mit jahres-

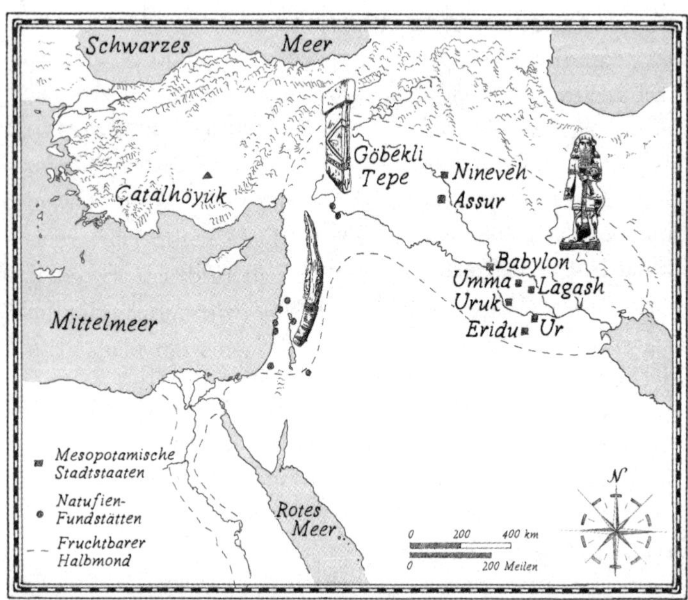

Jungsteinzeitlicher Orient

zeitlich verschiedenen Niederschlagsmustern und gleich gut geeignet für einjährige wie für mehrjährige Feldfrüchte. Von daher ist es sicher auch kein Zufall, dass sich der Ackerbau, als er sich ausbreitete, mindestens anfänglich innerhalb dieser Breiten bewegte.

An mehreren zentralen Schauplätzen des Nutzpflanzenanbaus, an denen es keine einheimischen energiereichen und ertragsstarken Getreidearten gab, tat sich die Bevölkerung schwer, die Energieüberschüsse zu produzieren, die für die Errichtung und Versorgung großer Städte oder eines zentralisierten Staatswesens erforderlich gewesen wären. Das ist einer der Gründe dafür, dass bei den «gartenbauenden» Kulturen in Ozeanien, Süd- und Nordamerika sowie in Ostasien, die relativ ertragsschwache Ackerfrüchte anbauten und deren Energieertragsrate kaum je ein nennenswert höheres Niveau erreichte als die von Jäger-und-Sammler-Gemeinschaften, der Ackerbau nie wirklich in Fahrt kam, mit der Folge, dass es dort bei einer relativ überschaubaren, dünn verteilten und mobilen Population blieb. Den Menschen in diesen Kulturen stand typischerweise deutlich mehr freie Zeit zur Verfügung als den Angehörigen von Gesellschaften, die sich überwiegend oder ausschließlich vom Ackerbau ernährten. Aus diesem Grund erschienen europäischen Seeleuten, etwa den Besatzungen, die die großen Entdeckungsreisen von Kapitän Cook mitmachten, die melanesischen Inseln wie ein Paradies, dessen Bewohner selten mehr tun mussten, als Früchte von Bäumen zu pflücken oder in den reichen Fischgründen vor ihrer Küste ihre Netze auszuwerfen.

In manchen Fällen mussten Nahrungspflanzen über Tausende Zuchtgenerationen hinweg kultiviert werden, bevor sie endlich Ernteerträge abwarfen, die sich mit denen der Getreidebauern im Nahen Osten oder der Reis- und Hirsebauern in Ostasien messen konnten. Auch wenn die Urform der heutigen Maispflanzen aus fünf relativ häufig vorkommenden sukzessiven Mutationen hervorging, die das Genom ihrer Vorläuferpflanze Zea vor vielleicht 9000 Jahren veränderten, dauerte es fast weitere 8000 Jahre, bis die Züchtung einer Varietät gelang, die ertragreich genug war, Bevölkerungen und Städte in einer Größenordnung zu ernähren, wie sie im Mittelmeerraum schon um sieben Jahrtausende früher aufgeblüht waren.

Wenn der Lauf der Menschheitsgeschichte von den Ackerbau-Gesellschaften bestimmt wurde, die über die ertragreichsten, produktivsten und nahrhaftesten Feldfrüchte verfügten, wie konnte es dann sein, dass das Leben in diesen Gesellschaften um so viel arbeitsintensiver war als das Leben von Jägern und Sammlern? Diese Frage beschäftigte den Pfarrers Thomas Robert Malthus, der zu den einflussreichsten Pionieren der Wirtschaftswissenschaft im Zeitalter der europäischen Aufklärung wurde, die, wie Adam Smith und David Ricardo, nach einer Erklärung dafür suchten, dass im England des 17. Jahrhunderts trotz aller Fortschritte im Bereich der Nahrungsmittelerzeugung die Armut nicht verschwunden war.

Thomas Robert Malthus litt an Syndaktylie, einer genetisch bedingten Fehlbildung, die sich neben anderen Dingen häufig in zusammengewachsenen Fingern und Zehen manifestiert – seine Studenten am East India Company College, wo er ab 1805 als Professor für Geschichte und politische Ökonomie lehrte, verpassten ihm deswegen den Spottnamen «webtoe». Doch es sollte noch schlimmer kommen. Nach Malthus' Tod 1834 wurde sein wichtigstes Werk, *An Essay on the Principle auf Population*,[11] in dem er die These vertrat, es werde zu einer Übervölkerung der Erde und in der Folge zu einem Zusammenbruch der Gesellschaften kommen, immer wieder zur Zielscheibe ätzender und spöttischer Kritik; die Schrift wurde als Erguss eines krankhaften Apokalyptikers abgetan, sein Name zum Synonym eines von der Realität abgelösten Pessimismus.

Die Geschichtsschreibung hat Malthus Unrecht getan. Er war nicht der unbelehrbare Pessimist, als der er oft hingestellt wurde. Auch wenn viele der Argumente, mit denen er seine berühmte Hypothese begründete, fehlerhaft waren, lag er mit seiner Grundaussage richtig. Seine Ausführungen zum Zusammenhang zwischen Produktivität und Bevölkerungswachstum eröffnen unabweisbare Einsichten in die Art und Weise, wie der Übergang zur Landwirtschaft das Verhältnis unserer Spezies zur Knappheit neu definierte und damit das «ökonomische Problem» in die Welt setzte.

Das primäre Problem, dessen Lösung Malthus sich vornahm, war ein einfaches: Warum, fragte er sich, mussten nach Jahrhunderten einer ständigen schrittweisen Erhöhung der landwirtschaftlichen Produktivität die meisten Menschen immer noch schwer arbeiten und lebten dennoch in Armut? Er bot zwei Antworten an. Die erste war theologischer Natur: Es war Malthus' Überzeugung, das Böse existiere «auf der Welt nicht, um Verzweiflung, sondern um Betätigung zu erzwingen» – es sei also von Anfang an in der Absicht Gottes gelegen, sicherzustellen, dass seine irdische Herde nie einen so großen Wohlstand erlangen durfte, dass sie es sich erlauben könnte, dem Müßiggang zu verfallen. Alternativ dazu schlug Malthus eine demographische Erklärung vor: Er machte die Beobachtung, dass die landwirtschaftliche Produktion nur «arithmetisch» wuchs, während die Bevölkerung nach seiner (fehlerbehafteten) Rechnung sich alle 25 Jahre verdopple, also ein «geometrisches» oder exponentielles Wachstum zeige. In seinen Augen war es eine natürliche Folge dieses Auseinanderklaffens, dass immer wenn Fortschritte in der landwirtschaftlichen Produktivität zu einer Erhöhung des Nahrungsangebots als Ganzen führten, die Landbevölkerung quasi automatisch mehr hungrige Münder in die Welt setzte, mit der Folge, dass jeder Zugewinn an Produktivität umgehend aufgefressen wurde. In seinen Augen setzte letztlich der Grund und Boden eine Grenze für die Menge an Lebensmitteln, die produziert werden konnten: Der Grenznutzen zusätzlicher Arbeitskräfte in der Landwirtschaft nahm, so seine These, rapide ab, denn ein Feld, das zuvor ein Arbeiter mühelos beackert hatte, von zehn Personen bearbeiten zu lassen, würde die Produktivität dieses Feldes nicht vergrößern, sondern nur dazu führen, dass sich der Ertragsanteil jedes Einzelnen verkleinern würde. Malthus vertrat den Standpunkt, das Verhältnis zwischen Bevölkerung und Produktivität reguliere sich letzten Endes selbst, etwa dadurch, dass immer dann, wenn die Bevölkerung schneller wuchs als die Produktivität, eine Hungersnot oder irgendein anderer katastrophaler Rückschlag die Bevölkerungszahl wieder auf ein tragbares Maß zurückführen würde. Auf der Grundlage seiner Berechnungen sagte Malthus voraus, dass Großbritannien, das zu der Zeit dank der industriellen Revolution ein rasantes Bevölkerungswachstum erlebte, eine baldige und einschneidende «Korrektur» bevorstand.

Dass Malthus' Reputation so in den Keller ging, lag nicht nur daran, dass die von ihm für die unmittelbare Zukunft vorausgesagte Katastrophe ausblieb, und auch nicht daran, dass seine Kassandrarufe im 20. Jahrhundert dankbar von Faschisten aufgegriffen wurden, die damit ihr Eintreten für Völkermord und Eugenik untermauerten. Ein wichtiger Grund war und ist vielmehr der, dass seine Argumentation, aus der Warte seiner Zeitgenossen betrachtet, das bemerkenswerte Kunststück vollbringt, Menschen quer durch das politische Spektrum in Aufregung zu versetzen. Mit seinem Beharren darauf, dass es klare Grenzen des Wachstums gebe, bringt Malthus diejenigen gegen sich auf, die an eine ungezügelte freie Marktwirtschaft und ein immerwährendes Wirtschaftswachstum glauben, und weckt euphorische Zustimmung bei denen, die zu einem nachhaltigen und maßvollen Wirtschaften mahnen. Sein Dogma, dem zufolge die Mehrheit der Menschen immer zur Armut verurteilt sein wird, weil Ungleichheit und Mühsal nun einmal zum göttlichen Plan gehören, gefällt manchen religiösen Konservativen, während es vielen Vertretern der säkularen Linken böse gegen den Strich geht.

Niemand bestreitet, dass Malthus radikal unterschätzte, wie gut die Nahrungsmittelerzeugung in der Ära der fossilen Brennstoffe mit dem rapiden globalen Bevölkerungswachstum Schritt halten würde, und ganz offensichtlich entging ihm auch die Tendenz industrialisierter Gesellschaften zu einer stetig sinkenden Geburtenrate, ein Trend, der sich bald nach Erscheinen seiner Schrift abzeichnete. Trotzdem ist festzuhalten, dass seine Feststellung, wonach das Bevölkerungswachstum alle von Steigerungen der landwirtschaftlichen Produktivität bewirkten Vorteile aufzehrt, für die Periode der Menschheitsgeschichte Geltung besaß, die einsetzte, als die Menschen anfingen, ihre Nahrung landwirtschaftlich zu erzeugen und Überschüsse zu erwirtschaften, und bis zum Beginn der industriellen Revolution zutreffend blieb. Seine Lehre lieferte auch eine Teilerklärung dafür, dass die Gesellschaften mit der höchsten wirtschaftlichen Produktivität die Tendenz hatten, auf Kosten der anderen, weniger produktiven zu expandieren.

Zwei Dinge aus Malthus' Vermächtnis haben überdauert. Zum einen ein demographischer Fachbegriff: Immer wenn ein Fortschritt eintritt, der die landwirtschaftliche oder industrielle Produktivität einer Gesellschaft verbessert, und zugleich ein Bevölkerungszuwachs stattfindet, der diese Verbesserungen teilweise wieder aufzehrt, pflegen die Demographen heute von einer «malthusianischen Falle» zu sprechen. Wirtschaftshistoriker, die die Geschichte der Menschheit gerne auf die eintönige Matrik des «Realeinkommens» reduzieren, stellen keinen Mangel an anschaulichen Beispielen für «malthusianische Fallen» fest, in die in den Jahrtausenden vor Beginn der industriellen Revolution nichtsahnende Gesellschaften in aller Welt getappt sind. Und in jedem dieser Fälle, in denen als Ergebnis einer schlauen neuen technischen Errungenschaft ein landwirtschaftlicher Produktivitätsschub stattfand und eine oder zwei glückliche Generationen aufblühen konnten, stellte angeblich ein auf dem Fuße folgendes Bevölkerungswachstum alsbald den alten Zustand wieder her. Auch den gegenteiligen Effekt haben die Demographen beobachtet, wenn es infolge einer Seuche oder eines Krieges zu einem plötzlichen Bevölkerungsschwund kam: Als etwa der anfängliche Schrecken, den um die Mitte des 14. Jahrhunderts herum die in Europa grassierende Beulenpest mit ihrer hohen Zahl an Todesopfern verbreitete, abgeflaut war, erhöhten sich der Lebensstandard und die Reallöhne für die Dauer von zwei Generationen deutlich, bis die Bevölkerungszahl sich erholt hatte und der Lebensstandard wieder auf den historischen Durchschnitt absank.

Malthus' zweites bleibendes Verdienst war, dass er einen der Hauptgründe dafür identifizierte, dass Menschen in landwirtschaftlichen Gesellschaften so schwer ackern müssen. Nach seiner Überzeugung war die Ursache für das enthusiastische Vermehrungsverhalten der Bauernschaft einfach ihre ungezügelte Wollust. Es gibt dafür aber einen weiteren, wichtigeren Grund. Die Bauern waren sich im Klaren darüber, dass ein enger Zusammenhang bestand zwischen der Bereitschaft, fleißig und diszipliniert zu arbeiten, und der Chance, das ganze Jahr über genug zu essen zu haben. Es gab viele Variablen, über die sie keine Kontrolle hatten, wenn es darum ging, eine ausreichende Ernte einzubringen und das Vieh bei guter Gesundheit zu halten – gegen Dürren, Überschwemmungen und Seuchen waren sie machtlos; andererseits gab es viele Variablen, die sie beeinflussen konnten. Es gab auch Dinge, die sie tun konnten, um die potenziellen Auswirkungen großer existenzieller Bedrohungen abzumildern, und das war immer mit Arbeit verbunden. Das Problem war, dass sie immer mehr als genug Arbeit hatten, sodass für die meisten Bauern die einzige auf der Hand liegende Lösung für dieses Problem darin bestand, für möglichst viel Nachwuchs zu sorgen. Dies zu tun, bedeutete aber wiederum, in die malthusianische Falle zu tappen. Denn jeder neue Helfer, den sie in die Welt setzten, war nicht nur ein zusätzliches hungriges Maul, sondern sorgte von einem bestimmten Zeitpunkt an dafür, dass der Ernteertrag pro zu ernährender Person zurückging, weil der Ackerbau letzten Endes bestimmten absoluten umweltbedingten Obergrenzen unterlag. Ein kleines Weizenfeld erbrachte nun einmal nur eine Ernte im Jahr, gleich ob darauf zehn Leute ackerten oder nur einer.

Das beließ den Bauern nur wenige Optionen: Hunger zu leiden, einem Nachbarn Land wegzunehmen oder in jungfräuliches Territorium vorzudringen. Wie die Geschichte der Landwirtschaft und ihrer rapiden Ausbreitung durch Asien, Europa und Afrika zeigt, entschieden sie sich in vielen Fällen für Letzteres.

Als Vere Gordon Childe noch in Edinburgh und London lehrte, waren die meisten Archäologen der Überzeugung, der Ackerbau habe sich deshalb so zügig ausgebreitet, weil Jäger und Sammler, die ihre wohlgenährten Ackerbau treibenden Nachbarn bewunderten, sich mit Begeisterung darauf verlegt hätten. Es gab schließlich jede Menge Belege dafür, dass unsere evolutionären Vorfahren auf Neuerungen ebenso begeistert ansprachen, wie wir das heute tun, und dass gute (und manchmal auch schlechte) Ideen mit überraschender Geschwindigkeit von einer relativ isolierten Population zur nächsten übersprangen. Diese Form der Ausbreitung war fast sicher mit ein Hauptgrund dafür, dass beispielsweise Techniken des Abschlagens scharfkantiger Schneideklingen und Pfeilspitzen von größeren Steinbrocken im archäologischen Archiv oft fast zeitgleich an ganz unterschiedlichen Orten auftauchen. Offenkundig fand die Landwirtschaft auf diese Weise ihren Weg auch in manche Teile des amerikanischen Kontinents.

Bis vor kurzem gab es nur einen Grund für Zweifel an diesem Ausbreitungsweg des Ackerbaus, nämlich den Umstand, dass eine Handvoll kleinerer Jäger-und-Sammler-Gesellschaften wie die BaMbuti am Kongo oder die Hadzabe in Tansania ihre Wirtschaftsweise als Jäger und Sammler beibehalten hatten, obwohl sie über Jahrtausende hinweg mit Ackerbauern-Kulturen in Berührung gekommen waren. Wie bei so vielen anderen Rätseln, die die Urgeschichte für uns bereithält, waren es auch hier die von Paläogenetikern in Marsch gesetzten unermüdlichen Algorithmen, die uns neue Einsichten beschert haben. Und wenn man die Geschichten, die die genetische Forschung uns erzählt, mit archäologischen Daten und mündlichen Überlieferungen kombiniert, ergibt sich, dass sie in den meisten Fällen von Vertreibung und Verdrängung handelt, ja sogar von der Vernichtung bestehender Jäger-und-Sammler-Populationen durch schnell wachsende bäuerliche Gesellschaften, die sich der malthusianischen Falle zu entziehen versuchten.

Wie sich beim Vergleich von DNA-Proben aus den Knochen früher europäischer Ackerbauern mit Proben aus den Knochen noch älterer europäischer Jäger-und-Sammler-Populationen ergibt,[12] verdanken wir die Ausbreitung der Landwirtschaft über den europäischen Kontinent bäuerlichen Siedlern, die in neue Lebensräume vorstießen und dabei bestehende Jäger-und-Sammler-Populationen verdrängten und schließlich ersetzten,[13] statt sich mit ihnen zu verbinden und sie zu assimilieren. Die genetischen Erkenntnisse besagen ferner, dass die wachsenden ackerbauenden Gemeinschaften vor rund 8000 Jahren begannen, sich vom Nahen Osten aus über Zypern und die Ägäischen Inseln aufs europäische Festland vorzuarbeiten. Ein ähnlicher Prozess lief in Südostasien ab, wo sich vor rund 5000 Jahren Populationen von Reisbauern vom Becken des

Jangtse aus unaufhaltsam auszubreiten begannen, um am Ende große Teile Südostasiens zu besiedeln und 3000 Jahre später die malaysische Halbinsel zu erreichen.[14] Für Afrika liegt inzwischen eindeutiges genomisches Beweismaterial dafür vor, dass im Verlauf der vergangenen 2000 Jahre nach und nach fast alle indigenen Jäger-und-Sammler-Populationen aus Ostafrika, Zentralafrika und Südafrika verdrängt worden sind, Folge von Afrikas eigener landwirtschaftlicher Revolution und der damit einhergehenden Expansion bäuerlicher Kulturen, die große Teile Afrikas mit einer Abfolge von Zivilisationen, Königreichen und Imperien überzogen.

Als die Natufier ihre ersten tastenden Ackerbau-Versuche unternahmen, lebten auf der Erde vermutlich um die vier Millionen Menschen. 12 000 Jahre später, als die Pioniere der industriellen Revolution die Grundsteine für die ersten Fabriken legten, in denen mit fossilen Brennstoffen angetriebene Maschinen ratterten, war die Weltbevölkerung auf 782 Millionen angewachsen. Während vor 12 000 Jahren noch kein Mensch Ackerbau betrieb, machten im 18. Jahrhundert diejenigen, die ihren Lebensunterhalt noch mit Jagen und Sammeln sicherten, nur noch einen winzigen Bruchteil der Weltbevölkerung aus.

Das Leben war im 18. Jahrhundert für Leute, die nicht zu den wenigen Glücklichen zählten, die in einer der wenigen Großstädte lebten, die Energie aus ihrer ländlichen Umgebung pumpten, oder zu denen, die schwer ackernde Untertanen für sich arbeiten ließen, oft ein ständiger Kampf. Die rapide Bevölkerungszunahme vollzog sich trotz eines Rückgangs der individuellen Lebenserwartung.

Für Gesellschaften, in denen die Einzelnen Subsistenzwirtschaft betrieben, waren, anders ausgedrückt, das «ökonomische Problem» und die allgegenwärtige Knappheit oft eine Frage von Leben und Tod. Die einzige auf der Hand liegende Antwort darauf bestand darin, noch mehr zu arbeiten und/oder neue Territorien zu erschließen.

Es sollte uns daher kaum verwundern, dass, auch wenn kaum einer von uns heute noch seine Nahrung selbst erzeugt, die Sanktifizierung der Knappheit und der ökonomischen Institutionen und Normen, die sich in dieser Periode herausbildeten, bis heute das ideologische Fundament für die Organisation unseres Wirtschaftslebens bildet.

9

Zeit ist Geld

Benjamin Franklin – Gründervater der Vereinigten Staaten, furchtloser Drachenpilot bei Sturm, Blitz und Donner, Erfinder der Bifokalbrille, des Franklin-Ofens und des Harnweg-Katheters – hatte ein gestörtes Verhältnis zur Arbeit. Er kokettierte gern damit, «der faulste Mensch auf der Welt» zu sein, und bezeichnete seine Erfindungen selbstironisch als arbeitssparende Vorrichtungen, hinter denen die Absicht stehe, sich Mühe und Aufwand zu sparen. Wie John Maynard Keynes 150 Jahre später vertrat auch Franklin die Überzeugung, menschlicher Erfindungsreichtum könne künftige Generationen aus einem Dasein voller Arbeit und Mühsal befreien.

«Wenn jeder Mann und jede Frau jeden Tag vier Stunden an etwas Sinnvollem arbeiten würden», verkündete Franklin euphorisch, «würde diese Arbeit genug hervorbringen, um uns mit allen Notwendigkeiten und Annehmlichkeiten des Lebens zu versorgen.»[1]

Auf der anderen Seite vertrat Franklin, dank seiner streng puritanischen Erziehung, den Standpunkt, Müßiggang sei ein «totes Meer, das alle Tugenden verschlingt».[2] Alle Menschen seien geborene Sünder, und die Erlösung winke nur denen, die durch Gottes Gnade gelernt hätten, sowohl fleißig als auch genügsam zu sein. Daraus folgte für ihn, dass jeder, der das Glück hatte, sich nicht jede wache Stunde eines jeden Tages der Beschaffung der «Notwendigkeiten und Annehmlichkeiten des Lebens» widmen zu müssen, verpflichtet war, seine Zeit mit produktiven und sinnvollen Tätigkeiten zu füllen.

Als eine Art Wegweiser, um nicht vom Pfad der Rechtschaffenheit abzukommen, trug Franklin stets eine Liste der 13 wichtigsten «Tugenden» bei sich, mit der er täglich sein Verhalten abglich. Eine der ihm heiligsten Tugenden war der «Fleiß», expliziert anhand der Maxime: «Verliere keine Zeit, sei immer mit etwas Nützlichem beschäftig, entsage aller unnützen Tätigkeit».[3] Er unterwarf sich des Weiteren einer strengen täglichen Routine, die jeden Morgen um fünf Uhr damit begann, dass er einen «Entschluss» für den bevorstehenden Tag fasste und einen Zeitplan aufstellte mit Stundenkontingenten für Arbeit, Mahlzeiten, häusliche Pflichten und, gegen Ende des Tages, genussvollen «Zeitvertreib» dieser oder jener Art. Jeden Abend um zehn Uhr nahm er sich einige Augenblicke, um das an diesem Tag Geleistete Revue passieren zu lassen und Gott zu danken, ehe er sich zu Bett begab.

1748 fühlte sich Franklin, 42 Jahre jung, wohlhabend genug, um den Großteil seiner Zeit und Energie mit Betätigungen zu verbringen, die seiner Seele wohler taten als seinem Geldbeutel: Politik, praktischen Erfindungen, naturwissenschaftlicher Forschung und dem Verteilen unerbetener Ratschläge an seine Freunde. Er verdankte seine komfortable Situation den regelmäßigen Einkünften, die ihm die Abonnenten der *Pennsylvania Gazette* bescherten, der Tageszeitung, die er zwei Jahrzehnte zuvor gekauft hatte und deren Alltagsgeschäfte seine beiden Sklaven für ihn führten (denen er später die Freiheit schenkte, als er schließlich und endlich mit fliegenden Fahnen zu den Abolitionisten überlief). Während des betreffenden Jahres nahm er sich die Zeit, einen Brief zu verfassen, in dem er einem namenlosen jungen «Gewerbetreibenden», der gerade frisch ins Geschäftsleben eintrat, einige Ratschläge erteilte.

«Vergiss nie: Zeit ist Geld», schärfte Franklin dem angehenden Geschäftsmann ein und setzte ihm anschließend die scheinbar organische Fähigkeit des Geldes auseinander, sich im Lauf der Zeit zu vermehren, sei es in Form von Zinsen für gewährte Kredite oder sei es dank wertschöpfenden Investitionen. «Geld kann Geld zeugen», dozierte er, «und das Erzeugte kann gleich mehr zeugen und so fort. […] Wer eine trächtige Sau schlachtet, vernichtet ihre ganze Nachkommenschaft bis in die tausendste Generation.»

Die Urheberschaft an dem Spruch «Zeit ist Geld» wird heutzutage oft Franklin zuerkannt, dessen Gesicht uns von jeder US-amerikanischen 100-Dollar-Note anstarrt. Tatsächlich hat der Ausspruch eine noch sehr viel erhabenere Provenienz: Die älteste Fundstelle für ihn ist das Buch

Della Mercatura et del Mercante Perfetto («Vom Handel und vom vollkommenen Kaufmann»), das der kroatische Kaufmann Benedetto Cotrugli 1573 herausbrachte (der im Übrigen auch als Erster seine Leser mit einer detaillierten Beschreibung der Regeln und Grundsätze der doppelten Buchführung auf die Probe stellte). Die Erkenntnis, die dieser eigentlich selbstverständlich erscheinenden Maxime zugrunde liegt, ist freilich noch sehr viel älter und wurzelt, wie unsere moderne Einstellung zur Arbeit, in der Landwirtschaft.

Die grundlegenden Zusammenhänge zwischen Zeit, Arbeitsintensität und Ertrag leuchten einem Jäger und Sammler ebenso intuitiv ein wie einem Lageristen, der zum Mindestlohn Pakete befüllt. Das Sammeln von Feuerholz oder wild wachsenden Früchten kostet ebenso Zeit und Arbeit wie das Erlegen eines Stachelschweins. Jäger empfanden das Jagen oft als beglückend, während Sammler ihrer Arbeit meist keine größere spirituelle Befriedigung abgewinnen konnten, als die meisten von uns sie beim Gang durch die Regalkorridore eines Supermarkts empfinden. Es bestehen freilich zwei entscheidende Unterschiede zwischen dem unmittelbaren Ertrag, den ein Jäger und Sammler für seine Arbeit erntet, und dem eines Würstchen in ein Hotdog-Brötchen steckenden Hilfskochs oder eines Börsenmaklers, der ein Wertpapier kauft oder verkauft. Der erste Unterschied ist der, dass der Jäger und Sammler den Ertrag seiner Arbeit zeitnah in Form einer Mahlzeit ernten und sich daran erfreuen kann, auch noch andere satt zu machen, während der Lagerist immer nur die Verheißung eines künftigen Ertrags in Gestalt eines Zahlungsmittels erhält, das er später gegen etwas Nützliches eintauschen oder mit dem er eine Schuld tilgen kann. Der zweite Unterschied besteht darin, dass während Jäger und Sammler sich nicht immer eines üppigen Nahrungsangebots sicher sein konnten, Zeit für sie nie eine Mangelware war und daher nie als Faktor in die Formeln der Knappheits-Ökonomie einging. Es wäre, anders gesagt, Jägern und Sammlern nie in den Sinn gekommen, dass man Zeit «verbrauchen», «budgetieren», «ansammeln» oder «sparen» kann; in ihrer Vorstellungswelt war es möglich, eine Gelegenheit zu verpassen oder Energie zu vergeuden, aber Zeit war nichts, das man «verschwenden» konnte.

Vieles an den mysteriösen im Kreis stehenden Steinkolossen von Stonehenge, Englands legendärster Steinzeit-Ikone, ist Archäologen nach wie vor ein Rätsel. Bis heute streiten sie darüber, weshalb und wie die Vorfahren der heutigen Briten es über lange Zeitläufte hinweg (ein rundes Jahrtausend, beginnend vor etwa 5100 Jahren) für eine gute Idee hielten (und wie sie es anstellten), an die 90 Steinkolosse mit einem Gewicht von bis zu 30 Tonnen aus zum Teil weit entfernten Steinbrüchen wie dem von Preseli Hills in Wales in die heutige Grafschaft Wiltshire (rund 250 Kilometer von Preseli Hills) zu schleppen. Unsicherheit herrscht nach wie vor auch darüber, wie diese vorzeitlichen Baumeister es schafften, die schweren waagrechten Steinhünen auf die stehenden Monolithen zu legen.

Was hingegen feststeht, ist, dass die Menschen, die dieses Monument errichteten – und andere vergleichbare, die im Verlauf des vierten vorchristlichen Jahrtausends in Frankreich, Irland, auf Korsika und auf Malta entstanden –, Nutznießer einer landwirtschaftlichen Produktivitätssteigerung waren, die sich im Verlauf von Jahrtausenden allmählich vollzogen hatte; sie waren höchstwahrscheinlich Angehörige der ersten ackerbauenden Kulturen, die zuverlässig so hohe Nahrungsüberschüsse hervorbrachten, dass sie ihre Felder auch einmal für ein paar Monate im Stich lassen und sehr viel Zeit und Energie darauf verwenden konnten, riesige Felszähne über Berg und Tal zu ziehen und sie zu einem Monumentalbauwerk zusammenzustellen.

Was ebenfalls feststeht, ist, dass Stonehenge ein überdimensionierter – wenn auch unpräziser – Kalender ist, speziell darauf geeicht, den Wechsel der Jahreszeiten und insbesondere auch die Sommer- und die Wintersonnenwende anzuzeigen. Dies hat Stonehenge mit vielen anderen Beispielen steinzeitlicher Monumentalarchitektur gemein. Dass das Kommen und Gehen der Jahreszeiten ein durchgängiges Leitmotiv der von frühen bäuerlichen Gesellschaften hinterlassenen Monumente ist, sollte uns nicht verwundern. Die Auswahl des richtigen Zeitpunkts spielt beim Ackerbau eine ganz wichtige Rolle, und vor Beginn des Zeitalters klimatisierter Gewächshäuser waren alle Bauern auf die Gunst der Jahreszeiten angewiesen und Gefangene eines von ihren Pflanzen und ihrem Vieh und vom gleichmäßigen Kreisen der Erde um die Sonne diktierten Kalenders. Für die meisten Landwirte gilt das noch heute. Farmer, die ganz auf einjährige Pflanzen setzen, müssen artspezifische, oft nur kurze Zeit geöffnete Zeitfenster beachten, in denen sie den Boden vorbereiten, Dünger ausbringen, Samen oder Setzlinge in den Boden einbringen, bewässern, Unkraut ausmerzen und die Ernte einbringen können. Ebenso müssen sie den richtigen Zeitpunkt dafür wählen, das abgeerntete Produkt zu lagern, haltbar zu machen oder dem Markt zuzuführen, bevor es verdirbt. In der Zeit vor der Industrialisierung der Fleischproduktion in der zweiten Hälfte des 20. Jahrhunderts waren die Jahreszeiten auch für die meisten Viehhalter ein strenger und unflexibler Taktgeber. Sie mussten ihre Wirtschaftsweise an den Reproduktions- und Wachstumszyklen ihres Viehs ausrichten, die sich ihrerseits nach den Fruchtbarkeitszyklen ihrer pflanzlichen Umwelt richteten.

In allen traditionellen bäuerlichen Gesellschaften gab es vorhersehbare Zeiträume im Jahreslauf, in denen keine unerlässlichen Terminarbeiten mehr zu tun waren, wobei allerdings diese Ruhezeiten in manchen Kulturen, etwa bei den Anhängern der abrahamitischen Religionen mit ihrer ausgeprägten Arbeitsethik, den Menschen manchmal per göttlichem Gebot auferlegt werden mussten. In den meisten bäuerlichen Gesellschaften war während der mehr oder weniger langen Zeit der Feste und Feiern normale Erwerbsarbeit entweder tabu, oder sie wurde zumindest kritisch beäugt. Diese Zeiten waren reserviert für religiöse Andacht, für das Darbringen von Opfern, für die Partnersuche, für gemeinsames Tafeln und Trinken und für spielerische Kraftproben. In guten Jahren gaben diese Zeiten den Menschen Gelegenheit, den eigenen Fleiß und die Großzügigkeit der Götter zu feiern. In schlechten Jahren dienten sie als Atempausen, die die Menschen nutzen konnten, um ihre Nöte zu ertränken oder zu vergessen und den Göttern einen zähneknirschenden Dank abzustatten.

Im nördlichen Europa und im chinesischen Binnenland, wo die Sommer heiß und die Winter bitterkalt waren, gab es jahreszeitliche Phasen, in denen das Pensum der obligatorischen Arbeiten nachließ. Es waren dies keine vollständig arbeitsfreien Zeiten, aber doch mehrwöchige Perioden, in denen keine dringlichen termingebundenen Aufgaben anfielen und die den Menschen die Chance eröffneten, ebenso notwendige, aber weniger termingebundene Arbeiten zu erledigen, wie etwa den Neubau einer heruntergewirtschafteten Kornkammer. An manchen Orten und in manchen Jahren waren diese Mußezeiten lang genug, dass die Bauern ihre Äcker und Weiden eine Zeit lang vergessen und sich zusammentun konnten, um riesige Felsstücke über Stock und Stein zu schleppen und daraus irgendwann monumentale Bauwerke zu errichten. Anderswo und zu anderen Zeiten nutzten sie solche Ruhephasen, um sich auf das nächste Anbaujahr vorzubereiten. Außerhalb dieser Zeitfenster musste gewöhnlich ein eng und streng getaktetes Arbeitspensum geleistet werden, und die Konsequenzen eines Versäumnisses oder des Verpassens eines Termins waren für Ackerbauern fast immer erheblich gravierender als etwa für Jäger und Sammler. Die Ju/'Hoansi hatten beispielsweise kaum ein Problem damit, eine Jagd oder einen Ausflug zum Früchtesammeln einfach einmal ausfallen zu lassen, weil sie nicht in der Stimmung dafür waren. Selbst wenn sie Hunger hatten, wussten sie doch, dass eine Verschiebung der Nahrungsbeschaffung um einen Tag keine ernsten negativen Folgen haben würde. Dagegen konnten und können es sich Ackerbauern kaum leisten, sich einen Tag frei zu nehmen, weil sie eine Ruhepause brauchen. Einen dringend nötigen Arbeitsschritt nicht rechtzeitig zu schaffen, zieht fast immer signifikante Kosten und erhebliche Mehrarbeit nach sich. Das Versäumnis, eine in einen Zaun gerissene Lücke zu schließen, kann zur Folge haben, dass eine oder mehrere Personen tagelang die Landschaft nach entlaufenen Schafen absuchen müssen. Ob man durstige Feldfrüchte rechtzeitig mit Wasser versorgt, Schädlinge unverzüglich bekämpft und Unkräuter ausmerzt, bevor sie Schaden anrichten können, kann den Unterschied zwischen einer guten Ernte, einer schlechten Ernte und einem totalen Ernteausfall ausmachen. Eine Kuh mit zum Platzen gefülltem Euter nicht zu melken, würde dem Tier zunächst einmal Schmerzen bereiten, in der Folge womöglich eine Infektion auslösen und im weiteren Verlauf dazu führen, dass die Kuh keine Milch mehr gibt, bis sie wieder schwanger ist.

Das Verhältnis zwischen Zeit und Arbeit in frühen bäuerlichen Gesellschaften wies jedoch noch andere Facetten auf als die saure Realität eines starren jahreszeitlichen Ablaufs, dessen Gefangene die Bauern waren. Eines der profundesten Vermächtnisse des Übergangs zum Ackerbau bestand darin, dass er die Art und Weise veränderte, wie die Menschen die Zeit wahrnahmen und deuteten.

Jäger und Sammler richteten ihre Aufmerksamkeit fast zur Gänze auf die Gegenwart oder die unmittelbar bevorstehende Zukunft. Sie gingen auf Nahrungssuche, wenn sie Hunger hatten, und zogen zum nächsten

Lagerplatz weiter, wenn Wasserstellen austrockneten oder wenn die in leicht erreichbarer Nähe befindlichen Nahrungsquellen Zeit zum Nachwachsen oder zur Bestandserholung brauchten. Weiter in die Zukunft dachten sie nur, wenn sie sich etwa vorstellten, zu welcher erwachsenen Person sich eines ihrer Kinder entwickeln könnte, welches Zipperlein sie auf ihre alten Tage plagen könnte oder wer aus ihrem engsten Familien- oder Freundeskreis am längsten leben würde. Doch da sie nur wenige und bescheidene Ansprüche hatten, die leicht zu befriedigen waren, und einer Gesellschaft angehörten, die Statushungrige mit Verachtung strafte, neigten sie nicht dazu, sich von einem übermäßigen Ehrgeiz vereinnahmen zu lassen. Sie sahen auch keine substanziellen Unterschiede zwischen ihrem Leben und dem ihrer Vorfahren und waren überzeugt, in einer Welt zu leben, die im Großen und Ganzen immer dieselbe blieb. Natürlich waren Veränderungen für Jäger und Sammler ein fester Bestandteil ihrer Umwelt – sie kamen ständig vor, etwa in Form von Launen des Wetters: wenn Wind aufkam, wenn Regen fiel oder wenn ein Elefant einen neuen Trampelpfad eröffnete. Dem Erleben solcher Veränderungen stand jedoch immer ein tiefer gründendes Vertrauen in die Kontinuität und Vorhersagbarkeit ihrer Umwelt gegenüber. Zwar unterschied sich jede Jahreszeit von allen vorausgegangenen, doch lagen die Unterschiede stets innerhalb eines Spektrums vorhersehbarer Veränderungen. In diesem Sinne wäre es für die Ju/'Hoansi, als sie bei der Nahrungsbeschaffung noch dieselbe freie Bahn hatten wie ihre Vorfahren, ebenso beschwerlich gewesen, den Rucksack der Geschichte mitzuschleppen, wie eine feste Behausung zum nächsten Lagerplatz zu transportieren. Indem sie sich mit der fernen Vergangenheit einfach nicht beschäftigten, schufen sie sich die Freiheit, ihre Beziehung zu ihrer Umwelt unbelastet von Geboten der Tradition oder von Zukunftsambitionen zu gestalten. Das dürfte auch der Grund dafür sein, dass die Ju/'Hoansi kein Interesse daran hatten und keine Zeit darauf verschwendeten, Stammbäume zu rekonstruieren, die Namen und Leistungen ihrer Vorfahren im Gedächtnis zu behalten oder irgendwelcher Katastrophen, Trockenzeiten oder heroischer Taten aus der Vorzeit zu gedenken. Sie betrauerten zwar ihre Toten, überantworteten sie dann aber innerhalb von einer oder zwei Generationen dem Vergessen; Gräber wurden weder gepflegt noch besucht.

Nahrung zu erzeugen, bedeutet, dass man in der Vergangenheit, Gegenwart und Zukunft zugleich leben muss. Fast jeder Arbeitsgang auf einem Bauernhof hat etwas mit einem Ziel zu tun, das man erreichen will, oder mit der Abwendung potenzieller Risiken auf der Grundlage früherer Erfahrungen. Ein Ackerbauer rodet Wald oder Gestrüpp, um Fläche zu gewinnen, macht den Boden urbar, pflügt, zieht Entwässerungs- oder Bewässerungsgräben, sät Samen aus, jätet Unkraut und düngt und beschneidet seine Nutzpflanzen, alles mit dem Ziel, dass bei gutem Verlauf am Ende der Wachstumssaison eine Ernte eingefahren werden kann, die mindestens ausreicht, sich und die Seinen bis zum nächsten Erntezyklus durchzubringen und dabei auch noch genug Samen oder Stecklinge für die nächste Aussaat übrig zu behalten. Manche Aufgaben werden natürlich auch im Hinblick auf eine fernere Zukunft in Angriff genommen. Die Ackerbau-Pioniere in Britannien, die Stonehenge errichteten, rechneten sicherlich damit, dass es viele Jahre oder gar viele Generationen überdauern würde. Und wenn ein Viehhalter eine Kuh zum Decken brachte, tat er es in der Hoffnung, sie werde ihm rund 40 Wochen später ein Kalb schenken, das, wenn man ihm gute Wachstumsbedingungen bot, nicht nur irgendwann Milch geben, sondern auch selbst wieder Kälber gebären und so zum stetigen Wachstum der Viehherde beitragen würde, bis das Metzgermesser seinem Leben ein Ende setzte.

Wenn man den größten Teil seiner Arbeitskraft in Dinge investiert, die in der Zukunft Früchte tragen sollen, bedeutet das auch, in einem Universum der endlosen Möglichkeiten zu leben – mancher guten, mancher nach allen Seiten offenen und mancher schlechten. Wenn sich Bauern randvolle Kornkammern, frisch gebackenes Brot, in der Scheune abhängende Fleischstücke und frisches oder konserviertes Gemüse auf dem Esstisch ausmalten, beschworen solche Vorfreude weckenden Visionen immer auch zugleich Vorahnungen oder Erinnerungen herauf an Dürren und Überschwemmungen, an über die schimmeligen Überbleibsel einer ins Wasser gefallenen Ernte herfallende Ratten und Käfer, an von Raubtieren belauerte krankheitsgeschwächte Mitglieder der eigenen Viehherde, an von Ungeziefer zerfressene Gemüsegärten und an Obstgärten voller angefaulter Früchte.

Während Jäger und Sammler gelegentliche Notlagen mit stoischem Gleichmut ertrugen, redeten sich Ackerbauern und Viehzüchter ein, dass sie immer für eine gewisse Besserung sorgen konnten, indem sie sich mehr anstrengten. Ein Bauer, der ein paar Stunden Arbeit mehr investierte, sollte sich normalerweise besser schlagen als seine fauleren Kollegen, die vielleicht immer nur für die ein bis zwei Risiken versorgten, die in ihren Augen die höchste Eintrittswahrscheinlichkeit hatten. Bei den Ackerbau treibenden Nachbarn der Ju/'Hoansi an den Ufern des Kavango war es tatsächlich die Regel, dass diejenigen die wohlhabendsten waren, die am risikobewusstesten agierten – die sich die größte Mühe mit dem Bau wirksamer Einfriedungen zum Schutz ihrer Rinder und Ziegen vor nächtlichen Beutegreifern gaben, die im Sommer viele Stunden jeden Tages mit dem Verscheuchen und Jagen von Vögeln, Affen und anderen ihre Felder heimsuchenden Räubern zubrachten, die ihre Samen ein wenig tiefer in die Erde versenkten und sich die Mühe machten, Wasser eimerweise vom Fluss herauf zu schleppen und ihre Jungpflanzen zu gießen, für den Fall, dass die Regenzeit mit Verspätung kam, was hin und wieder passierte.

Ähnlich wie der Koch, der das Feuer dafür nutzt, rohe Zutaten in Essbares zu verwandeln, oder der Schmied, der mithilfe von Feuer und Hammer aus Eisen Werkzeuge formt, nutzen Bauern ihre Arbeitskraft, um Urwälder in Weidegründe und Ödland in fruchtbare Äcker, Gärten und Obsthaine zu verwandeln. Anders ausgedrückt: Ein Teil der bäuerlichen Arbeit besteht darin, wilde Naturlandschaft in gezähmte Kulturlandschaft zu verwandeln.

Im Gegensatz dazu machten Jäger und Sammler keinen Unterschied zwischen Natur und Kultur oder zwischen dem Wilden und dem Zahmen. Zumindest nicht so kategorisch, wie Leute aus bäuerlichen Kreisen und wir modernen Stadtbewohner es tun. Die Ju/'Hoansi kennen keine Wörter, die man eins zu eins mit «Natur» oder «Kultur» übersetzen könnte. Aus ihrer Sicht waren sie selbst ebenso Teil des «Landes» – das sie das «Gesicht der Erde» nannten – wie alle anderen Lebewesen, und die Aufgabe der Götter bestand darin, das Ganze fruchtbar zu machen.

Im Gegensatz dazu muss sich derjenige, der sich landwirtschaftlich betätigt, von seiner Umgebung absetzen und einiges von der Verantwortung, die früher ausschließlich den Göttern zugeschrieben wurde, selbst übernehmen, denn für den Landwirt ist die Umwelt eine lediglich potenzielle Quelle von Fruchtbarkeit, die bearbeitet werden muss, um produktiv zu werden. Deshalb entwickelte sich in bäuerlichen Gesellschaften die Gepflogenheit, die umliegende Landschaft in Kultur- und Naturräume aufzuteilen. Örtlichkeiten, die sie durch ihre Arbeit produktiv machten, wie Bauernhäuser, Kornkammern, Scheunen, Dörfer, Gärten, Weiden und Äcker, waren «Kulturräume», während das, was außerhalb ihrer unmittelbaren Kontrolle lag, zum wilden Reich der Natur zählte. Die Grenze zwischen diesen Räumen markierten sie typischerweise mit Zäunen, Toren, Mauern, Gräben oder Hecken. Tiere, die von den Bauern gehalten wurden, waren analog dazu ein Kulturgut, während frei lebende Tiere das Attribut «wild» erhielten. Wichtig ist, dass für Bauern immer eindeutig feststand, dass es ständiger Arbeit bedurfte, das der Natur abgerungene Kulturgut zu bewahren: Äcker, um die man sich nicht kümmerte, wurden schnell von «Unkraut» überwuchert, Gebäude, die man nicht ordentlich instandhielt, waren dem Verfall geweiht; und Tiere, die man unbeaufsichtigt ließ, verwilderten entweder oder gingen zugrunde, Letzteres oft weil sie wilden Tieren zum Opfer fielen. Während Landwirte nur zu gut wussten, dass ihr Lebensunterhalt von ihrer Fähigkeit abhing, Naturkräfte zu mobilisieren und im Rahmen natürlicher Zyklen zu wirtschaften, stellten sie sich auch auf den Standpunkt, dass die Natur, wann immer sie ungebeten in den Kulturraum eindrang, zum Schädling wurde. Wenn auf einem gepflügten Acker unerwünschte Pflanzen aufkeimten, erklärte man sie zu Unkräutern, desgleichen unerwünschte Tiere zu Ungeziefer.

Landwirte definierten dadurch, dass sie, um die für die Stillung der Grundbedürfnisse erforderlichen Produkte zu erzeugen, Arbeit in ihren Grund und Boden investierten, ihr Verhältnis zu ihrer Umgebung wesentlich geschäftsmäßiger, als Jäger und Sammler dies je taten. Während Letztere ihre Umwelt als ein Wesen wahrnahmen, das seine Reichtümer bedingungslos mit ihnen teilte – was sie damit vergalten, dass sie ihrerseits diese Früchte mit anderen teilten –, sahen Bauern die Sache eher so, dass sie ihre Arbeitskraft der Umwelt quasi im Tausch gegen die Verheißung späterer Ernteerträge andienten. Die Arbeit, die sie investierten, um den Boden produktiv zu machen, begründete für sie gleichsam einen Rückzahlungsanspruch gegenüber dem bearbeiteten Land, das ihnen eine Ernte schuldig war.

Angesichts dessen überrascht es nicht, dass Bauern dazu neigten, ihre durch investierte Arbeit und Rückzahlungserwartung definierte geschäftsmäßige Beziehung zu ihrem Land auf ihre Beziehungen untereinander zu übertragen. Sicher teilten auch sie untereinander, aber wenn das Teilen über die Mitglieder des unmittelbaren Hausstandes oder des engeren Familienkreises hinausging, wurde es eher als Tauschgeschäft gedeutet, gerne auch als ein ungleiches. In bäuerlichen Gesellschaften gab es nichts zum Nulltarif. Von allen wurde erwartet, dass sie arbeiteten.

Adam Smith war sich nicht sicher, ob unsere «Neigung […], zu handeln und Dinge gegeneinander auszutauschen», ein angeborener Bestandteil der menschlichen Natur ist, hielt es aber für wahrscheinlich, dass sie «die notwendige Folge der menschlichen Fähigkeit [ist], denken und sprechen zu können». Sicher war er sich jedoch dessen, dass unsere Wertschätzung für die Kunst, gute Geschäfte zu machen, eines der Dinge ist, die uns am deutlichsten von anderen Arten unterscheiden. «Niemand hat jemals einen Hund gesehen, der auf faire Weise seinen Knochen mit einem anderen Hund tauscht», erklärte Smith.[4]

Zu seinen Grundüberzeugungen gehörte auch, dass es die primäre Aufgabe des Geldes ist, Handelsgeschäfte zu erleichtern, und dass Geld zu dem Zweck erfunden wurde, primitivere Tauschmittel zu ersetzen. Während er derjenige war, der die Theorie, der zufolge das Geld sich aus dem primitiven Tauschhandel entwickelte, am gründlichsten ausarbeitete, war er keineswegs der Erste. Vor ihm hatten schon Plato, Aristoteles, Thomas von Aquin und viele andere ähnliche Szenarien für den Ursprung des Geldes vorgetragen.

Dass Adam Smiths überzeugt war, die Geburtsstunde des Geldes habe im Tauschhandel geschlagen, und sein primärer Daseinszweck habe darin bestanden, den Austausch von Gütern zwischen den Menschen zu erleichtern, sollte uns nicht überraschen. Das windgeschüttelte Städtchen Kirkcaldy an der schottischen Fife-Küste, in dem er im Haus seiner verwitweten Mutter aufwuchs, ist heute ein Symbolort für den Niedergang der schottischen Fertigungsindustrien. In den Jahren, in denen Smith dort seine Kindheit verbrachte, war Kirkcaldy jedoch eine boomende Hafenstadt voller Kaufleute und Händler. Es gab in dem Städtchen aber nicht nur einen florierenden Markt, sondern auch eine betriebsame Textilindustrie, und Smith verbrachte viele Tage seiner Kindheit und Jugend damit, die fast lückenlose Prozession dreimastiger Handelsschiffe zu beobachten, die das schwarz-grüne Nordseewasser durchpflügten – während die ankommenden mit Ladungen von Flachs (Leinsamen), Weizen, festländischem Bier und Hanf aufwarteten, verließen die abfahrenden den Hafen gefüllt mit Kohle und Salz oder mit auf dem Oberdeck vertäuten Ballen von Leinenstoff.

Nachdem er mehrere Jahrzehnte als Student und Professor in Cambridge, Glasgow und Europa verbracht hatte, kehrte Adam Smith auf seine alten Tage in sein Elternhaus zurück und schrieb dort sein berühmtestes Werk: *An Inquiry into the Nature and Causes of the Wealth of Nations*, das 1776 herauskam.[5] Smith stand in der Tradition der «Physiokraten», einer französischen Denkschule, die unter anderem dafür eintrat, dass von Erwerbsarbeit befreite Aristokraten mit einem größeren Teil der extravaganten Steuerforderungen des Königtums belastet würden und dass sich weder Regierungen noch der Adel in die natürliche Ordnung des Marktes einmischen sollten; Smith war zu der Überzeugung gelangt, dass die menschliche Vernunft die fundamentalen Gesetzmäßigkeiten des wirtschaftlichen Verhaltens auf dieselbe Weise entdecken konnte, wie Isaac Newton einige der fundamentalen Gesetzmäßigkeiten entdeckt hatte, die den Bewegungen der Himmelskörper zugrunde lagen.

Smiths Werk wohnte eine biblische Qualität inne, nicht zuletzt weil er die genialische Gabe hatte, komplizierte Ideen in anschauliche Gleichnisse zu kleiden, die strukturell denen entsprachen, wie Kirchenbesucher sie jeden Sonntag von der Kanzel herab zu hören bekamen.

Smiths meistzitiertes Gleichnis handelt von der «Arbeitsteilung» und erzählt die Geschichte eines Stammes «wilder» Jäger – die Anregung dazu hatten ihm Berichte über die amerikanischen Indianer geliefert –, deren jeder nur für sich selbst und seine unmittelbaren Angehörigen sorgt. Dann stellt jedoch einer der Jäger fest, dass er ein besonderes Talent dafür hat, Pfeile und Bögen anzufertigen, und spezialisiert sich darauf, sie für andere herzustellen, die ihn als Gegenleistung mit Wildbret versorgen. Nicht lange, und es wird ihm klar, dass er, wenn er zu Hause bleibt und nur noch Pfeile und Bögen produziert, mehr Wildbret verdienen kann, als er es je durch eigene Jagdaktivitäten bekommen könnte. Da er ohnehin kein leidenschaftlicher Jäger ist, gibt er das Jagen ganz auf und wird zum «Waffenhersteller», eine Beschäftigung, die ihn gut ernährt und zufriedenstellt. Von seinem Beispiel angeregt, beschließen in der Folge auch andere «Wilde», dass der Spezialisierung die Zukunft gehört. Nicht lange, und einer von ihnen hängt seinen Bogen an den Nagel, um Zimmermann zu werden; ein anderer wird Schmied, noch ein anderer Gerber, und auf diese Weise verwandelt sich ein bis dahin «ineffizientes» Dorf von Jägern, in dem jeder ein Hansdampf in allen Gassen gewesen war und alle redundant gearbeitet hatten, in eine hocheffiziente Gemeinschaft von Meistern ihres Fachs, die alle frohgemut die Produkte ihrer Arbeit gegen die Erzeugnisse der anderen eintauschen.

«So lebt eigentlich jeder vom Tausch, oder er wird in gewissem Sinne ein Kaufmann», lautet Smiths Fazit, «und das Gemeinwesen entwickelt sich letztlich zu einer kommerziellen Gesellschaft.»[6]

Dann kam Smith jedoch auf ein naheliegendes Problem zu sprechen, das in Tauschwirtschaften zwangsläufig auftritt: Was passiert, wenn ein Jäger beim Waffenmacher einen neuen Bogen bestellt, der Bogenmacher aber kein Fleisch mag, sondern den dringenden Wunsch hat, beim Schmied einen neuen Stechbeitel zu bestellen? Smith hatte die Lösung parat: Die beiden einigen sich auf ein «gemeinsames Tauschmittel» – in der bevorzugten Redeweise heutiger Wirtschaftshistoriker auf eine «primitive Währung» – in Form «des einen oder anderen Handelsguts», sei es Vieh, Salz, Nägel, Zucker oder aber genormte Stücke oder Münzen aus Gold und Silber, wie sie sich später durchsetzten.

Fast das gesamte 19. Jahrhundert hindurch und bis in die Anfänge des 20. Jahrhunderts hinein ging man davon aus, dass Benjamin Franklin und Adam Smith miteinander befreundet waren und dass Franklin Smith den Gefallen getan hatte, ein Entwurfsmanuskript für dessen Buch *The Wealth of Nations* zu lesen und zu kommentieren. Ihren Reiz bezog diese Geschichte über die Zusammenarbeit zweier Männer der Aufklärung hauptsächlich daraus, dass die Veröffentlichung des Werks im Jahr 1776 mit der Verkündung der Unabhängigkeit der Vereinigten Staaten von der britischen Krone zusammenfiel, aber auch daraus, dass das Buch sich als ganz vorsichtige Kritik an den Gebühren, Steuern und Zollabgaben lesen ließ, die die nordamerikanischen Kolonisten überhaupt erst veranlassten, die Fesseln britischer Herrschaft abzuschütteln. Doch noch mehr als das war das Buch ein Manifest des freien Unternehmergeistes, den die Vereinigten Staaten später zum Leitstern ihres wirtschaftlichen Erfolges erkoren.

Wie sich irgendwann herausstellte, war die transatlantische Freundschaft zwischen diesen beiden Titanen der Aufklärung eine Legende. Gewiss hatten Franklin und Smith einige gemeinsame Freunde und eine große Schnittmenge gelesener Bücher, und vielleicht waren sie sich im Verlauf der 1770er Jahre, als Franklin als Abgesandter der Kolonien Massachusetts und Pennsylvania bei der britischen Krone in London akkreditiert war, das eine oder andere Mal begegnet. Aber nichts deutet darauf hin, dass sie einen geistigen Austausch pflegten, der darüber hinausgegangen wäre, dass Adam Smith sich das Buch kaufte, in dem Franklin seine elektrischen Experimente beschrieben hatte.[7]

Wäre die Geschichte ihrer Freundschaft kein Fantasieprodukt, dann könnte man sich vorstellen, dass Smiths Indianer-Gleichnis anders ausgefallen wäre. Zwar hatte auch Franklin ursprünglich geglaubt, das Geld müsse zu dem Zweck erfunden worden sein, die beim Tauschhandel mit Naturalien auftauchenden Probleme zu überwinden, doch hatte er im Verlauf seiner Vertragsverhandlungen mit Häuptlingen der Irokesenliga[8] die Einsicht gewonnen, dass «Wilde» wie die amerikanischen Indianer kein Interesse am Handel als Mittel zum Wohlstandserwerb hatten. Er hatte den Eindruck gewonnen, sie hätten andere Prioritäten, und hatte dies zum Anlass genommen, einige seiner eigenen Prioritäten in Frage zu stellen.

«Unsere arbeitsintensive Lebensweise [...] erscheint ihnen sklavisch und kleinlich», schrieb Franklin über seine indianischen Zeitgenossen und fügte dem seine Beobachtung hinzu, er und seine Kolonistenfreunde machten sich zur Geisel «grenzenloser künstlicher Begierden, die denen der Natur an Begehrlichkeit nicht nachstehen» und häufig «schwer zu befriedigen» seien; dagegen hätten die Indianer nur «wenige [...] Bedürfnisse», die sich allesamt unschwer durch «die spontanen Hervorbringungen der Natur unter Hinzutun einer sehr geringen Menge menschlicher Arbeit erfüllen lassen, wenn man Jagen und Fischen überhaupt als Arbeit bezeichnen will inmitten eines solchen Überflusses an Beutetieren». Die Folge war, wie Franklin beinahe neidvoll feststellte, dass die Indianer im Vergleich zu den Kolonisten über «Freizeit im Überfluss» verfügten[9] – die sie jedoch durchaus im Sinne seiner Überzeugung, wonach Müßiggang ein Laster war, produktiv nutzten, etwa zum Nachdenken, zum Besprechen von Problemen oder zum Aufpolieren ihrer Redekunst.

Wie der Anthropologe David Graeber festgestellt hat, ist Adam Smiths Parabel von den geschäftstüchtig auf Arbeitsteilung setzenden Wilden zum «Gründungsmythos unseres wirtschaftlichen Beziehungssystems»[10] geworden und wird in praktisch jedem einführenden akademischen Lehrbuch kritiklos nacherzählt. Das Problem an dieser Erzählung ist, dass sie keine faktische Grundlage hat. Als Caroline Humphrey, Professorin für Anthropologie in Cambridge, eine erschöpfende Übersicht über die ethnographische und historische Literatur zusammenzustellen versuchte, die sich mit realen Naturalientausch-Systemen wie dem von Adam Smith beschriebenen beschäftigte, gab sie irgendwann auf und erklärte: «Kein Beispiel einer reinen und einfachen Tauschwirtschaft ist je beschrieben worden, und erst recht nicht eine Entstehung des Geldes aus ihr.» Vielmehr deuteten alle ethnographischen Forschungen darauf hin, «dass so etwas nie existiert hat».[11]

Die «Sechs Nationen des Irokesenbundes», über die Franklin berichtet hat (und von denen man annimmt, dass Smith sie vor seinem geistigen Auge hatte, als er sich seine «wilden» arbeitsteiligen Unternehmer ausmalte), praktizierten eine klar geregelte, auf Geschlecht, Lebensalter und individuelle Neigung basierende Arbeitsteilung. Einzelne Stammesangehörige spezialisierten sich auf bestimmte Aufgaben: auf Anbau, Ernte und Verarbeitung von Mais, Bohnen und Kürbissen, auf Jagen und Fallenstellen, auf Weben, auf den Bau von Behausungen oder auf die Werkzeugherstellung. Doch in keinem Fall tauschten sie die Produkte ihrer Arbeit untereinander aus oder handelten damit. Vielmehr bewahrten sie die meisten Produkte als Gemeinschaftsgüter in großen «Langhäusern» auf und übertrugen die Verantwortung für die gerechte Verteilung Gremien, in denen die Frauen unter sich waren. Andererseits veranstalteten sie aufwändige rituelle «Tauschbörsen» mit ihren Nachbarstämmen. Diese glichen jedoch weder dem individualistischen Tauschhandel, wie ihn sich Smith vorgestellt hatte, noch den Transaktionen auf Basis primitiver Währungen, die nach seiner Überzeugung das logisch zwangsläufige Ergebnis der Arbeitsteilung gewesen sein müssten. Wenn sie überhaupt etwas mit Tauschhandel zu tun hatten, dann war es ein Handel mit symbolischen Objekten, der hauptsächlich dem Ziel diente, Frieden mit den Nachbarstämmen zu erkaufen, indem man bestehende moralische Schulden tilgte, etwa solche, die immer wieder entstanden, wenn die Jünglinge eines Stammes auf einen jungen Angehörigen eines anderen Stammes trafen und ihn töteten.

Ökonomen stellen sich oft taub, wenn Vertreter anderer Disziplinen unbequeme Fragen zu grundlegenden Prämissen ihrer Lehre stellen. Dennoch tun sie sich zunehmend schwerer, die mittlerweile überwältigenden Belege dafür zu ignorieren, dass Geld zwar bis heute hauptsächlich als Wertkonserve und Tauschmittel genutzt wird, dass es jedoch seinen geschichtlichen Ursprung nicht im Tauschhandel hatte, sondern in den Kredit- und Verschuldungsbeziehungen zwischen Landwirten – die im Grunde ständig darauf warten mussten, dass ihr Ackerland ihnen irgendwann den Lohn für investierte Arbeit bezahlte – und den auf deren Ernteüberschüsse angewiesenen Menschen.

Etwa um die Zeit, in der britische Ureinwohner gigantische Steinungetüme von Wales nach Wiltshire schleppten, entstanden im Nahen Osten und im Norden Afrikas die ersten auf Landwirtschaft gegründeten Staatswesen mit Königen, Verwaltungsbeamten, Priestern und Soldaten. Ihren Urgrund hatten diese Staaten in den fruchtbaren Schwemmböden entlang wasserreicher Flüsse wie Euphrat, Tigris und später dem Nil.

Die ersten Stadtstaaten in Mesopotamien, etwa Uruk, waren mit großer Sicherheit die ersten menschlichen Gesellschaften, deren Ackerbauern produktiv genug waren, um eine Stadt mit einer nennenswerten Bevölkerungszahl ernähren zu können, wenn die Bewohner der Stadt keine Lust oder es nicht nötig hatten, sich bei der Feldarbeit Hände und Füße schmutzig zu machen. Diese Stadtstaaten waren die ersten Orte, für die handfeste Belege für Geldgeschäfte vorliegen, und zwar in Gestalt beschrifteter Tontafeln. Diese tönernen Kontoauszüge verzeichneten Beträge in den Währungen Silber und Getreide, die jedoch wohl nur selten in physischer Form ein- oder ausgezahlt wurden. Viele Transaktionen waren vermutlich nichts anderes als Schuldscheine, die von zum Tempel gehörenden Buchhaltern ausgestellt wurden und die Möglichkeit einer virtuellen Saldierung schufen, ganz ähnlich wie in der digitalen Welt von heute Zahlungsverkehre weitgehend bargeldlos abgewickelt werden.

Die Menschen in diesen Stadtstaaten tätigten einen kreditbasierten Warenaustausch aus denselben Gründen, aus denen frühe bäuerliche Gesellschaften eine Vorliebe für monumentale Kalender entwickelten.

Das Berufsleben der Bauern war dem ackerbaulichen Kalender untertan und funktionierte auf Grundlage der Erwartung vorhersehbarer Ernten im Spätsommer, deren Ertrag ihre Ernährung bis zum Beginn der nächsten Erntesaison sichern würde. Wenn also ein Bauer im Verlauf des Jahres einen Kredit bei einem Bierbrauer, einem Kaufmann oder einem Tempelbeamten aufnahm, entsprach das einfach einer Weiterreichung seines Rückzahlungsanspruchs an das von ihm bestellte Land an einen Dritten. Und weil wirtschaftliche Aktivität fast immer auf der Erwartung eines zeitverzögerten Ertrags basierte, operierten letzten Endes alle Beteiligten auf der Grundlage von Krediten, die immer nur dann zwischenzeitlich zurückgezahlt wurden, wenn die nächste Ernte eingebracht war.

Jäger und Sammler als Akteure einer auf sofortigem Ertrag beruhenden Wirtschaft verstanden ihre Beziehungen zueinander als organische Fortsetzung ihres Verhältnisses zu einer Umwelt, die ihnen Nahrung schenkte, während Bauern als Akteure einer auf verzögertem Ertrag basierenden Wirtschaft in ihren wechselseitigen Beziehungen einen Ausfluss ihres Verhältnisses zu ihren Ackerböden sahen, die Arbeit von ihnen verlangten.

In Benjamin Franklins Devise «Zeit ist Geld» steckte nicht zuletzt auch seine Überzeugung, für fleißiges Arbeiten müsse es immer eine Belohnung geben. Handel sei nichts anderes, erklärte er, «als der Austausch von Arbeit gegen Arbeit», und daraus folge, dass sich «der Wert aller Dinge […] am gerechtesten in Arbeit messen lässt».[12]

Das Dogma, dass fleißiges Arbeiten Wert schafft, wird fast überall auf der Welt schon Kindern per Tröpfchen-Infusion oder mit harter Hand verabreicht, in der Hoffnung, man könne ihnen dadurch eine gute Arbeitsethik einimpfen. Tatsächlich besteht in den größten Volkswirtschaften der Welt bis heute kaum eine sichtbare Entsprechung zwischen Arbeitszeit und geldwerter Belohnung dafür, sieht man einmal von der mittlerweile fast urwüchsigen Gepflogenheit ab, dass die absoluten Spitzenverdiener in aller Regel das Gros ihrer Jahreseinkünfte in Form von Dividenden und Boni einstreichen, dass die Bezieher mittlerer und hoher Einkommen Monatsgehälter beziehen und Geringverdiener meist stundenweise bezahlt werden. Die Volkswirtschaftslehre beharrt nach wie vor darauf, dass der Wert einer Ware letzten Endes von den Märkten bestimmt wird und dass «Angebot und Nachfrage» sich nur manchmal genau mit unserem Arbeitsaufwand decken.

Die Korrelation zwischen Arbeitsaufwand und geldwerter Entlohnung war nicht immer so bar jeder Verhältnismäßigkeit. Bis zum Beginn der durch die fossilen Brennstoffe ermöglichten Energierevolution waren die meisten Menschen – abgesehen von einer Handvoll Aristokraten, reichen Kaufleuten, Generälen und Priestern – der Meinung, es bestehe eine unübersehbare organische Korrespondenz zwischen Arbeitsaufwand und Belohnung. Die pauschale Prämisse, der zufolge Arbeit Werte schafft, findet sich an prominenter Stelle in klassischen Texten der europäischen, orientalischen, indischen, mittelalterlich-christlichen und konfuzianischen Philosophie und Theologie. Die Philosophen der griechischen Antike konnten schwerer körperlicher Arbeit persönlich sicher nichts abgewinnen, erkannten aber deren grundlegende Bedeutung an, auch wenn sie sie von Sklaven verrichten ließen. Grundsätzliche Erörterungen zu diesem Thema finden sich auch in den Schriften von Gelehrten des 14. Jahrhunderts wie Thomas von Aquin, der das Postulat aufstellte, der Wert einer jeden Ware müsse sich «im Verhältnis zur Menge der Arbeit, die in ihre Verbesserung geflossen ist, erhöhen».[13]

Als Adam Smith nach Kirkcaldy zurückkehrte, um den *Wohlstand der Nationen* zu schreiben, gehörte diese Vorstellung noch zu den Axiomen der westeuropäischen Philosophie, denn nach wie vor bestritt mehr als die Hälfte der dortigen Bevölkerung ihren Lebensunterhalt mit kleinbäuerlicher Landwirtschaft, und diese Leute erlebten an sich selbst eine offenkundige Korrespondenz zwischen dem Arbeitsaufwand, den sie betrieben, und ihrer Ernährungslage.

Smith wusste nur zu gut, dass nach Überzeugung der meisten Menschen eine organische Entsprechung zwischen Arbeit und Wert bestand. Andererseits hatte er festgestellt, dass beim Kaufen und Verkaufen von Waren der Preis, den Käufer zu zahlen bereit waren, entscheidender für die Wertbestimmung war als der Wert, den der Hersteller seinen Produkten zuerkannte. So bemaß sich nach seiner Überzeugung etwa der Wert eines Bogens nicht nach der Menge der für seine Herstellung aufgewendeten Arbeit, sondern nach der Menge der Arbeit, die der Käufer in den Erwerb des Bogens zu investieren bereit war.

Die beiden bekanntesten der vielen unterschiedlichen Varianten der

Arbeitswerttheorie stammen von einem etwas jüngeren Zeitgenossen Adam Smiths, dem Bankier und Ökonomen David Ricardo, sowie – die berühmteste Variante – von Karl Marx. Ricardos Version war eine aufwändige Ausarbeitung der Thesen Franklins. Der «Arbeitswert» einer jeden Ware müsse, so postulierte es Ricardo, die Gesamtheit der in ihre Herstellung eingeflossenen Arbeiten widerspiegeln. Konkret bedeutete das: Er musste auch die Aufwendungen für die Materialbeschaffung beinhalten und zusätzlich zum Arbeitsaufwand für die Herstellung der Ware auch die Arbeiten einschließen, die zuvor geleistet wurden, um alle zur Herstellung des Produkts erforderlichen Fertigkeiten zu erlangen und die für die Arbeit benötigten Werkzeuge zu beschaffen. Daraus leitete er die These ab, der Arbeitswert eines von einem Meister seines Fachs mit hochwertigem Werkzeug innerhalb einer Arbeitsstunde gefertigten Produkts könne gleich hoch sein wie der Arbeitswert eines Grabens, für dessen Aushebung ein ungelernter Tagelöhner eine ganze Woche braucht.

Angesichts der Tatsache, dass spätere Generationen den Marxismus als Verkörperung alles schlechthin Unamerikanischen betrachten sollten, mag es uns überraschen, dass Karl Marx ein großer Bewunderer der Gründerväter der Vereinigten Staaten war – und insbesondere ein Bewunderer von Benjamin Franklin, dessen Namen er in vielen Kapiteln seines Hauptwerks *Das Kapital* erwähnt. Er schreibt dem «gefeierten Franklin» sogar das Verdienst zu, ihm den Weg zur Entwicklung seiner eigenen Arbeitswerttheorie gewiesen zu haben, für die Marx die Bezeichnung «Wertgesetz» prägte und die eine erheblich verwickeltere und komplexere Kreatur ist als die von Adam Smith oder David Ricardo vorgelegten Varianten. Marx verfolgte mit ihr allerdings auch ein anderes Ziel. Über die Tatsache hinaus, dass er der Arbeit wieder ihren angestammten Platz als korrekter Maßstab für den Wert einer Ware zuweisen wollte, entwickelte er sein Wertgesetz ausdrücklich zu dem Zweck, zu demonstrieren, wie Kapitalisten Profit erzielen können, nämlich indem sie ihre Arbeiter zwingen, mehr Wert zu erzeugen, als die Reproduktion ihrer Arbeitskraft kostet (Kosten, die sie aus ihrem Lohn bestreiten). Was Marx damit freilegte, war nach seiner Überzeugung einer der fundamentalen Widersprüche, die früher oder später zum unvermeidlichen Zusammenbruch des Kapitalismus führen würden. Diese Erkenntnis lenkte den Blick auf die Tatsache, dass unter den Bedingungen des Kapitalismus der

«Tauschwert» einer Ware sich ganz von ihrem «Gebrauchswert» abgelöst hatte, also von dem eigentlichen Zweck, den ein Erzeugnis menschlicher Arbeit, etwa ein Paar Schuhe, für den Menschen erfüllen soll.

Die Vorstellung, Geld könne sich vermehren (indem es sich verzinst), oder man könne es für sich arbeiten lassen, indem man es in ein rentables Unternehmen investiert, ist heute den meisten von uns so vertraut, dass sie uns fast so selbstverständlich erscheint wie der Zusammenhang zwischen Zeit, Arbeitsaufwand und Belohnung. Jägern und Sammlern wie den Ju/'Hoansi und anderen, die sich noch immer abmühen, die Grundbegriffe der Geldwirtschaft zu begreifen, ist diese Idee keineswegs unmittelbar einsichtig. Die Vorstellung erscheint ihnen vielmehr lächerlich – genauso lächerlich, wie ihr Beharren darauf, der Tod eines Elefanten oder die Geburt eines Kindes könne einen Wetterumschwung herbeiführen, den Staatsbeamten und allen anderen erscheint, die beauftragt sind, ihnen modernes Wirtschaften beizubringen.

Während Jäger und Sammler wie die Ju/'Hoansi die Vorstellung, Geld könne sich vermehren, bizarr finden, gilt das für ihre Viehzucht betreibenden Nachbarn in den nicht ganz so trockenen Randbereichen der Kalahari nicht. Diese sind Nachkömmlinge der fortgeschrittenen bäuerlichen Gesellschaften, die sich im zweiten Jahrtausend über das südliche, mittlere und östliche Afrika verbreiteten, die jedoch noch kein Geld benutzten, keine größeren Städte bildeten und auch kein großes Interesse daran zeigten, Produkte zu transportieren, zu tauschen oder mit ihnen zu handeln. Interessiert waren diese indessen an Wohlstand, Einfluss und Macht, und sie maßen ihren Rang und Status an der Zahl und Qualität ihrer Tiere sowie an der Zahl ihrer Ehefrauen.

Anders als Gold und Silber, hat ein Vermögen, das aus einer gut bewirtschafteten Herde besteht, immer die Tendenz, zu wachsen. Während das Gros unseres Schlachtviehs schon vor Vollendung des zweiten Lebensjahres im Schlachthof landet, liegt die natürliche Lebenserwartung der wenigen glücklichen Rinder, denen heute noch ein natürlicher Lebensabend vergönnt ist, bei 18 bis 20 Jahren. Über einen großen Teil dieser Zeit hinweg bleiben sie vermehrungsfähig. Eine Durchschnittskuh könnte also im Lauf ihres Lebens sechs bis acht Kälber zur Welt bringen, ein Preisbulle könnte Hunderte zeugen. Anders gesagt: Solange Rinderzüchter nicht den Fehler machen, ihr Betriebskapital zu vernichten, und solange sie ausreichende Weidegründe für ihre Herden haben, können sie damit rechnen, dass ihr Kapital sich vermehrt, weil ihr Vieh sich vermehrt. Es überrascht daher nicht, dass in fast allen Viehzucht betreibenden Gesellschaften das Verleihen von Nutztieren mit einer Art Verzinsung verbunden ist, etwa in Gestalt der Erwartung, dass nicht nur das verliehene Tier (oder ein ihm gleichwertiges) an den Eigentümer zurückgegeben wird, sondern dass diesem auch ein Teil des Nachwuchses zusteht, der unter der Obhut des Entleihers zur Welt gekommen ist.

Bei den bäuerlichen Gesellschaften Europas, des Nahen Ostens und Südostasiens hatte die Viehhaltung zwar in aller Regel nicht denselben hohen Stellenwert wie bei den hochgradig mobilen afrikanischen Weidekulturen, doch übte die Vermehrungsfähigkeit von Nutztieren auch bei ihnen einen Einfluss darauf aus, wie sie sich eine mögliche spontane Wohlstandsvermehrung ausmalten. Es ist sicher kein Zufall, dass ein Teil des finanzwirtschaftlichen Wortschatzes in den europäischen Sprachen – Wörter wie «Kapital», «Bestand» oder «Stock» – in der Viehzucht wurzelt. So steckt etwa im Begriff «Kapital» das lateinische *capitalis*, das wiederum auf das proto-indoeuropäische Wort für Kopf, *caput*, zurückgeht, das bis heute meistgebrauchte Wort für die Benennung der Größe einer Viehherde. Vom lateinischen Wort *pecus* («Vieh» oder «Herde») leiten sich sowohl der Ausdruck «pekuniär» als auch der Währungsname «Peso» ab.

Die meisten dieser bäuerlichen Gesellschaften stützten sich für ihren Lebensunterhalt stärker auf Ackerbau in großem Stil als auf den Verzehr von Tieren oder tierischen Produkten, und der Wert ihrer Nutztiere beruhte dementsprechend nicht so sehr darauf, dass sie Fleisch oder Milch lieferten, sondern auf der körperlichen Arbeit, die sie leisteten, indem sie etwa einen Pflug zogen oder schwere Lasten transportierten. Insoweit als sie damit zu nützlichen Produktionsmitteln wurden, schufen sie einen Mehrwert nicht nur durch das Zeugen und Gebären von Kälbern, sondern auch durch ihre Einsetzbarkeit für nützliche Arbeiten. Und zumindest in dieser Hinsicht unterschieden sie sich nicht grundsätzlich von den Maschinen, die wir heute für uns arbeiten lassen.

10

Die ersten Maschinen

Als die 18-jährige Mary Shelley sich erstmals ausmalte, wie Dr. Victor Frankenstein sich vor dem Ungeheuer in Sicherheit bringen musste, das er geschaffen und zum Leben erweckt hatte, ging es ihr eigentlich nur darum, mit einer guten «Gespenstergeschichte» ihren Mann zu begruseln, den Dichter Percy Bysshe Shelley, und zugleich etwas zu schreiben, das geistvoll genug war, um den leidenschaftlichen Anstoßerreger Lord Byron, das Super-Ego der romantischen Bewegung, zu beeindrucken, mit dem die Shelleys im verregneten Sommer des Jahres 1816 in der Schweiz urlaubten. Doch dann gelang ihr mit der Geschichte von Dr. Frankenstein und seiner «unnatürlichen», aber fleischgewordenen Meisterleistung eine Parabel auf die Gefahren des Fortschritts, zugleich ein überlebensgroßes Gleichnis für das destruktive Potenzial der Technik und der künstlichen Intelligenz, der die Fähigkeit innewohnt, ihre Schöpfer für ihre Hybris zu bestrafen.[1]

Es war kein Zufall, dass Dr. Frankensteins mit künstlicher Intelligenz begabtes Monster ein Kind der «abgöttischen Wissenschaft», der «Mechanik» und des «Wirkens einer mächtigen Kraft» war. Nur vier Jahre vorher hatten andere «mächtige Kräfte», dieses Mal im Norden Englands wirkend, einen «Zustand des Aufbegehrens» ausgelöst, der nach dem Dafürhalten der Tageszeitung *Leeds Mercury* «seit den tumultuösen Tagen von König Charles I. in der Geschichte nicht seinesgleichen» gehabt hatte. Die Aufbegehrenden waren die «Ludditen», eine Bewegung, die in der englischsprachigen Welt einen ähnlich großen Nachruhm erlangte wie Mary Shelleys Fabel und zu deren wenigen namhaften Unterstützern Marys Reisegefährte Lord Byron gehörte. Die Objekte, die den Zorn der

Ludditen erregten, waren die stationären Dampfmaschinen, die von ihnen angetriebenen selbsttätig arbeitenden Spinnvorrichtungen und Webstühle und die Männer, denen diese Maschinen gehörten und die der einst blühenden, zahllose Heimarbeiter beschäftigenden Textilindustrie des englischen Nordens die Luft abdrehten.

Der Name Ludditen für die Bewegung leitete sich von einem rebellischen jungen Lehrling in einer Baumwollstrickerei namens Ned Ludd ab, der sich, so will es die Legende, an einem schönen Tag des Jahres 1779 in einem Wutanfall einen Holzhammer schnappte und zwei Strumpfrahmen kurz und klein schlug. Nach diesem Vorfall gewöhnten sich alle Leute, die in einer Manufaktur oder Fabrik, in der sie arbeiteten, versehentlich eine Maschine beschädigten, an, ihre Unschuld zu beteuern und mit ausgestrecktem Arm zu rufen: «Ned Ludd did it.»

Die Ludditen begnügten sich anfänglich damit, dem Geist ihres Namenspaten nachzueifern. Sie zerschmetterten das ein oder andere Mal mit dem Holzhammer ein paar Webrahmen und kehrten in dem zufriedenen Bewusstsein nach Hause zurück, eine starke Botschaft ausgesandt zu haben. Doch ihre Gegenspieler, die Fabrikbesitzer, wussten nur zu gut, dass ihre Maschinen ihnen einen sowohl wirtschaftlichen als auch politischen Einfluss bescherten, der sogar den der meisten adligen Stützen der Gesellschaft übertraf, und das ärgerte die Ludditen so, dass sie schließlich zu Druckmitteln wie systematischer Sabotage, Brandstiftung und Mordanschlägen griffen. Diese Eskalation markierte den Anfang vom Ende ihrer Bewegung. Das englische Parlament erklärte die Zerstörung von Maschinen 1817 zum Kapitalverbrechen und entsandte 12 000 Uniformierte in die Unruhegebiete. Wer als Luddit festgenommen und für seine Verbrechen verurteilt wurde, endete entweder am Galgen oder in einer Strafkolonie, und so fand der Aufstand der Ludditen ein abruptes Ende.

«Luddism» ist heute im englischen Sprachraum ein Synonym für Technikfeindlichkeit und Maschinenstürmerei, was jedoch ganz und gar nicht der Selbsteinschätzung der Ludditen entsprach. Ihre Bewegung hatte sich zwei Ziele gesetzt: Zum einen wollten sie das Geschäftsmodell und den Lebensstil der Facharbeiter und Kunsthandwerker retten, die mit den neuen Maschinen nicht konkurrieren konnten, und zum Zweiten ging es ihnen um die Verbesserung der elenden Arbeitsbedingungen, unter denen das stetig anwachsende Heer von Lohnabhängigen, denen keine Alternative zur Arbeit in den Fabriken mehr blieb, schuften musste. Während sie ihr erstes Ziel zur Gänze verfehlten, konnten sie im Hinblick auf das zweite einige dauerhafte Teilerfolge erzielen. Nicht lange, und der Luddismus verpuppte sich zur Arbeiterbewegung, die das politische Leben im westlichen Europa und auch anderswo im Verlauf der anschließenden beiden Jahrhunderte nachhaltig prägen sollte.

Mary Shelleys Frankenstein-Parabel hat seit ihrem ersten Erscheinen 1818 Widerhall bei immer neuen Lesergenerationen gefunden, die ihre Lebensentwürfe an aufeinanderfolgenden technischen Umwälzungen ausrichten mussten, deren jede womöglich transformativer, futuristischer oder hin und wieder auch furchteinflößender war als die vorausgegangenen. Wenn das Frankenstein-Monster heute, zwei Jahrhunderte nachdem es Mary Shelleys Fantasie entsprungen ist, endlich ins Erwachsenenalter zu kommen scheint, hat das viel damit zu tun, dass es wie eine Verkörperung unserer Ängste vor Robotern und künstlicher Intelligenz erscheint. Aus der Perspektive einer weit ausholenden Geschichte der Arbeit erscheint unsere Befürchtung, intelligente Maschinen könnten sich gegen ihre menschlichen Eigner erheben, keineswegs ganz neu. Shelleys Fabel hätte trotz ihrer neuzeitlichen Herkunft nämlich auch bei römischen Senatoren und Plebejern in den Zeiten der Cäsarenherrschaft, bei den Inhabern von Zucker- und Baumwollplantagen in der Karibik und in den Südstaaten der heutigen USA, in den oberen Rängen der chinesischen Shang-Dynastie oder bei den antiken Sumerern, Maya und Azteken Anklang gefunden. In der Tat wäre sie wohl in allen Gesellschaften auf Interesse und Resonanz gestoßen, in denen die Sklaverei bejaht und durch die Entmenschlichung der Versklavten gerechtfertigt wurde.

Würde Dr. Frankenstein heute ein ähnliches Monster erschaffen wie in Shelleys Roman, würde er es mit einem kognitiven Apparat ausstatten, dessen Schaltkreise so beschaffen wären, dass sie die Plastizität, Kreativität und die Fähigkeit des Menschen, unorthodox zu denken, nachahmen würden. Ein Wiedererwecken eines toten Menschen zum Leben ist zwar nach wie vor utopisch, doch könnte ein moderner Frankenstein-Roboter sicherlich große Ähnlichkeit mit einem Menschen oder einem anderen Lebewesen haben. In der rastlosen Welt der Robotik orientieren sich die Techniker, die um die Erschaffung möglichst vielseitiger und agiler autonomer Systeme wetteifern, immer noch und immer mehr an Vorbildern aus der Natur. Drohnen neuester Bauart ahmen die Flugtechnik von Wespen, Kolibris oder Bienen nach, neue Unterwasser-Roboter die Fortbewegungsweise von Haien, Delphinen, Kalmaren und Rochen; und zu den gewandtesten, beweglichsten und auf den ersten Blick am wenigsten bedrohlichen Robotern gehören solche, die einem Hund nachgebildet sind.

Der derzeit einzige markttaugliche Heimroboter, der interessantere Dinge vollbringt, als Staub zu saugen, ist der von Sony entwickelte Aibo. In seiner 2018 herausgekommenen Modellvariante strahlt der rund 3000 Dollar teure digitale Sony-Welpe eine deutlich größere Lebendigkeit aus als seine vielbeachteten, aber eher linkisch daherkommenden, auf einen Prototyp aus dem Jahr 1999 zurückgehenden Vorläufer. Doch auch dieses fortgeschrittene Modell krankt noch an so arthritischen Bewegungen, dass Kinder es links liegen lassen, sobald ein Welpe aus Fleisch und Blut auftaucht.

Ungeachtet seiner Unzulänglichkeiten dürfen wir aufgrund historischer Analogien annehmen, dass Sonys Aibo-Welpe sich als der erste massenhaft genutzte häusliche Roboter durchsetzen wird – immerhin hat die Nutzung von mit autonomer Intelligenz begabten Wesen durch den Homo sapiens eine Geschichte, die mehr als 20 000 Jahre zurückreicht und mit den ersten tastenden Versuchen von Menschen begann, in eine Beziehung zu wilden Welpen aus Fleisch und Blut zu treten.

Als 1914 in Oberkassel bei Bonn Arbeiter beim Ausheben von Gräben auf ein vorgeschichtliches Grab stießen, fanden Archäologen darin die zerfallenen Überreste eines Mannes und einer Frau, die man inmitten einer bescheidenen Sammlung von Schmuckstücken aus Geweih- und Knochenteilen begraben hatte. Wie spätere Datierungen ergaben, sind diese Relikte rund 14 700 Jahre alt. Die Ausgräber fanden an selber Stelle auch etwas, das sich später als Skelettteile eines 28 Wochen alten Welpen entpuppte. Die osteologische Analyse seiner Knochen und Zähne ergab, dass dieser Welpe zwei Monate vor seinem Tod an der Hundestaupe erkrankt war, einer Virusinfektion, die noch heute für jeden zweiten Haushund, den sie befällt, tödlich endet.[2]

Abgesehen davon, dass dieser Welpe den weltweit ältesten Nachweis für die Domestizierung von Tieren durch Menschen verkörpert,[3] hat der Fund eine weitere bemerkenswerte Einsicht zutage gefördert: Der junge Hund hätte, nachdem er sich den Staupe-Erreger eingefangen hatte, ohne menschliche Pflege und Fürsorge nicht so lange überlebt. Man kann also sagen, dass, obwohl dieser Welpe nicht in der Verfassung war, Nützliches zu leisten, seine Besitzer sich die Mühe machten, für ihn zu sorgen, als er erkrankte.

Die unermüdlichen genomischen Algorithmen reichern die Geschichte unserer weit zurückreichenden Beziehung zu Hunden mit ständig neuen, teils verwirrenden Erkenntnisschichten an. Ein Forscherteam von der Universität Oxford gab 2016 bekannt, die Analyse sowohl vorgeschichtlicher als auch moderner Hundeknochen und Genomsequenzen habe die Annahme erhärtet, dass es zwei unabhängig voneinander stattgefundene Domestizierungen des Hundes durch den Menschen gegeben hat.[4] Wie ein anderes Team nur ein Jahr später verkündete, lassen die von ihm erhobenen Daten, basierend auf einer gründlichen Analyse von Genomen eines größeren Konvoluts von Hundeknochen aus Deutschland, die Annahme zu, die Domestizierung des Hundes sei doch ein einmaliger Vorgang gewesen und habe sich zwischen 30 000 und 20 000 Jahren vor unserer Zeit vollzogen.[5] Und während manche DNA-Proben aus vorzeitlichen Mitochondrien-Relikten darauf hinweisen, dass die Domestizierung des Hundes zuerst in Europa stattfand, spricht die Analyse von Mitochondrien und Genomen heute lebender Hunde dafür, dass auch Ostasien, der Nahe Osten und Mittelasien Schauplätze der Domestizierung des Hundes waren.

Die Tatsache, dass der Hund lange vor jedem anderen Tier domestiziert wurde und bis heute der engste tierische Partner des Menschen ist, gemahnt uns daran, dass, auch wenn uns die meisten unserer gezüchteten Nutztiere heute als Nahrung dienen, über weite Strecken unserer Geschichte die Hauptaufgabe der meisten unserer Nutztiere darin bestand, Arbeit zu verrichten. Der hautnahe Kontakt und das intensive Zusammenwirken zwischen Mensch und Tier im Zuge dieser Arbeitsbeziehung brachten es mit sich, dass sich daraus ein von gegenseitiger Loyalität und Zuneigung geprägtes Verhältnis entwickelte.

Vor rund 15 000 Jahren, als die Partnerschaft zwischen Mensch und Hund sich zu etwas Besonderem, über die physische Nähe Hinausgehen-

Der Welpe von Oberkassel beschnuppert Aibo

dem zu entwickeln begann, bildeten alle auf der Erde lebenden Menschen und ihre domestizierten Nutz- und Haustiere zusammengenommen nur einen winzigen, kaum messbaren Bruchteil eines Prozents der totalen Säugetier-Biomasse auf dem Planeten. Seitdem jedoch haben die Menschen und ihre Nutz- und Haustiere das Gesamtvolumen der Säugetier-Biomasse auf der Erde um etwa den Faktor vier erhöht – weil die Landwirtschaft in der Lage ist, nichttierische in tierische Biomasse zu verwandeln. Dank dieser Fähigkeit und der Umwandlung natürlicher Säugetier-Habitate in landwirtschaftliche Nutz- und menschliche Siedlungsflächen entfallen heute nicht weniger als 96 Prozent der gesamten Säugetier-Biomasse unserer Erde auf den Menschen und seine Nutz- und Haustiere. 36 Prozent gehen direkt auf das Konto des Menschen, während auf das Nutzvieh, das wir züchten, mästen und dann ins Schlachthaus befördern – das Gros davon sind Schweine, Rinder, Schafe und Ziegen –, 60 Prozent entfallen. Die verbleibenden vier Prozent der irdischen Säugetier-Biomasse verteilen sich auf die stetig weiter schrumpfenden Wildtierbestände: die wenigen noch wild lebenden Tiere, die sich in unseren Wäldern verstecken oder in unseren Naturschutzgebieten, Nationalparks und in immer weiter dahinschwindenden natürlichen Lebensräumen für Touristen posieren bzw. Wilderern und Jägern ein Schnippchen schlagen. Nicht viel besser als den Säugern ist es der wilden Vogelwelt ergangen: Die Menschheit produziert heute Jahr für Jahr rund 66 Milliarden Hühnerküken für den menschlichen Verzehr, und die gesamte Biomasse unseres Zuchtgeflügels liegt nach Schätzungen derzeit beim Dreifachen der Biomasse aller wild lebenden Vögel.[6]

Gezüchtete Nutztiere spielten eine maßgebliche Rolle bei der Frage, welche landwirtschaftlichen Gesellschaften am meisten Energie mobilisierten, am schnellsten wuchsen und die größten menschlichen Bevölkerungen ernähren konnten. Die Tiere leisteten ihren Beitrag ursprünglich dadurch, dass sie Pflanzen fraßen, die für Menschen unverdaulich waren, und deren Energie in Fleisch und Dünger verwandelten, und in der Folge durch den Einsatz ihrer Muskelkraft für das Ziehen von Pflügen, das Wegschleppen von Baumstämmen, den Transport von Menschen und die Verteilung von Überschüssen. Während heute die Regel gilt, dass ein lebender Stier weniger wert ist als die Summe seiner Teile (in Form von Fleisch, Leder und anderen Produkten des Tierkörpers), jedenfalls sobald er einmal das optimale Schlachtgewicht erreicht hat, waren in der Zeit vor der industriellen Revolution Rinder fast überall lebend mehr wert als tot, solange sie einen Pflug ziehen konnten.

Im Lauf der 12 000 Jahre, die vergangen sind, seit die Natufier anfingen, Varietäten wilden Weizens zu domestizieren, kam es zu bemerkenswert wenigen technischen Innovationen, die zu einer drastischen Steigerung der Mengen an Energie geführt hätten, die der Einzelne mobilisieren und in Arbeit umsetzen konnte. Das Rad, die Seilrolle und der Hebel brachten jeweils bedeutsame Fortschritte, desgleichen neue Techniken der Metallgewinnung und -bearbeitung, die die Herstellung robusterer, präziser gefertigter und langlebigerer Werkzeuge ermöglichten. Doch bis zur Erfindung des Wasserrades im dritten vorchristlichen Jahrhundert und der Windmühle im römischen Ägypten des ersten nachchristlichen Jahrhunderts waren die mit Abstand wichtigsten neuen Quellen nicht per Verdauung gewonnener Energie Last- und Zugtiere wie Lamas, Kamele, Esel, Ochsen, asiatische Elefanten und Pferde, deren Muskelkraft der Mensch für sich einspannte. Bis zur Erfindung der Dampfmaschine und später des Verbrennungsmotors waren diese Tiere unsere wichtigsten Lieferanten mechanischer Energie.

Wie die einzelnen Tierarten, die heute so gründlich domestiziert sind, ursprünglich unter die menschliche Obhut gezwungen oder geködert wurden, wissen wir nicht genau. Es besteht weitgehender Konsens darüber, dass dabei unterschiedliche Wege beschritten wurden, darunter auch welche, bei denen anfänglich weder Lockmittel noch rohe Gewalt im Spiel waren. Schweine haben sich möglicherweise, wie Hauskatzen und Hunde, nach und nach in die Lebenswelt der Menschen «eingeschlichen», indem sie auf der Suche nach nahrhaften Schnäppchen menschliche Ansiedlungen auskundschafteten, oder sie wurden von Jägern eingefangen, in der Absicht, sie zu mästen.

Nach dem Hund waren wahrscheinlich Schafe und Ziegen die nächsten vom Menschen domestizierten Tiere. Im archäologischen Archiv des Nahen Ostens tauchen sie ungefähr um dieselbe Zeit auf wie die ersten gezüchteten Weizensorten. Es ist gut denkbar, dass diese erste Domestizierung grasender Tiere mithilfe von Hunden gelang, denn genau die Gene, die bewirkten, dass wilde Ziegen und Schafe gesellig wurden und sich zu Herden zusammenschlossen, machten sie auch empfänglich für die Hütereflexe von nach ihren Fesseln schnappenden Hunden.

Schafe und Ziegen liefern schmackhaftes und fettreiches Fleisch. Sie liefern auch Milch und in manchen Fällen Wolle, eignen sich aber kaum als Arbeitstiere. Von allen Domestizierungen entfaltete mit großer Sicherheit die vor rund 10 500 Jahren einsetzende systematische Zähmung von fünf Rinderarten die stärkste transformative Wirkung. Die meisten unserer Haus- und Hofrinder stammen vom Auerochsen ab, einem langbeinigen Giganten mit großformatigem Gehörn, der in großen Herden durch Europa, Nordafrika und Mittelasien wanderte. Erstmals domestiziert wurden Auerochsen vor rund 10 500 Jahren im Nahen Osten, sodann unabhängig davon vor 6000 Jahren in Indien und möglicherweise weitere 2000 Jahre später in Afrika. Unter den weiteren Rinderarten, die gezähmt werden konnten, wie etwa das Yak oder der Banteng (Sunda-Ochse), war die wichtigste der Wasserbüffel. Seine Zähmung gelang vor rund 4000 Jahren. Man nimmt an, dass es sich beim Wasserbüffel um einen der wenigen Fälle handelt, in denen eine Tierart speziell zu dem Zweck gezähmt wurde, ihre Muskelkraft für Arbeit zu nutzen, denn die ältesten Belege für seine Domestizierung stammen in etwa aus den Anfangszeiten eines intensivierten Reisanbaus im südöstlichen

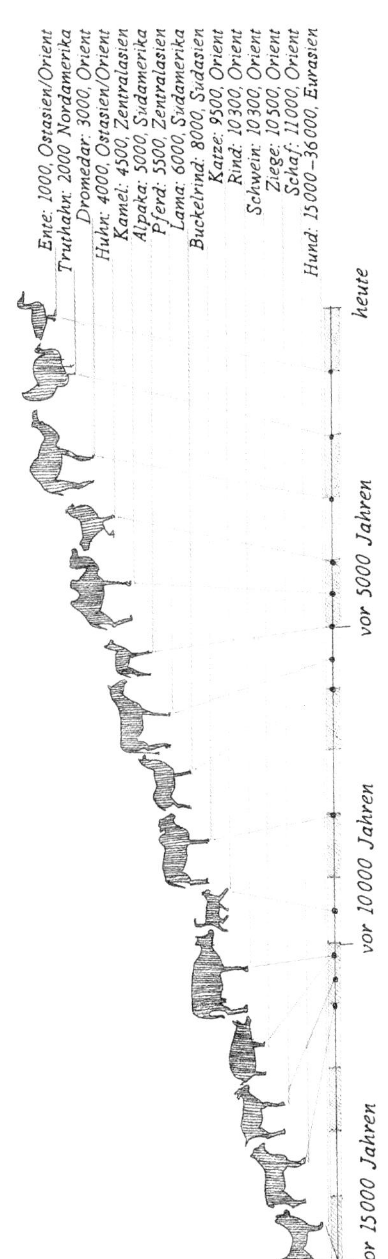

Zeitleiste zu geschätzten Zeitpunkten und Orten wichtiger Etappen der Nutztierhaltung

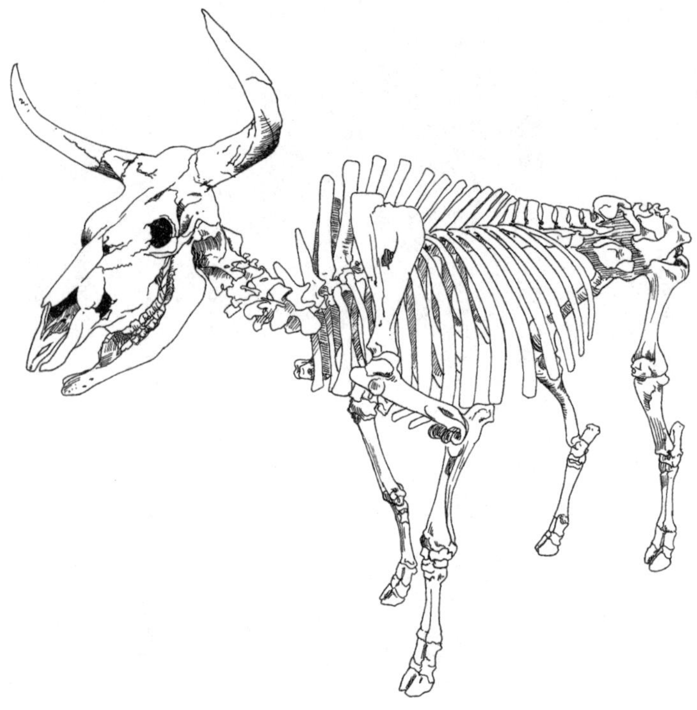

10 000 Jahre altes Skelett eines 1000 Kilo schweren, zwei Meter hohen Auerochsen, gefunden 1905 in Vig, Dänemark

Asien, bei dem das Pflügen tiefer Furchen an die Stelle des mühseligen Hackens trat.

Galt eine Viehherde in den «Rinderkulturen» des östlichen, zentralen und südlichen Afrika als Symbol von Wohlstand und Macht, so avancierten die Tiere in den ersten bäuerlichen Gesellschaften zu Mitteln für den Erwerb von Wohlstand und Macht, denn bei kraftraubenden Tätigkeiten wie dem Pflügen konnte ein einziger guter Ochse so viel Arbeit leisten wie fünf starke Männer. Die Domestizierung von Rindern war nicht deswegen wichtig, weil sie den Menschen eiweißreiche Nahrung lieferten, sondern weil sie eine erhebliche Intensivierung des Getreideanbaus ermöglichten und die Bauern zugleich in die Lage versetzten, ihre Ernteüberschüsse vom Land in die Stadt zu transportieren. Ein weiterer Pluspunkt war, dass die Tiere ihre Kraft aus dem Verzehr von Pflanzen schöpften, die für Menschen ungenießbar waren, und dass sie durch ihre Kraft, ihren Dung und letzten Endes auch als Fleischlieferanten ihre pflanzliche Nahrung in etwas verwandelten, das Menschen essen konnten.

Der Abstieg des Hausrinds vom hochgeschätzten und respektierten Arbeitsgefährten zum Fleischlieferanten, der sich vielerorts vollzog, wurde durch die Domestizierung eines weiteren großen, fügsamen und gelehrigen Pflanzenfressers beschleunigt: des Pferdes. Das Pferd eignete sich nicht nur dafür, Menschen wesentlich schneller und über längere Strecken zu transportieren, als Rinder es konnten, sondern es stellte sich auch heraus, dass ein großgewachsenes Zugpferd die doppelte Arbeit eines großen Ochsen leisten konnte und zusätzlich noch den Vorteil hatte, 30 bis 50 Prozent schneller zu arbeiten.[7] Die einzigen Gegenden, in denen das Rind nicht Gefahr lief, vom Pferd ins zweite Glied verwiesen zu werden, waren die Tropen, wo Rinder besser mit der Hitze fertigwurden als Pferde und wo insbesondere Wasserbüffel bestens dafür ausgestattet waren, durch schlammige Reisfelder zu stampfen und tropischen Krankheitskeimen zu widerstehen.

Im Jahr 1618 meldete sich der damals 22 Jahre alte René Descartes freiwillig zum Dienst in der Armee des protestantischen Fürsten Moritz von Oranien; es war die Zeit der ersten Gefechte des Krieges, der als der Dreißigjährige in die Geschichtsschreibung eingegangen ist. Eher Eierkopf als Muskelprotz, wurde Descartes den Pioniereinheiten der Truppe zugeteilt und konzentrierte sich auf die Lösung mathematischer Probleme, etwa auf die Berechnung der Flugbahnen von Kanonenkugeln oder die Abschätzung der Zahl der von der Truppe benötigten Pferde. Leichte und schwere Kavallerie spielten oft eine entscheidende Rolle für den Verlauf einer Schlacht, doch für den Erfolg mindestens ebenso wichtig waren letzten Endes die Kutsch- und Zugpferde, die Geschütze, Zelte, Proviantwägen, Pulverfässer, ambulante Schmiedewerkstätten, Munition, Belagerungsgerät und anderes Material von Ort zu Ort schleppten, und die flinken Reitpferde, auf denen sich Spione und Kundschafter fortbewegten. Während eines Einsatzes seiner Truppe 1619 bei Neuburg an der Donau durchlebte Descartes seine legendäre «Nacht der Träume», eine Abfolge von drei Träumen, die ihn zu der Überzeugung brachten, allein schon seine Fähigkeit, über Dinge nachzudenken, sei ein ausreichender Nachweis seiner Existenz – es war die Geburtsstunde seines berühmt gewordenen Diktums *cogito, ergo sum* («Ich denke, also bin ich»). Er gelangte außerdem zu der Überzeugung, der menschliche Körper sei «nichts anderes [...] als eine Statue oder Maschine aus Erde», und die Tiere, wie beispielsweise die Pferde, die für seine Truppe eine so tragende Rolle spielten, seien des Denkens nicht fähig und daher nichts weiter als ausgeklügelte, mit Gerste und Hafer angetriebene Automaten.[8]

René Descartes war natürlich nicht der erste Philosoph, der sich die Tierwelt als unerschöpfliches Sortiment organischer Roboter in unterschiedlichster Gestalt und Verkleidung in der Art von Sonys Aibo ausmalte. Die Vorstellung, Tiere seien biologische Automaten, knüpfte an frühere theologische und philosophische Überlegungen an, denen zufolge nur der menschliche Körper von einer Seele bewohnt war, während die Tiere einfach nur existierten.

Fast alle Gesellschaften, die auf fleischlicher Ernährung und daher auf der Jagd basierten, billigten den Tieren so etwas wie eine Seele zu, auch wenn sie diese nicht immer mit der menschlichen Seele gleichsetzten. In manchen dieser Gesellschaften galten Jäger als Seelenfänger, was moralische Bedenken aufwarf, sodass man neue Rechtfertigungen für das Töten von Tieren suchte und fand. Die Inuit und sibirische Jäger und Sammler wie die Jukagiren glaubten fest daran, die von ihnen gejagten Tiere böten den Menschen ihren Leib als Quelle für Nahrung und Gebrauchsgegenstände an, während Jäger wie die Ju/'Hoansi den Standpunkt vertraten, bei den meisten der von ihnen vorzugsweise erlegten Tiere handele es sich um des Denkens mächtige Geschöpfe; demgemäß gestanden sie ihnen eine Seele zu, oder in der Redeweise der Ju/'Hoansi zumindest eine Art Lebenskraft.

Für moderne Rinderzüchter oder Schlachthofarbeiter gibt es kaum das Erlebnis der Nähe, wie es jemand erfährt, der zu Fuß mit einem Speer oder mit Pfeil und Bogen ein Tier jagt. In einem Schlachtbetrieb wäre das emotionale Gewicht von Tierseelen eine viel zu große, untragbare Last. Wir Menschen haben die Fähigkeit entwickelt, die für unsere Sozialität konstitutive Empathie selektiv zu vergeben. Arbeiter in großen Schlachthöfen tun sich zu ihrem Glück relativ leicht damit, Empathie zu verweigern, weil sie, anders als ein Jäger, der es oft mit einem gleichsam in Bestform befindlichen Tier zu tun hat, die ihnen zugelieferten Tiere oft in einem kläglichen Zustand erleben, wehrlos in Verschlägen vor der Schlachtfabrik wartend, wo sie schon der Geruch des Todes umweht.

Immerhin legten sich bäuerliche Gesellschaften eine Palette unterschiedlicher Strategien des Umgangs mit dem ethischen Problem der Tötung von Tieren zurecht. Manche entschieden sich einfach dafür, das schmutzige Geschäft des Schlachtens zu verbergen. Diese Strategie praktizieren wir heute in vielen Städten, in denen Metzger und Arbeiter, die den Blicken der Öffentlichkeit entzogen sind, aus lebenden Tieren Schnitzel, Dönerfleisch und Gehacktes machen. Dieser Ansatz des «aus den Augen, aus dem Sinn» wurde und wird häufig an Orten praktiziert, wo eine theologische und philosophische Tradition noch der Vorstellung anhängt, Tiere hätten eine Seele. In hinduistischen Gemeinschaften zum Beispiel, die glauben, in jedem Tier wohne eine Miniaturausgabe der menschlichen Seele, wurden das Schlachten von Tieren und die Herstellung von Fleisch- und anderen Tierprodukten traditionell an niedere Kasten wie die Chamar (die in der Lederherstellung tätig sind) und die Khatiks (Metzger und Fleischverarbeiter) delegiert, von deren Wohnvierteln und Arbeitsstätten sich die Angehörigen der höheren, reineren Kasten tunlichst fernhielten, um sich nicht mit dem Blut von Tieren zu besudeln.

Eine andere Option ist die Regulierung, für die sich viele moderne Industriegesellschaften entschieden haben. Eine lange Litanei von Vorschriften und Richtlinien zu Hygiene und Tierwohl regelt dort die Aufzucht der Tiere und die Bedingungen, unter denen sie geschlachtet werden. Dies ist die bevorzugte Strategie der Anhänger abrahamitischer Religionen. Der jüdischen Glaubenslehre zufolge ist es ein Verstoß gegen den göttlichen Willen, einem lebenden Tier ein Bein abzunehmen und dieses zu essen (Genesis 9:4); beim Schlachten muss dem Tier möglichst schnell die Kehle durchgeschnitten werden, um ihm unnötiges Leiden zu ersparen; ein Tier und sein Kalb sollen nie am selben Tag geschlachtet werden, und das Fleisch des Zickleins darf nie in der Milch seiner Mutter gekocht werden (3. Buch Mose 22:28 und 5. Buch Mose 14:21); arbeitende Tiere haben, wie Menschen, Anspruch auf einen Ruhetag, den Sabbat (2. Buch Mose 20:10 und 23:12); und der Mensch muss immer sicherstellen, dass seine Tiere gut genährt sind.

Eine dritte Option bestand darin, sich die Auffassung von Descartes zu eigen zu machen und davon auszugehen, dass Tiere nicht viel mehr sind als Maschinen; man konnte auf diese Weise annehmen, sie seien eigentlich schon tot, auch wenn sie scheinbar noch am Leben waren. Das bedeutete, dass Bauern und Soldaten sich keine Gedanken darüber zu machen brauchten, ob es moralisch zulässig war, ein Tier zu schinden, bis es tot umfiel.

Seine wichtigsten Beiträge zur Prägung der modernen Welt leistete Descartes, von seinen philosophischen Errungenschaften einmal abgesehen, im Bereich der analytischen Geometrie. Indem er beispielsweise als Erster ein durch eine x-Achse und eine senkrecht darauf stehende y-Achse begrenztes Feld für die Eintragung von Koordinaten definierte, konnte er den Satz des Pythagoras für die Berechnung der Länge der Hypotenuse eines rechtwinkligen Dreiecks auf die einfache Formel $y^2 + y^2 = z^2$ bringen. Sosehr Descartes sich als einen Erben des Pythagoras im geometrischen Fach betrachtete, so wenig hätte er der Angewohnheit des erklärten Vegetariers Pythagoras abgewinnen können, auf lokalen Märkten lebende Tiere zu kaufen, einzig um sie vor dem unwürdigen Gang zur Schlachtbank zu bewahren.

Das sentimentale Verhältnis, das Pythagoras zu Tieren pflegte, war für das antike Griechenland ungewöhnlich, dessen Normen ein Aristoteles und seinesgleichen besser widerspiegelten. Selbst wenn Aristoteles, wie Descartes, den Tieren den Besitz einer Mini-Seele zugestanden hätte, war er doch entschieden der Ansicht, es fehle ihnen an Verstand, und daher dürfe man sie ohne Skrupel schlachten und verzehren. Für Aristoteles war dies alles Bestandteil der natürlichen Ordnung; er ging davon aus, «dass die Pflanzen der Tiere wegen existieren […] und […] dass es um der Menschen willen Tiere gibt […] und dass von den wilden Tieren […] die meisten [dem Menschen] zur Nahrung und zur sonstigen Hilfeleistung» dienen.[9]

Als Aristoteles die Ansicht äußerte, Tiere seien zum Nutzen des Menschen da, dachte er nicht nur an ihr essbares Fleisch, sondern auch an die von Lebewesen wie Ochsen, Pferden und Jagdhunden geleistete Arbeit. Auch sie war Bestandteil der natürlichen Ordnung der Dinge. Daher überrascht es nicht unbedingt, dass er mit ähnlichen Gründen auch die

Sklaverei rechtfertigte. Er hielt sie für naturgegeben, räumte zwar ein, dass manche Männer und Frauen als Folge unglücklicher Umstände in den Status der Sklaverei abgerutscht sein mochten, hielt dem aber entgegen, andere, besonders diejenigen, die körperliche Arbeit verrichteten, seien «von Natur aus Sklaven».

Aristoteles sah keinen prinzipiellen Unterschied zwischen dem Nutzen von Sklaven und dem von Tieren. «Beide nämlich leisten im Hinblick auf das, was für den Körper notwendig ist, Hilfe.» Und weil Aristoteles die Sklaverei für sowohl natürlich als auch moralisch gerechtfertigt hielt, war für ihn die einzig denkbare Situation, in der es die Institution der Sklaverei nicht mehr geben würde, die, dass keine von Sklaven zu verrichtende Arbeit mehr vorhanden wäre. Und die einzige Voraussetzung, unter der es dazu kommen könnte, war nach seiner Überzeugung die, dass die Menschen es irgendwie schaffen würden, Maschinen zu erfinden, die in der Lage wären, «entweder auf einen Befehl hin» oder aus eigener vorausschauender Initiative Arbeit zu leisten; denn dann bräuchten «weder die Baumeister Handlanger noch die Herren Sklaven».[10] Freilich stand für Aristoteles fest, dass so etwas nur in einer Fantasiewelt oder in den Fabeln, die fromme Leute einander erzählten, geschehen konnte, wie etwa in der Fabel vom Schmiedemeister der Götter, Hephaistos, der aus Bronze feuerspeiende Stiere und aus Gold singende Jungfrauen goss.

Aristoteles mag sich sein hohes Ansehen damit erworben haben, dass er mit den Mitteln des Verstandes das Wesen der Ungewissheit untersuchte, doch zweifelte er keinen Augenblick am Daseinszweck der Sklaverei: Es gab Sklaven, damit Leute wie er ihre Tage mit der Lösung mathematischer Probleme und der Formulierung kluger Argumente zubringen konnten, anstatt Nahrung herbeischaffen und zubereiten zu müssen. Sein Plädoyer für die Sklaverei gemahnt uns daran, dass es in allen Gesellschaften Menschen gab, die der festen Überzeugung waren, ihre oft sehr weit abgehobenen wirtschaftlichen und gesellschaftlichen Normen und Institutionen seien ein Spiegelbild der Natur.

In den Stadtstaaten der griechischen Antike wie Athen, Theben, Sparta oder Korinth bildeten Sklaverei und Leibeigenschaft die Basis einer Wirtschaft, die zuerst und vor allem auf landwirtschaftlicher Produktion beruhte. Doch auch wenn die Mehrheit der Sklaven auf den Feldern arbeitete, galt es als zulässig oder sogar als wünschenswert, Sklaven auch für die Erledigung intellektueller Aufgaben heranzuziehen. Tatsächlich waren im antiken Griechenland die einzigen Tätigkeiten, die ausschließlich den Freien vorbehalten waren, politische Aktivitäten. Und während Sklaven nicht das Recht hatten, irgendwelche Belohnungen für ihre Arbeit zu beanspruchen, weil sie per definitionem keinerlei persönlichen Besitz haben durften, erlangten diejenigen von ihnen, die als Juristen, Beamte, Kaufleute oder Kunsthandwerker eingesetzt wurden, oft einen Einfluss, der in keinem Verhältnis zu ihrem niedrigen offiziellen Status stand.

Aristoteles und seinesgleichen mochten diejenigen gering schätzen, die körperliche Arbeit verrichteten, doch hatte es in der Geschichte des antiken Griechenland auch lange Zeiträume gegeben, in denen schwere körperliche Arbeit als wichtig und tugendhaft gegolten hatte. In Hesiods *Werke und Tage*, einer Schilderung des bäuerlichen Lebens in Griechenland 700 Jahre vor Christi Geburt, bestraft ein zorniger Zeus die Menschheit dafür, dass sie ihm das Geheimnis vorenthalten hat, wie man sich mit nur einem Tag Arbeit den Lebensunterhalt für ein ganzes Jahr verdient. «Göttern verhasst und Menschen zugleich ist, wer da in Trägheit hinlebt.» Der Müßige sei sowohl den Menschen als auch den Göttern verhasst. «Arbeit einzig verhilft zu Herden den Menschen und Wohlstand.»[11]

Der aus Jamaika stammende Sozialhistoriker Orlando Patterson veröffentlichte 1982 eine monumentale Vergleichsstudie zu 66 Sklavenhalter-Gesellschaften, vom antiken Griechenland über das Römische Reich und das mittelalterliche Europa bis zum vorkolonialen Afrika und Asien. Der Wälzer war das Ergebnis einer mehrjährigen Recherchearbeit mit dem Ziel, anstelle einer rechtlichen oder auf Eigentumsverhältnisse abhebenden eine soziologische Definition der Sklaverei zu begründen.[12] Der Schluss, zu dem Patterson gelangte, lautete: Versklavt zu werden, sei vor allem eine Form des «gesellschaftlichen Todes»; in allen von ihm untersuchten Fällen unterschieden sich Sklaven, gleich für welche Arbeiten sie eingesetzt wurden, von anderen marginalisierten oder ausgebeuteten Klassen der Gesellschaft dadurch, dass sie sich nicht auf die gesellschaftlichen Regeln berufen konnten, die das Verhalten der freien gesellschaftlichen Gruppen zueinander bestimmten, dass sie nicht heiraten durften, dass sie weder Schulden machen noch Kredite gewähren durften, dass sie grundsätzlich keinen Rechtsweg beschreiten konnten, dass sie kein Recht auf Privateigentum hatten, weil alles, was sich in ihrem momentanen Besitz befand, rechtlich ihrem Herrn und Eigentümer gehörte, und dass jede Verletzung oder Kränkung, die ihnen zugefügt wurde, eine Verletzung oder Kränkung ihres Herrn war. Auch wenn sie, anders als die von Descartes beschriebenen robotischen Tiere, vernünftig argumentieren konnten, wurden sie oft so behandelt, als seien sie seelenlose Automaten, die, wie Frankensteins Monster, nur davon träumen konnten, jemals als vollwertige Individuen akzeptiert zu werden. Wenn ein römischer Legionär in einer Schlacht in feindliche Gefangenschaft geriet, wurde von seiner Familie erwartet, dass sie dieselben obligatorischen Rituale vollführte, wie wenn er in der Schlacht gefallen wäre.

Für manche Sklaven war der physische Tod die bessere Lösung als der täglich zu erleidende gesellschaftliche Tod. In Rom griffen Sklaven manchmal ihren Herrn und Eigentümer an, in dem vollen Wissen, dass das Einzige, was sie damit sicher erreichten, ihre eigene Hinrichtung war. Andere machten aus ihrer Situation zähneknirschend das Beste und fanden oft Kameradschaft, Brüderschaft und Solidarität in den Reihen der anderen Sklaven und manchmal auch im Hausstand ihrer Eigentümer. Von so vielen anderen Dingen ausgeschlossen, fanden viele Sklaven Sinnhaftigkeit, Erfüllung und Stolz auf Geleistetes in ihrer Arbeit, namentlich wenn sie zu den wenigen Glücklichen gehörten, die ihrem Herrn mehr zu bieten hatten als Muskelkraft.

Wohlhabende Römer neigten eher als griechische Sklavenhalter dazu, ihre Sklaven zur Strafe für triviale Übertretungen zu martern und zu töten. Ansonsten vertraten sie in Sachen Sklaverei und Arbeit ähnliche Auffassungen wie die antiken Griechen und betrachteten sich, wie fast zwei Jahrtausende später die Briten der Viktorianischen Epoche, als Erben und Testamentsvollstrecker der altgriechischen Zivilisation. Auch sie betrachteten körperliche Arbeit als entwürdigend und hätten es vulgär gefunden, für ihren Lebensunterhalt arbeiten zu müssen. Für Bürger Roms schickte es sich, entweder große Geschäfte zu machen, sich als Politiker oder Jurist zu betätigen, sich der Kunst zu widmen oder Armeen zu befehligen.

Sklaven waren im Römischen Reich der Muskel, den Senatoren, Konsuln und Cäsaren einsetzten, um ihre hochfliegenden Ambitionen für die Vergrößerung des Imperiums zu realisieren; sie waren der Mörtel, der die Größe und Glorie Roms zusammenhielt, und für manche das Mittel der

Wahl, um den Traum des Plebejers, sein Leben als wohlhabender Grundbesitzer ausklingen zu lassen, in die Tat umzusetzen. In der Frühzeit der römischen Republik hielten sich die Römer noch relativ wenige Sklaven, jedenfalls im Vergleich mit späteren Perioden. Die siegreichen Feldzüge der Römer im Zuge der Ausdehnung ihres Reichs machten nicht nur immer mehr Sklaven verfügbar, sondern brachten auch einen Wandel der landwirtschaftlichen Lebensgrundlage Roms mit sich; hatte bis dahin eine Vielzahl freie Kleinbauern einen großen Teil des Getreidebedarfs gedeckt, so waren es nun zunehmend große landwirtschaftliche Güter, genannt Latifundien, die die landwirtschaftliche Produktion dominierten. Jedes dieser Güter lebte fast ausschließlich von der Arbeit seiner Sklaven, die in den Inventarlisten Seite an Seite mit den Viehbeständen aufgeführt waren.

Für die vier Jahrhunderte zwischen 200 vor Christus und 200 nach Christus liegen Schätzzahlen vor, die besagen, dass ein zwischen einem Viertel und einem Drittel liegender Anteil der Einwohnerschaft Roms und Italiens aus Sklaven bestand. Die meisten waren als Arbeitskräfte in der Landwirtschaft oder als Steinbrucharbeiter im Einsatz, und die Erzeugnisse ihrer Arbeit wurden in die Städte exportiert. In der Stadt Rom gab es, wie schon im antiken Griechenland, auch unter den anspruchsvollen Tätigkeiten kaum welche, die nicht auch von Sklaven ausgeübt wurden. Sie stellten das Gros der Gladiatoren und der Prostituierten, erfüllten die 89 aktenkundigen Funktionen, die in den großen und nicht so großen Häusern Roms zu vergeben waren,[13] und arbeiteten in fast allen erdenklichen Berufen. Das einzige Metier, das ihnen verschlossen blieb, war der Militärdienst. Hin und wieder stiegen Sklaven – was in Rom allerdings nicht so häufig vorkam wie im antiken Griechenland – in wichtige staatliche Ämter auf oder fungierten als hochrangige Sekretäre, manche von ihnen im Rang eines *servus publicus*, was bedeutete, dass sie nicht Eigentum einer natürlichen Person waren, sondern Eigentum der Stadt Rom.

Die Tatsache, dass die Wirtschaft des Römischen Reichs von Arbeitskräften am Laufen gehalten wurde, die in den Augen der meisten römischen Bürger so etwas wie intelligente Arbeitsmaschinen waren, brachte Herausforderungen mit sich, die Ähnlichkeit mit den von der modernen flächendeckenden Automatisierung ausgehenden Herausforderungen aufweisen. Eine davon war die Vermögensungleichheit.

In seiner Frühzeit wurde Rom von einem Netzwerk über ganz Italien verteilter Kleinbauern ernährt; bei diesen landwirtschaftlichen Betrieben bestand eine relativ getreue Korrelation zwischen Arbeitsaufwand und Belohnung. Als jedoch ein immer größerer Teil der Arbeit von Sklaven geleistet wurde, verlor diese wirtschaftliche Korrelation ihre Stabilität. Diejenigen mit viel Kapital und vielen Sklaven konnten zu einem um ein Vielfaches größeren Reichtum gelangen als weniger betuchte römische Bürger, die für ihren Lebensunterhalt arbeiten und dabei mit anderen Anbietern von Arbeitskraft in Konkurrenz treten mussten – auf einem Arbeitsmarkt, auf dem fähige Sklaven immer die wirtschaftlich günstigere Wahl waren.[14] Kleinbauern taten sich zunehmend schwerer, in der Konkurrenz mit größeren Latifundien zu bestehen. Das führte dazu, dass viele ihren Hof an einen Großgrundbesitzer verkauften und in eine größere Stadt übersiedelten, in der Hoffnung, dort ein Auskommen zu finden. Manchen Berechnungen zufolge nahm die Ungleichheit der Vermögensverteilung im Verlauf der letzten hundert Jahre des Römischen Reiches so extreme Formen an, dass womöglich drei Familien zu den «reichsten privaten Grundeigentümern aller Zeiten» avancierten.[15]

Wer als römischer Bürger mit Sklaven um einen Broterwerb konkurrierte, konnte Hilfe bekommen. Ähnlich wie heute bei der Londoner U-Bahn Zugführer von ihrer Gewerkschaft erwarten können, dass sie sie davor bewahrt, von automatisch fahrenden oder ferngesteuerten Zügen verdrängt zu werden, organisierten einfache römische Bürger Gewerbezünfte, um sich davor zu schützen, dass Sklaven ihre Existenz bedrohten. Diese Organisationen, die sich *collegia* nannten und bei denen Religion, Geselligkeit und geschäftliches Interesse eine jeweils spezielle Mischung bildeten, fungierten oft ähnlich wie mafiöse Clubs mit Zugehörigkeit nur für ausgewählte Personen und waren die Vorläufer der Gilden und Zünfte, die später, im mittelalterlichen Europa, zu erheblichem Einfluss gelangten. Sie nutzten ihre Beziehungsmacht, um ihren Mitgliedern lukrative öffentliche Aufträge zu sichern, wobei manche dieser Organisationen auch als kriminelle Syndikate agierten, um sicherzustellen, dass vom Wohlstand der Reichen zumindest ein Teil nach unten durchsickerte. Es entstanden je verschiedene Gilden für Weber, Walker, Färber, Schuhmacher, Schmiede, Ärzte, Lehrer, Maler, Fischer, Salzhändler, Olivenölhändler, Dichter, Schauspieler, Kutscher, Bildhauer, Viehhändler, Goldschmiede, Steinmetze und andere Berufsgruppen, mit der Folge, dass in der Hauptstadt des Römischen Reichs wenig lief, ohne dass die eine oder andere Zunft daran beteiligt war.

Bei allem Einfluss, den die *collegia* der Handwerker und Händler besaßen, reichte es für sie doch selten zu mehr, als sich ihren Teil der Brosamen zu sichern, die von den Tischen der reichen Patrizier rieselten, von deren Protektion sie abhingen. Der schließliche Niedergang des Römischen Reiches wurde sicherlich durch die das Sozialklima vergiftende Ungleichheit im Kernbereich der römischen Gesellschaft beschleunigt.

Viele Stadtstaaten hatten sich durch Eroberungszüge ein großes Herrschaftsgebiet gesichert, bevor die Römer ihre Legionen in Marsch setzten und großen Teilen Europas und des Mittelmeerraums ihre *Pax Romana*, ihren römischen Frieden, aufzwangen; sie hatten es nur nicht verstanden, ihre Reiche zusammenzuhalten. Da waren das Reich von Akkad unter seinem Begründer Sargon, das in Mesopotamien um das Jahr 2250 vor unserer Zeit herum eine kurze Blüte erlebte, das Ägyptische Reich, das sich nilaufwärts bis zum heutigen Sudan erstreckte, die Perserreiche der Könige Kyros, Xerxes und Dareios, die später vom gigantischen, aber kurzlebigen Reich Alexanders von Makedonien in den Schatten gestellt und ihm einverleibt wurden. Nicht zu vergessen das Maurya-Reich, das nach dem Rückzug Alexanders von 322 bis 187 vor Christi Geburt große Teile des indischen Subkontinents beherrschte, und die Reiche der Qin- und der Han-Dynastie im heutigen China. Während alle diese alten Reiche fast so schnell wieder zerfielen, wie sie zusammengefügt worden waren, überdauerte das Römische Reich fünf Jahrhunderte.

Althistoriker streiten sich bis heute darüber, was den Ausnahmecharakter des Römischen Reiches ausmachte, doch wenige bestreiten, dass einer der vielen Faktoren, die das Reich zusammenhielten, der Umstand war, dass alle Wege nach Rom führten. Dank vielfältiger Ressourcen, die in Italien und in den angrenzenden Provinzen des Reichs durch Sklavenarbeit nutzbar gemacht wurden, konnte Rom in seiner Blütezeit eine Million Einwohner beherbergen und darüber hinaus Legionen, Beamtenheere, Senatoren, Sklaven, Zünfte und Zirkusse unterhalten, alles dank der von über das gesamte Reich verteilten Bauernhöfen und Landgütern erwirtschafteten Überschüsse.

Analog zu den Verhältnissen in den boomenden Metropolregionen unserer heutigen Welt, hinterließen auch schon im alten Rom die Bewohner großer Städte einen um ein Vielfaches größeren energetischen Fußabdruck als Landbewohner, und das resultierte ganz wesentlich aus der Sklavenarbeit. Diese Energie floss in den Bau von Aquädukten, Straßen, Stadien und Überlandstraßen, gewährleistete den Güterfluss auf den römischen Märkten oder die Aufrechterhaltung des vergoldeten Lebensstils einiger sehr wohlhabender Familien. Die Plebejer, die ihren Lebensunterhalt auf einer der schmutzigeren Straßen Roms zusammenkratzten, wurden zwar ständig an ihre relative Armut im Vergleich zu den Patriziern erinnert, aber weil sie in einer Stadt lebten, die Energien und Ressourcen aufsog, waren sie im Vergleich zu den Bauern, die in den Provinzen das Land beackerten, gut gestellt. Manche Althistoriker vertreten die Meinung, selbst Angehörige der Unterschicht in den größeren Provinzstädten des Römischen Reiches hätten einen Lebensstandard gehabt, «wie er im westlichen Europa bis zum 19. Jahrhundert nicht mehr erreicht wurde».[16]

Rom transponierte seine militärischen Eroberungen in Kolonien, bemannt mit und verwaltet von Römern, die in Städten römischen Stils lebten, und in Landgüter, die zwar Wohlstand verschlangen, aber auch Schiffsladungen voller Plündergut sowie Steuern und Tribute nach Rom spülten. Ein Teil dieses Wohlstandes kam in Form von Gold, Silber, Edelsteinen, Textilien und Luxuswaren, das meiste jedoch in Gestalt landwirtschaftlicher Überschüsse und sonstiger Nahrung. Dies eröffnete der runden Million Einwohner der Hauptstadt, wie auch den Bewohnern der großen Provinzstädte, die Möglichkeit, Oliven aus Portugal, Garum aus Spanien, Austern aus der Bretagne, Fisch aus dem Mittelmeer und dem Schwarzen Meer, Feigen aus Karthago, Weine aus Griechenland sowie Honig, Gewürze, Käse, Trockenfrüchte und Duftstoffe aus allen Teilen des Reichs zu genießen. Das wichtigste war jedoch, dass sie alle Brot und Grießbrei aus Weizen und Gerste konsumierten. Diese Grundnahrungsmittel wurden Monat für Monat auf Kosten der römischen Staatskasse rationsweise an bis zu 200 000 ärmere Römer verteilt, sowohl unter den Konsuln als auch unter den Kaisern, die alle wussten, dass man ein Aufbegehren der Bürger in der überquellenden Stadt am besten verhindern konnte, indem man dafür sorgte, dass die Plebejer ausreichend zu essen bekamen und hin und wieder durch prächtige Triumphzüge, Zirkusse und andere öffentliche Vergnügungen abgelenkt wurden.

Der Aufwand, den die Lenker des Römischen Reichs betrieben, um ihre Bürger zu unterhalten, und die Kräfte, die die römischen *collegia* in Bewegung setzten, um ihre Zünfte vor der Konkurrenz der Sklaven zu schützen, liefern uns das Stichwort für die nächste große Transformation in der Geschichte der Arbeit nach der ersten Liaison mit der Landwirtschaft: den Zustrom von immer mehr Menschen in Städte, Großstädte und Metropolen, Orte, in denen zum ersten Mal in der Geschichte der Menschheit eine Mehrzahl der Bewohner sich nicht primär mit der Beschaffung der zum Überleben erforderlichen Energieressourcen beschäftigen musste.

TEIL VIER

GESCHÖPFE DER GROSSSTADT

11

Helle Lichter

Im August 2007 verstaute Thadeus Gurirab seine Klamotten und eine laminierte Kopie seines Schulabschlusszeugnisses in einem klapprigen Rollkoffer und machte sich auf den Weg vom heimischen Bauernhof im Osten Namibias in die Hauptstadt Windhuk. Seine Eltern hatten seit jeher gewusst, dass ihr kleines Gehöft nie mehr als eine Familie würde ernähren können. Sie hatten darauf bestanden, dass Thadeus, zweites von vier Geschwistern, die Schule besuchte, sodass er irgendwann einen «Großstadtjob» würde ergattern können.

In Windhuk kam Thadeus im Haus seines Onkels und seiner Tante väterlicherseits unter, in dem auch noch deren Mutter und drei Kinder lebten. Es war eine Hütte aus Wellblech auf einem steinigen «Grundstück» in Havana, einem wuchernden «inoffiziellen» Vorort an Windhuks hügeliger Peripherie.

Ein gutes Jahrzehnt später wohnt Thadeus noch immer an derselben Adresse in Havana. Sein Onkel und seine Tante zogen 2012 fort und überließen ihm ihr Heim. Er hat inzwischen einen «Zwillingsjob» als Wachmann und Hausmeister einer der vielen evangelischen Kirchen, in denen sich jeden Sonntag zugewanderte Stadtbewohner versammeln und für eine bessere Zukunft beten. Und er hat sich ein kleines Extra-Einkommen erschlossen, indem er auf seinem Grundstück eine zusätzliche winzige Wellblechhütte errichtet hat, die Platz für eine Einzelmatratze bietet und die er vermietet. Zurzeit teilen sich zwei junge Männer die Matratze, beide vor kurzem aus dem Osten des Landes zugereist und ebenfalls als Wachmänner tätig. Der eine arbeitet Nachtschicht und schläft tagsüber in der Hütte, der andere arbeitet tagsüber und nützt die Matratze nachts.

Thadeus ist mit dieser Situation zufrieden. Sie hat den Vorteil, dass immer jemand zu Hause ist und aufpassen kann. Havana ist seit 2012 fast um das Doppelte gewachsen und kein so sicherer Ort mehr wie früher. Thadeus deutet auf die von seinem Haus aus sichtbaren Hügel, die noch unberührt waren, als er hier einzog, jetzt aber genauso dicht zugebaut sind wie der talseitige Abhang, an dem seine Hütte liegt. Und weil von den Neuankömmlingen kaum einer einen Job findet, bleibt ihnen nichts anderes übrig, als zu betteln oder zu stehlen.

Mit einer Einwohnerzahl von knapp über einer halben Million hat Windhuk nur einen Bruchteil der Bevölkerung einer großen Weltmetropole. Dennoch lässt sich, was sich hier getan hat, mit Entwicklungen in vielen anderen Teilen der unterentwickelten Welt vergleichen, nur dass es hier in einem kleineren Maßstab abläuft.

Vor nicht einmal 30 Jahren, 1991, lebten noch fast drei Viertel aller Namibier auf dem Land. Seither hat sich die Bevölkerung des Landes fast verdoppelt. Während die Zahl der Landbewohner aber nur um ein Fünftel angestiegen ist, hat sich die Einwohnerzahl der größeren Städte vervierfacht, nicht zuletzt weil Leute wie Thadeus auf dem Land überzählig waren und ihr Heil in der Stadt suchten. Infolgedessen leben heute fast so viele Namibier in einer Stadt, wie das Land als Ganzes 1991 Einwohner hatte. Und weil die Regierung nicht über die Geldmittel für ein massives Wohnungsbauprogramm verfügt und weil die Erwerbslosenrate bei jungen Erwachsenen um die 46 Prozent pendelt, müssen die meisten dieser Neuankömmlinge sich eine Bleibe in «inoffiziellen» Wohnvierteln wie Havana suchen.

Thadeus war 2007 einer von geschätzt 75 Millionen[1] Großstadt-Zuzüglern weltweit, einer der vielen, die ihre ländliche Heimat verließen, um ihr Glück in einer Stadt oder Großstadt zu suchen. Jeder von ihnen leistete einen kleinen Beitrag dazu, den Homo sapiens über eine wichtige menschheitsgeschichtliche Schwelle zu hieven: Spätestens Anfang des Jahres 2008 lebten – erstmals in der Geschichte unserer Spezies – mehr Menschen in Städten als auf dem Land.[2]

Die Geschwindigkeit, mit der wir den Übergang geschafft haben von einer Spezies, der verändernde Eingriffe in ihre Umwelt kein großes Anliegen waren, zu einer, die in ausufernden, komplexen, technisch hergestellten «Kolonien» haust, hat in der Evolution des Lebens auf der Erde

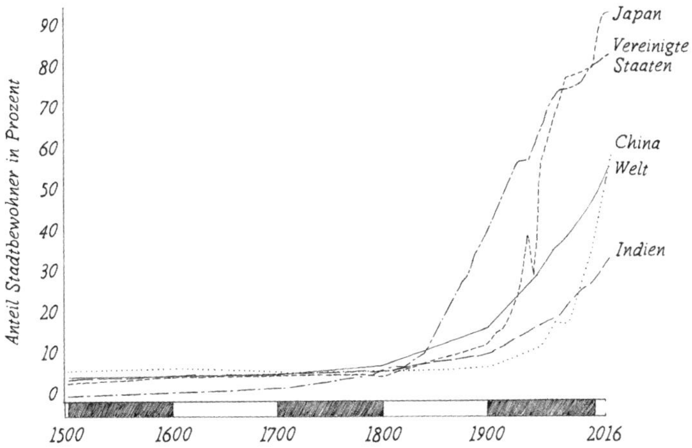

Anteil der Stadtbewohner an der Gesamtbevölkerung 1500–2016[3]

nicht ihresgleichen. Auch bei Termiten, Ameisen und Bienen fand eine «Verstädterung» statt, aber die vollzog sich im Verlauf von Jahrmillionen, während sie beim Menschen im Zeitraum eines evolutionären Wimpernschlags passiert.

Der Mensch ist erst seit kurzem zu dem geworden, was die Ju/'Hoansi als ein «Geschöpf der Stadt» zu bezeichnen pflegten. Nichtsdestotrotz ist die Stadt, schon seit im Nahen Osten, in China, in Indien, Mittelamerika und Südamerika die ersten, noch kleinen Städte zu wachsen begannen, ein Brutkasten der Kreativität, Innovation, Schöpferkraft und Vielfalt gewesen. Städte haben auch einen im Verhältnis zu ihrer Einwohnerzahl überdimensionalen Einfluss auf die Geschicke der Völker ausgeübt. Bis zum Anbruch der industriellen Revolution gab es nirgendwo Städte, deren Anteil an der Gesamtbevölkerung ihrer Region größer als ein Fünftel gewesen wäre, und doch entscheidet das, was in diesen Städten passiert, schon seit mindestens 5000 Jahren darüber, wie und wohin sich die Geschichte der Menschheit entwickelt.

Viele der aktuellsten Kapitel in der Geschichte des Homo sapiens und seiner Verwandlung in eine stadtbewohnende Art werden in überbevölkerten Wellblechsiedlungen wie Havana mit ihren improvisierten, oft chaotisch anmutenden, planlos errichteten Hütten geschrieben, die an den Rändern der größeren und kleineren Städte der Entwicklungsländer aus dem Boden wachsen. Bis zu 1,6 Milliarden Menschen leben heute in Slums, Favelas und Hüttendörfern. Die größten von diesen – Kibera in Kenia, Ciudad Neza am Rand von Mexico City, Orangi Town in Pakistan und Dharavi am Rand von Mumbai – haben eine nach Millionen zählende Einwohnerschaft und sind oft so etwas wie eine «Stadt innerhalb der Stadt». Ihre spinnennetzartigen Durchgangsstraßen fressen sich Kilometer für improvisierten Kilometer auswärts und wachsen so schnell in die Länge, dass das Beste, was die Stadtverwaltungen tun können, darin besteht, in panischer Eile mit gezücktem Klemmbrett die neuen Trassen abzulaufen und nach bestem Wissen zu berechnen, wie viel es kosten würde (und ob es überhaupt möglich ist), nachträglich Leitungen für Wasser, Abwasser und Strom zu verlegen.

Andere neuere Kapitel der Geschichte unserer Verstädterung werden anderswo nach planvolleren Vorgaben geschrieben. Am eindrucksvollsten erscheint hier die überlebensgroße Kalligraphie der heutigen chinesischen Stadtplaner und Architekten. Vor 40 Jahren lebten vier von fünf Chinesen auf dem Land; inzwischen leben und arbeiten drei von fünf in Häusern bzw. Bürogebäuden aus Glas, Beton und Stahl. Viele dieser Gebäude gruppieren sich entlang breiter, schnurgerader asphaltierter Straßen und sind an eine integrale Versorgungs-Infrastruktur (Wasser, Energie, Kommunikation, Abwasser und Müll) angeschlossen. Die Versetzung von 250 Millionen chinesischen Landbewohnern in Großstädte, in deren rapide wachsenden Industriebetrieben Jobs auf sie warteten, vollzog sich zwischen 1979 und 2010 und war die größte «Völkerwanderung» in der Geschichte der Menschheit. Sie führte nicht nur dazu, dass gleichsam über Nacht nagelneue, bis heute noch nicht voll bewohnte «Geisterstädte» aus dem Boden wuchsen, sondern brachte es auch mit sich, dass neu gegründete Großstädte im Zuge ihres expansiven Wachstums vormals stille Bauerndörfer, Bauernhöfe und Kleinstädte gleich im Dutzend verschluckten.

Für Vere Gordon Childe war die «urbane Revolution» die epochale zweite Phase der landwirtschaftlichen Revolution. Die erste Phase umfasste die schrittweise Domestizierung ehemals wilder Tiere zu Nutzvieh und ehemals wilder Getreidearten und anderer Pflanzen, ein schmerzhaft langer Prozess, der sich über viele Generationen hinzog. Kennzeichnend für diese erste Phase war ferner die allmähliche Entwicklung und Verbesserung einfacher Techniken und Gerätschaften: Bewässerungsanlagen, Pflug, Zugtiere, Lehmziegel, Metallurgie und ähnliche Errungenschaften, die «nachweislich die biologische Wohlfahrt unserer Spezies durch das Erleichtern ihrer Vermehrung förderten».[4]

Die zweite Phase, die urbane Phase, setzte erst ein, als die landwirtschaftliche Produktivität einen kritischen Schwellenwert überschritten hatte und die Bauern in der Lage waren, zuverlässig Überschüsse zu erzeugen, die ausreichten, einen Beamtenapparat, Künstler, Politiker und andere Stadtmenschen zu ernähren, die von den Bauern großzügigerweise nicht als «Schmarotzer» betrachtet wurden. Das Charakteristikum dieser zweiten Phase war die Entstehung von Städten, die von Kaufleuten versorgt, von Monarchen regiert und von Priestern, Soldaten und Bürokraten verwaltet wurden.

Childe lag mit ziemlicher Sicherheit richtig, zumindest im Sinne der Geschichte der Arbeit. In der Antike entstanden Städte immer nur dann, wenn in einer Region die Landwirtschaft einen ausreichend großen Energieüberschuss zu erzielen vermochte, um eine große Stadtbevölkerung, die keine Feldarbeit zu leisten brauchte, zuverlässig ernähren zu können. Und wo solche Energieüberschüsse ein bestimmtes Niveau erreichten, nutzten die Menschen sie, analog zum Schwarzmasken-Webervogel, erst einmal für die Errichtung großer monolithischer Monumente wie Göbekli Tepe oder Stonehenge oder, ein paar Tausend Jahre später, großer Städte und Metropolen.

Die ersten Städte in Asien, Nahost und Amerika waren ebenso Produkte zufälliger geographischer Gegebenheiten wie Zeugnisse für die Kreativität und Kühnheit menschlicher Gemeinschaften. Um Papua-Neuguinea und China als Beispiele zu nehmen: Hier wie dort begannen die Menschen irgendwann zwischen 11 000 und 10 000 Jahren vor unserer Zeit mit landwirtschaftlichen Produktionsweisen zu experimentieren. Doch während chinesische Bauern spätestens 4000 Jahre vor unserer Zeit, weil sie den glücklichen Griff getan hatten, ertragreiche Reis- und Hirsesorten zu züchten, beständig und zuverlässig ausreichend große Überschüsse erwirtschafteten, um die ersten stadtbasierten kaiserlichen

Dynastien Chinas errichten und dauerhaft etablieren zu können, gelang es den Bauern von Papua-Neuguinea nie, über ihre auf bescheidenen Erträgen aus dem Anbau von Taro und Yams sowie aus der Schweinehaltung basierenden Dörfer hinauszuwachsen. Tatsächlich konnte in Neuguinea erst in der Kolonialzeit, als ertragreiche Getreidearten wie Reis von außen ins Land kamen, die erste richtige Stadt entstehen. Ähnlich kleingehalten durch den Mangel an ertragreichen Nahrungspflanzen wurden die Mittelamerikaner. Sie schafften es erst vor weniger als 1000 Jahren, für den Unterhalt von Städten ausreichende Überschüsse zu generieren, als der Mais nach Tausenden Generationen menschengemachter Selektion endlich Eigenschaften ausbildete, die annähernd an die der hoch ertragreichen Maissorten heranreichten, die wir heute kennen.

Neben einer glücklichen Hand bei der Züchtung einheimischer Kulturvarietäten gab es noch zwei weitere wichtige Variablen in der Gleichung: Klima und Topographie. Es ist kein Zufall, dass die ersten Städte im Nahen Osten, in Südostasien und auf dem indischen Subkontinent in Klimazonen entstanden, die besonders günstig für den Getreideanbau waren, oder in den Schwemmebenen wasserreicher Flusssysteme, die jahreszeitliche Überschwemmungen generierten. Viel früher, als irgendjemand den Wert von Düngemitteln erkannte oder Regeln für einen zweckmäßig organisierten Fruchtwechsel aufstellte, stützten sich die Menschen in den besagten Regionen auf die von ihren Flussgöttern geschickten Überschwemmungen, die einen Cocktail an Mineralien und organischen Stoffen, mitgeführt aus den oberen Flussabschnitten, auf den überschwemmten Flächen ablagerten und so die Humusschicht erneuerten.

Analog zu der Überlegung mancher Gelehrten, unter dem Gesichtspunkt der Entropie sei die Entstehung des Lebens auf der Erde fast unvermeidlich gewesen, können wir aus der Geschichte der Menschheit den Schluss ziehen, dass die Entstehung von Städten und Großstädten überall dort, wo menschliche Gemeinschaften ein ausreichendes Produktivitätsniveau bei der Nahrungsmittelerzeugung erreichten, ebenso unvermeidlich gewesen ist.

Wie für lebende Organismen, gilt auch für Städte, dass sie durch die Mobilisierung von Energie und deren Umsetzung in Arbeit entstehen, fortbestehen und wachsen. Wenn eine Stadt aus diesem oder jenem Grund nicht mehr in der Lage ist, sich die Energie zu beschaffen, die sie braucht, wird sie, wie ein Lebewesen, das nicht mehr genug Luft, Nahrung und Wasser bekommt, vor der Entropie kapitulieren, schwächeln und absterben. In der Frühphase der Verstädterungsgeschichte unserer Spezies kam das öfter vor, als man es vermuten würde. In manchen Fällen wurde eine Stadt von einer Rivalin abgewürgt, die sie durch Belagerung aushungerte, in anderen Fällen fiel sie einer Dürre, einer Seuche oder einer anderen Naturkatastrophe zum Opfer. Man vermutet, das sei das Schicksal vieler der antiken Städte und Hauptstädte gewesen, die sich dem Auge des Archäologen so darbieten, als hätten ihre Bewohner sie fast über Nacht und ohne erkennbaren Grund verlassen. Bis zum Beginn der industriellen Revolution lebten selbst in den fortgeschrittensten und produktivsten bäuerlichen Zivilisationen, etwa im alten Rom, 80 Prozent aller Menschen noch auf dem Land und betrieben Landwirtschaft. Doch die 20 Prozent, die in den Städten der produktivsten bäuerlichen Volkswirtschaften der Antike lebten, waren Pioniere einer ganz neuen Arbeitskultur.

Als Mitglieder der ersten großen menschlichen Gemeinschaften, in denen sich eine nennenswerte Anzahl von Menschen überhaupt nicht mehr der Nahrungsbeschaffung widmete, fanden sie dank eines Zusammenwirkens von äußeren Umständen und individuellen Befindlichkeiten wie Neugier oder Langeweile andere schöpferische Anwendungen für ihre Energie. Und so wie wohlgenährte Webervögel dem Gebot der Entropie Genüge tun, indem sie arbeiten, wurden Städte umso größer, je mehr Energie sie aus ihrem bäuerlichen Umland bezogen und je mehr Arbeit ihre Einwohner leisten konnten. Ein großer Teil dieser Energie floss in die Beschaffung und Herstellung der für die Errichtung, Erhaltung und Erneuerung grundlegender Infrastrukturen benötigten Materialien und Werkzeuge. Das führte zur Entstehung vieler neuer spezialisierter Berufe wie Zimmermann, Steinmetz oder Architekt, Baumeister, Wasserbauer oder Abwasserentsorger. Sehr viel Energie wurde auch darauf verwendet, Tempel zu errichten und die Existenz von Ordensgemeinschaften zu sichern, deren Mission es war, strenge und anspruchsvolle Götter durch dargebrachte Opfer und Tribute bei Laune zu halten; dazu kam die vollkommen neuartige Aufgabe, in den neuen Massen-Habitaten, deren Bewohner zuvor 300 000 Jahre lang in kleinen mobilen Gemeinschaften gelebt hatten, für Ordnung und Sicherheit zu sorgen. Dazu brauchte man Beamte, Richter, Soldaten und andere, die sich darauf spezialisierten, Ordnung zu organisieren und eine Vielzahl von Menschen zu einer Stadtgesellschaft mit gemeinsamen Werten, Überzeugungen und Zielen zusammenzuschmieden.

Legenden über den Ursprung frühgeschichtlicher Städte wie die Fabel von den ausgesetzten Zwillingen Romulus und Remus, die von einer Wölfin gesäugt wurden, bis Romulus seinen Bruder tötete und Rom gründete, füllen Leerstellen in unserem kollektiven Geschichtsbewusstsein. In den meisten Fällen können wir nur Spekulationen darüber anstellen, warum und wie aus einem kleinen Dorf eine Stadt oder eine Großstadt wurde, abgesehen einmal vom Grundprinzip, dass erst der von der Landwirtschaft erwirtschaftete Energieüberschuss eine solche Expansion möglich machte. Zweifellos gab es ebenso viele Wege, die zur Gründung frühgeschichtlicher Metropolen wie Athen, Rom, Chengzhou (heute Luoyang), Memphis, Alt-Simbabwe und Mapungubwe im südlichen Afrika oder Tenochtitlan (dessen Ruinen unter Mexiko City liegen) führten, wie es später Straßen gab, die in diese Städte und aus ihnen heraus führten. Bei manchen Großstädten können wir sicher sein, dass sie ihr Dasein als heilige Versammlungsstätten oder geographisch günstig gelegene Zentren begannen, an denen sich Menschen zu bestimmten Zeiten des Jahreslaufs trafen, um zu feiern, den Göttern zu huldigen oder Geschenke, Ideen, Ängste, Träume und Sexualpartner auszutauschen. Andere Städte entstanden ziemlich sicher in Kriegszeiten an Orten, die man gut verteidigen konnte, wo die Starken den Schwachen Schutz gewähren konnten und vielleicht auch wo Menschen in den Bann eines charismatischen Führers mit ehrgeizigen Plänen und einem überlebensgroßen Ego gerieten.

Städte lebten oder starben auf der Grundlage allgemeinverbindlicher Verhaltensregeln und der Fähigkeit ihrer Einwohner, sich auf der Basis gemeinsamer Erfahrungen, Überzeugungen und Werte zusammenzutun und das eigene Selbstverständnis dann auch dem bäuerlichen Umland, das sie ernährte, überzustülpen.

In dem Maß, wie die bäuerliche Bevölkerung dank der Erschließung zusätzlicher Energieressourcen wuchs, gewannen die Verfügung über Grund und Boden und der Zugang zu Ressourcen wie Wasser und fruchtbaren Böden einen immer größeren Wert. In den Monaten nach Einbringen der Ernte, wenn kein Mangel an Nahrung herrschte und wenn gerade kein monumentales Bauwerk am Entstehen war, hatten die Männer Zeit, sich Dinge auszudenken, mit denen sie Frauen beeindrucken, einander imponieren und Rechnungen aus früheren Auseinandersetzungen, Kränkungen und Misshelligkeiten begleichen konnten, die in der arbeitsintensiven Jahreszeit untergründig geschwelt hatten. Sooft Menschen sich an einem Ort versammelten, um etwa saisonale Energieüberschüsse in die Errichtung von Monumenten wie Stonehenge zu investieren, so oft trafen sie, wie man annehmen kann, auch aufeinander, um zu kämpfen. Archäologen, die ein besonderes Faible für das Ausgraben von Relikten aus dem neusteinzeitlichen Europa haben, können deswegen damit rechnen, häufig auf die verschütteten Überbleibsel befestigter Dörfer zu stoßen, nicht zuletzt auf Massengräber, in denen sich Hinweise auf Folter, Ritualmord und manchmal auch Kannibalismus finden.[5]

Auch wenn die Aussicht darauf, von den Bewohnern eines Nachbardorfs auf der anderen Talseite massakriert zu werden, viele neusteinzeitliche Gemeinschaften in ständige Wachsamkeit versetzte, wären wohl nur die wenigsten von ihnen jemals auf die Idee gekommen, sich selbst als Soldaten zu betrachten oder die gelegentlichen Zusammenrottungen zorniger, kriegsbemalter Bauern aus zwei Dörfern als ein Heer. Die meisten bewaffneten Konflikte in der Neusteinzeit entsprachen wohl denen, die in vielen präkolonialen bäuerlichen Gesellschaften Afrikas wie den Nuer und den Dinka ausgetragen wurden oder wie sie immer wieder zwischen waldbewohnenden «Gemüsebauern» in Südamerika wie den Yanomami oder zwischen rivalisierenden Dörfern in Papua-Neuguinea vorkamen. Grausige Massaker kamen weitaus seltener vor als ritualisierte Kämpfe, bei denen das Spektakel – das Sich-Auftakeln, das Stolzieren, Posieren und Ausstoßen von Schmähungen – wichtiger war als tatsächliches Blutvergießen.

Mit der Entstehung von Städten und Staaten änderte sich das alles. Die Arbeit von Stadtbewohnern war bestimmt von den Anforderungen einer sinnvollen Verausgabung von Energie, und eines der ersten Dinge, in die Städte ihre Energie investierten, war der Aufbau stehender Berufsheere, die in der Lage waren, für Frieden innerhalb der Stadtmauern zu sorgen und die für das Überleben der Stadt nötigen Energieressourcen zu beschützen oder neue zu erschließen.

Als erst einmal Stadtgesellschaften entstanden waren, die nicht mehr den Imperativen der Nahrungsbeschaffung unterworfen waren, wuchsen in diesem neuen Biotop zahlreiche neuartige Berufe heran. Einige von ihnen erreichten ein Niveau an gesellschaftlicher Bedeutung, wie es für mobile Jäger-und-Sammler-Gemeinschaften oder sogar für die Mitglieder kleiner bäuerlicher Dorfgemeinschaften unvorstellbar gewesen wäre. Das Arbeitsleben gestaltete sich für die meisten Menschen in der ältesten Stadt, von der wir wissen, Uruk in Mesopotamien, wahrscheinlich nicht viel anders als in Städten wie Paris, London, Mumbai oder Shanghai vor Einsetzen der industriellen Revolution. Die Ruinen von Uruk befinden sich in einem von einem Bogen des Flusses Euphrat umschlungenen fruchtbaren Landstrich rund 30 Kilometer östlich der heutigen irakischen Stadt Samawah. Gegründet vor rund 6000 Jahren, wurde die Stadt nach der islamischen Eroberung Mesopotamiens im 7. nachchristlichen Jahrhundert von ihren letzten verbliebenen Bewohnern verlassen. Man vermutet, dass Uruk in seiner Blütezeit vor rund 5000 Jahren bis zu 80 000 Einwohner zählte. Und wie in den meisten anderen großen Städten, die in der Folge entstanden, tendierten auch in Uruk diejenigen, die in gleichen oder ähnlichen Metiers arbeiteten, dazu, sich in jeweils bestimmten Stadtvierteln niederzulassen.

Selbst noch im heutigen London gibt es viele Stadtviertel, die sich ihre enge historische Bindung an ein jeweils bestimmtes Gewerbe bewahrt haben. Natürlich sind manche dieser Gewerbe untergegangen, und viele alte Stadtbezirke haben ihre eindeutige Zuordnung zu diesem oder jenem Metier auch dank des Aufkommens von Einkaufszentren, Handelsketten, Mega-Supermärkten und Gentrifizierungswellen eingebüßt, aber einige sind doch übrig geblieben: die Harley Street, Hatton Garden, Savile Row, Soho und die Square Mile sind nach wie vor eng mit jeweils einem bestimmten Gewerbe verbunden, das dort seit Jahrhunderten heimisch ist. Andere, wie Camden (alternative Mode und Accessoires der Jugendkultur) oder die Tottenham Court Road (Elektronik), haben sich auf relativ neue Metiers kapriziert.

Die historische Symbiose bestimmter Stadtviertel mit bestimmten Gewerben beruhte weder auf willkürlichen Raumnutzungsvorgaben, noch war sie das Ergebnis einer systematischen Stadtplanung. Sie hatte nicht einmal sehr viel damit zu tun, dass es aus Kundensicht außerordentlich sinnvoll ist, wenn man auf der Suche nach bestimmten Waren nur die Straßen eines einzigen Stadtbezirks ablaufen muss, um Produkt- und Preisvergleiche anstellen zu können. Der Grund war vielmehr, dass die Menschen vom pulsierenden Leben in den Straßen der großen Städte angezogen wurden und Freundschaft, Partnerschaft und Solidarität im Kreis derer finden konnten, die sich für ähnliche Tätigkeiten wie sie selbst interessierten und mit denen sie ähnliche Erfahrungen teilen konnten. In den Städten verschmolzen infolgedessen die individuellen gesellschaftlichen Identitäten oft mit den Berufen, die die Menschen ausübten.

In Grabstein-Inschriften und in schriftlichen Akten des römischen Kaiserreichs finden sich Beschreibungen von 268 unterschiedlichen Berufslaufbahnen, die man als Bürger des antiken Rom einschlagen konnte. Da waren zum einen Tätigkeiten in der Verwaltung, im Bauwesen, im Werkzeugbau, im Handwerk, im Handel und im soldatischen Metier, zum anderen aber auch viele Berufe, die sich als Vorläufer von Dienstleistungsjobs identifizieren lassen, die noch heute in modernen, überwiegend städtisch geprägten Ländern wie Großbritannien hochgradig beschäftigungsrelevant sind. Innerhalb des altrömischen Dienstleistungssektors fanden sich Juristen, Schreiber, Sekretäre, Buchhalter, Köche, Verwaltungsleiter, Berater, Lehrer, Prostituierte, Dichter, Musiker, Bildhauer, Kunstmaler, Unterhaltungskünstler und Kurtisanen, alles Leute, die – vorausgesetzt sie konnten sich die richtigen Mäzene sichern oder waren finanziell unabhängig – ihr gesamtes Arbeitsleben dem Ziel unterordnen konnten, ein Meister oder eine Meisterin ihres jeweils besonderen Faches zu werden.

Sowohl in den frühen neolithischen Gesellschaften als auch bei Jägern und Sammlern waren es die Gemeinsamkeiten der Geographie, der Sprache, der Glaubenslehren und der Verwandtschaft, die das Zugehörigkeits-, Gemeinschafts- und Identitätsgefühl der meisten Menschen prägten; die Tatsache, dass die meisten ähnlichen Tätigkeiten nachgingen – und dabei oft zusammenarbeiteten –, stärkte das Zusammengehörigkeitsgefühl zusätzlich.

Die Bewohner frühgeschichtlicher Städte hatten nicht die Gewissheit,

Teil einer ortsfesten Gemeinschaft mit fest verwobenen verwandtschaftlichen Bindungen zu sein. Sie hatten auch nicht den Luxus, jeden zu kennen, dem sie begegneten. Wie die Bewohner heutiger Städte, verbrachten sie viel Zeit damit, Tag für Tag mit Fremden zusammenzutreffen, von denen viele ein ganz anderes Leben führten, obwohl sie vielleicht demselben Herrscher untertan waren, dieselbe Sprache sprachen, denselben Gesetzen gehorchen mussten und eine gemeinsame Herkunft teilten. Viele der regelmäßigen und alltäglichen Interaktionen zwischen Angehörigen unterschiedlicher Berufsgruppen fanden nur im Kontext dieser Rollenverteilung statt. So dürfte zum Beispiel im alten Rom ein Koch regelmäßig, wenn auch immer nur flüchtig, mit den Toga tragenden Patriziern interagiert haben, die sich an den von ihm zubereiteten Siebenschläfern mit Kräuterfüllung gütlich taten, ebenso mit dem Siebenschläfer-Fänger, der in freier Wildbahn nächtigte, und mit den Händlern, von denen er seine anderen Zutaten bezog. Außerhalb seiner beruflichen Tätigkeit hatte er wohl kaum irgendwelche Kontakte zu diesen Leuten, und es war ihm womöglich sogar unangenehm, wenn er ihnen auf gesellschaftlichem Parkett begegnete. Dagegen verbrachte er sicherlich sehr viel Zeit mit seinen Kollegen und Mitarbeitern in der Küche, wahrscheinlich mehr Zeit als mit seiner Familie zu Hause oder mit den Bekannten, die er in seiner Freizeit manchmal auf dem Forum treffen und zu einem spielerischen Wettkampf herausfordern mochte. Wahrscheinlich verbrachte er auch Zeit mit anderen Köchen, deren Sichtweise auf die Welt, wie seine eigene, von den Kenntnissen und Fertigkeiten geprägt war, die sie in der Küche erworben hatten und die in Form von Brandnarben auf ihren Armen ihre symbolischen Spuren hinterlassen hatten. Sie hatten, kurz gesagt, sehr viel mehr miteinander gemein als etwa mit Soldaten, Senatoren, Mundschenken und professionellen Siebenschläfer-Fängern. Dasselbe galt für alle anderen, die einem Expertenberuf nachgingen.

Wie in unserer heutigen Berufswelt, gehörte man auch im alten Rom, wenn man Koch oder Dichter oder Maurer war, einer durch den Beruf definierten Gemeinschaft an, die sich durch gemeinsame Erfahrungen und gemeinsame Fähigkeiten definierte, die man sich oft im Verlauf einer langen Lehrzeit angeeignet hatte. Wie in vielen anderen Städten, wuchsen auch in Rom Angehörige verwandter Berufe und Metiers im Lauf der

Zeit oft zu generationenüberspannenden Mikro-Gemeinschaften zusammen, in denen schon die Kinder miteinander spielten und später einander heirateten und in denen diejenigen, die dazugehörten, Wertvorstellungen, religiöse Praktiken und einen bestimmten sozialen Status teilten. In dem Maß, wie sich die Stadtgesellschaften verfestigten, verschmolz die Zugehörigkeit zu einer Berufsgruppe immer mehr mit der eigenen sozialen, politischen und auch religiösen Identität. Nirgendwo lief dieser Prozess sichtbarer ab als in Indien, wo die Zugehörigkeit zu einem Gewerbe sich untrennbar mit dem rigorosen Kastenwesen verband, das darüber bestimmte, in welchem Wohnviertel man zu leben und wie man die Götter anzubeten hatte, wie man von anderen behandelt wurde und welche Berufe die eigenen Nachkommen ergreifen durften.

In Rom bildeten diese aus der Berufspraxis geborenen Gemeinschaften die Grundlage für die *collegia* der Handwerker und Künstler, die einerseits dem Zweck dienten, Mitglieder wichtiger Gewerbezweige vor der potenziell ruinösen Konkurrenz von Sklaven zu schützen, und die andererseits dem Einzelnen ein Gefühl der Zugehörigkeit, der staatsbürgerlichen Identitat und des Gemeinsinns gaben. Anders als wir es heute vorgebetet bekommen, war der «Markt» nicht immer schon Schauplatz eines Wettbewerbs auf Gedeih und Verderb; vielmehr praktizierten über lange Strecken unserer Geschichte hinweg Angehörige verwandter Berufsgruppen im Normalfall Zusammenarbeit, Kollegialität und gegenseitige Unterstützung.

Diese eng verflochtenen Gemeinschaften konnten entstehen, weil Menschen, die bestimmte für ihr Metier charakteristische und einzigartige Fertigkeiten und Erfahrungen teilten, dazu neigten, die Welt mit ähnlichen Augen zu sehen, und auch weil ihr Beruf häufig auch ihren gesellschaftlichen Status definierte. Dass das auch heute noch so ist, sollte uns nicht überraschen. Viele von uns verbringen nicht nur ihr Arbeitsleben in der Gesellschaft von Kollegen, sondern auch einen nicht unerheblichen Teil ihres Lebens außerhalb von Firma und Beruf.

Unter den unzähligen neuen Berufen, die entstanden, als die Menschen in Städten zusammenströmten, entpuppten sich zwei Metiers, die es vorher überhaupt nicht gegeben hatte, als besonders wichtig. Das erste war ein Nebenprodukt der Erfindung der Schrift, das zweite ein Ergebnis der wachsenden Macht der Kaufleute, die die Zuweisung und Verteilung von Energie und anderen aus der ländlichen Umgebung bezogenen Ressourcen kontrollierten.

Was alle Jäger-und-Sammler-Kulturen und alle frühen neusteinzeitlichen Gesellschaften gemein hatten, war eine reiche visuelle Kultur: Man kommunizierte miteinander mithilfe einer breiten Palette bedeutungsträchtiger Symbole. Doch erst nach der Entstehung der ersten Städte kam jemand auf die Idee, ein so vielseitiges System visueller Zeichen zu entwickeln, wie Schriften es darstellen.

Wie die Landwirtschaft, entstanden auch Schriftsysteme unabhängig voneinander innerhalb einer relativ kurzen Zeitspanne in unterschiedlichen Teilen der Welt. Mindestens drei auf ganz eigenen Beinen stehende Schriftsysteme, von denen die meisten modernen Zeichenfamilien, mit denen wir heute vertraut sind, abstammen, kamen aus dem Nahen Osten, aus Südostasien und Mittelamerika. Über den Ursprung und die Bedeutung der von den im sechsten vorchristlichen Jahrhundert am Golf von Mexiko lebenden Olmeken verwendeten ornamentalen Glyphen und Symbole, die tausend Jahre später im Schriftsystem der Maya aufgingen, wissen wir nichts Gesichertes. Dasselbe gilt von den bereits hochentwickelten und standardisierten Zeichen und Symbolen, die sich in den ältesten Beispielen des chinesischen Schrifttums finden; überliefert sind sie in Gestalt beschrifteter Tierknochen und Schildkrötenpanzer aus der Zeit der Shang-Dynastie vor 3500 Jahren.

Vergleichsweise einfacher war es, die Ursprünge des ältesten uns bekannten Schriftsystems zu erforschen, das der Sumerer von Uruk. Die Entwicklung ihrer unverwechselbaren Keilschrift verlief nach wissenschaftlichen Erkenntnissen in drei Stadien. In der ersten Phase, die sich über 4500 Jahre erstreckte und vor vielleicht 10 000 Jahren begann, entwickelte sich ein System der Buchführung, bei dem Transaktionen durch Formstücke aus Ton festgehalten wurden. In der nachfolgenden Phase wurden diese dreidimensionalen Formstücke durch Piktogramme auf Tontafeln ersetzt, die nach wie vor der Buchführung dienten. Die dritte und abschließende Phase, in der sich die Vorstufe einer alphabetischen Schrift entwickelte, setzte vor rund 5000 Jahren ein und beinhaltete die erstmalige Nutzung von Piktogrammen für die systematische zeichenhafte Abbildung gesprochener Sprache.

Die speziellen kognitiven Implikationen der geschriebenen Sprache sind und bleiben ein Debattenthema. Wie alle anderen komplexen Fähigkeiten, die wir erwerben und perfektionieren, solange wir jung und kognitiv formbar sind, hat das Erlernen der Schrift einen prägenden Einfluss darauf, wie unser Gehirn sich organisiert und wie wir denken und die Welt deuten. Die Diskussion konzentriert sich auf die Frage, wie tiefgreifend die Folgen dieser Kulturleistung sind. Manche halten es für sicher, dass die Erfindung und Beherrschung der Schrift grundlegende kognitive und psychische Veränderungen bewirkt hat. Nach ihrer Überzeugung führte das Schreiben und Lesen dazu, dass unser Gesichtssinn den Vorrang vor unseren anderen Sinnen erhielt, das heißt, dass wir eine stärker naturwissenschaftlich orientierte, visuell geordnete und «rationale» Weltsicht entwickelt haben. Andere sind sehr viel skeptischer und vertreten die Auffassung, die für das Lesen und Schreiben erforderliche grundlegende kognitive Architektur unterscheide sich nicht wesentlich von der Ausstattung, die wir brauchen, um die Laute, die wir von uns geben, in etwas Sinnhaltiges wie Sprache zu übersetzen oder Tierspuren im Sand zu deuten oder die Bedeutung anderer visueller Zeichen zu erkennen.

Keine Diskussion gibt es hingegen über einen anderen großen Vorzug der Schrift: Selbst wenn die Fähigkeit, das gesprochene Wort und komplexe Gedankengänge in Form von Schriftzeichen darzustellen und festzuhalten, nicht die behauptete radikale Veränderung unserer Sicht auf die Welt bewirkt haben sollte, steht fest, dass wir ohne die Schrift nicht nur ein großes Defizit an geschichtlicher, philosophischer und dichterischer Überlieferung hätten, sondern dass es uns auch an einem wesentlichen Werkzeug für die Entwicklung komplexer abstrakter Denkmodelle fehlen würde, die die Voraussetzung für bedeutsame Entdeckungen und Fortschritte in der Mathematik, den Naturwissenschaften und der Technik waren. Kein Zweifel besteht auch darin, dass die Erfindung der Schrift die Tür zu einem ganzen Universum neuer, bis dahin nicht vorstellbar gewesener Berufe und Bürotätigkeiten öffnete, vom Schreiber bis zum Architekten. Viele dieser Berufe brachten hohes Ansehen mit sich, nicht zuletzt in Anerkennung der Anstrengungen, die es kostete, die Schrift beherrschen zu lernen. «Lass dir das Schreiben ans Herz wachsen, auf dass es dich vor schwerer körperlicher Arbeit jeder Art bewahren möge», lautete der berühmte Rat eines ägyptischen Vaters an seinen Sohn, als er diesen im dritten vorchristlichen Jahrtausend an eine Schule schickte. «Der des Schreibens Kundige ist von körperlichen Aufgaben befreit», fügte er hinzu – und er sei «derjenige, der befiehlt».[6]

Zweifellos veränderte die Schrift auch grundlegend das Wesen der Macht und der Art, wie sie ausgeübt wurde. Sie tat dies dadurch, dass sie frühen staatlichen Organisationen die Mittel an die Hand gab, eine funktionsfähige Verwaltung und ein förmliches Rechtssystem zu errichten, Strukturen, mit denen sich auch eine größere Bevölkerung organisatorisch in den Griff bekommen ließ und die die Verwirklichung immer ehrgeizigerer Projekte möglich machten. Auch lieferte die Schrift denen, die das Lesen und Schreiben beherrschten, eine Begründung für den Anspruch auf privilegierten Zugang zu Gottes Wort und Willen.

Es ist kaum zu bestreiten, dass die Schrift auch die Welt des Handels veränderte, indem sie die Einführung systematisierter Zahlungsmittel und Währungen ebenso ermöglichte wie die Konto- und Buchführung, den Aufbau von Finanz- und Bankinstituten und die Anhäufung von Vermögenswerten, die oft nur in Gestalt von Zahlen in Kassenbüchern existierten.

Archäologen haben bis heute mehr als 100 000 Relikte sumerischer Keilschrift ausgegraben, darunter Briefe, Rezepte, Rechtsdokumente, geschichtliche Schilderungen, Dichtungen und Landkarten sowie viele aus dem Geschäftsleben stammende Dokumente. Darunter ist ein 5000 Jahre alter «Lohnstreifen», der zeigt, dass die durstigen Einwohner Uruks, wie die Tagelöhner, die die ägyptischen Pyramiden bauten, damit zufrieden sein mussten, für ihre Arbeit mit Bier entlohnt zu werden; ferner 4000 Jahre alte Quittungen, die den Kauf bzw. Verkauf von Handelsgütern wie Tierfutter, Kleider oder Stoffe dokumentieren, und der weltweit älteste bekannte Beschwerdebrief, geschrieben um 1750 vor Christus von einem wütenden Kunden an einen Händler, der minderwertige Ware geliefert hatte.

In Städten beruhte materielle Sicherheit nicht auf der Erzeugung von Energie in Form von Nahrung oder anderen Rohmaterialien, sondern darauf, dass man die Kontrolle über deren Verteilung und Verwendung innehatte. In allen antiken Städten gab es Marktplätze, von Athens weitläufiger Agora bis zu Roms wohl etwas aufgeräumterem Forum Romanum mit seinen boutiqueartigen Läden.

Der älteste Abrechnungsbeleg der Welt: Auf dieser Tafel, datiert in etwa auf 3000 v. Chr., sind Zahlungen an Arbeiter verzeichnet, Zahlungen, die in Bier erfolgten. Zu besichtigen im Britischen Museum.

Dass sich in frühgeschichtlichen Städten wie Uruk Märkte entwickelten, hatte seinen Grund teilweise darin, dass Austauschbeziehungen, wie sie typischerweise zwischen den Bewohnern kleiner bäuerlicher Siedlungen bestanden, in Städten schlicht nicht möglich waren. Tauschten oder teilten die Menschen in einer ländlichen Siedlung ihre Produkte hauptsächlich mit Leuten, die sie kannten oder mit denen sie verwandt waren, so fanden in Städten die meisten Tauschgeschäfte zwischen Fremden statt. Das bedeutete, dass die traditionellen Normen und Regeln, wie sie für Geschäfte auf Gegenseitigkeit unter zur Lauterkeit verpflichteten Partnern galten, in der Stadt nicht griffen.

Von dieser moralischen Fessel befreit, lernten städtische Kaufleute schnell, dass sie mit Handel und Wandel wohlhabend und mächtig werden konnten. Das war wichtig, weil anders als in bäuerlichen Gemeinschaften, wo die erste Sorge der Leute immer der Erfüllung ihrer Grundbedürfnisse galt, in Städten und Großstädten die Ambitionen der Menschen von anderen und andersartigen Bedürfnissen und Wünschen geprägt wurden, was sich auch auf ihre Arbeitsmotivation und ihr Verständnis von Arbeit auswirkte.

12

Die Malaise des grenzenlosen Anspruchsdenkens

Die Autofahrt von Thadeus' Wellblechhütte in Havana bis ins Zentrum von Windhuk dauert runde 25 Minuten, wenn man nicht gerade zur morgendlichen oder abendlichen Rushhour fährt, in der eine endlose Schlange verbeulter Taxis die Straßen verstopft. Die Fahrt führt zunächst durch zwei alte Townships, in denen in der Zeit der Apartheid Schwarzafrikaner und «Gemischtrassige» zwangsweise wohnten, dann durch Windhuks gutbürgerliche nordwestliche Vorstädte; schließlich erreicht man das gepflegte Zentrum der Hauptstadt, wo man von der Dachterrasse des Hamilton-Hotels freie Sicht auf Windhuks große Shopping Malls, seine Restaurants und seine klimatisierten Bürohochhäuser hat und weiter in der Ferne auch die Rauchfahnen erspähen kann, die von den vielen Kochstellen in den Straßen Havanas aufsteigen. Wenn man bei der Fahrt aus Havana ins Stadtzentrum die Augen aufhält, erkennt man an den in den Grundstückszufahrten parkenden Autos und an den zunehmend schöneren und schmuckeren Häusern, Ladengeschäften und Bürogebäuden den mit der Nähe zur Stadtmitte wachsenden Wohlstand. Rückschlüsse auf diesen lassen auch die zunehmend aufwändigeren und moderneren Überwachungs- und Alarmsysteme und das vermehrte Auftauchen uniformierter Sicherheitsleute zu. In Havana sind es vor allem die Augen und Ohren vertrauenswürdiger Nachbarn, die für eine gewisse Sicherheit sorgen; in den Townships sind es Mäuerchen um die aus Leichtbeton-Blöcken erbauten Häuschen, deren Fenster vergittert und deren Türen mit kräftigen Vorhängeschlössern gesichert sind. Auf dem Weg in die eigentliche Innenstadt passiert man Steigerungsstufen: von kleinen Wohnhäusern, deren niedrige umlaufende Einfriedungsmauern

Dornenkronen aus Stacheldraht oder Glasscherben tragen, bis zu imposanten Stadtvillen hinter übermannshohen Mauern mit unheildrohend surrenden Elektrozäunen obendrauf, zu denen sich noch diverse Bewegungsmelder, Überwachungskameras und uniformierte, mit Stöcken, Peitschen und manchmal Schusswaffen ausgerüstete Wachleute gesellen. Viele Angehörige des Sicherheitspersonals leben, wie Thadeus, in Havana, und ihre Aufgabe ist es, Häuser, Geschäfte und Firmengebäude gegen andere ebenfalls in Havana wohnende Menschen zu verteidigen.

Niemand in Windhuk hält die eigenen Sicherheitsvorkehrungen für überzogen. Zwar werden Raubüberfälle hier nur selten mit der skrupellosen Brutalität verübt, wie sie bei ähnlichen Straftaten im benachbarten Südafrika die Regel ist, aber andererseits gibt es in Windhuk nur wenige, reich oder arm, die nicht schon Opfer eines Raubes oder Diebstahls geworden sind. Wohlhabendere Windhuker klagen unaufhörlich darüber, dass die Kriminalität außer Kontrolle geraten sei, und machen dafür ethnische Zugehörigkeit, Sittenlosigkeit und die Unfähigkeit der Polizei verantwortlich, aber im Grunde wissen alle, dass sich an den Zuständen so bald nichts ändern wird.

Manche Straßenräubereien und Einbrüche werden in Windhuk von Menschen begangen, die einfach nur Hunger haben. Wenn sie es trotz Alarmanlagen und Wachpersonal schaffen, in ein Gebäude einzudringen, ist der erste Ort, den sie aufsuchen, die Küche. Bei vielen dieser Straftäter steckt als Motiv hinter den Eigentumsdelikten ein Mangel anderer Art: der Umstand, dass sie als Großstadtbewohner ständig damit konfrontiert werden, dass andere sehr viel mehr (und bessere) Dinge besitzen als sie selbst.

In diesem Punkt gleicht Windhuk jeder anderen Großstadt auf der Erde. Denn seit Menschen begonnen haben, sich in Städten zu sammeln, hat eine bestimmte Art von Anspruchsdenken ihr Streben geprägt, das sich von dem der Subsistenzbauern auf dem Land unterscheidet, eine Knappheit, die sich viel eher in Begrifflichkeiten wie Neid, Eifersucht und Verlangen artikuliert als in Kategorien einer absoluten Bedürftigkeit. Für die meisten von uns ist es dieser relative Mangel, der uns anspornt, lange Stunden zu arbeiten, um auf der sozialen Sprossenleiter nach oben klettern und mit den Schulzes nebenan mithalten zu können.

Die meisten Volkswirtschaftler hüten sich davor, den spezifischen Bedürfnissen oder Sehnsüchten auf den Zahn zu fühlen, die Menschen dazu bringen, bestimmte Dinge als rar und daher kostbar wahrzunehmen. Sie tun Fragen wie die, warum nicht-lebensnotwendige Dinge wie Diamanten einen größeren Wert besitzen als etwas so Essenzielles wie Wasser, als Exempel eines «Werteparadoxons» ab und geben sich häufig mit der Aussage zufrieden, es sei nicht wirklich wichtig, welche Beweggründe hinter unterschiedlichen Bedürfnissen stehen, denn letzten Endes entscheide ja doch der Markt darüber, welchen Wert die Objekte dieser Begierde besitzen.

John Maynard Keynes scherte in diesem Punkt aus den Reihen seiner Kollegen (jedenfalls der meisten von ihnen) aus, als er die Prognose wagte, die Automatisierung der Produktion werde das ökonomische Problem lösen. Sein Argument lautete, das ökonomische Problem habe zwei streng zu trennende Komponenten, von denen die Automatisierung aber zunächst nur der einen beikommen könne: der Befriedigung dessen, was er als unsere «absoluten Bedürfnisse» bezeichnete. Diese Bedürfnisse – nach Nahrung, Wasser, Wärme, Komfort, Freundschaft und Sicherheit – waren in seinen Augen universell, absolut und gehörten zur Erfahrungswelt jedes Menschen, eines Kettensträflings ebenso wie eines in einem Palast residierenden Monarchen. Es sind dies nach Keynes' Überzeugung grundlegende, aber nicht uferlose Bedürfnisse. Wenn es in einem Raum warm genug ist, wäre es nicht unbedingt ratsam, einen weiteren Holzscheit ins Feuer zu legen, denn es könnte dann zu heiß werden; und wenn man genug gegessen hat, wäre es dem Wohlbefinden abträglich, noch mehr zu essen.

Als die zweite Komponente des ökonomischen Problems identifiziert Keynes das, was er unsere «relativen Bedürfnisse» nannte. Diese Bedürfnisse sind nach seiner Überzeugung wahrhaft uferlos, weil wir Menschen, sobald wir uns eines davon erfüllt haben, sofort ein anderes, wahrscheinlich noch ehrgeizigeres Bedürfnis an seine Stelle setzen. Im Übrigen sind dies nach Keynes auch die Bedürfnisse, die das Verlangen der Menschen reflektieren, «mit den Schulzes von nebenan mitzuhalten», im Beruf Karriere zu machen, ein größeres Haus zu kaufen, ein schöneres Auto zu fahren, raffinierter zu essen und sich mehr Macht zu verschaffen. Es sind nach seiner Überzeugung diese Bedürfnisse, die uns animieren, immer noch mehr und härter zu arbeiten, auch wenn unsere Grundbedürfnisse längst befriedigt sind.

Einer Sache war Keynes sich nicht sicher: ob es zu seinen absoluten Grundbedürfnissen gehörte, immer den zu dem Essen, das es gerade gab, passenden Wein serviert zu bekommen, ein Landhaus für das Wochenende zu haben und guten türkischen Tabak für seine Pfeife zu besitzen. Beim Nachdenken über den Unterschied zwischen absoluten und relativen Bedürfnissen wurde ihm klar, welch große Rolle der gesellschaftliche Kontext und der soziale Status bei der Entscheidung darüber spielen, welche Dinge den Menschen wichtig und unverzichtbar erscheinen. Er dachte in dieser Hinsicht eher wie ein Sozialanthropologe, der, anders als ein Ökonom, verstehen möchte, warum in manchen Lebenswelten, etwa in Großstädten, Diamanten wertvoller sind als Wasser, während anderswo, etwa bei den traditionellen Jäger-und-Sammler-Gemeinschaften der Kalahari – in der sich heute übrigens die beiden ergiebigsten jemals entdeckten Diamantenminen befinden –, Diamanten als wertlos galten, Wasser hingegen als das Kostbarste überhaupt.

Die Vorstellung, Ungleichheit sei natürlich und unvermeidlich, findet sich in den Schriften der vedischen, konfuzianischen, islamischen und europäischen Philosophie ebenso häufig wie in den Grundsatzreden vieler Politiker. Fast schon so lange, wie Menschen in großen Städten gelebt und ihre Gedanken schriftlich festgehalten haben, waren darunter welche, die, wie Aristoteles, soziale Ungleichheit als etwas untrennbar zum Leben Gehörendes verstanden. Natürlich gab es auch viele Gegenstimmen: Persönlichkeiten, die das Ideal der Gleichheit proklamierten und deren Botschaft bei den Menschen in den unteren Etagen der wirtschaftlichen, gesellschaftlichen oder politischen Pyramide immer wieder Anklang fand und findet und in Zeiten des Aufruhrs, der Rebellion und der Revolution in brachialer Lautstärke von den Barrikaden und durch die Straßenschluchten in Aufruhr befindlicher Städte dröhnt.

Jäger und Sammler wie die Ju/'Hoansi erinnern uns daran, dass wir Menschen in der Lage sind, uns in eine willentlich egalitäre Gesellschaft ebenso einzuordnen wie in eine streng hierarchisch geordnete. Viele Historiker haben die Ansicht vertreten, Ungleichheit sei, auch wenn sie keine schicksalhafte Konstante der menschlichen Natur sein sollte, vermutlich ebenso wie Anthropozoonosen, Despotismus und Kriege eine direkte und unmittelbare Folge unseres fliegenden Übergangs zur Landwirtschaft gewesen: Sobald die Menschen in die Lage kamen, große Überschüsse zu horten, zu verkaufen oder zu verteilen, hätten sich die schäbigeren Facetten unseres Naturells in den Vordergrund gedrängt.

Es ist jedoch nicht so, dass der Übergang unserer Vorfahren zu Ackerbau und Viehzucht auf direkte und quasi-natürliche Weise zu einer extremen Ungleichheit geführt hätte. Viele frühe bäuerliche Gesellschaften waren deutlich egalitärer als die moderne urbane Gesellschaft: In Bauerndörfern und Weilern der Antike arbeiteten die Menschen oft kooperativ zusammen, teilten die Erzeugnisse ihrer Arbeit fair miteinander und horteten Überschüsse nur zum Nutzen der Gemeinschaft. Es liegen auch jede Menge Belege dafür vor, dass diese archaische Form eines «kibbuzhaften» Egalitarismus langlebig war, weil sie sich als effektiv erwies, wenn es darum ging, Zeiten materieller Not zu überbrücken, wie sie rasch wachsende bäuerliche Bevölkerungen immer wieder heimsuchten. Die Kleinbauern zum Beispiel, die sich im Verlauf des ersten vorchristlichen Jahrtausends über Spanien und Portugal ausbreiteten, praktizierten nach Überzeugung mancher Archäologen einen «Egalitarismus aus Überzeugung», bis im ersten nachchristlichen Jahrhundert römische Legionen am Horizont erschienen.[1]

Interessanterweise deutet vieles darauf hin, dass auch die älteste bis heute archäologisch erforschte proto-urbane menschliche Siedlung, Çatalhöyük in der heutigen Türkei, Hochburg eines materiellen Egalitarismus war. Diese frühe Stadt glich allerdings keiner der anderen antiken Städte und Großstädte, die später kamen. In ihren Ruinen finden sich Hunderte gleichartige Behausungen, die in enger Nachbarschaft zueinander stehen, angeordnet fast wie Waben in einem Bienenstock, was die Vermutung zulässt, dass dort niemand nennenswert wohlhabender war als alle anderen. Es gab in Çatalhöyük offenbar auch keine öffentlichen Areale wie Marktplätze, Tempelbezirke oder Versammlungsflächen und ebenso wenig durchgehende Straßen, Wege oder Pfade, sodass die Archäologen notgedrungen zu der Vorstellung gelangten, die Menschen müssten, um von einem Ort zum anderen zu gelangen, über die Dächer geturnt sein und ihr Haus oder die Häuser der anderen durch Öffnungen im Dach betreten haben.

Die Analyse der baulichen Anlage und Größe individueller Wohngebäude frühgeschichtlicher Städte deutet nicht auf das Vorhandensein extremer materieller Ungleichheiten hin, liefert aber auch keinen Beleg für die Existenz eines auch nur annähernd so rigiden Egalitarismus, wie er für kleinteilige Jäger-und-Sammler-Gesellschaften wie die Ju/'Hoansi typisch war. Geht man beispielsweise allein vom Zuschnitt der Wohngebäude in den großen Bantu-Kulturen aus, die sich im Verlauf der letzten 1500 Jahre über weite Teile Zentral-, Ost- und Südafrikas ausdehnten, so ist der erste Eindruck der eines hochgradig egalitären Gemeinwesens. In Wirklichkeit waren die Bantu davon weit entfernt. Jahrhundertelang bildeten hochfliegende Ambitionen, politische Intrigen und Machtspiele den inneren Antrieb ihrer Gesellschaft, die streng hierarchisch gegliedert war (nach Alters- und Geschlechterkohorten) und in der sehr große Vermögensunterschiede herrschten, die sich etwa nach der Größe der jeweiligen Rinderherden bemaßen, die oft weit entfernt vom Dorf unter der Obhut von Hirtenknaben weideten. Die Größe des einzelnen Domizils – für diejenigen von uns, die Wohnungen nur als auf dem Immobilienmarkt gehandelte Ware kennen, ein eindeutiger Indikator für Wohlhabenheit – galt in der Tat in vielen bäuerlichen Gesellschaften als unwichtig. In vielen hierarchisch gegliederten Gesellschaften wohnten Häuptlinge, Adlige, Gemeine und Sklaven in ein und demselben Anwesen. Ebenso bedeutsam ist, dass Wohlstand oft in höchst abstrakten Parametern gemessen wurde. In vielen Kulturen amerikanischer Indianer fungierte das Recht, etwa eine bestimmte Frisur zu tragen oder bestimmte Lieder, Tänze und Rituale aufzuführen, als Ausweis von Status und Macht, so wie in vielen afrikanischen Gesellschaften der Zugang zu rituellem Wissen als Ausweis von Macht und Privilegien fungierte. Während es unter den kleinen neusteinzeitlichen Bauernsiedlungen sicherlich manche mit hochgradig egalitärer Struktur gab, kann man dies für die größeren Städte, gleich wo auf der Welt sie entstanden, mit großer Bestimmtheit ausschließen, ungeachtet der sporadischen Versuche revolutionär gestimmter Bevölkerungsmassen, das Gleichheitsideal durchzusetzen.

Die älteste schriftlich überlieferte Geschichte einer Stadt liegt in Gestalt eines Versepos vor und schildert die Heldentaten eines der ersten Könige von Uruk, Gilgamesch, der als Erbauer der Stadtmauer von Uruk Berühmtheit erlangte und später zu einem Gott erklärt wurde. Die älteste von vielen Fassungen des Gilgamesch-Epos, die bis jetzt gefunden wurden, wurde vor rund 4100 Jahren in Keilschrift abgefasst und war mit ziemlicher Sicherheit die Niederschrift einer Erzählung, die über Generationen hinweg mündlich tradiert und mit wohlbedachten Ausschmückungen versehen worden war. Das Gilgamesch-Epos ist sicherlich mehr Mythos als Geschichtsschreibung, mehr Heldensage als Tatsachenbericht. Aber wenn man es parallel zu anderen Keilschrift-Dokumenten aus derselben Ära liest, in denen etwa die Rechte und Verpflichtungen gewöhnlicher Bürger gemäß der vom sumerischen König Urukagina vor 4500 Jahren durchgeführten Rechtsreform aufgezählt werden, eröffnet es überraschend nuancierte Einblicke in das Leben in dieser ältesten aller Hauptstädte.

Das betrifft nicht nur die zahlreichen Berufe, denen die Menschen in Uruk (und anderen frühen Stadtstaaten Mesopotamiens) nachgingen, sondern auch den Umstand, dass Uruk, wie heute New York, London oder Shanghai, alles andere als egalitär war; vielmehr konnten dort, ebenfalls wie heute in New York, London oder Shanghai, Kaufleute und Finanziers ihre Verfügungsmacht über die Beschaffung und Verteilung von Überschüssen nutzen, um einen Status zu erlangen, der sich mit dem von Aristokraten und kirchlichen Würdenträgern vergleichen lässt.

Die Menschen, die vor 4500 Jahren Uruk bewohnten, gliederten sich in fünf soziale Gruppen oder Schichten. Die Spitze der Gesellschaftspyramide bildeten der König und sein adliges Gefolge. Sie rechtfertigten ihre privilegierte Stellung, indem sie sich auf ihre Abstammung von Ur-Königen wie Gilgamesch und auf ihre Verwandtschaft zu den Göttern beriefen. Direkt unter ihnen standen die Würdenträger der Heiligen Orden: Priester und Priesterinnen. Sie leiteten ihre Machtstellung aus ihrer Nähe zu den Königen und aus ihrer Rolle als Vermittler zwischen Menschen und Göttern ab, ferner aus ihrer Funktion als Hüter der heiligen Stätten und Reliquien und aus ihrer eher weltlichen Rolle als staatlich bestellte Aufseher über die wichtigsten öffentlichen Räume in der Stadt. Abgesehen von den Sklaven, die nicht zu den eigentlichen Bürgern der Stadt zählten, bildeten die unteren Schichten der Pyramide zusammen etwas, das wir heute wohl als «Arbeiterklasse» bezeichnen würden. Es gehörten dazu die Bauern, von denen die meisten außerhalb der Stadtmauern lebten, sowie, mit Sitz in der Stadt, Geschäftsleute (Frauen und Männer) wie Metzger, Fischer, Mundschenke, Ziegler, Brauer, Wirtsleute, Steinmetze, Zimmerleute, Duftmischer, Töpfer, Goldschmiede und Kärrner, die entweder in jemandes Diensten standen oder als selbstständige Kleinunternehmer arbeiteten. In den Zwischenräumen zwischen dieser «Arbeiterklasse» und den Heiligen Orden drängten sich Soldaten, Schriftkundige, Buchhalter, Architekten, Astrologen, Lehrer, Edelprostituierte und wohlhabende Kaufleute. Sich zum wohlhabenden Kaufmann emporzuarbeiten, war in Städten wie Uruk ziemlich sicher die einzige Möglichkeit (sieht man von revolutionären Umstürzen ab), die man als «Gemeiner» hatte, die breite Kluft zu überwinden, die sich zwischen den einfachen Leuten und der herrschenden Schicht auftat. Anders ausgedrückt, eröffnete der Erwerb von Reichtum denen eine Tür zum gesellschaftlichen Aufstieg, die am fleißigsten arbeiteten, am meisten Glück hatten und sich am cleversten anstellten.

Ausgrabungen in frühgeschichtlichen Städten der Sumerer legen die vielleicht gar nicht so überraschende Schlussfolgerung nahe, dass für diejenigen, die den Ehrgeiz hatten, in der gesellschaftlichen Hierarchie nach oben zu klettern, das Brauen und Verkaufen von Bier zu den Tätigkeiten mit der größten Erfolgswahrscheinlichkeit gehörte. Das lag teilweise daran, dass Bier, wie Weizen und Silber, als Zahlungsmittel fungierte. Es hatte aber auch damit zu tun, dass die Betreiber von Bierwirtschaften Kredite an klamme Bauern vergaben, mit Zinssätzen und Konventionalstrafen, die die Betreffenden in nüchternem Zustand niemals akzeptiert hätten. Auch wenn wir nicht sicher wissen, wie reell die Aufstiegschancen von Gastwirten waren, ist es doch bezeichnend, dass die einzige Frau, die in der Liste frühgeschichtlicher sumerischer Monarchen auftaucht, Königin Kubaba, ihr Berufsleben als Eigentümerin einer billigen Taverne begann, bevor sie die Macht in der Stadt Karkemiš übernahm, über die sie nach Aktenlage hundert Jahre herrschte.

Der Anteil der in der Landwirtschaft Tätigen ist gewöhnlich, gleich in welchem Land, ein ziemlich guter Indikator für den Wohlstand des betreffenden Landes. Ein Land oder Reich mit einem sehr hohen Anteil landwirtschaftlicher Berufe gehört in aller Regel zu den ärmeren Ländern mit eher geringer landwirtschaftlicher Produktivität und unterentwickelter Industrie. Alle zehn Länder, in denen mehr als drei Viertel aller Erwerbstätigen angeben, Bauern zu sein, liegen im Sub-Sahara-Gürtel Afrikas. Im Kontrast hierzu sind in den Vereinigten Staaten heute nur noch weniger als zwei Prozent aller Erwerbstätigen in der Landwirtschaft tätig, einer mittlerweile hochtechnisierten Branche, die routinemäßig so große Überschüsse produziert, dass pro Kopf der Bevölkerung Jahr für Jahr an die 300 Kilogramm Nahrungsmittel auf dem Weg zwischen Acker und Teller verloren gehen.[2] Das ist inzwischen der Normalfall in den meisten Industrieländern, in denen sich die Landwirtschaft im Verlauf der letzten drei Jahrzehnte von einem arbeitsintensiven Gewerbe zu einer kapitalintensiven Industrie gewandelt hat – dank einer Abfolge technischer Innovationen, die auf der einen Seite die Produktivität drastisch erhöht und auf der anderen die Abhängigkeit von menschlicher Arbeit erheblich reduziert haben.

Das rapide Bevölkerungswachstum in den nordenglischen Städten und Großstädten, die sich gegen Ende des 18. Jahrhunderts zu Epizentren der industriellen Revolution mauserten, war nicht allein dem steigenden Bedarf aus dem Boden schießender Manufakturen, Gießereien, Bergwerke und Fabriken geschuldet, war aber auch nicht nur die Folge einer Zuwanderung von Horden hoffnungsvoller Landbewohner in die Städte mit dem festen Vorsatz, entweder viel Geld zu verdienen oder sich welches zu erheiraten. Der eigentliche Katalysator dieses Wachstums war vielmehr die substanzielle und rapide Steigerung der landwirtschaftlichen Produktivität, möglich gemacht durch technische Fortschritte. Zusammen mit der Konsolidierung immer größerer Landgüter in der Hand immer reicher werdender Landwirte führte dies dazu, dass für viele Mitglieder der schnell wachsenden ländlichen Bevölkerung die heimatliche Scholle keine sinnvolle Erwerbsarbeit mehr bereithielt.

Das Leben eines Bauern in den frühesten bäuerlichen Gemeinwesen unterschied sich nicht erheblich von dem der Bauern im Europa der Renaissance. Die Techniken und Werkzeuge, die sie für das Pflügen, Säen, Ernten, Unkrautjäten, Bewässern und für die Weiterbehandlung der geernteten Feldfrüchte einsetzten, mochten im Lauf der Zeit besser geworden sein und feiner auf den Einsatz in unterschiedlichen Umgebungen abgestimmt, doch in vielerlei Hinsicht blieben sie bis ins späte 16. Jahrhundert dem Grunde nach unverändert; erst dann führte die nahezu gleichzeitige Entwicklung und Verbreitung einer Reihe neuer Techniken und Technologien zu einer drastischen Steigerung der Energieerträge in der europäischen Landwirtschaft. Die wichtigsten dieser Fortschritte waren die Indienstnahme des hoch leistungsfähigen holländischen Pfluges, der den Ackerboden effektiver wendete als seine Vorgänger und dennoch von einem einzelnen Zugtier bewegt werden konnte; der intensive Einsatz sowohl natürlicher als auch künstlicher Düngemittel; Lernfortschritte in der Kunst des selektiven Züchtens und verbesserte Fruchtwechsel-Verfahren. Zwischen 1550 und 1850 stiegen in der britischen Landwirtschaft die Nettoerträge im Weizen- und Haferanbau beinahe um das Vierfache, bei Roggen und Gerste um das Dreifache und bei Erbsen und Bohnen um das Doppelte.[3] Dieser immense Produktivitätsfortschritt wirkte wie ein Turbo auf das Bevölkerungswachstum. 1750 hatte Großbritannien rund 5,7 Millionen Einwohner; dank des rapiden Produktivitätszuwachses in der Landwirtschaft verdreifachte sich diese Zahl bis 1850 auf 16,6 Millionen und verdoppelte sich bis 1871 noch einmal. Und während 1650 noch ungefähr die Hälfte aller britischen Erwerbstätigen Bauern oder Landarbeiter gewesen war, fiel dieser Anteil bis 1850 auf ein Fünftel.

Zusätzliche Beschleunigung erfuhr dieser Prozess durch Sklaverei, Kolonialismus und den Handel mit der Neuen Welt. Abgesehen von dem Umstand, dass die Gewinne aus dem Sklavenhandel den Aufbau der britischen Textilindustrie finanzieren halfen, lieferten Mitte des 19. Jahrhunderts rund vier Millionen als Sklaven in die Neue Welt verschleppte Afrikaner fast 90 Prozent des Rohmaterials für Großbritanniens erste Großindustrie: die Baumwolle.

In dem Jahrhundert vor Anbruch der industriellen Revolution war das Indien der Mogule, das zu der Zeit praktisch von der britischen East India Company beherrscht wurde, der weltweit größte Hersteller und Exporteur von Materialien und Produkten. Die relativ preisgünstigen Chintz-, Baumwoll- und Kattunstoffe aus Indien speisten eine Konsumrevolution im wohlhabenden jungen Bürgertum der europäischen Städte, mit der Folge, dass Großbritanniens bis dahin florierende, auf Heimarbeit beruhende Textilindustrie, die hauptsächlich Wollstoffe verarbeitete, ins Straucheln geriet. Wütende Schafzüchter, Weber, Färber und

Spinner begannen um das Jahr 1700 herum, ihre lokalen Politiker und alle anderen, die ihnen zuhörten, in die Enge zu treiben. Das britische Parlament verabschiedete das erste seiner sogenannten Kaliko-Gesetze, die die Einfuhr und den Verkauf von Nesselstoffen aus Baumwolle in Großbritannien zuerst einschränkten und später untersagten. Was zunächst eine gute Nachricht für Schafzüchter, Weber und Färber zu sein schien, erwies sich in der Folge als das Schlimmste, was ihnen passieren konnte. Aus den Plantagen Nordamerikas flutete massenhaft Rohbaumwolle ins Land, um die Lücke zu füllen, und das bescherte den britischen Spinnereien und Webereien genau den Auftrieb, den sie brauchten, um die traditionelle Textilindustrie vollends an den Rand zu drängen.

Genauso wichtig waren die nach Millionen zählenden karibischen Sklaven. Ruinierten sich in den nordamerikanischen Südstaaten die Sklaven beim Baumwollpflücken die Hände, so verbrachten Sklaven in der Karibik ihre Tage damit, endlose Reihen Zuckerrohrstängel umzuhacken und die Feuer am Lodern zu halten, die man brauchte, um das geerntete Rohr in Melasse, Zucker und Rum zu verwandeln. Verarbeitungsprodukte des Zuckers wurden schnell zum wichtigsten aller Nahrungsmittel, die die britische Kolonialmacht aus der Neuen Welt importierte. Bevor der Zucker aus den Kolonien in der Karibik in großen Mengen eingeführt wurde, war er ein gefragtes Luxusgut, das nur in den besten Häusern der europäischen Großstädte auf den Tisch kam. Gelüstete es einen gemeinen Europäer nach etwas Süßem, musste er sich mit einer reifen Beere oder, im ganz glücklichen Fall, mit einem Löffel Honig begnügen.

Im Großbritannien des späten 18. und des 19. Jahrhunderts wurde Zucker dann jedoch immer erschwinglicher und infolgedessen in zunehmend überbordenderen Mengen von Leuten konsumiert, die schnell lernten, dass eine heiße Tasse stark gesüßten Tees in Verbindung mit einer mit billiger, honigsüßer Marmelade beschmierten Schnitte Brot ein kostengünstiger Energielieferant für eine Zwölf-Stunden-Schicht war. Schon 1792 hatte sich weithin die Einsicht durchgesetzt – auch bei Abolitionisten wie dem Anwalt William Fox, der Kampagnen für ein Ende der Plantagensklaverei in der Karibik organisierte –, dass Zucker kein Luxusgut mehr war, sondern «durch den ständigen Gebrauch zu etwas Lebensnotwendigem geworden ist». Zu Beginn des 20. Jahrhunderts erreichte der durchschnittliche tägliche Zuckerverbrauch eines Briten den kariösen Rekord von mehr als 100 Gramm pro Tag,[4] ein Quantum, das die Bewohner des Vereinigten Königreichs noch bis ins 21. Jahrhundert hinein beibehielten.

Zucker diente als Treibstoff für die Arbeitskraft vieler britischen Proletarier in der Zeit der industriellen Revolution. Dagegen wurden die Fabriken, Lastkähne, Eisenbahnen und Schiffe des Landes mit Kohle angetrieben.

Manche Jäger und Sammler hatten schon vor 75 000 Jahren herausgefunden, dass Kohle als Brennstoff nutzbar ist, und im alten China machten Bronzegießer ab etwa 4600 Jahren vor unserer Zeit gewohnheitsmäßig Gebrauch davon.[5] Doch konnten außerhalb Ostasiens nur wenige etwas mit der Kohle anfangen, was sich erst mit der Erfindung energiehungriger Maschinen und Motoren änderte. Schließlich war an Kohle auch nicht immer und überall leicht heranzukommen. Sie zu fördern, war eine schwere, oft gefährliche Arbeit, sie über weitere Strecken zu transportieren, eine Herausforderung; und beim Verbrennen produzierte sie einen übelriechenden schwefligen Rauch und hinterließ einen hartnäckig anhaftenden Ruß. An den meisten Orten gab es zudem mehr als genug Holz für häusliche Feuer. Die einzigen Orte, an denen die Kohle dem Holz als häuslicher Brennstoff den Rang ablief, waren Gegenden, in denen sie in oberflächennahen und leicht zugänglichen Schichten vorkam und eine wachsende Bevölkerung schon einen größeren Teil der umliegenden Wälder verfeuert hatte.[6] Erst als die Dampfmaschine ihren Durchbruch erlebte und zunehmend breitere Verwendung fand, wurden Kohle und andere fossile Brennstoffe zu einer wichtigen Energiequelle. Das lag nicht nur daran, dass die Nachfrage nach Brennstoffen in dem Maß explodierte, wie die Menschen sich der darin schlummernden Potenziale bewusst wurden, sondern hatte auch mit einer der ersten populären Nutzanwendungen der Dampfmaschine zu tun: dem Abpumpen von Grubenwasser aus Kohleschächten und Stollen mit dem Ergebnis, dass die Bergleute mehr Kohle aus der Tiefe heraufholen konnten als je zuvor.

Die ersten primitiven Dampfmaschinen entstanden lange bevor die ersten Naturwissenschaftler der europäischen Aufklärung sich Gedanken darüber zu machen begannen, wie viel Arbeit diese Maschinen leisten konnten. Heron von Alexandria, ein Ingenieur im Ägypten der Römerzeit, baute im ersten nachchristlichen Jahrhundert eine einfache dampfgetriebene Turbine, die er Äolipile nannte. Allerdings fiel ihm (ähnlich wie bei einer windgetriebenen Orgel, die er ebenfalls baute) kein anderer sinnvoller Verwendungszweck ein, als mit ihr eine Rotation (bzw. Pfeiftöne) zu erzeugen und damit bei Festen die hochgestellten Gäste zu unterhalten. Modelle dieser einfachen Dampfdruck-Turbine werden noch heute Jahr für Jahr in Tausenden Klassenzimmern nachgebaut.

Über ein Jahrtausend später experimentierten auch im Osmanischen Reich und später im Frankreich der Renaissance Ingenieure mit dem Bau simpler Dampfmaschinen, doch erst als der englische Heeresingenieur Thomas Savery 1698 ein Patent auf «eine neue Erfindung zum Heben von Wasser und zur Erzeugung von Bewegung für Mühlenwerke aller Art durch die Antriebskraft des Feuers» anmeldete, war der Schlüssel zu einem zweckmäßigen Einsatz der Dampfkraft gefunden. Die von Savery gebauten Maschinen, die den Kosenamen «Bergmannsfreunde» erhielten, waren einfache Dampfkondensatoren ohne bewegliche Teile. Sie zogen dadurch Wasser nach oben, dass in luftdichten Kammern heißer Dampf abkühlte und dadurch ein partielles Vakuum entstand. Im Übrigen hatten sie die ärgerliche Angewohnheit, gelegentlich zu explodieren und ihre Bediener mit sengend heißen Splittern einzudecken. Immerhin waren sie leistungsstark genug, um Wasser aus Bergwerksschächten hochzupumpen, und konnten somit den Bergleuten helfen, mehr Kohle zu fördern, als sie brauchten, um diese bejammernswert ineffizienten Maschinen zum Laufen zu bringen.

Mit seinen großen Maschinen ohne bewegliche Teile verdiente sich Savery einen Ehrenplatz in den Geschichtsbüchern. Doch vielleicht weil er das britische Parlament dazu brachte, die Laufzeit seines exklusiven Patents zu verlängern, dauerte es nicht lange, bis andere mit neuen, effizienter arbeitenden und nach einem anderen Prinzip funktionierenden Maschinen aufwarteten. Das wichtigste neue Funktionsprinzip stellte Thomas Newcomen 1712 vor, ein Eisenwarenhändler, der sich auf Werkzeuge für Kohle- und Zinnbergleute spezialisiert hatte. Seine Maschine trieb einen separaten Kolben an, arbeitete deutlich effizienter als die von Savery und brachte mehr Leistung. Aber auch die Maschinen von Newcomen wurden noch hauptsächlich zum Leerpumpen von Bergwerks-

Ein Heronsball (Äolipile), die erste Dampfmaschine, wie von Heron von Alexandria 50 n. Chr. beschrieben

schächten und zur Anlage von Wasserkreisläufen für den Antrieb von Wasserrädern verwendet.

Varianten von Newcomens Maschine erfreuten sich weitverbreiteter Nutzung, bis 1776 James Watt, nachdem er zwei Jahrzehnte lang mit neuen Funktionskonzepten für Maschinen experimentiert hatte, auf die Idee kam, den Dampfkondensator vom Kolben zu trennen, was die Möglichkeit zum Bau einer Maschine von höherem Wirkungsgrad und größerer Vielseitigkeit eröffnete. Im Verlauf des 18. Jahrhunderts hatte der zunehmende Einsatz von Kohle in Eisenhütten nicht nur die Menge, sondern auch die Qualität des verhütteten Eisens gesteigert, mit der Folge, dass zunehmend besser verarbeitete und robustere Maschinen gebaut werden konnten, die sich mit höherem Druck betreiben ließen, ohne zu explodieren. Das führte dazu, dass in der Folge sukzessiv neue, immer effizientere und vielseitigere Abwandlungen von Watts ursprünglicher Dampfmaschine auf der Bildfläche erschienen und umgehend zum Einsatz kamen. Ab 1780 wurden in ganz Europa große ortsfeste Varianten in Fabriken installiert und als Antriebsaggregate für zuweilen verblüffend komplexe Systeme aus Laufrädern, Hebeln, Zahnrädern und Seilwinden genutzt, während mobile Varianten als Funktionselemente einer immer höhere Geschwindigkeiten erlaubenden Transport-Infrastruktur eingesetzt wurden, mit dem Ergebnis, dass schwere Lasten über weitere Strecken als je zuvor befördert werden konnten, und das in einem Tempo, das ein Jahrhundert zuvor als halsbrecherisch empfunden worden wäre.

Mit dem Bau von zunächst Dutzenden und dann Hunderten großer, mit Dampfkraft gespeister Textilfabriken zwischen 1760 und 1840 entstanden Tausende neue Arbeitsplätze für die in die britischen Städte und Großstädte strömenden Arbeitsmigranten. Diese rasante Entwicklung schuf jedoch erst einmal nicht sehr viele neue Berufe oder Gewerbe. Vielmehr führte die industrielle Revolution in ihrer Frühphase zum Untergang einer ganzen Reihe etablierter, zuweilen bis ins Altertum zurückreichender Berufe, vom Hufschmied bis zum Weber, und schuf allenfalls eine Handvoll Berufswege für eine neue Klasse von Fachkräften wie Ingenieure, Wissenschaftler, technische Zeichner, Erfinder, Architekten und Unternehmer, die fast durchweg dem städtischen Bildungsbürgertum entstammten, das seine Kinder traditionell an Privatschulen und in

Oxford und Cambridge ausbilden ließ. Bei denen, deren Los es war, in den Fabriken zu malochen, standen individuelle Talente oder Fertigkeiten nicht auf der Liste der Qualifikationen, die der Arbeitgeber von ihnen erwartete. Was er brauchte, waren menschliche Körper, die darauf abgerichtet werden konnten, seine Spinning Jennys und mechanischen Webstühle zu bedienen.

Ein schweres Leben hatten selbst diejenigen, die für einen der – nach den menschenverachtenden Maßstäben der Zeit – aufgeklärten Unternehmer arbeiteten, für Männer wie Richard Arkwright. Der Erfinder des Waterframes – einer mit Wasserkraft angetriebenen Spinnmaschine für die Herstellung von Fäden und Garnen – errichtete zwischen 1771 und 1792 eine Reihe von Produktionsstätten im Norden Englands und wurde zu einem der erstrangigen Angriffsziele der rebellischen Ludditen; er gilt heute als «Erfinder des Fabriksystems». Von denen, die in seinen Fabriken arbeiteten, wurde erwartet, dass sie pro Woche sechs 13-Stunden-Schichten absolvierten; wer zu spät zur Arbeit erschien, bekam zwei Tageslöhne abgezogen. Arkwright gestand seinen Arbeitern einen (unbezahlten) einwöchigen Urlaub pro Jahr zu, allerdings nur unter der Bedingung, dass sie in der Zeit nicht die Stadt verließen.

In den ersten Jahrzehnten der industriellen Revolution hatten Bauern – vielleicht das erste Mal, seitdem sich im Tal des Euphrat die ersten frühgeschichtlichen Städte entwickelt hatten –, Anlass zu glauben, sie seien besser dran als viele Stadtbewohner. Während sie saubere Luft atmeten und meist sauberes Wasser tranken, mussten die Leute in den Städten länger arbeiten, bekamen minderwertiges Essen, atmeten rauchgeschwängerte Luft, tranken verdächtiges Wasser und mussten Krankheiten wie Tuberkulose gewärtigen, die durch ihre überbelegten hustengeplagten Massenquartiere schwappten – bis zu einem Drittel aller zwischen 1800 und 1850 im Vereinigten Königreich verzeichneten Todesfälle ging auf das Konto der Tuberkulose. Zwar stiegen die Reallöhne von Fabrikarbeitern im Verlauf der ersten Hälfte des 19. Jahrhunderts allmählich, doch die Körpergröße ging sowohl bei Männern als auch bei Frauen ebenso zurück wie die durchschnittliche Lebenserwartung.

Doch was vielleicht noch schwerer ins Gewicht fiel: Während Bauern zumindest eine gewisse Befriedigung daraus zogen, dass sie Kenntnisse und Fähigkeiten, die sie im Verlauf ihres Arbeitslebens gesammelt hatten, jeden Tag auf dem Feld oder im Stall für kreative Problemlösungen einsetzen konnten, bestand der Arbeitstag der meisten Fabrikarbeiter aus den immergleichen geisttötenden Arbeitsabläufen.

Die Fabrikbetreiber konnten von Glück sagen, dass den aus bäuerlichen Verhältnissen stammenden Zuwanderern in die Städte schwere Arbeit nicht fremd war, und wann immer sie für eine vakante Arbeitsstelle keinen Erwachsenen finden konnten oder für Arbeiten in beengten Örtlichkeiten Zwerge brauchten oder flinke kleine Finger, um an verwinkelt sitzenden Bauteilen großer Maschinen herumzufummeln, gab es jede Menge Kinder, die man rekrutieren konnte, nicht selten aus lokalen Waisenhäusern. Kinder erwiesen sich als so fügsame und vielseitige Arbeitskräfte, dass um die Wende zum 19. Jahrhundert fast die Hälfte aller Fabrikarbeiter in Großbritannien unter 14 Jahre alt war. Die routinemäßige Ausbeutung von Kindern in Fabriken stieß freilich nicht auf allgemeine Zustimmung. 1820 setzte die Regierung Seiner Majestät daher den Factory Act in Kraft, der es den Fabrikanten untersagte, Kinder unter acht Jahren in Vollzeit zu beschäftigen. Das Gesetz wurde 1833 novelliert und schrieb nun vor, dass allen zwischen neun und 13 Jahre alten Kindern pro Tag mindestens zwei Stunden Schulunterricht erteilt werden mussten und dass für Kinder zwischen 13 und 18 Jahren die tägliche Arbeitszeit 12 Stunden nicht übersteigen durfte.

Die ersten Jahrzehnte nach Beginn der industriellen Revolution waren für diejenigen, die sie als Arbeiter in den Spinnereien und Fabriken Englands erlebten, sicherlich eine Dauertortur, aber nach nicht allzu langer Zeit warf der dampfgetriebene Wohlstand auch für sie die eine oder andere messbare Segnung ab.

Anfänglich wanderte der Reichtum, den die Industrialisierung schuf, hauptsächlich in die Kassen derer, die die oberen und mittleren Etagen der Gesellschafts- und Wirtschaftspyramide bewohnten, was zu einer weiteren Verfestigung der Ungleichheit in einer ohnehin schon auf Klassendistanz achtenden Gesellschaft führte. Doch von den 1850er Jahren an begann ein kleiner Teil dieses Reichtums nach unten zu sickern, in Form höherer Löhne und besserer Wohnverhältnisse für diejenigen, die sich in den Fabriken abrackerten.

Zu verdanken war dies nicht irgendwelchen nennenswerten staatlichen

Eingriffen (über den besagten Factory Act hinaus), sondern dem Wirken einiger sehr wohlhabender Fabrikanten, die sich auf eine frühe Inkarnation dessen besannen, was man heute «soziale Verantwortung der Wirtschaft» nennen würde. Einige dieser Männer empfanden es als ihre Christenpflicht, ihre Arbeiter gut zu behandeln, doch die meisten handelten aus der Erkenntnis heraus, dass Arbeiter, um produktiv sein zu können, eine menschenwürdige Unterkunft, genug zu essen und einen Lohn brauchten, von dem sie sich gelegentlich etwas Genussvolles leisten konnten. Als die neuen Lords der Wirtschaftswelt schickten sie sich an, es den feudalen Aristokraten vor ihnen gleich zu tun, indem sie einen Teil ihres oft atemberaubenden Reichtums in den Bau von Massenquartieren und öffentlichen Einrichtungen für ihre Beschäftigten in Gehweite ihrer Fabriken und Spinnereien investierten.

Statistische Daten zur Wirtschaftsentwicklung im Großbritannien des 18. und 19. Jahrhunderts liegen nur lückenhaft vor, und nicht alle Gelehrten sind sich darin einig, wie und wann dieser Aufwärtstrend einsetzte, doch wenn man die Reallöhne – also die um die Inflationsrate bereinigten Löhne – als Maßstab nimmt, stiegen die Haushaltseinkommen der britischen Arbeiterschaft zumindest nach Auffassung mancher Ökonomen in den 70 Jahren nach 1780 auf das Doppelte. Andere Volkswirtschaftler glaube nicht, dass die Daten diesen Schluss zulassen.[7] Nach ihrer Überzeugung galt bis in die 1840er Jahre hinein, dass das Einzige, was Fabrikarbeiter als anwachsend empfanden, die Entbehrungen und Torturen waren, die ihnen zugemutet wurden.[8] Kein Zweifel kann jedoch daran bestehen, dass ab Mitte des 19. Jahrhunderts die meisten Arbeiter in den britischen Manufakturen und Fabriken einen deutlichen Aufwärtstrend in ihrer materiellen Lebensqualität zu registrieren begannen und dass sie zum ersten Mal ein bisschen Geld beiseite legen und sich den einen oder anderen Luxus gönnen konnten, der bis vor kurzem das exklusive Vorrecht der Mittel- und Oberschicht gewesen war.

Diese Entwicklung markierte den Beginn einer Ära, in der viele Menschen ihre Erwerbsarbeit ausschließlich als ein Mittel zum Zwecke des Erwerbs möglichst vieler Dinge betrachteten, womit der Kreislauf aus Produktion und Konsumtion in Gang gesetzt wurde, der heute einen so großen Teil unserer Wirtschaft am Laufen hält. Über weite Strecken der nachfolgenden zwei Jahrhunderte sollten Arbeiterbewegungen und später die Gewerkschaften fast ihre ganze Kraft dafür einsetzen, ihren Mitgliedern eine bessere Bezahlung zu verschaffen – und mehr Freizeit für das Geldausgeben –, anstatt dass sie sich dafür eingesetzt hätten, die Arbeit selbst interessanter oder erfüllender zu gestalten.

Im Lauf des 17. und 18. Jahrhunderts sorgten eine sich steigernde landwirtschaftliche Produktivität, ein damit einhergehendes Wachstum des handwerklichen und kunsthandwerklichen Manufakturwesens und die Einfuhr neuartiger exotischer Erzeugnisse wie Leinen, Porzellan, Elfenbein, Straußenfedern, Gewürze und Zucker aus den Kolonien für die ersten Regungen einer «Konsumrevolution» in den wohlhabenderen Regionen Europas.

Die Lust am ostentativen Konsum leisteten sich zunächst nur Adlige und wohlhabende Bürger und Kaufleute, aber in dem Maß, wie immer mehr Menschen einer Erwerbsarbeit nachgingen, anstatt Dinge für den eigenen Verbrauch zu erzeugen, wurde der Warenkonsum zu einem zunehmend prägenderen Element der Lebensführung und der Bestrebungen all derer, die man später unter dem Begriff «Arbeiterklasse» subsumierte.

Viele der neuen Luxuserzeugnisse, die die europäische Konsumrevolution befeuerten, waren Dinge, die unabhängig davon, welchen Status sie ihrem Besitzer verleihen konnten, einen Nutz- und Gebrauchswert besaßen. Dünne Baumwollhemden waren sehr viel angenehmer zu tragen als kratzende Wollhemden, besonders in den schwülen Sommermonaten; ein Gläschen hochwertigen Rums war deutlich bekömmlicher als ein Schuss Hinterhof-Gin in einem Bordell; und Geschirr aus Steingut war wesentlich leichter zu spülen und zu lagern als Zinnbecher oder aus poliertem Holz gefertigte Teller, auch wenn Steingut zerbrechlicher war und man öfter etwas davon nachkaufen musste. Viele andere Luxusgüter dienten keinem anderen Zweck als dem Renommieren: Man wollte sie nur besitzen, um mit anderen, die sie schon hatten, gleichzuziehen. So wie aristokratische Höflinge bestrebt waren, dem Königshof nachzueifern, hatten ehrgeizige Kaufleute und Angehörige der akademischen Bildungselite den Ehrgeiz, es den Aristokraten nachzutun; Handwerker wollten mit Kaufleuten gleichziehen, die Angehörigen der Unterschicht mit denen der Mittelschicht.

Dass Kleidung und andere Textilien die ersten massenproduzierten Güter der industriellen Revolution in Großbritannien waren, war kein Zufall. Während Bauern bei der Wahl ihrer Garderobe für den Arbeitstag seit jeher nur an praktische Aspekte dachten, neigten Stadtbewohner, sogar schon in der Antike, oft dazu, mit ihrer Kleidung Eindruck zu schinden. Auf einem belebten Platz in der großen Stadt hätte man ja einen Adligen nicht von einem Gemeinen unterscheiden können, wenn beide in ähnlicher Garderobe herumgelaufen wären. Dass in Städten überall auf der Welt Angehörige niederer Schichten und Kasten dazu neigten, diejenigen zu imitieren, die gesellschaftlich über ihnen standen, war den Eliten dieser Welt, die großen Wert darauf legten, ihren Status auch optisch hervorzukehren, schon immer ein Dorn im Auge. Manche großstädtischen Eliten, wie etwa die mit extravaganten Perücken und Pailletten ausstaffierten Höflinge, die in der Regierungszeit des Sonnenkönigs Ludwig XIV. durch die Gärten des Schlosses Versailles stolzierten, bewerkstelligten dies, indem sie sich in unsäglich verstiegene und teure Moden hüllten, denen nachzueifern die Armen nicht den Hauch einer Chance hatten. Andere, etwa die Römer, verfolgten dasselbe Ziel mit der Verabschiedung von Gesetzen, die regelten, welche Arten von Kleidung Angehörige unterschiedlicher gesellschaftlicher Gruppen tragen durften.

Nach dieser Methode verfuhr man auch in großen Teilen des mittelalterlichen Europa – und mit besonderem Eifer im statusversessenen England, wo zwischen der Regierungszeit von König Edward III. (1327–77) und der industriellen Revolution alle möglichen Gesetze erlassen wurden, die Bauern und Gewerbetreibende daran hindern sollten, sich wie Adlige zu kostümieren. Diese sogenannten Gesetze gegen übertriebenen Luxus kamen oft in der populistischen Sprache eines wirtschaftlichen Nationalismus daher. So enthielt ein 1571 vom Parlament verabschiedetes Gesetz, dessen erklärtes Ziel es war, die einheimischen Wollerzeuger, Weber und Färber zu schützen, die Bestimmung, dass alle männlichen Engländer ab dem sechsten Lebensjahr – mit Ausnahme der Inhaber eines erblichen Adelstitels – an Sonntagen und allen anderen christlichen Feiertagen standesmäßig definierte Wollmützen tragen mussten. Das war die Geburtsstunde der unverwechselbaren Schiebermütze, die in Großbritannien zu einem wesentlichen Kennzeichen der Schichtzugehörigkeit wurde und es über Jahrhunderte hinweg blieb, bis sie im 21. Jahrhundert von Hipstern frohgemut zum Symbol des sozialen Aufstiegs umdeklariert wurde.

Das Problem mit den Gesetzen gegen übermäßigen Luxus war, dass es fast unmöglich war, ihre Einhaltung zu überwachen – und dass sie viele Leute mit Aufstiegsambitionen dazu anstachelten, sich erst recht wie «Höhergestellte» zu kostümieren. Dies ließ im Großbritannien des späten 17. Jahrhunderts einen blühenden Markt für Second-Hand-Kleidung adliger Provenienz entstehen. Umgekehrt veranlasste es so manchen genervten Aristokraten, sich «unterklassig» zu kleiden, um sich von den Hinzens und Kunzens zu unterscheiden, die in puncto Garderobe über ihre Verhältnisse lebten; manche England-Besucher vom Festland fanden dies, wie der französische Abbé Jean le Blanc notierte, unerhört: «[In England] kleiden sich Herren wie ihre Diener, und Herzoginnen äffen ihre Zofen nach.»[9]

Die Garderobe war das vielleicht sichtbarste und am leichtesten handhabbare Status-Kennzeichen außerhalb des Hauses, doch als in Großbritannien im Verlauf des 17. und 18. Jahrhunderts die Städte immer größer wurden, fanden aufstiegsorientierte Familien Mittel und Wege, auch innerhalb ihrer vier Wände den wohlhabenderen Schichten nachzueifern. Haushalts-Utensilien wurden zu wichtigen Statussymbolen, namentlich für Leute, die eines der zahllosen gleichförmigen Reihenhäuschen bewohnten, die als Behausungen für die vom Land in die Städte strömenden Massen errichtet wurden. Wie kaum anders zu erwarten, suchten und fanden ehrgeizige Unternehmer bald Mittel und Wege, begehrte Dinge wie Geschirr aus Porzellan und Steingut, Spiegel, Kämme, Bücher, Uhren, Teppiche und Möbel aller Art in großer Stückzahl und zu erschwinglichen Preisen zu produzieren.

Der Wunsch der ärmeren Schichten, sich mit Dingen zu umgeben, die früher nur den Reichen und Vermögenden zugänglich gewesen waren, war ein ebenso prägender Faktor für die Geschichte der Arbeit wie die Erfindung von Techniken für die Nutzung des Energiegehalts fossiler Brennstoffe. Ohne dieses Verlangen hätte es keine Nachfrage nach und keine Märkte für massenproduzierte Haushaltsgüter gegeben, und ohne Märkte wären keine Fabriken errichtet worden. Die massenhafte Nachfrage nach diesen Gütern veränderte auch die Regeln, nach denen die Wirtschaft funktionierte. Das Wachstum der britischen Volkswirtschaft stützte sich in zunehmendem Maß auf das Konsumverhalten der im Fabrikwesen und in anderen Bereichen beschäftigten Menschen, die ihre Löhne in den Kauf der Produkte investierten, die sie und ihre Klassengenossen in den Fabriken herstellten.

Als Émile Durkheim 1887 an der Universität von Bordeaux als erster Gelehrter überhaupt eine Dozentur für Soziologie erhielt, stand für ihn außer Zweifel, dass fast jeder neue Modetrend gerade auch von den ärmeren und randständigeren Bevölkerungsgruppen bereitwillig aufgegriffen wurde, weil es ihnen ein Bedürfnis war, den Reichen und Mächtigen nachzueifern. Ebenso sicher war er sich dessen, dass Moden ihrer Natur nach etwas Ephemeres waren. «Sobald sich eine Mode Alle zu eigen gemacht haben», schrieb er, «verliert sie jeden Wert.»[10]

Durkheim hatte gute Gründe, sich über die Vergänglichkeit von Modetrends Gedanken zu machen, gerade auch in Bezug auf die schillernde akademische Welt, in der «schicke» neue Theorien fast mit den Jahreszeiten kamen und gingen. Erst fünf Jahre war es her, dass er, Mitte 20 und eben erst mit seinem Studium fertig, angetreten war, die Doyens und Stars der französischen und deutschen Gelehrtenwelt davon zu überzeugen, dass die Erforschung der Gesellschaft mehr war als nur eine neue intellektuelle Mode, sondern vielmehr eine Disziplin, die es verdient hatte, als eigenständige Wissenschaft anerkannt zu werden. Als selbst ernannter «Erschaffer» der Soziologie sah er in dem, was ihm vorschwebte, so etwas wie eine Antwort auf die Etablierung des Faches Volkswirtschaft durch Adam Smith ein Jahrhundert zuvor. Nicht zufällig leiteten sich viele von Durkheims ehrgeizigen Ideen, ähnlich wie bei Smith, von einem anhaltenden Interesse an der «Arbeitsteilung» ab. Doch anders als Smith, hatte Durkheim kein besonderes Interesse an Handel, Wandel und Warentransport. Und er befasste sich auch nicht mit der Frage, welche wirtschaftlichen Effizienzgewinne sich durch die Neuordnung von Produktionsprozessen in Fabriken erzielen lassen könnten. Wenn er über Arbeitsteilung nachdachte, verband sich das bei ihm mit einer viel umfassenderen Vision der Rolle, die die «Arbeit» als prägender Faktor sowohl des individuellen als auch des gesellschaftlichen Lebens als Ganzem spielte. Und in seinen Augen hatten viele der Herausforderungen, denen sich Angehörige komplexer städtischer Gesellschaften gegenübersahen, mit dem Umstand zu tun, dass in modernen Städten Menschen einer Vielzahl unterschiedlichster Arbeiten nachgingen.

Nach Überzeugung Durkheims bestand ein entscheidender Unterschied zwischen «primitiven» und komplexen modernen Gesellschaften darin, dass Erstere wie rudimentäre Maschinen mit vielen leicht austauschbaren Teilen funktionierten, komplexe Gesellschaften hingegen eher wie lebende Organismen, bestehend aus einer großen Zahl höchst unterschiedlicher, hochgradig spezialisierter Organe, die sich, wie Leber, Niere und Gehirn eines Menschen, nicht gegeneinander austauschen ließen. In einer primitiven Gesellschaft konnten Häuptlinge und Schamanen zugleich Sammler, Jäger, Bauern und Bauhandwerker sein, wohingegen in einer komplexen Gesellschaft ein Anwalt niemals eine Nachtschicht als Chirurg einlegen konnte, ebenso wenig wie ein Admiral sich nebenbei als Architekt betätigen hätte können. Eine weitere feste Überzeugung Durkheims war die, dass Menschen in primitiven Gesellschaften typischerweise einen viel ausgeprägteren Gemeinschaftssinn und ein stärkeres Zugehörigkeitsgefühl hatten als Mitglieder einer komplexen großstädtischen Gesellschaft – und dass sie insoweit auch die glücklicheren und ihrer selbst gewisseren Menschen waren. Wenn in einer primitiven Gesellschaft alle Mitglieder austauschbare Rollen übernahmen, konnte daraus, so argumentierte Durkheim, das Band einer «mechanischen Solidarität» erwachsen, die dank gemeinsamer Sitten und Bräuche, Normen und religiöser Überzeugungen immer wieder eine gleichsam zwanglose Stärkung erfahre. Er stellte diesem Bild das Leben in modernen Stadtgesellschaften gegenüber, in denen die Menschen zahlreiche und oft höchst unterschiedliche Rollen übernehmen und so auch sehr unterschiedliche Sichtweisen auf die Welt entwickeln. Unter diesen Bedingungen sei es nicht nur schwerer, die Menschen zu einer Einheit zusammenzuschmieden, sondern es könne daraus auch eine potenziell verhängnisvolle und Schäden anrichtende gesellschaftliche Erkrankung entstehen, die er «Anomie» nannte.

Sein Anomie-Konzept stellte Durkheim in seinem ersten Buch vor, *De la division du travail social: Étude sur l'organisation des sociétés supérieures.*[11] In seinem zweiten, *Le suicide: Étude de sociologie,*[12] arbeitete er es sehr viel eingehender aus. Er wollte in dieser Studie zeigen, dass der Selbstmord, nach zur damaligen Zeit verbreiteter Auffassung Ausdruck und Folge eines grundlegenden individuellen Versagens, gesellschaftliche Ursachen hatte und daher vermutlich auch mit gesellschaftlichen Lösungen verhütet werden konnte. Unter dem Begriff «Anomie» subsumierte Durkheim Gemütsverfassungen und Empfindungen wie Entfremdung, Angst oder auch Hass und Wut, die Menschen dazu treiben können, sich antisozial zu verhalten und sich bei empfundener Ausweglosigkeit das Leben zu nehmen. Indem er dieses Anomie-Konzept entwarf, versuchte er zu beschreiben und zu erklären, wie die durch die Industrialisierung herbeigeführten rapiden Veränderungen die Befindlichkeit des Einzelnen beeinflussten. Was ihn dabei besonders faszinierte, war die Tatsache, dass der wachsende Wohlstand, der mit der Industrialisierung in Frankreich einherging, paradoxerweise einen Anstieg der Selbstmorde und mehr sozialen Stress mit sich brachte. Er zog daraus den Schluss, dass die mit der Verstädterung und dem industriellen Fortschritt einhergehenden Veränderungen zu den Hauptursachen der Anomie gehörten. Eines der Beispiele, die er anführte, handelte von Leuten, die traditionelle Handwerkskünste beherrschten, welche durch technische Neuerungen plötzlich überflüssig wurden, sodass diese Handwerker ihren Status als geachtete, weil wertvolle Beiträge leistende Mitglieder der Gesellschaft einbüßten und in der Folge dazu verurteilt waren, ein Leben ohne die Sinnhaftigkeit zu führen, die sie zuvor aus ihrer Arbeit geschöpft hatten. Durkheim diagnostizierte die Anomie als Ursache nicht nur für Selbstmorde, sondern auch für eine ganze Reihe weiterer gesellschaftlicher Probleme, die man bis dahin pauschal als Ausdruck individueller Charakterschwäche gedeutet hatte, wie Kriminalität, Drückebergertum und Asozialität.

Nach Überzeugung Durkheims umfasste das Krankheitsbild der Anomie mehr als nur das individuelle Gefühl einer tiefen Entfremdung unter dem Eindruck der durch die industrielle Revolution ausgelösten Veränderungen. Er betonte, die Anomie sei in wesentlichen Teilen eine «Malaise des grenzenlosen Anspruchsdenkens», die ausbreche, wenn die Begehrlichkeiten der Menschen «keine Schranke mehr kennen»: «Man weiß nicht mehr, was möglich ist und was nicht, was noch und was nicht mehr angemessen erscheint, welche Ansprüche und Erwartungen erlaubt sind und welche über das Maß hinausgehen».[13]

Obwohl es sicher nicht Durkheims explizite Absicht war, lieferte er mit dem Konzept der «Malaise des grenzenlosen Anspruchsdenkens» eine verblüffend originelle Einsicht in das Problem der Knappheit, die sich von der in der Ökonomie gebräuchlichen Definition abhob. Waren Adam Smith und in seinem Gefolge Generationen von Volkswirtschaftlern der Überzeugung, wir Menschen seien dazu verurteilt, für immer die Geiseln unserer grenzenlosen Bedürfnisse zu bleiben, so stellte sich Durkheim auf den Standpunkt, das Leiden unter nicht erfüllbaren Erwartungen sei nicht normal, sondern eine gesellschaftliche Verirrung, die nur in Zeiten einer krisenhaften Umwälzung Platz greife, in denen eine Gesellschaft als Folge äußerer Faktoren (wie der Industrialisierung) die Bodenhaftung verliere. In Zeiten wie der, die Durkheim selbst durchlebte.

Auch wenn sich die von Durkheim behandelten Themen oft bedrückend anfühlen, durchzieht doch große Teile seiner Schriften ein Hauch von unverschnittenem Optimismus. Nach seiner Überzeugung war es, jetzt da er die Ursachen der gesellschaftlichen Anomie diagnostiziert hatte, nur noch eine Frage der Zeit, bis eine soziale Therapie gefunden würde, die wirksam genug wäre, die «Malaise des grenzenlosen Anspruchsdenkens» zu heilen. Er glaubte des Weiteren, eine einzigartige Periode des Übergangs zu durchleben, in deren Verlauf die Menschen bald lernen würden, ein dem industriellen Zeitalter angepasstes Leben zu führen. In der Übergangszeit könnten die Hinwendung zu einem Nationalismus gutartiger Prägung (in der Art der noblen Loyalität, die er gegenüber Frankreich empfand) und womöglich auch die Gründung gewerblicher Zünfte in der Art der altrömischen *collegia*, die in Bedrängnis geratenen Stadtbewohnern ein Gefühl der Zugehörigkeit und des Gemeinsinns zurückgeben würden, Fehlentwicklungen wie das «grenzenlose Anspruchsdenken» in Schach halten.

In der Rückschau wird deutlich, dass die Hoffnung Durkheims auf eine so mühelose Kurierung der Krankheit verfehlt war. Bis heute wird in Analysen der aus gesellschaftlichen Veränderungen herrührenden Entfremdungserfahrungen immer wieder auf Durkheims Anomie verwiesen, wobei nur wenige seinen Optimismus hinsichtlich einer Therapie teilen. Es gibt gute Gründe für die Annahme, dass Durkheim selbst sich zum Zeitpunkt seines Todes 1917 seiner Sache nicht mehr so sicher war. Der Nationalismus, von dem er gehofft hatte, er könne den Menschen eine Linderung der Anomie bringen, war spätestens 1914 in etwas viel

Schlimmeres umgeschlagen, das im Zusammenwirken mit den größenwahnsinnigen Ambitionen europäischer Staatsführer und den neu entwickelten Potenzialen zur Massenproduktion immer schrecklicherer Vernichtungswaffen den Kontinent in den ersten Krieg des industriellen Zeitalters gestürzt hatte. Nicht lange, und der Weltkrieg riss viele von Durkheims Lieblingsstudenten aus dem Leben, 1915 auch seinen einzigen Sohn André. Der Verlust traf ihn ins Mark, und er starb 1917 kurz nach einem Schlaganfall.

Seither mussten und müssen wir erleben, dass die Stabilität, von der Durkheim glaubte, sie werde sich im Gefolge der Industrialisierung einstellen, zunehmend wie eine weitere grenzenlose Ambition wirkt, die jedes Mal, wenn sie in Reichweite zu kommen scheint, doch wieder in frustrierend weite Ferne rückt. Unsere Energieausbeute-Raten haben sich weiter gesteigert, neue Technologien sind online an den Start gegangen, und unsere Städte wachsen ständig weiter, mit der Folge, dass unaufhörliche und unberechenbare Umwälzungen überall zum neuen Normalzustand geworden sind und zunehmend der Eindruck entsteht, die Anomie sei zur allgemeinen und dauerhaften Gemütslage des modernen Zeitalters geworden.

13

Hochbegabt

«Es lässt sich kaum ein fähiger Arbeiter finden, […] der nicht erhebliche Zeit damit verbringt, herauszufinden, wie langsam man arbeiten und den Arbeitgeber dennoch in der Gewissheit wiegen kann, man lege ein gutes Arbeitstempo vor», dozierte Frederick Winslow Taylor im Juni 1903 auf einer Sitzung der American Society of Mechanical Engineers.[1] Sinn und Zweck seines Vortrags war es, seine Zuhörer über die «natürlichen Neigung der Menschen» zu belehren, es bei der Arbeit «locker angehen zu lassen» oder sich auf die faule Haut zu legen, ein Phänomen, das er gerne auch als «soldatieren» bezeichnete, erinnerte es ihn doch an das Bummelantentum von Wehrdienstleistenden, bei denen nur dann ein gewisser Ehrgeiz erwache, wenn sie nach Möglichkeiten suchten, sich vor einem unangenehmen Dienst zu drücken. Allein durch die rigorose Anwendung seiner «wissenschaftlichen Methode der Arbeitsorganisation» könnten, so führte Taylor aus, Fabrikanten ihren Arbeitern das «Soldatieren» austreiben und damit vor allem auch Zeit- und Kostenersparnisse erzielen. Was wiederum ihren Gewinnen zugutekommen würde.

Taylor, der ein solches Energiebündel war, dass er sich abends im Bett, um besser einschlafen zu können, eine Zwangsjacke überzog,[2] war alles andere als ein Faulenzer. Wenn er nicht Bleche zusammenschweißte, Werkzeugmaschinen entwarf, Berichte, Empfehlungen und Aufsätze schrieb oder mit der Stoppuhr in der Hand Arbeitsabläufe exakt vermaß und analysierte, lebte er sich beim Tennis- oder Golfspielen aus. Seine Hobbys betrieb er mit derselben Rastlosigkeit und Intensität wie seine geschäftlichen Tätigkeiten. 1881 siegte er bei den nationalen US-Tennismeisterschaften, und 19 Jahre später trat er bei den Olympischen Sommerspielen von 1900 für das Golfteam der USA an. Sprössling einer gut situierten Quäker-Familie, die ihren Stammbaum bis zu den Pilgervätern der *Mayflower* zurückverfolgen konnte, verschmähte Taylor die ihm nach dem Schulabschluss vorgezeichnete Laufbahn. Den Studienplatz an der Harvard-Universität, der ihm offenstand, ließ er sausen und klopfte stattdessen an die Tore der Firma Enterprise Hydraulic Works in Philadelphia, um dort eine vierjährige Lehrzeit als Maschinist zu absolvieren.

1856 geboren, gehörte Taylor jener ersten amerikanischen Generation an, die von klein auf die von den großen Fabrikanlagen ausgestoßenen Schwefeldämpfe einatmete. Als er 1915 starb, priesen ihn Wirtschaftstitanen wie Henry Ford mit Tränen in den Augen als den «Vater der Effizienzbewegung», und Unternehmensberater erklärten ihn zum «Newton [oder] Archimedes der Arbeitswissenschaft».[3]

Mit eher gemischten Gefühlen betrachteten die Fabrikarbeiter Taylors Vermächtnis. Zwar hatte er sich stets dafür stark gemacht, dass den Arbeitern auskömmliche Löhne bezahlt, dass ihre Arbeitszeit begrenzt würde und dass sie arbeitsfreie Tage bekommen sollten, doch beraubten seine Methoden sie der ohnehin schon geringen Freiheitsspielräume, die sie bei der Gestaltung ihres Arbeitsablaufs noch besessen hatten. Auch eröffnete der Taylorismus dem Management sehr viel mehr Möglichkeiten, den Arbeitern auf die Finger zu schauen: Eine nach den Vorgaben der wissenschaftlichen Methode Taylors organisierte Fabrik war ein Ort, an dem Duldsamkeit, Gefügigkeit und die Fähigkeit, sich dem metallischen Schlagrhythmus mechanischer Hämmer zu ergeben, als Qualifikationsmerkmale sehr viel mehr zählten als Qualitäten wie Fantasie, Ehrgeiz und Kreativität.

Wie vor ihm Benjamin Franklin schwor auch Taylor auf die Devise «Zeit ist Geld». Doch während nach Überzeugung Franklins jede in eine ernst gemeinte Betätigung investierte Zeit gutes Futter für die Seele war, hielt Taylor ineffizientes Arbeiten grundsätzlich für Zeitverschwendung. Und wo Franklin es ausreichend fand, mit Zeit verantwortungsvoll umzugehen, war Taylor entschlossen, mithilfe der (bereits auf Zehntelsekunden genauen) Stoppuhr, die er immer in der Tasche hatte, jede Sekunde in unternehmerischen Gewinn umzusetzen.

Während seiner Lehrzeit bei Enterprise Hydraulic Works fand Taylor im Kreis seiner Kollegen wenig, das ihm imponiert hätte. Viele «soldatierten», die meisten nahmen vieles nicht so genau, und selbst die fleißigsten unter ihnen arbeiteten in Taylors Augen furchtbar ineffizient. Dennoch war er gegen Ende seiner Lehrzeit fest entschlossen, Fabrikarbeiter zu bleiben, und akzeptierte bald darauf ein Stellenangebot als Hilfsarbeiter in der Werkzeugbau-Abteilung der Midvale Steel Works, eines Herstellers hochspezialisierter Bauteile für militärische und maschinenbauliche Anwendungen. Die Arbeit gefiel ihm, und er gefiel seinen Vorgesetzten. Binnen kurzem wurde er vom Dreher zum Schichtleiter und in der Folge zum leitenden Ingenieur befördert. In dieser Funktion machte er erste Experimente mit seiner Stoppuhr, unter sorgfältiger Beobachtung diverser Abläufe und mit dem Ziel, bei einzelnen Handgriffen oder Arbeitsschritten ein paar Sekunden einzusparen und jedem einzelnen Arbeiter einen Bewegungsablauf vorzuschreiben, der es ihm so gut wie unmöglich machte, Zeit oder Kraft zu vergeuden.

Während Taylor bei Midvale freie Hand bekam, seine Effizienz-Experimente durchzuführen, sahen sich Mitarbeiter von Firmen, in denen Taylors «wissenschaftliche Methode» eingeführt wurde – Leute, die vielleicht ähnlich innovative und ehrgeizige Ideen hatten wie Taylor –, in die Zwangsjacke einer rigiden, ergebnisorientierten, repetitiven Arbeitsregie geschnürt, die keinerlei Abweichung oder Innovation zuließ und in deren Rahmen die wichtigste Aufgabe des Managements darin bestand, dafür zu sorgen, dass die Arbeiter sich genau an die ihnen zugewiesenen Arbeitsabläufe hielten.

Taylors «wissenschaftliche Methode» gründete darauf, dass jeder in einer Fabrik ablaufende Produktionsprozess in seine kleinsten Teilschritte zerlegt wurde; deren Dauer wurde mit der Stoppuhr gemessen, ihre Komplexität oder Einfachheit und ihre Wichtigkeit bewertet, und dann wurde der ganze Prozess mit dem Ziel einer Maximierung der Effizienz (also des Verhältnisses zwischen Ertrag und Aufwand) neu konzipiert. Manche der dabei erzielten Verbesserungen betrafen so einfache Dinge wie die Wahl des praktischsten Ablageorts für häufig benötigte Werkzeuge und Ausrüstungsteile, sodass die Arbeiter keine unnötigen Schritte zurücklegen mussten; in anderen Fällen wurden Prozesse auf sehr viel umfassendere Weise reorganisiert, bis hin zum Umbau ganzer Fabrikanlagen. «Nur durch *erzwungene* Standardisierung der Methoden, *erzwungene* Annahme der besten Geräte und Arbeitsmethoden und *erzwungene* Zusammenarbeit kann schnellere Arbeit gesichert werden», erklärte Taylor in seinem Buch *Scientific Management*.[4]

Taylors Methode, für die sich in der Folge der Begriff «Taylorismus» einbürgerte, kam in vielen Fabriken zur Anwendung, aber nirgendwo mit so großer Öffentlichkeitswirkung wie in den Werken der Ford Motor Company. Henry Ford engagierte Taylor 1903 und übertrug ihm die Konzipierung eines kompletten Produktionsverfahrens für den Zusammenbau des berühmten Model T. Das Ergebnis dieser Zusammenarbeit war, dass das private Kraftfahrzeug von einem Luxusgut mit Vorzeigecharakter zu einem erschwinglichen und sehr praktischen Prestigeobjekt wurde, das die Arbeitsamkeit und den Lebenserfolg seines Besitzers bezeugte. Beim Model T war es nicht mehr ein Team technisch versierter Mechaniker und Monteure, die ein Fahrzeug von Grund auf zusammenbauten; stattdessen wurde das Chassis auf einem Fließband durch eine Montagestrecke bewegt, an der entlang einzelne oder zu Teams zusammengefasste Arbeiter jeweils einen bestimmten, genau vorgegebenen Fertigungsschritt vollzogen. Dafür brauchte Ford keine Facharbeiter, sondern konnte jeden einsetzen, der in der Lage war, ein paar einfache technische Handgriffe zu erlernen und sie zuverlässig auszuführen. Es bedeutete ferner, dass Ford seine Autos in kürzerer Zeit, kostengünstiger und in größerer Zahl produzieren konnte als zuvor. Die Herstellungszeit für ein Exemplar des Model T verkürzte sich von 12 Stunden auf 93 Minuten, der Verkaufspreis sank von 825 auf 575 Dollar.

Die Aktionäre und Vorstände der Unternehmen, die den Taylorismus einführten, verbuchten ihn als vollen Erfolg. Schließlich schlug er sich umgehend in einer erhöhten Produktivität und in glorreichen Dividenden nieder. Dagegen stellte sich für die Arbeiter in den Fabrikhallen der Taylorismus als eine Medaille mit zwei Seiten dar. Taylor hatte zwar auf der einen Seite dem Faulenzen den Kampf angesagt, sich auf der anderen jedoch dafür stark gemacht, «erstklassige Arbeiter» für ihre Produktivität zu belohnen. Nach seiner Überzeugung war bei den meisten Menschen der eigentliche Beweggrund dafür, dass sie sich einen Job suchten und täglich zur Arbeit gingen, der Wunsch, Geld zu verdienen und Dinge kaufen zu können. Er sprach sich daher dafür aus, den Arbeitern Anreize zu bieten, indem man ihnen etwas von den Gewinnsteigerungen zukommen ließ, die die Anwendung seiner Methode erbrachte. Die Arbeiter sollten profitieren, durch höhere Löhne und mehr freie Zeit für das Ausgeben des verdienten Geldes.

Taylor, dessen «wissenschaftliche Methode» auch mithalf, den Grundstein für das Personalmanagement als Bestandteil der betriebswirtschaftlichen Praxis zu etablieren, war der festen Überzeugung, dass es wichtig war, «den richtigen Mann für den richtigen Job» zu finden. Das Problem dabei war, dass für die meisten der nach Maßgabe des Taylorismus zugeschnittenen Jobs unterhalb der Managementebene der «richtige Mann» in der Regel ein Mensch war, der sich durch Fantasielosigkeit, grenzenlose Geduld und durch die Bereitschaft auszeichnete, Tag für Tag dieselben, sich stets wiederholenden Handgriffe zu vollführen.

Taylor hatte viele Kritiker. Einer der berühmtesten war Samuel Gompers, der charismatische Präsident und Gründer der Gewerkschaft American Federation of Labor, die politische Lobbyarbeit für die vielen Einzelgewerkschaften und Berufsverbände leistete, die es in den Vereinigten Staaten gab, etwa die Gilden der Schuster, Hutmacher, Friseure, Glasbläser oder Zigarrendreher. Als junger Einwanderer hatte Gompers auf dem harten Pflaster von New York City den Beruf des Zigarrenmachers erlernt und große Befriedigung darin gefunden, diese in seinen Augen anspruchsvolle und erfüllende Tätigkeit auszuüben. Das Problem des Taylorismus waren für ihn nicht die Gewinnsteigerungen, die er den Fabrikanten bescherte, sondern die Tatsache, dass er die Arbeiter der Chance beraubte, eine Arbeit zu tun, die sie als sinnvoll und befriedigend empfinden konnten, degradierte der Taylorismus sie doch zu «Hochgeschwindigkeit-Automaten», die in den Fabriken «installiert» wurden, als wären sie «ein Zahnrad oder eine Gewindeschraube in einer großen Maschine».[5]

Der Taylorismus rief zahlreiche Kritiker vom Schlage Gompers' auf den Plan, doch ähnlich wie die Ludditen ruderten auch die Kritiker Taylors gegen den gewinnträchtigen Strom der Geschichte an. Bezeichnenderweise wurde Taylors Hauptwerk *Scientific Management* 2001, 90 Jahre nach seiner Erstveröffentlichung, von den Mitgliedern des Institute of Management zum wichtigsten betriebswirtschaftlichen Lehrbuch aller Zeiten gewählt. Hätte Taylor den ihm angebotenen Studienplatz in Harvard angenommen und den Erwartungen seiner Familie gemäß Jura studiert, anstatt seine Lehre bei Enterprise Hydraulic zu machen, wäre sicherlich jemand anders in die Rolle eines Hohepriesters der «Effizienzbewegung» geschlüpft. Effizienz war ein Thema, das seit den ersten Geburtswehen der industriellen Revolution in der Luft gelegen hatte – schon Adam Smith hatte in *Der Wohlstand der Nationen* die Grundprinzipien der späteren Effizienzbewegung skizziert, und spätestens ab Anfang des 19. Jahrhunderts hatten Fabrikanten in allen Ländern den Zusammenhang zwischen Produktivität, Effizienz und Profit erkannt, auch wenn sie noch nicht herausbekommen hatten, wie sich diese Erkenntnis am besten in die Tat umsetzen ließ. Tatsache war, dass insbesondere die Regelarbeitszeiten von Hilfsarbeitern in dem Maß deutlich zurückgingen, wie die Produktivität zunahm. Taylors Genialität bestand schlicht darin, dass er als Erster das Problem so methodisch behandelte, wie ein Naturwissenschaftler eine Versuchsreihe in einem Labor angehen würde. Er erkannte auch als Erster, dass im industriellen Zeitalter die meisten Menschen zur Arbeit gingen, nicht um Produkte herzustellen, sondern um Geld zu verdienen, und dass die Hersteller industriell gefertigter Produkte nicht die Arbeiter waren, sondern die Fabriken.

Charles Darwins Freund und Nachbar, Sir John Lubbock, erster Baron Avebury, war der Idealtypus eines modernen viktorianischen Gentlemans. Und wie sein Fast-Zeitgenosse Frederick Winslow Taylor war er ein vielbeschäftigter Mann.

Lubbock, der 1913 im Alter von 79 Jahren starb, lebt in der Erinnerung von Anthropologen und Archäologen als der Mann fort, der die Bezeichnungen «Paläolithikum» (für die Altsteinzeit als Ära der Jäger und Sammler) und «Neolithikum» (für die Jungsteinzeit als Zeitalter der ersten Ackerbau-Kulturen) prägte. Eigentlich sollten sich aber auch viele andere seiner erinnern, zumindest in Großbritannien und dessen ehemaligen Kolonien, denn dort können die Menschen bis heute etwas feiern, das auf John Lubbock zurückgeht: Als Abgeordneter für den Wahlkreis Maidstone in Kent war er die treibende Kraft hinter dem vom britischen Parlament 1871 verabschiedeten Bank Holiday Act, dem die meisten Einwohner Großbritanniens und der Commonwealth-Staaten ihre jährlichen «Bank Holidays» zu verdanken haben.

Der «Heilige Lubbock», wie er in den 1870er Jahren liebevoll genannt wurde, war ein früher und begeisterter Fürsprecher dessen, was man heute eine gute Work-Life-Balance nennt. «Arbeit ist eine Daseinsnotwendigkeit», erklärte er, aber: «Ruhen ist nicht dasselbe wie Nichtstun. […] Hin und wieder an einem Sommertag unter einem Baum im Gras zu liegen, dem Murmeln des Wassers zu lauschen oder die Wolken dabei zu beobachten, wie sie über den Himmel ziehen, ist keinesfalls vergeudete Zeit.»[6]

Dass ein so vielbeschäftigter Mensch wie Lubbock jemals die Zeit fand, sich in die Beobachtung von Wolken zu verlieren, kann man sich nur schwer vorstellen. Neben seiner Abgeordnetentätigkeit spielte er Cricket für die Grafschaft Kent und gewann Pokale, war Teil der Mannschaft, die 1875 das Finale des FA-Cups im Fußball verlor, leitete die familieneigene Bank, war der Gründungspräsident des britischen Institute of Bankers, Vorsitzender des County Council von London, gehörte zu den engsten Beratern der Königin, amtierte als Präsident der Royal Statistical Society und als zweiter Vorsitzender der Royal Society und war Präsident des Anthropologischen Instituts. Zusätzlich zu allen diesen Aufgaben fand er irgendwie auch noch die Zeit, mehrere gründlich recherchierte Bücher zu schreiben, die vom Publikum wohlwollend aufgenommen wurden. Manche davon waren skurril, etwa sein zweibändiges *The Pleasures of Life*, worin er ausführlich darlegte, wie wichtig Ruhe, Arbeit, Sport und Natur für ein erfülltes Leben sind. Andere, wie seine akribisch recherchierten Abhandlungen über die britische Pflanzen- und Insektenwelt, zeichneten sich durch wissenschaftliche Strenge und argumentative Stringenz aus. Sein ehrgeizigstes Buchprojekt – und sein bekanntestes Werk – war *Pre-historic times, as illustrated by ancient remains, and the manners and customs of modern savages*, das 1865 erschien und ihm mehrere Ehrendoktorhüte und andere Auszeichnungen einbrachte.

Bei der Lektüre von John Lubbocks Werken kann man sich des Eindrucks kaum erwehren, dass er das Bankgeschäft und die Politik als anrüchige Pflichtübungen betrachtete und nur seine wissenschaftlichen Arbeiten als wertvollen Zeitvertreib schätzte. Man bekommt auch unweigerlich das Gefühl, seine Ansichten zum Verhältnis zwischen Arbeit und Muße hätten damit zu tun, dass er ein Leben voller Bequemlichkeit und Luxus hätte führen können, wenn er dies gewollt hätte, bedient und umsorgt von einer Brigade livrierter Dienstboten, Hausmädchen, von Köchen, Gärtnern und Butlern, die den großen, im italienischen Stil gestalteten Herrensitz der Familie unweit von London, genannt High Elms, in Schuss hielten, ein hundert Hektar großes Anwesen mit einem weitläufigen Ziergarten. Es zeugt irgendwie schon von einer hochgradig privilegierten Stellung, wenn man, wie es von Lubbock überliefert ist, die Muße hat, mehrere intensive Monate in das Bemühen zu investieren, dem geliebten Hauspudel Van das Lesen beizubringen.

Lubbock war in dieser Beziehung kein Einzelfall. Wie für Darwin, Boucher de Perthes, Benjamin Franklin, Adam Smith, Aristoteles und auch den frenetischen Frederick Winslow Taylor galt auch für ihn, dass er seine wichtigsten Leistungen nur vollbringen konnte, weil er so wohlhabend war, dass er es sich leisten konnte, genau die Dinge zu tun, die er tun wollte. Hätte er einen Beruf mit denselben Arbeitszeiten ausgeübt wie die Angestellten, die High Elms in Ordnung hielten, oder die Tausende Männer, Frauen und Kinder, die in der Landwirtschaft und in den Fabriken Englands ihren Lebensunterhalt verdienten, hätte er schlicht nicht die Zeit gehabt, eine Parlamentsmehrheit für die Verabschiedung des Bank Holiday Act zu organisieren, Archäologie zu studieren, Cricket und Fußball zu spielen oder die Eigenarten der seinen Garten bevölkernden Insekten zu dokumentieren.

1871, als John Lubbock seinen Bank Holiday Act durch die Ausschüsse des Parlaments bugsierte, unterlagen die Arbeitsbedingungen in britischen Fabriken und Baumwollspinnereien keiner gesetzlichen Regelung; Gewerkschaften waren verboten, und Arbeiter, die ihren Vorgesetzten nicht gehorchten oder gar zu organisiertem Widerstand aufriefen, konnten nach dem Master and Servants Act strafrechtlich verfolgt werden und liefen Gefahr, für längere Zeit in einem der Gefängnisse Ihrer Majestät zu landen. Die einzig nennenswerten gesetzlichen Bestimmungen zu den Rechten von Arbeitern fanden sich im Factory Act von 1833, der festlegte, dass die wöchentliche Arbeitszeit für Frauen und für Kinder unter 18 Jahren bei höchstens 60 Stunden liegen durfte; für Männer gab es keine Begrenzung der Wochenarbeitszeit. Es sollten noch 128 Jahre vergehen, bis in den späten 1990er Jahren, nach Inkrafttreten einer verbindlichen Arbeitszeit-Direktive der Europäischen Union, in den britischen Gesetzbüchern erstmals eine Begrenzung der Wochenarbeitszeit für Männer auftauchte. Doch auch ohne eine gesetzliche Regelung vollzog sich in der britischen Wirtschaft eine Reduzierung der Wochenarbeitszeiten: Spätestens 1870 arbeiteten die meisten in Fabriken beschäftigten Männer und Frauen nicht mehr 78, sondern «nur noch» rund 60 Stunden pro Woche, verteilt auf sechs Tage à zehn Stunden.

In einem seiner seltenen Anfälle von Selbstmitleid schrieb Lubbock, Reichtum bringe «fast mehr Arbeitsbelastung mit sich als Armut, und sicherlich auch mehr Unruhe».[7] In seinen gesammelten Werken finden sich einige weitere Aussagen in diese Richtung, die darauf schließen lassen, dass Lubbock, wie viele seiner Standesgenossen, keine realistische Vorstellung davon hatte, was eine 60-Stunden-Woche für die Arbeiter bedeutete und wie mühselig und unbefriedigend ihre Arbeit zum größten Teil war. Es bestand schließlich ein beträchtlicher Unterschied zwischen einem «Arbeitstag», den man als Abgeordneter unter gelegentlichem Einnicken im Sitzungszimmer eines Unterhaus-Ausschusses verbrachte – unterbrochen durch ein viergängiges Mittagsmahl im Speisesaal des Institute of Bankers –, und einer zehnstündigen Schicht in einer frostkalten Streichholzfabrik, wo die Arbeiter eine von Schwefel- und Phosphordämpfen geschwängerte Luft einatmeten und unter ständigem Husten Streichholzschachteln zusammenklebten. Die Dankbarkeit, die viele Briten für den «Heiligen Lubbock» empfanden, rührte nicht so sehr daher, dass er ihnen zu ein bisschen mehr Freizeit verholfen hatte, in der sie ihren individuellen Interessen oder Hobbys nachgehen konnten, sondern war die Anerkennung dafür, dass sie dank der Bank Holidays an einigen zusätzlichen freien Tagen im Jahr ihrem geschundenen Körper Erholung gönnen und einfach die Seele baumeln lassen konnten.

Die Verabschiedung des Bank Holiday Act 1871 signalisierte eine grundlegende Wende in der Einstellung zu den Arbeitern und ihrem Anspruch auf Freizeit. Die Legalisierung von Gewerkschaften noch im selben Jahr beschleunigte diese Entwicklung, und ein Übriges tat der erste erfolgreiche legale Streik in der britischen Geschichte im Jahr 1888, dessen Protagonisten die «match girls» waren, Arbeiterinnen der Firma Bryant & May, eines der bedeutendsten Streichholzproduzenten des Landes. Die «match girls» wagten sich auf die Straße, um gegen die giftige Luft an ihrem Arbeitsplatz und für die Verkürzung ihrer 14-stündigen Arbeitsschichten zu demonstrieren.

Auch wenn die Macht und der Einfluss der Gewerkschaften zunahmen, blieb es für die meisten britischen Arbeiter noch Jahrzehnte bei einer Sechstagewoche mit 56 Wochenstunden; erst 1918, nach dem Ersten Weltkrieg, hatte es damit ein Ende. Das blutige Gemetzel, das die Soldaten auf den Schlachtfeldern an der Somme, bei Ypern und Passendale erlebt hatten, führte im Zusammenwirken mit dem technischen Fortschritt und einem rapiden Produktivitätszuwachs infolge der verbreiteten Anwendung von Winslow Taylors «wissenschaftlicher Methode» in den Fabriken zu einem Umdenken, und recht schnell sank die allgemeine Wochenarbeitszeit auf rund 48 Stunden. Und dann dauerte es nicht einmal ein weiteres Jahrzehnt, bis unter dem maßgeblichen Einfluss von Henry Ford – der inzwischen allein in seinen US-amerikanischen Fabriken an die 200 000 Menschen beschäftigte und fast noch einmal so viele in Europa, Kanada, Südafrika, Australien, Asien und Lateinamerika – die 40-Stunden-Woche (mit fünf Tagen à acht Stunden und arbeitsfreiem Wochenende) in den meisten Branchen der industriellen Güterproduktion zur Norm wurde.

Die Weltwirtschaftskrise leistete weiteren Arbeitszeitverkürzungen Vorschub, da die Unternehmen ihre Produktion drosselten. Aus dieser Entwicklung resultierte eine embryonale «Kürzer-arbeiten-Bewegung», und in den USA stand die Roosevelt-Administration kurz davor, die 30-Stunden-Woche einzuführen; der nach den Senatoren Black und Connery benannte Gesetzentwurf passierte den Senat 1932 mit einer komfortablen Mehrheit von 53 gegen 30 Stimmen, wurde dann jedoch, weil Präsident Roosevelt kalte Füße bekam, kurz vor der Einbringung ins Repräsentantenhaus zurückgezogen, und als die Krise ihre schlimmste Phase durchschritten hatte, nahm die Wochenarbeitszeit wieder stetig zu. Als im Herbst 1939 Hitlers Panzer über Polen hinwegrollten, arbeiteten die meisten erwerbstätigen Amerikaner wieder 38 Stunden in der Woche.

Abgesehen von den Jahren des Zweiten Weltkriegs, die längere Arbeitszeiten brachten, bewegte sich die durchschnittliche Wochenarbeitszeit in den Vereinigten Staaten zwischen 1930 und 1980 in einem ziemlich engen Korridor zwischen 37 und 39 Stunden. Das waren zwei oder drei Stunden weniger als in fast allen anderen Industrieländern. In den letzten Jahrzehnten des 20. Jahrhunderts zeigten die Regelarbeitszeiten in den USA wieder eine leichte Zunahme, während sie in den meisten anderen Industrieländern langsam zurückgingen. Seit 1980 bewegt sich die durchschnittliche Wochenarbeitszeit in den USA im Großen und Ganzen auf

Entwicklung der Wochenarbeitszeit von Vollzeitbeschäftigten außerhalb der Landwirtschaft in Großbritannien, den USA und Frankreich 1870–2000

dem Niveau der westeuropäischen Volkswirtschaften, doch da europäische Arbeiter in den Genuss sehr viel großzügigerer Urlaubsregelungen kommen, arbeiten die meisten Amerikaner Jahr für Jahr ein paar Hundert Stunden mehr als ihre Berufskollegen in Ländern wie Dänemark, Frankreich oder Deutschland.

John Maynard Keynes stützte seinen Glauben daran, dass «fortschrittliche Länder» spätestens 2030 einen Lebensstandard erreichen würden, der «vier bis acht Mal so hoch» sein würde wie im Jahr 1930, auf die Prämisse eines stetigen jährlichen Wirtschaftswachstums von zwei Prozent. Der in Yale lehrende Volkswirtschaftler Fabrizio Zillibotti machte sich 2007 die Mühe, Keynes' Prognose noch einmal durchzurechnen. Er gelangte zu dem Ergebnis, dass gemessen an den Wirtschaftswachstumsraten eine Vervierfachung des Lebensstandards schon 1980 erreicht war und dass wir unter der Voraussetzung eines anhaltenden Wirtschaftswachstums 2030 bei einer «Steigerung des Lebensstandards um den Faktor 17» anlangen werden, also um mehr als das Doppelte der höchsten von Keynes prognostizierten Steigerung.[8] Auch wenn Wohlstand und

Einkommen sehr ungleich verteilt sind, dürften in den industrialisierten Ländern wohl die meisten Menschen heute in etwa den Lebensstandard genießen, den Keynes vor Augen hatte, wenn er von den «absoluten Bedürfnissen» sprach, die in ausreichender Weise gestillt sein würden. In den Vereinigten Staaten lag das mittlere Nettovermögen pro Haushalt, also der Wert, bei dem die eine Hälfte der Haushalte mehr, die andere Hälfte weniger hat, 2017 bei 97 000 Dollar.[9] Das ist dreimal mehr als 1946, aber deutlich weniger als 2006, dem Jahr bevor die Subprime-Krise die Weltwirtschaft in eine Abwärtsspirale riss. Das Nettovermögen des mittleren amerikanischen Haushalts lag damals bei etwa dem Sechsfachen des Vergleichswerts von 1946.[10] Bezeichnenderweise beträgt es nur ungefähr ein Siebtel des durchschnittlichen Nettovermögens amerikanischer Haushalte.

Dagegen haben die Arbeitszeiten nicht, wie von Keynes vorausgesagt, abgenommen. Trotz der Tatsache, dass die Arbeitsproduktivität in den Industrieländern seit Ende des Zweiten Weltkriegs um den Faktor vier oder fünf gestiegen ist, bewegt sich die durchschnittliche Wochenarbeitszeit nach wie vor um knapp unter 40 Stunden und wird allem Anschein nach weiter auf diesem Niveau verharren.

Unter den Ökonomen wird seit langem eine Debatte darüber geführt, warum die Wochenarbeitszeit keine Anstalten macht, zu sinken; die meisten sind sich darin einig, dass man eine mögliche Teilantwort auf diese Frage in der Geschichte des bis heute weltweit erfolgreichsten Herstellers von Frühstücksflocken findet.

Geschätzte 128 Milliarden Portionen von Cerealien der Marke Kellogg's landen jedes Jahr auf den Tischen von Hunderten Millionen hungriger Zweibeiner. Die Marke Kellogg's ist das Habitat einer ganzen Truppe fröhlicher, löffelschwingender Zeichentrickfiguren, deren grinsende Gesichter uns von den Kartonverpackungen und aus den Werbespots der Firma entgegenspringen. Keine dieser Figuren hat irgendeine annähernde Ähnlichkeit mit ihrem Stammvater, dem Firmengründer John Harvey Kellogg, einem Adventisten des Siebenten Tages mit einer rebellischen Ader, einem leidenschaftlichen Faible für gesunde Lebensführung und einem pathologischen Hass auf alles, was mit Sex zu tun hatte. Kellogg propagierte eine allgemeine Beschneidungspflicht, weil das nach seiner Überzeugung Knaben das Masturbieren verleiden würde, und entwickelte ein kleines Sortiment von Frühstücksflocken, mit denen er ausdrücklich die Hoffnung verband, sie würden die sexuellen Leidenschaften der Patienten dämpfen, die sich im Battle Creek Sanatorium einfanden, einem von Kellogg 1886 gegründeten vegetarischen Wellness-Refugium.

Seine Flocken waren nicht dazu bestimmt, besonders schmackhaft zu sein. John Harvey Kellogg war der Ansicht, würzige, zutatenreiche und süße Kost wecke unerwünschte sexuelle Begierden, während ungekünstelte Grundnahrungsmittel sie kleinhielten. Die Cornflakes, die Kellogg sich 1895 patentieren ließ, wurden ausdrücklich entwickelt, um als Liebestöter zu fungieren.

Wie sich herausstellte, fanden die Patienten in Kelloggs Sanatorium seine knusprigen Cerealien dennoch schmackhaft. Sie waren ein willkommener Kontrast zu den geschmacksfreien ungesalzenen Gemüsen, die sie zu den Hauptmahlzeiten serviert bekamen. John Harvey Kellogg hatte jedoch kein Interesse daran, seine Flocken auf den Markt zu bringen. Einem seiner Adoptivsöhne, Will Kellogg, der die puritanischen Überzeugungen seines Vaters nicht teilte, blieb es überlassen, die Kellogg's-Cerealien zu einer weltbekannten Marke zu machen. Er reicherte die Rezepturen des Seniorchefs mit etwas Zucker an und begann 1906 mit der Massenproduktion seiner Cornflakes. Auch die Marketingkampagnen für das Produkt peppte er mit etwas Zucker auf: Wie um jedweden noch verbliebenen Verdacht, sein Produkt könne die sexuellen Begierden seiner Kunden dämpfen, zu zerstreuen, enthielt seine erste große Werbekampagne für Cornflakes die suggestive Anregung an die Adresse junger Männer, hübschen Verkäuferinnen ein flirtendes Augenzwinkern zuzuwerfen.

Im Verlauf der nachfolgenden 40 Jahre revolutionierte Will Kellogg die US-amerikanische Nahrungsmittelerzeugung. Ständig auf Innovationen aus, experimentierte er mit dem jeweils letzten Schrei in Sachen Management, Produktion und Marketing und ließ auch den Taylorismus nicht aus. Spätestens in den 1920er Jahren waren seine Firma und deren wichtigste Produkte in den USA in aller Munde, und es dauerte nicht lange, bis sie sich in alle Welt verbreiteten.

Als 1929 die Weltwirtschaftskrise zuschlug, war Kellogg's bereits ein großer Arbeitgeber. Sein einziger ernst zu nehmender Konkurrent auf dem expandierenden Markt für Frühstückscerealien war die Marke Post, deren Eigner das taten, was auch viele andere Unternehmen in Zeiten wirtschaftlicher Ungewissheit tun: Alle nicht lebensnotwendigen Ausgaben wurden zusammengestrichen und alle Vorräte an Büroklammern, Heftklammern und Tintenpatronen in Inventarlisten erfasst, um Kosten zu sparen und möglichst liquide zu bleiben. Kellogg fuhr einen ganz anderen Kurs. Er verdoppelte seinen Werbeetat und vergrößerte seine Produktionskapazitäten. Es war eine erfolgreiche Strategie. Wie sich herausstellte, entwickelten in den Hungerjahren viele Leute eine Vorliebe für billige, gesüßte, knusprige Getreideflocken in Milchsoße, sodass bei Kellogg's die Gewinne in die Höhe schossen, während die Aktionäre des Wettbewerbers Post sich kaum Hoffnungen auf Dividendenzahlungen zu machen brauchten.

Kellogg tat noch etwas, das aus dem Rahmen des Üblichen fiel: Er setzte die Wochenarbeitszeit in seinen Fabriken von schon recht zivilen 40 auf angenehme 30 Stunden herab (fünf Tage à Sechs-Stunden). Er konnte dadurch das Äquivalent einer kompletten sechs Stunden-Schicht an neuen Vollzeitstellen schaffen, und das zu einem Zeitpunkt, da ein Viertel aller US-Amerikaner arbeitslos war. Es war ein Schachzug, der auch noch aus anderen Gründen vernünftig erschien. Die amerikanische Arbeiterschaft hatte spätestens in den 1930er Jahren den Kampf um kürzere Arbeitszeiten auf ihre Fahnen geschrieben, nachdem Unternehmen wie Ford ohne erkennbare Produktivitätseinbußen das freie Wochenende und die Fünftagewoche eingeführt und damit eher noch ihre Profitabilität gesteigert hatten; das bestärkte Kellogg in seiner Überzeugung, mit der 30-Stunden-Woche hart am Wind der Geschichte zu segeln. Und tatsächlich stellte sich heraus, dass dies eine auch für die Bilanz der Firma Kellogg's vorteilhafte Entscheidung war. Die Zahl der eine Unterbrechung des Produktionsablaufs verursachenden Arbeitsunfälle ging deutlich zurück, und die betrieblichen Gemeinkosten schrumpften dermaßen, dass Kellogg's 1935 einem Zeitungsredakteur stolz erklärte: «Wir können es uns jetzt erlauben, für sechs Stunden so viel zu bezahlen wie früher für acht.»

Bis in die 1950er Jahre hinein blieb die 30-Stunden-Woche in den Werken der Firma Kellogg's der Normalfall. Dann stimmten zur Überraschung der Unternehmensleitung drei Viertel der in den Kellogg's-Fabriken Beschäftigten für eine Rückkehr zur Acht-Stunden-Schicht und zur 40-Stunden-Woche. Manche der Arbeiter erklärten ihr Votum damit, dass sie dank der Sechs-Stunden-Schicht zu viel Zeit unter der Fuchtel eines reizbaren Ehepartners zu Hause verbringen mussten. Die meisten hatten aber eindeutig ein anderes Motiv: Sie wollten mehr Stunden arbeiten, um mehr Geld nach Hause tragen zu können, mit dem sie wiederum ihren Bestand an Konsumgütern – die in der wirtschaftlichen Blütezeit der amerikanischen Nachkriegsjahrzehnte massenhaft auf den Markt kamen – um das jeweils neueste und beste Produkt ergänzen konnten.[11]

In den späten 1940er und frühen 1950er Jahre verlegte sich ein kriegsmüdes Amerika darauf, anstelle von Panzern Chevrolet Bel Airs zu bauen, konvertierte Berge unverbrauchter Munition in Stickstoffdünger und funktionierte seine Radartechnik für den Bau von Mikrowellengeräten um. Auf diesem Boden erblühte ein rekonfigurierter amerikanischer Traum, dessen Kulisse Eiscreme in der häuslichen Gefriertruhe, Abendessen vor dem Fernseher und jährliche Urlaubsfahrten mit Fastfood-Lokalen als Etappenziel bildeten. Die Mitgliederzahlen der Gewerkschaften befanden sich auf einem Allzeithoch, und die dem «letzten aller Kriege» zu verdankende Friedensdividende ließ eine stetig wachsende, immer wohlhabendere Mittelschicht heranwachsen.

Dieser Wohlstand ließ den aus Kanada stammenden, in Harvard lehrenden Volkswirtschaftler John Kenneth Galbraith zu der Überzeugung gelangen, fortgeschrittene Volkswirtschaften wie die der Vereinigten Staaten seien nunmehr produktiv genug, um die grundlegenden materiellen Bedürfnisse aller ihrer Mitglieder stillen zu können, sodass das «ökonomische Problem», wie John Maynard Keynes es definiert hatte, im Großen und Ganzen als gelöst betrachtet werden konnte. Galbraith explizierte diese Auffassung in seinem berühmtesten Buch, *The Affluent Society*,[12] das 1958 herauskam und großen Anklang fand.

Unter den Experten für amerikanische Wirtschaftsgeschichte war Galbraith der überragende Mann, und das nicht nur, weil er mit seinen 2,03 Metern selten auf jemanden traf, der ihm auf Augenhöhe begegnen konnte. Zum Zeitpunkt seines Todes im Dezember 2007 war er dank seiner jahrzehntelangen Professorentätigkeit in Harvard eine akademische

Institution und mit mehr als sieben Millionen verkauften Büchern der meistgelesene Volkswirtschaftler des 20. Jahrhunderts. Mehrere Jahre lang fungierte er als Herausgeber der Zeitschrift *Fortune* und bekleidete in den Regierungsmannschaften von Roosevelt, Kennedy und Clinton etliche hochkarätige Ämter. Allerdings sah Galbraith sich nicht als Ökonom im herkömmlichen Sinn. Und er hatte von der akademischen Disziplin, die er für sich auserkoren hatte, nicht einmal eine sonderlich hohe Meinung. So verstieg er sich einmal zu der Aussage, die Volkswirtschaftslehre sei «äußerst brauchbar als ein Beschäftigungsprogramm für Ökonomen»; ein andermal warf er seinen Kollegen vor, sie machten die Dinge unnötig kompliziert, um die Banalität ihrer Lehren zu verschleiern, insbesondere wenn es um Themen wie Währungspolitik gehe.[13] Den Zugang zum ökonomischen Fach fand der Sohn eines Farmers auf dem Umweg über seinen früh geweckten Ehrgeiz, eines Tages die größte und beste Ranch für Shorthorn-Rinder in seiner Heimatprovinz Ontario zu betreiben. Er erwarb zu diesem Zweck zwei akademische Grade im Fachbereich Agrarökonomie. *En passant* gelangte er zu einigen entschiedenen Ansichten über das grundlegende Verhältnis zwischen primärer Produktion, wie in der Landwirtschaft, und dem Rest der volkswirtschaftlichen Aktivität.

In *The Affluent Society* zeichnete Galbraith das Bild eines Nachkriegs-Amerika, in dem nicht mehr der Mangel an materiellen Gütern die vorrangige Triebkraft wirtschaftlichen Handelns war. Die Volkswirtschaft der USA sei, so stellte er fest, seit dem Krieg so produktiv geworden, dass mehr Leute «an zuviel des guten Essens sterben als an zuwenig». Andererseits machten die Amerikaner nach seiner Ansicht aus ihrem Wohlstand viel zu wenig: «Keine Frage stellt nachdenkliche Leute vor so große Rätsel wie die, warum wir in einer Not leidenden Welt einen so kümmerlichen Gebrauch von unserem Überfluss machen», schrieb er.

Zu den Hauptgründen für Galbraiths Unbehagen gehörte seine Beobachtung, dass die amerikanische Nachkriegsgeneration ein scheinbar grenzenloses Verlangen danach hatte, unnötige Dinge zu kaufen. Nach seiner Überzeugung waren die materiellen Bedürfnisse der meisten US-Amerikaner etwas ebenso «Hergestelltes» wie die Produkte, die sie kauften, um diese Bedürfnisse zu stillen. Weil die existenziellen Grundbedürfnisse der meisten Menschen problemlos befriedigt werden könnten, verlegten sich, so seine These, die Hersteller und die Werbebranche darauf, neue künstliche Bedürfnisse zu wecken, um das Hamsterrad der Produktion und des Konsums am Laufen zu halten, anstatt dass die Menschen ihre Ressourcen in die Verbesserung öffentlicher Dienstleistungen investierten. Wirkliche Güterknappheit war, anders gesagt, etwas, das der Vergangenheit angehörte.

Galbraith hielt die Werbung offenbar für ein Phänomen der Neuzeit, doch ist die «Herstellung» von Bedürfnissen tatsächlich mindestens so alt wie die ersten Städte. In den Metropolen der Antike war Werbung in vielen uns auch heute noch vertrauten Formen präsent, von den einladenden pornographischen Tableaus an den Fassaden von Bordellen in Pompeji bis zu den elegant bedruckten Handzetteln, geschmückt mit niedlichen Logos und flotten Werbesprüchen, die im China der Song-Dynastie von Kunsthandwerkern unter die Leute gebracht wurden. Freilich war Werbung bis vor einiger Zeit etwas, das die meisten, die etwas zu verkaufen hatten, selbst machten. Das änderte sich mit dem Aufkommen auflagenstarker Zeitungen.

In den Vereinigten Staaten wird die Geburt der Werbung als einer eigenständigen, Geld verdienenden Branche von vielen Leuten keinem Geringeren zugeschrieben als Benjamin Franklin. Der hatte 1729 die lokale Tageszeitung *Pennsylvania Gazette* gekauft und sich anschließend schwergetan, allein mit verkaufter Auflage Geld zu verdienen; daraufhin hatte er sich überlegt, ob er nicht durch den Verkauf von Anzeigen an örtliche Geschäftsleute, die an zusätzlicher Kundschaft interessiert waren, seine Kasse aufbessern könnte. Der Plan ging zunächst nicht auf – niemand wollte glauben, dass es viel bringen würde, einer lokalen Zeitung Geld für Anzeigen in den Rachen zu werfen. In seiner Not wagte Franklin ein Experiment: Er nahm in sein Blatt Werbeanzeigen für eine seiner eigenen Erfindungen auf, den Franklin-Ofen, und landete damit einen doppelten Erfolg: Die Verkaufszahlen des Franklin-Ofens schnellten in die Höhe, und andere Gewerbetreibende, die das mitbekamen, begannen in der *Pennsylvania Gazette* Anzeigen zu schalten. Damit bescherten sie Franklin eine neue Einkommensquelle und einen Ehrenplatz in der Ruhmeshalle der amerikanischen Werbebranche.[14] Andere Zeitungen und Zeitschriften folgten alsbald Franklins Beispiel, doch sollte es noch ein Jahrhundert dauern, bis die ersten veritablen Werbeagenturen – Dienstleistungsfirmen, die allein davon lebten, im Auftrag ihrer Kunden Anzeigen zu kreieren und sie in Zeitungen zu veröffentlichen – gegründet wurden.

Dass die Werbung einen so leuchtenden Platz im globalen Wirtschaftsgeschehen erklimmen konnte, verdankte sie letzten Endes der Industrialisierung. Über weite Strecken des Jahrhunderts, das auf Franklins erste tastende Marketing-Experimente folgte, waren Anzeigen zumeist langweilige Produktbeschreibungen, die sich ausschließlich an ein lokales Publikum richteten. Das änderte sich mit dem Einsetzen der Massenproduktion: Unternehmer mit großen Ambitionen erkannten, dass sie, wenn sie sich Zugang zu auswärtigen Märkten verschaffen wollten, Werbung für ihre Produkte machen mussten. Sie erkannten darüber hinaus, dass sie sich von anderen örtlichen Anbietern ähnlicher Produkte abheben mussten, und das hatte zur Folge, dass sich diejenigen, die Werbung konzipierten, immer mehr darauf kaprizierten, die sensorische Aufmerksamkeit der Zeitungsleser mit knackigen Sprüchen und ungewöhnlichen Schrifttypen zu fesseln und die Anzeigen mit Bildern aufzupeppen. Spätestens ab den 1930er Jahren war Werbung für Marken wie Kellogg's oder Ford so wichtig wie jeder andere Bereich ihrer Geschäftstätigkeit. Von Henry Ford ist der berühmte Aphorismus überliefert: «Mit Werbung aufhören, um Geld zu sparen, ist wie die Uhr anhalten, um Zeit zu sparen.»

Als John Kenneth Galbraith sein Unbehagen über die unheilige Allianz zwischen Herstellern und Werbeagenturen äußerte, die einer Vergeudung von Amerikas Reichtum Vorschub leiste, richtete sich diese Kritik nicht so sehr gegen Unternehmen wie Kellogg's oder Ford, die in seinen Augen wenigstens nützliche Dinge produzierten. Im Fadenkreuz seines Unmuts standen vielmehr diejenigen, die nach seiner Ansicht die Hoffnungen und Erwartungen der Menschen manipulierten, aus ihren Ängsten vor Statuseinbußen Kapital schlugen und ihre «relativen Bedürfnisse» überbetonten.

In der Zeit, in der Galbraiths *The Affluent Society* erschien, war die Werbebranche gerade dabei, das unerhörte Potenzial des Fernsehens zu erkennen. Mit dem Schritt, Werbebotschaften direkt in die Wohnzimmer und Büros der Menschen zu schicken, läutete die Branche das Ende ihrer «eleganten» Ära ein und schaltete in eine neue Gangart um. Es war erst ein Jahrzehnt her, dass die Werbeagentur NW Ayer den nach allgemeiner Ansicht massenwirksamsten Werbeslogan in der Geschichte der Vereinigten Staaten geprägt hatte: «Diamonds are forever». Dieser Spruch prägte fast im Alleingang die Assoziation zwischen ewiger Liebe und Diamantenschmuck im reichsten Luxusgütermarkt der Welt, begründete den Brauch, dass der Mann seine Verlobung besiegelt, indem er seiner Künftigen einen Diamantring schenkt, und schuf damit eine anhaltende Nachfrage nach einem Produkt, das vor 1940 kaum jemanden interessiert hatte. Gegen Ende der 1950er Jahre war der Diamantring ein so allgegenwärtiges Requisit geworden, dass Galbraith ätzte: «Früher einmal war ein hinlänglich imposanter Diamantschmuck etwas, das selbst noch dem fettleibigsten und abstoßendsten Menschen Aufmerksamkeit einbringen konnte, weil er von Zugehörigkeit zu einer hoch privilegierten Kaste zeugte. Heute leistet sich solche Diamanten ein Fernsehstar oder eine talentierte Dirne.»

In Galbraiths Augen erfüllte die Werbung über die Aufgabe hinaus, den Kreislauf aus Produktion und Konsum anzutreiben, noch einen weiteren nicht augenfälligen Zweck: Nach seiner Vermutung bewirkte sie, dass viele Menschen sich weniger Gedanken über soziale Ungleichheit machten – solange sie in der Lage waren, sich immer wieder einmal ein neues Konsumgut zu kaufen, hatten sie das Gefühl, zu den gesellschaftlichen Aufsteigern zu gehören und zu denen, die über ihnen standen, aufzuschließen.

«Es ist Konservativen und Liberalen in gleicher Weise klar geworden», notierte er trocken, «dass die Steigerung des gesamtwirtschaftlichen Outputs eine Alternative zur Umverteilung oder sogar zum Abbau der Ungleichheit ist.»[15]

Das alles hätte sich eigentlich in den 1980er Jahren ändern müssen, nach dem Platzgreifen dessen, was manche Soziologen als die «große Entkopplung» bezeichnen.

Es ist anders gekommen. Über weite Strecken des 20. Jahrhunderts herrschte in den Vereinigten Staaten und anderen Industrieländern ein relativ stabiles Verhältnis zwischen Arbeitsproduktivität und Lohnniveau. Solange die Wirtschaft wuchs und die Arbeiter einen wachsenden Output schufen, nahmen auch Löhne und Gehälter in vergleichbarer Proportion zu. Das bedeutete zwar, dass Großverdiener von der Steigerung in abso-

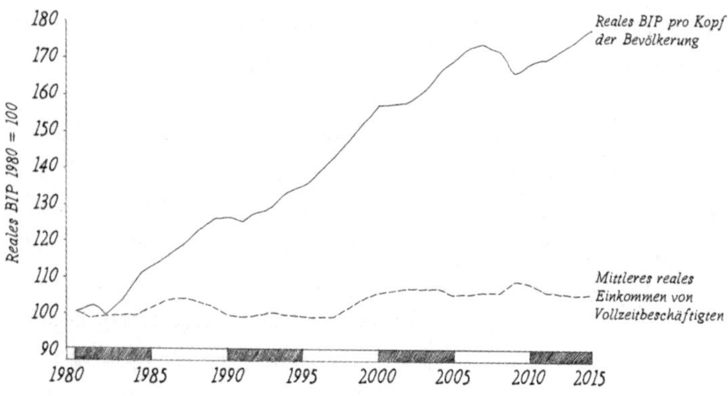

Steigerung des realen BIP pro Kopf der USA im Vergleich zur Entwicklung der Realeinkommen zwischen 1980 und 2015[16]

luten Zahlen stärker profitierten, aber zumindest hatten alle Lohn- und Gehaltsempfänger das Gefühl, dass in dem Maß, wie das Unternehmen, für das sie arbeiteten, reicher wurde, auch sie reicher wurden.

Ab 1980 ging diese Proportionalität verloren. Im Zuge der «großen Entkopplung» wuchsen zwar Produktivität, Output und das Bruttoinlandsprodukt stetig weiter, doch Löhne und Gehälter begannen (außer bei den Spitzenverdienern) zu stagnieren, viele Leute stellten im Lauf der Zeit fest, dass sie mit ihrem Monatsgehalt nicht mehr so weit kamen wie früher, obwohl sie nach wie vor denselben Job im selben profitablen Unternehmen ausübten.

Die «große Entkopplung» nahm allen eventuell noch kursierenden Forderungen nach einer Senkung der Wochenarbeitszeit den Wind aus den Segeln. Die meisten Leute hätten ihren Lebensstil nicht aufrechterhalten können, wenn sie ihre Arbeitszeit reduziert hätten. Viele ließen sich auf eine wesentlich höhere persönliche Verschuldung ein, ein naheliegender Schritt in einer Zeit sehr niedriger Zinsen. Mache Angehörige höherer Lohn- und Gehaltsgruppen entschieden sich dafür, mehr Stunden zu arbeiten, ermutigt dadurch, dass die Belohnungen, die «Leistungsträgern» winkten, plötzlich durch die Decke zu gehen schienen.

Die Ursachen für die «große Entkopplung» sind noch nicht zufriedenstellend erforscht. Manche Ökonomen bestreiten sogar, dass sie stattgefunden hat. Sie behaupten, die Verlaufskurven, die eine deutliche Divergenz zwischen Produktivität und Reallöhnen zeigen, seien irreführend, weil sie die steigenden Ausgaben für die amerikanischen Arbeitnehmern erwiesenen sozialen Wohltaten, vor allem in Form explodierender Krankenversicherungsbeiträge, nicht berücksichtigten und weil die üblichen Verfahren zur Bestimmung der Inflationsrate kein reelles Bild vermittelten.

Vielen Ökonomen gilt jedoch die «große Entkopplung» als der erste eindeutige Beleg dafür, dass die technologische Fortschrittslawine die Erwerbsarbeit kannibalisiert und zur Konzentration des Wohlstandes in immer weniger Händen führt. Sie weisen darauf hin, dass etwa der Telekom-Gigant AT&T 1964 einen Börsenwert von 267 Milliarden Dollar (in heutiger Kaufkraft) hatte und 758 611 Personen beschäftigte. Das entspricht einem Börsenwert von 350 000 Dollar pro Beschäftigtem. Einer der heutigen Kommunikations-Giganten, Google, beschäftigt bei einem Börsenwert von 370 Milliarden Dollar nur rund 55 000 Personen, was einem Börsenwert von rund 6 Millionen Dollar pro Beschäftigtem entspricht.

Eine Reihe bedeutsamer politischer Trends hat diese Entwicklung gefördert: zum einen die Deregulierung der Märkte im Zusammenwirken mit der von Thatcher und Reagan propagierten «Trickle-down-Ökonomie», sodann der Offenbarungseid des Kommunismus und der fliegende Übergang zum Oligarchen-Kapitalismus in den ehemaligen Sowjetrepubliken und schließlich der Aufstieg der südostasiatischen «Tiger-Volkswirtschaften», angeschoben von der «Bekehrung» Chinas zum Staatskapitalismus.

Als John Maynard Keynes den Weg zu seinem wirtschaftlichen Schlaraffenland vorzeichnete, stellte er sich vor, dass die «rührigen, zielbewussten Geldverdiener» – die ehrgeizigen Unternehmensvorstände und Kapitalgeber – diejenigen sein würden, die uns alle in dieses gelobte Land führen würden. Zugleich glaubte er aber auch, wenn wir erst einmal dort angekommen seien, würden wir «keine Verpflichtung mehr anerkennen, ihnen Beifall zu klatschen und Ermutigung zu geben».

In diesem Punkt irrte er sich.

Die Vorstandsvorsitzenden der 350 größten US-Unternehmen verdienten 1965 ungefähr das Zwanzigfache eines «Durchschnittsarbeiters».[17] Bis

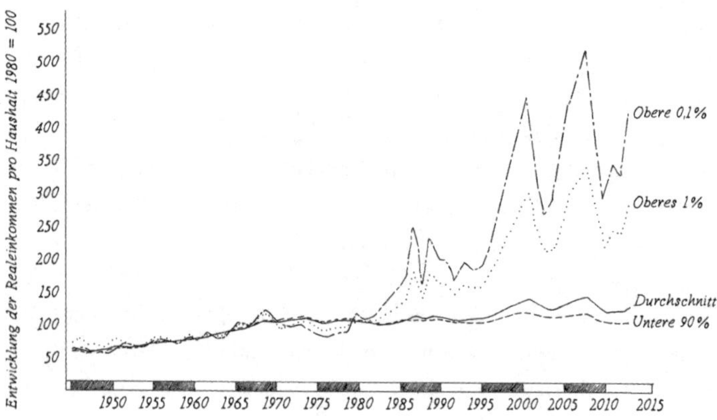

Entwicklung der Haushaltseinkommen in den USA 1945–2015[18]

1980 erhöhte sich dieses Verhältnis auf den Faktor 30, und 2015 erreichte es den Faktor 300. Inflationsbereinigt stiegen die Reallöhne der meisten US-amerikanischen Arbeiter zwischen 1978 und 2016 um bescheidene 11,7 Prozent, während die CEOs im Mittel einen Vergütungszuwachs von 937 Prozent verzeichnen konnten.

Der Quantensprung bei den Managergehältern war kein rein US-amerikanisches Phänomen. In den zwei Jahrzehnten vor der großen Rezession von 2007/08 griff in den Großunternehmen vieler Länder die Überzeugung um sich, sie müssten, um «Toptalente» anziehen und halten zu können, exorbitante Vergütungspakete anbieten.

Es war die global tätige Beratungsfirma McKinsey & Company, die diese hysterische Spirale in Gang setzte. Sie war es auch, die dem stetig wachsenden Wörterbuch der Managerkaste den Begriff «Talent» hinzufügte, als sie 1998 einen ihrer vierteljährlich an Kunden und potenzielle Kunden verschickten Infobriefe mit der Titelzeile «The War for Talent» versah.[19] Solche aufgeblasenen, mit Werbesprüchen gepfefferten PR-Slogans sollten Unternehmen dazu bewegen, harte Währung für weiche Dienstleistungen zu zahlen, die sie in der Regel nicht brauchten. Die meisten stapelten sich ungelesen in den Posteingangs-Fächern der Führungsetagen oder wurden allenfalls bei einer gelegentlichen Toilettenpause durchgeblättert.

Da man bei McKinsey um die kurze Aufmerksamkeitsspanne der meisten Empfänger des *Quarterly*-Infobriefs wusste, peppte man die Beiträge mit knalligen Überschriften auf. Die Formulierungen in der besagten Ausgabe von 1998 wären in einer Zeitungsreportage aus einem Kriegsgebiet nicht fehl am Platz gewesen.

«Es herrscht ein Krieg um Talente, und der wird sich noch verschärfen», lautete eine der Abschnittsüberschriften, «Alle sind verwundbar» eine andere.

Diese Botschaft war himmlisches Manna für eine Klasse von Managern, die bis dahin immer darunter gelitten hatte, dass ihre für die als wirklich wichtig erachteten betriebswirtschaftlichen Aufgabenbereiche wie Finanzen, Lieferketten-Management oder Marketing zuständigen Kollegen auf sie mit einer gewissen Geringschätzung herabgeschaut hatten, nämlich die Personalvorstände der Großunternehmen, deren Zuständigkeitsbereich im internationalen Konzernjargon als «Human Resources» oder HR bezeichnet wird. Endlich konnten sie ihren Kollegen, Vorstandsteams und CEOs Dinge vortragen, die nicht mehr nur mit Stirnrunzeln und Gähnen quittiert wurden, denn in diesem Infobrief von McKinsey stand, es seien nicht so sehr Produktionsverfahren oder effiziente Strukturen, die den Unterschied zwischen einem guten und einem schlechten Unternehmen ausmachten, sondern das Können der Personen, die an der Spitze der Unternehmen standen. Das zielte direkt auf die Eitelkeit der Topmanager ab und traf ins Schwarze.

Das schlagende Herz dieses Infobriefs war eine Grafik, der die McKinsey-Autoren den ominösen Namen «Beweismittel Nr. 1» verliehen. Sie zeigte unter Verweis auf angeblich von den Vereinten Nationen beglaubigte demographische Studien, dass ab dem Jahr 2000 der Anteil der 35- bis 44-Jährigen an der US-Bevölkerung sich bei rund 15 Prozent einpendeln und auf dieser Höhe verharren würde. Aus späterer Sicht erwies sich diese Prognose als Hokuspokus, und die Folgerung, die die McKinsey-Leute daraus ableiteten – dass die Vorstandsetagen großer Unternehmen und Konzerne mit Zähnen und Klauen darum kämpfen müssten, sich die wenigen für unternehmerische Spitzenpositionen geeigneten Toptalente zu sichern –, war gelinde gesagt weit hergeholt. Sie ignorierte reale Entwicklungen im Bildungsbereich wie die Tatsache, dass Jahr für Jahr eine stets wachsende Zahl von Hochschulabsolventen und jungen Leuten mit

MBA-Abschluss auf den Arbeitsmarkt drängte. Unerwähnt blieben auch die personellen Potenziale, die sich aus der Einwanderung oder aus dem Umstand ergaben, dass auf einem tendenziell weltumspannenden Markt für Topmanager-Talente aus fast allen Ländern der Erde rekrutiert werden konnte, unabhängig von lokalen demographischen Trends.

Es ist gut möglich, dass künftige Historiker den «Krieg um die Talente» als eine der raffiniertesten Nadelstreifen-Verschwörungen aller Zeiten bewerten werden. Künftige Ökonomen könnten das Phänomen schlicht als eine konjunkturelle «Blase» abtun, so irrational und unvermeidlich wie alle ihre Vorgänger und Nachfolger. Andere freilich, die wissen, dass die meisten von uns Normalos ebenso leicht auf Schmeicheleien hereinfallen, sehen die Sache vielleicht mit nachsichtigeren Augen. Schließlich wussten jene, die von der Explosion der Managergehälter profitierten, die Botschaft sehr zu schätzen, dass sie jeden Pfennig ihrer traumhaften Vergütung verdient hatten. Wie die meisten großstädtischen Eliten in der Menschheitsgeschichte, die ihren privilegierten Status per Verweis auf ihre vornehme Abstammung, ihren Heroismus oder ihre Nähe zu den Göttern rechtfertigten, waren diese modernen «Masters of the Universe» überzeugt, durch überragende Leistungen dorthin gekommen zu sein, wo sie sich befanden.

Das Redaktionsteam von McKinsey & Company, das jene so viel Furore machende *Quarterly*-Broschüre konzipiert hatte, münzte den Erfolg anschließend in ein weiteres Projekt um: ein schaumschlägerisches, aber nichtsdestotrotz zum Bestseller gewordenes Buch mit dem wenig überraschenden Titel *The War for Talent*. Andere große Beratungsfirmen sprangen umgehend auf den Zug auf, und bald konnten HR-Manager erleben, wie ihre Abteilungen sich aus Bürofluchten, in denen langweilige administrative Dienstleistungen erbracht wurden, in betriebliche Treibhäuser verwandelten, deren erfolgreiche Arbeit über Gedeih und Verderb ganzer Konzerne entschied und deren leitende Mitarbeiter daher Ehrenplätze an den Vorstandstischen der weltweit führenden Großunternehmen zugewiesen bekamen.

Es sollte indes nicht lange dauern, bis etliche Beobachter des Geschehens das Narrativ von den «Toptalenten» zu barem Unsinn erklärten. Jeffrey Pfeffer, Professor für Organisationstheorie an der Graduate School of Business der Stanford University, packte seine Kritik in einen Aufsatz mit dem Titel «Den Krieg um Talente zu führen, gefährdet die Gesundheit Ihrer Organisation».[20] Eines seiner eingängigsten Argumente besagte, der Erfolg eines Unternehmens beruhe auf dem Zusammenwirken aller seiner Glieder, und die Überbewertung des Beitrags Einzelner könne leicht einer zersetzenden Firmenkultur Vorschub leisten. Wenig später, 2002, lieferte Malcolm Gladwell im *New Yorker* einen schneidenden Verriss dessen, was er den «Talent-Mythos» nannte. Aus seiner Sicht hatten diese Lawine überbezahlte McKinsey-Vorstände losgetreten, die dem Mythos ihrer eigenen Brillanz erlegen waren. Er machte die McKinsey-Leute mit ihrer Fixierung auf «Toptalente» auch mitverantwortlich für die toxische Kultur, die einem ihrer Lieblingskunden zum Verhängnis geworden war, nämlich dem Enron-Konzern, der 2001 pleitegegangen war und die US-Justiz, die später einige seiner Vorstände ins Gefängnis schickte, tüchtig auf Trab hielt.[21]

So treffend Pfeffers und Gladwells Kritik auch war, sie wurde übertönt vom Klingeln der Börsenglocke und der allgemeinen Anlegereuphorie über allenthalben steigende Aktienkurse und Terminhandelsnotierungen. Dieser Boom hatte indes sehr wenig mit «Toptalenten» zu tun. Möglich machte ihn vielmehr der Umstand, dass in Südostasien eine Milliarde neue Kunden die Reize des Konsumierens entdeckten und dass in den USA und in Europa Banken, die dank der Deregulierung des Finanzsektors auf schnelle Expansion setzten und sich selbst und ihren Regierungen einredeten, die schlauen Algorithmen, mit denen sie zahllose faule Außenstände durch Fragmentierung in Wertpapiere verwandelten, würden dem ewigen Wechsel von Aufschwung und Rezession ein Ende bereiten, der im Verlauf des 20. Jahrhunderts immer wieder tiefe Kerben in die Wachstumskurve der Wirtschaft geschlagen hatte. Womöglich ohne selbst voll zu verstehen, wie und warum es gut gehen konnte, fluteten sie die Finanzmärkte mit billigen Krediten, sodass die Menschen munter weiter konsumieren konnten, selbst wenn alle ihre Konten tief im Minus standen.

Als in den Jahren 2008 und 2009 die Börsenkurse purzelten, gerieten auch an den Warenterminmärkten die Kurse ins Rutschen; in Panik geratene Zentralbanken begannen hektisch, Geld in der Größenordnung von Milliarden Dollar zu drucken, um Liquidität in stotternde Volkswirtschaften zu pumpen. Für einen kurzen Augenblick schien es, als seien die überhöhten Gehälter und stupenden Bonuszahlungen, die Vorstandsmitglieder großer Unternehmen erzielt hatten, Teil einer Blase, die kurz davor war, auf spektakuläre Weise zu platzen. Man konnte auch den Eindruck gewinnen, das Publikum verliere den Glauben an das überragende Können der «Toptalente», als die Finanzkrise sichtbar machte, dass alles, was sie mit ihrem Midas-Zauberstab geschaffen hatten, Berge von Katzengold waren.

Allein, die Blase platzte nicht. Der Mythos von den «Toptalenten» hatte sich schon so tief ins institutionelle Selbstverständnis selbst existenziell bedrohter Unternehmen eingegraben, dass viele, während sie auf der einen Seite Personal abbauten und Betriebsteile stilllegten, um Kosten zu sparen, in ihre fast leeren Kassen griffen, um ihre Spitzenleute mit hohen Bleibeprämien bei der Stange zu halten, in der Überzeugung, nur sie seien imstande, das Unternehmensschiff durch die unberechenbar gewordenen Untiefen zu steuern.

Während viele Spitzenmanager es irgendwie fertigbrachten, sich noch mehr Geld zuzuschanzen, brachte die Finanzkrise einen starken Vertrauensverlust der Öffentlichkeit in Bezug auf die Ökonomenzunft mit sich. Wenn die vermeintlichen Experten die Krise nicht hatten kommen sehen, hatte man doch guten Grund, an ihrem Expertentum zu zweifeln. Das führte zu einem Problem: Weil die Volkswirtschaft sich schon so lange als eine wissenschaftliche Disziplin geriert hatte, fühlten sich die Leute jetzt verständlicherweise versucht, jegliches Expertentum mit größerer Skepsis zu betrachten, selbst in sehr viel solider fundierten Fächern wie Physik oder Medizin. Zu den eher unerwarteten Opfern der Finanzkrise gesellte sich somit das zuvor fast einhellig gewesene Vertrauen der Menschen in Wissenschaftler wie etwa die Klimaforscher, die vor den Gefahren einer menschengemachten Klimaveränderung warnten, oder in Epidemiologen, die versuchten, die Vorzüge einer Immunisierung zu erklären.

Die improvisierte Koalition aus Träumern und Unzufriedenen, die unter dem Eindruck der Finanzkrise die Wall Street und andere Metropolen des globalen Finanzkapitals «besetzte», hatte der Welt außer Sprüchen wie «Verbrennt die Reichen!» kaum eine klare Botschaft zu bieten. Ihre

Versuche, auf die ungleiche Wohlstandsverteilung hinzuweisen, trugen nur wenig dazu bei, die öffentliche Wahrnehmung zu verändern. Wie zahlreiche in der Folge unternommene Forschungsprojekte ergeben haben, neigen die Menschen gerade in Ländern mit starker Ungleichheit dazu, den Grad der Ungleichheit zu unterschätzen, während in Ländern, in denen sich ein größerer Teil des Volksvermögens im Besitz einer breiten Mittelschicht befindet, die Leute die bestehende Ungleichheit eher zutreffend einschätzen und gelegentlich sogar überschätzen.[22] Eine besonders extreme Differenz zwischen Realität und Wahrnehmung findet sich in den Vereinigten Staaten, wo die ungleiche Verteilung des Wohlstands ihr extremstes Niveau seit 50 Jahren erreicht hat.[23] Umfragen zufolge unterschätzten die meisten einfachen US-Bürger auch noch nach dem großen Bankencrash die Einkommenskluft zwischen Topmanagern und ungelernten Arbeitern um mehr als den Faktor zehn.[24]

Dass sich in Ländern wie den Vereinigten Staaten oder Großbritannien der Irrglaube, einen relativ höheren Lebensstandard zu haben als alle anderen Völker, so hartnäckig behauptet, lässt sich zumindest teilweise mit dem Fortbestand der Vorstellung erklären, es gebe eine selbstredende «meritokratische» Entsprechung zwischen Wohlstand und harter Arbeit. Während die sehr Reichen sich gerne dem Glauben hingeben, sie hätten sich die ihnen zugefallenen finanziellen Belohnungen redlich verdient, wollen sich viele der Ärmeren nicht den Traum zerstören lassen, auch sie könnten einmal solche Reichtümer erlangen, wenn sie nur lange genug fleißig arbeiteten. Würden sie sich selbst eingestehen, dass womöglich das System zu ihrem Nachteil gestaltet ist – dass man heute sehr viel mehr verdienen kann, wenn man Geld für sich arbeiten lässt, als wenn man im Schichtbetrieb Schwerarbeit leistet –, würde das für sie den Abschied nicht nur von ihrem Ideal des Aufstiegs aus eigener Kraft bedeuten, sondern auch von der hochgehaltenen Überzeugung, in einem Land zu leben, in dem, anders als anderswo, jeder, der nur fleißig genug arbeitet, alles werden kann, was er werden will.

In Ländern wie den Vereinigten Staaten finden wir heute eine weitgehende Entsprechung zwischen Einschätzungen zur Vermögensungleichheit und ihren Ursachen und der gefühlten Zugehörigkeit zu einem eher progressiven oder eher konservativen Lager. Das Cato Institute zog aus seiner 2019 angestellten Erhebung über Einstellungen der Amerikaner zu

Wohlstand und Sozialleistungen den Schluss: «Vollblut-Liberale äußern die Meinung, die wichtigsten Faktoren für Wohlstand seien familiäre Beziehungen (48 Prozent), Erbschaften (40 Prozent) und Glück (31 Prozent), dagegen nennen Vollblut-Konservative als wichtigste Faktoren für den Erwerb von Wohlstand Arbeitsamkeit (62 Prozent), Ehrgeiz (47 Prozent), Selbstdisziplin (45 Prozent) und Risikobereitschaft (36 Prozent).»[25]

Es ist in der Tat schwer, sich dem Eindruck zu entziehen, dass die Zunahme von Existenzängsten und die durch die sozialen Medien noch verstärkte Polarisierung, die wir im Verlauf des vergangenen Jahrzehnts beobachten konnten, mindestens zum Teil mit der Art und Weise korrespondieren, wie Menschen sich mit unterschiedlichen Denkschulen identifizieren, die unterschiedliche Antworten auf die Frage geben, wie unsere Gesellschaft mit den außerordentlichen wirtschaftlichen und sozialen Veränderungen fertigwerden soll, die uns im Gefolge der Automatisierung erwarten. Auf der einen Seite stehen die, die für Nativismus, wirtschaftlichen Nationalismus und eine Rückkehr zu dem eintreten, was in ihren Augen transzendente Tugenden sind, abgeleitet entweder aus religiösen Lehren oder aus weltlichen Idealen wie Fleiß. Auf der anderen Seite finden wir Progressive, die sich für eine erheblich transformativere Agenda stark machen, auch wenn noch nicht klar ist, worauf diese hinauslaufen soll.

Aber die politische Polarisierung ist bei weitem nicht das einzige gesellschaftliche Leiden, das durch die Ängste um die Zukunft in urbanen, industrialisierten Volkswirtschaften verschärft wird, in denen für viele von uns die Grenzlinien zwischen Berufs- und Privatleben zunehmend verwischen und fast schon verschwunden sind.

14

Tod eines Gehaltsempfängers

Für Angehörige jener kleinen Gruppe von Zeitungskorrespondenten, Reportern und freischaffenden Journalisten, die es aufregend finden, das Leben und Sterben in einem Kriegsgebiet zu dokumentieren, gehört die Gefahr – einen Streifschuss abzubekommen, von Sprechchöre brüllenden maskierten Burschen verschleppt oder in die Luft gejagt zu werden – allemal zum Geschäft. Aber auch Journalisten, die ihre Berufung darin sehen, die schmutzigen Geheimnisse der Mächtigen aufzudecken (oder zu begraben), ins dunkle Herz krimineller Netzwerke vorzudringen oder ihre Leser durch schneidende Kommentare zu provozieren, aufzurütteln und in Empörung zu versetzen, müssen in Kauf nehmen, dass ihre Arbeit sie womöglich in bedrohliche Situationen bringt. Für die meisten ist der Journalismus jedoch ein vermeintlich ungefährliches Metier. Kein Journalist wird je damit rechnen, bei einer Reportage über Verkehrsstaus auf der Autobahn, über das Auf und Ab der Börsenkurse, über die neuesten Verkaufsschlager auf dem Markt für Videospiele oder Modeartikel oder gar bei der Protokollierung langweiliger Gemeinderatsdebatten über kommunalpolitische Streitthemen ums Leben zu kommen. Tragischerweise trat genau dieser Fall bei Miwa Sado ein, einer für den staatlichen japanischen Sender NHK arbeitenden Reporterin. Ihr Arbeitsgebiet waren kommunalpolitische Themen, und am 24. Juli 2013 kam sie in Ausübung ihres Berufs zu Tode. Als ihr Leichnam gefunden wurde, umklammerte ihre Hand noch ihr Mobiltelefon.

Die Ärzte brauchten nicht lange, um festzustellen, dass Miwa Sado einem angeborenen Herzfehler zum Opfer gefallen war. Doch nach einer Untersuchung ihres Falles durch das japanische Arbeitsministerium wurde ihr von Amts wegen die Todesursache *karoshi* – Tod durch Überarbeitung – bescheinigt. In den Monaten vor ihrem plötzlichen Herztod hatte die Frau nicht weniger als 159 Überstunden angesammelt. Das war umgerechnet so, als hätte sie vier Wochen lang an fünf Tagen die Woche jeweils zwei volle Acht-Stunden-Schichten gearbeitet. Vermutlich hatte sie dieses offizielle Arbeitspensum in Wirklichkeit noch überboten. In den Wochen nach ihrem Tod durchforstete ihr trauernder Vater die Verbindungsdaten ihres Handys und ihres Computers und kam zu dem Ergebnis, dass sie in den vier Wochen vor ihrem Tod mindestens 209 Überstunden gemacht hatte.

Der Tod von Frau Sado war einer von vielen ähnlich gelagerten Fällen, über die die Medien 2013 berichteten. Vom japanischen Arbeitsministerium waren zwei Sterberisiken als direkte Folge beruflicher Überlastung anerkannt worden: *Karoshi* lag vor, wenn der Tod infolge eines Herzversagens eintrat, das sich auf Erschöpfung, Schlafmangel, schlechte Ernährung oder Bewegungsmangel zurückführen ließ, wie bei Frau Sado. *Karo jisatsu* lag vor, wenn ein Arbeitnehmer sich das Leben nahm, weil er den aus Überarbeitung resultierenden mentalen Stress nicht mehr bewältigen konnte. Für das Jahr 2013 gab das Arbeitsministerium bekannt, dass 190 Todesfälle auf *karoshi* oder *karo jisatsu* zurückgeführt werden konnten, wobei auf Ersteres ungefähr doppelt so viele Tode entfielen wie auf Letzteres. Diese Zahlen entsprachen in etwa dem Jahresdurchschnitt der vorausgegangenen zehn Jahre. Allerdings stufte das japanische Arbeitsministerium einen Todesfall nur dann als *karoshi* oder *karo jisatsu* ein, wenn über jeden Zweifel hinaus nachgewiesen wird, dass der oder die Betreffende Überstunden weit über das vertretbare Maß hinaus geleistet hat und dass keine anderen möglichen Todesursachen (wie etwa schwerer Bluthochdruck) vorgelegen haben. Hiroshi Kawahito, Generalsekretär des Nationalen Schutzrats für *karoshi*-Opfer – der nur einer von etlichen Anti-*karoshi*-Organisationen in Japan ist –, vertritt, wie auch manche andere, die Meinung, die Regierung traue sich nicht, das wahre Ausmaß des Problems anzuerkennen.[1] Er geht davon aus, dass in Wirklichkeit von einer zehnmal so hohen Zahl auszugehen ist. Es sollte uns nicht überraschen, wenn die Zahl der Menschen, die als Folge von Überarbeitung schwere psychische oder körperliche Krankheiten erleiden, in Japan um ein Vielfaches größer wäre als offiziell angegeben. Das gleiche gilt wohl für die Zahl derer, die wegen Übermüdung Arbeitsunfälle erleiden oder auslösen.

1969 wurde *karoshi* zum ersten Mal amtlich diagnostiziert, als ein 29-jähriger Angestellter der Auslieferungsabteilung einer führenden japanischen Zeitung an seinem Schreibtisch zusammenklappte und starb, nachdem er eine haarsträubende Zahl von Überstunden angesammelt hatte. Der Begriff fand schnell Eingang in die Umgangssprache und wurde zunehmend zu einem Lieblingsthema der nationalen Konversation, als immer mehr Todesfälle unmittelbar auf Überarbeitung zurückgeführt wurden. Er gesellte sich zu einer schon vorhandenen und wachsenden Gruppe arbeitsbedingter Erkrankungen wie vor allem dem *kacho-byo*, das man als «Managerkrankheit» bezeichnen könnte und das zur Charakterisierung der unglaublichen Stressbelastung geprägt wurde, die im mittleren Management um sich griff – im Wettlauf um Beförderungen, in der panischen Angst, dem eigenen Team, sich selbst oder seiner Familie Schande zu machen oder, noch schlimmer, den Chef zu enttäuschen und die eigene Firma zu schwächen. Während *kacho-byo* ein Problem ist, das nur Leute in gehobener Position betrifft, ist *karoshi* ein auf Chancengleichheit bedachter Killer, der genauso gern Leute im Overall niederstreckt wie Manager, Lehrer, Ärzte oder Vorstandsvorsitzende.

Japan ist nicht das einzige südostasiatische Land, in dem gestresste Angestellte sich Gedanken über die potenziell tödlichen Folgen von Überarbeitung machen, während sie hastig ihr Mittagessen hinunterschlingen, ohne ihren Platz an der Workstation zu verlassen. Südkoreaner, die im Durchschnitt pro Jahr 400 Stunden mehr arbeiten als Briten oder Australier, haben eine Abwandlung des japanischen Wortes *karoshi*[2] kreiert, mit dem sie dasselbe Phänomen bezeichnen. Auch bei den Chinesen gibt es dafür ein Wort. Seit die Chinesen 1979 begonnen haben, sich dem «Staatskapitalismus» zu verschreiben, wächst ihre Wirtschaft mit halsbrecherischer Geschwindigkeit und legt ungefähr alle acht Jahre um weitere 100 Prozent zu. Die technische Entwicklung spielt dabei zwar eine große Rolle, aber ein wichtiger Katalysator für das chinesische Wirtschaftswachstum ist auch eine disziplinierte und genügsame Arbeiterschaft, die eine unwahrscheinliche Anziehungskraft auf Unternehmen aus aller Welt ausübte, die Produktionsprozesse dorthin verlagerten, mit der Folge, dass

China sich zum weltgrößten Produzenten und Exporteur von Fertigwaren entwickelte. Eine unbeabsichtigte Folge dieser Entwicklung war die Zunahme der Zahl von Menschen, die eines relativ frühen, auf Überarbeitung zurückzuführenden Todes sterben. Der chinesische Staatssender CCTV, der normalerweise nur auf die Pauke haut, wenn er gute Nachrichten im Angebot hat, verkündete 2016, dass jedes Jahr mehr als eine halbe Million Chinesen infolge beruflicher Überlastung sterben.[3]

Amtlichen Statistiken zufolge sind in Südkorea, China und Japan die durchschnittlichen Arbeitszeiten im Lauf der vergangenen zwei Jahrzehnte deutlich zurückgegangen, wobei die größten Fortschritte wohl in Südkorea erzielt worden sind. Das Verdienst daran wird mindestens teilweise den Anti-*karoshi*-Gruppen zugeschrieben, die für eine harmonischere Work-Life-Balance kämpfen. In Japan kam ein Durchschnittsarbeitnehmer im Jahr 2018 auf eine Jahresarbeitszeit von 1680 Stunden, 141 weniger als im Jahr 2000. Das sind fast 350 Jahresstunden mehr, als deutsche Arbeiter leisten, aber 500 Stunden weniger als mexikanische. Der japanische Wert liegt auch unter dem Durchschnitt der Länder, die sich durch Mitgliedschaft in der OECD nominell zum Freihandel bekennen.[4] Es ist allerdings kein Geheimnis, dass Japan, China und Südkorea ihre Arbeitszeit-Statistiken nach unten korrigieren. Aus arbeitgebernahen Quellen geschöpfte Daten lassen den Schluss zu, dass für viele Arbeitnehmer ihr Job der alles andere in den Schatten stellende Lebensinhalt ist. Der vielleicht beste Beleg hierfür ist die Tatsache, dass in Japan ungeachtet einer aufwändigen und teuren staatlichen Kampagne, die die Menschen dazu bringen will, hin und wieder in Urlaub zu gehen, die meisten Arbeitnehmer in den 20 Jahren seit der Jahrtausendwende weniger als die Hälfte der ihnen jährlich zustehenden bezahlten Urlaubstage genommen haben.[5]

In China berichtete das Amt für Bevölkerungs- und Beschäftigungsstatistik, dass 2016 chinesische Arbeitnehmer in den Großstädten annähernd eine Überstunde pro Arbeitstag leisteten und dass rund 30 Prozent aller Arbeitnehmer die vorgegebene Wochenarbeitszeit von 40 Stunden um mindestens acht Stunden übertrafen. Die in dieser Hinsicht am stärksten belasteten Arbeitnehmergruppen waren «Angestellte von Dienstleistern der Wirtschaft» und «Beschäftigte im Produktions-, Transport- und Ausrüstungssektor», von denen mehr als 40 Prozent eine Wochenarbeitszeit von mehr als 48 Stunden stempelten.[6] Es ist freilich zu vermuten, dass diese amtlichen Zahlen deutlich unter den tatsächlichen Werten liegen.

Während Chinesen, die in weitgehend ländlich geprägten Landesteilen leben, wohl noch einen erträglichen Arbeitsrhythmus beibehalten haben, sind in boomenden Wirtschaftsmetropolen wie Guangzhou, Shenzhen, Shanghai oder Beijing überlange Arbeitszeiten zum Platzstandard geworden. Das gilt besonders für diejenigen, die in Chinas frenetischem Hightech-Sektor arbeiten, also etwa bei Konzernen wie Baidu, Alibaba, Tencent oder Huawei. Diese Arbeitnehmer ordnen ihr Arbeitsleben neuerdings dem Mantra «996» unter. Die beiden Neunen stehen für einen Regelarbeitstag, der von 9 Uhr morgens bis 9 Uhr abends dauert, die 6 für die Anzahl der Arbeitstage pro Woche, die ein Konzernmitarbeiter an seiner Workstation verbringen sollte, wenn er den Ehrgeiz hat, Karriere zu machen.

Die Belastungsbrüche und Knochenverdickungen, die bei Skelettfunden in Ackerbauregionen ins Auge fallen, zeigen, dass der Tod durch übermäßige Arbeitsbelastung immer ein Thema gewesen ist, seit unsere Vorfahren angefangen haben, ihre Pfeile und Bögen und ihre Grabestöcke gegen Pflüge und Hacken einzutauschen. Neben den vielen, die den verzweifelten Versuch, «die Farm zu retten», mit dem Leben bezahlt haben, schlagen auch die Unzähligen zu Buche, die sich unter einer von anderen geschwungenen Peitsche zu Tode schufteten: die Sklaven, die von den alten Römern in Bergwerken und Steinbrüchen eingesetzt wurden, die Nachfahren der aus Afrika entführten Männer und Frauen, die auf den Baumwoll- und Zuckerrohrplantagen des amerikanischen Kontinents ein verkürztes, von Schwerarbeit und Brutalität geprägtes Leben fristeten, die Dutzende Millionen, die in den Gulags, Gefängnissen und Konzentrationslagern des 20. Jahrhunderts umkamen, weil sie etwas Verbotenes getan hatten oder vielleicht einfach auf der falschen Seite eines -ismus oder einer -kratie gelandet waren, oder die Kautschuk-Ernter im Kongo des belgischen Königs Leopold oder am Fluss Putamoyo in Kolumbien, in denen man kaum mehr sah als eine beliebig einsetzbare Masse billiger Arbeitskräfte.

Was einzelne Geschichten, die sich um *karoshi* und *karo jisatsu* ranken, zu etwas Besonderem macht, ist die Tatsache, dass der Grund für den Tod oder Selbstmord von Menschen wie Miwa Sado nicht ein Gefühl der Ausweglosigkeit angesichts drohender Verelendung oder Armut war, sondern das Gefühl, den eigenen Ambitionen, die ein verzerrtes Abbild der Erwartungen ihrer Vorgesetzten waren, nicht zu genügen.

Die Konvergenz des modernen Bereicherungsmotivs mit einer konfuzianischen Ethik der Verantwortlichkeit, Loyalität und Ehre könnte einen Beitrag zur Erklärung der großen Zahl von «Überarbeitungstoten» in Städten wie Seoul, Shanghai oder Tokio leisten; andererseits ist der Tod durch Überarbeitung keine exklusive Spezialität südostasiatischer Volkswirtschaften des späten 20. und frühen 21. Jahrhunderts. Wodurch sich die Länder des konfuzianischen Gürtels vielleicht tatsächlich von allen anderen Volkswirtschaften unterscheiden, ist nicht der Umstand, dass der Tod durch Überarbeitung bei ihnen häufiger vorkommt als irgendwo anders, sondern die Tatsache, dass die Menschen dort eher bereit sind, das Phänomen als Problem zu sehen und sich damit zu beschäftigen.

In Westeuropa und Nordamerika neigt man dazu, Todesfälle durch Überarbeitung eher als individuelles Missgeschick zu betrachten denn als etwas, wofür der Arbeitgeber oder die Regierung durch Handlungen oder Unterlassungen mitverantwortlich sein könnte. Eine Folge davon ist, dass diese Kategorie von Todesfällen nicht Gegenstand des öffentlichen Diskurses wird oder Schlagzeilen macht oder dass auch nur trauernde Hinterbliebene vom Arbeitgeber ein Wort des Bedauerns oder von der Regierung ein korrigierendes Eingreifen fordern würden. Trotzdem hat das Problem hin und wieder auf sich aufmerksam gemacht. Zu den Beispielen aus den letzten zehn Jahren gehört, dass der Vorstandsvorsitzende von France Telecom zum Rücktritt gezwungen wurde und mehrere hochrangige Manager des Unternehmens wegen «moralischer Schikanierug» vor Gericht gestellt wurden, weil sie, so der Anklagevorwurf, die Entstehung einer «toxischen Arbeitskultur» in ihrem Unternehmen gefördert hatten, die nach Überzeugung der Staatsanwaltschaft im Verlauf der Jahre 2008 und 2009 35 Mitarbeiter in den Selbstmord getrieben hatte.

Heute wird in Ländern wie Großbritannien oder den USA sehr viel mehr als früher über Aspekte der psychischen Gesundheit am Arbeitsplatz diskutiert – und das aus gutem Grund, wenn die Statistiken ein Maßstab sind. In Großbritannien vermeldete die Behörde für Gesundheit und Sicherheit 2018, annähernd 15 Millionen Arbeitstage seien durch Stress am Arbeitsplatz, Depressionen oder Angst verloren gegangen, und von insgesamt 26,5 Millionen Erwerbstätigen hätten fast 600 000 angegeben, sie hätten im Lauf des betreffenden Jahres an durch ihre Arbeit bedingten psychischen Störungen gelitten.[7] Aus Daten wie diesen lässt sich allerdings nur schwer ableiten, ob die Tatsache, dass eine wachsende Zahl arbeitsbedingter Gesundheitsprobleme diagnostiziert wird, womöglich mit dem in vielen Ländern zu beobachtenden Trend zusammenhängt, dass Befindlichkeiten, die früher als vollkommen normaler beruflicher Belastungsstress oder persönliche Versagensangst galten, heute zu Krankheiten pathologisiert werden. Zu den besonders wichtigen Äußerungsformen dieser «Pathologisierung» gehört die mittlerweile weitverbreitete Einsicht, dass der «Workaholic» eine reale, diagnostizierbare Krankheit mit potenziell verhängnisvollen Konsequenzen ist.

Der spätere Pastor Wayne Oates, 1917 in Greenville in South Carolina geboren, verbrachte seine bettelarme Kindheit unter der Obhut seiner Großmutter und seiner älteren Schwester, während seine Mutter in einer örtlichen Baumwollspinnerei lange Schichten arbeitete, um in den Jahren der Großen Depression über die Runden zu kommen. Der Junge entwickelte sich zu einem tiefgläubigen Christen; sein Glaube lehrte ihn, dankbar für das Wenige zu sein, das er hatte, und ließ ihn später den Entschluss fassen, mit aller Kraft, die er hatte, die durch und durch säkulare Welt der Psychiatrie und Psychologie mit seinen religiösen Überzeugungen zu versöhnen. Er wurde zu einem höchst fruchtbaren Autor, der nicht weniger als 53 Bücher veröffentlichte, und machte daneben Karriere als Dozent am Southern Baptist Theological Seminary in Louisville in Kentucky. In den Verhaltensweisen einiger Alkoholiker, um die er sich kümmerte, entdeckte er Elemente seines eigenen «zwanghaften Bedürfnisses, […] unaufhörlich zu arbeiten», und prägte die Begriffe «workaholic» und «workaholism» zur Beschreibung dieses Persönlichkeitsmerkmals. Sein 1971 erschienenes Buch *The Confessions of a Workaholic* ist heute vergriffen, und die jovialen Empfehlungen, die es für seine Leser bereithielt, sind in Vergessenheit geraten, doch Oates' Neologismus «workaholic» fand schnell den Weg in unser Alltagsvokabular.

Bald nachdem der Begriff das Licht der Welt erblickt hatte, wurde der

«Workaholismus» zu einem umkämpften Nischenfach innerhalb der Psychologie, das sich freilich durch das Fehlen jeder Übereinkunft darüber auszeichnete, wie man diese psychische Deformation definieren oder messen, geschweige denn behandeln könnte. Manche vertraten die Überzeugung, «Workaholismus» sei eine Sucht ähnlich der Spielsucht oder dem zwanghaften Shoppen; andere sahen darin eine Krankheit in der Art der Bulimie, wieder andere eine Verhaltensstörung oder ein aus einer unguten Fusion zwischen «starkem Antrieb» und «schwacher Arbeitszufriedenheit» hervorgegangenes Syndrom.

Da es an einer auf breiter Front akzeptierten Definition des Begriffs «Workaholismus» fehlt, können wir nur auf sehr wenige brauchbare Statistiken zur Prävalenz dieser Störung zurückgreifen. Das einzige Land, in dem sie überhaupt einer systematischen statistischen Analyse unterzogen wurde, ist Norwegen; Forscher von der Universität Bergen entwickelten ein Quantifizierungswerkzeug, das sie die Bergen Work Addiction Scale nannten.[8] In der Art trivialpsychologischer Tests, wie man sie aus im Wartezimmer herumliegenden Lifestyle-Zeitschriften kennt, ordnete das in Bergen entwickelte diagnostische Werkzeug den Antworten der Testpersonen auf sieben einfache Fragen Zahlenwerte zu – Fragen wie: «Stresst es Sie, wenn Sie am Arbeiten gehindert werden?» Oder: «Ist Arbeit für Sie wichtiger als Hobbys und Freizeitaktivitäten?» Wenn ein Proband bei mehr als der Hälfte dieser Fragen aus den vorgegebenen Antwortmöglichkeiten «immer» oder «oft» auswählte, setzte er sich dem Verdacht aus, ein Workaholic zu sein. Die Bergener Forschergruppe wertete insgesamt 1124 ausgefüllte Fragebögen aus und glich diese mit einer Reihe anderer Persönlichkeitstests ab. Am Ende kam sie zu dem Ergebnis, dass 8,3 Prozent aller Norweger Workaholics seien und dass der Workaholismus am häufigsten bei Erwachsenen zwischen 18 und 45 Jahren auftrat, und zwar mit sehr viel größerer Wahrscheinlichkeit bei Personen, die im Großen und Ganzen als «angenehm», «intellektuell motiviert» und/oder «neurotisch» empfunden wurden. Wie die Forscher anmerkten, hatte der Workaholismus eine ausreichend hohe Prävalenz, um als besorgniserregendes Gesundheitsproblem wahrgenommen zu werden.

Ganz ähnlich wie John Lubbock, der die akribische naturwissenschaftliche Forschung und das Schreiben langatmiger Monographien als eine

Freizeitbeschäftigung betrachtete, ist für viele von uns der einzige wesentliche Unterschied zwischen Arbeit und Zeitvertreib die Frage, ob wir für das, was wir tun, bezahlt werden, oder ob wir es aus eigenem Antrieb tun – und oft genug dafür sogar noch Geld aufwenden, das wir in unserem regulären Job verdienen.

Wenn wir alles einrechnen – die Zeit, die wir brauchen, um zu unserer Arbeitsstätte und wieder zurück zu gelangen und um grundlegende häusliche Aufgaben wie Einkaufen, Haushalt und Kinderbetreuung zu erledigen –, bleibt bei einer Standard-Arbeitswoche von 40 Stunden nicht allzu viel Zeit für Freizeitbeschäftigungen. Es sollte uns somit nicht überraschen, dass die meisten vollzeitbeschäftigten Menschen das Gros ihrer echten Freizeit für passive, der Entspannung dienende Aktivitäten wie Fernsehen nutzen. Anders als in der Frühzeit der industriellen Revolution, können die meisten Erwerbstätigen heute das Wochenende privat verbringen und haben mehrere Wochen bezahlten Urlaub. Viele Leute entscheiden sich dafür, diese kostbaren Stunden und Tage nicht dem Ausruhen zu widmen, sondern sie für selbstbestimmte Arbeit zu nutzen.

Abgesehen von denen, die in die Welt der Computerspiele abtauchen (bei denen oft Aktivitäten gefragt sind, die große Ähnlichkeit mit Arbeit im klassischen Sinn haben), beinhalten die meisten der beliebtesten Hobbys, denen sich Menschen in ihrer Freizeit widmen, Spielarten von Arbeit, wie wir sie in der Vergangenheit möglicherweise gegen Bezahlung gemacht haben oder die andere Menschen heute noch gegen Bezahlung tun. Während etwa Fischen und Jagen für die Jäger und Sammler der Steinzeit Arbeit waren, sind sie heute teure und dennoch sehr beliebte Freizeitaktivitäten, und Dinge wie Gemüseanbau oder Gartenarbeit, die früher von Landwirten als unter ihrer Würde betrachtet wurden, sind neuerdings für viele zu einem höchst befriedigenden Freizeitvergnügen avanciert, ähnlich wie Nähen, Stricken, Töpfern und Malen, einst eine Quelle dringend benötigter Einkünfte, heute Hobbys sind, die mit ihrer entspannenden, oft repetitiven Taktung den Menschen helfen, zur Ruhe zu kommen. Viele Hobbys und Freizeitbeschäftigungen – Eisen- und Holzbearbeitung oder technisches Heimwerken – gehen mit der Entwicklung, Verfeinerung und Anwendung genau der manuellen und geistigen Fertigkeiten einher, auf die wir uns im Verlauf unserer Evolutionsgeschichte gestützt haben und die in der modernen Arbeitswelt zunehmend fehlen.

Es gibt noch einen weiteren Grund dafür, dass Psychologen sich so darum bemüht haben, eine Definition und eine Messgröße für Workaholismus zu finden: Seit die Menschen angefangen haben, sich in größeren Städten zusammenzufinden, hat es immer viele gegeben, die in ihrer Arbeit weit mehr gesehen haben als nur ein Mittel zur Sicherung ihres Lebensunterhalts. Als sich Émile Durkheim Gedanken über mögliche Wege zur Lösung des Anomie-Problems machte, wurde ihm klar, dass zwischenmenschliche Beziehungen, die am Arbeitsplatz entstehen, einen Beitrag zur Förderung jenes «Kollektivbewusstseins» leisten könnten, das früher in funktionierenden Dorfgemeinschaften die Menschen zusammenband. Eine der von Durkheim angedachten Lösungen für das Problem der gesellschaftlichen Entfremdung in der Großstadt war denn auch die Gründung von Arbeiterzünften nach dem Vorbild der in die Hunderte gehenden *collegia* im antiken Rom.

Es war keine aus dem hohlen Bauch geholte Idee. Die römischen Handwerker-*collegia* waren keine reinen Berufsverbände, die sich für die gewerblichen Interessen ihrer Mitglieder stark machten. Vielmehr spielten sie eine wichtige Rolle als Geburtshelfer einer auf Arbeit und Leistung beruhenden staatsbürgerlichen Identität bei den *humiliores* – den unteren Gesellschaftsschichten. Die *collegia* wurden und blieben ein konstruktives Element der übergreifenden hierarchischen Struktur, die der römischen Gesellschaft Stabilität verlieh. In vielerlei Hinsicht funktionierten sie wie selbstständige Dörfer innerhalb der Stadt. Jedes hatte seine eigenen Traditionen, Rituale, Trachten und Feste und seine eigenen Gönner, Magistrate und Vollversammlungen nach dem Vorbild des römischen Senats, einschließlich der Befugnis, Dekrete zu erlassen. Manche *collegia* verfügten sogar über eine eigene Miliz. Vor allem waren sie jedoch soziale Organisationen mit der Aufgabe, ihre Mitglieder in eine eng geknüpfte, auf Arbeit, gemeinsamen Werten und Normen und gleichartigem sozialen Status beruhende Gemeinschaft einzubinden, in der häufig auch eheliche Querverbindungen geschlossen wurden und deren Mitglieder und ihre Familien im gesellschaftlichen Verkehr weitgehend unter sich blieben.

Viele Menschen sind heute an ein Leben in der Großstadt gewöhnt und angepasst, deren Massenverkehrsmittel es möglich machen, von einem Ende der Stadt so schnell das andere zu erreichen, wie die alten Römer es sich nie hätten träumen lassen. Viele von uns haben sich auch daran gewöhnt, ein Gerät in ständiger Bereitschaft zu haben, das ihnen die Möglichkeit gibt, völlig ortsunabhängige dynamische, aktive Gemeinschaften zu begründen und zu pflegen. Dennoch neigen die meisten Stadtbewohner auch heute noch dazu, sich in überraschend kleine, oft diffus anmutende soziale Netzwerke einzubetten, die dann zu ihrem vorübergehenden individuellen «Heimatdorf» werden.

Als der Paläoanthropologe Robin Dunbar die These aufstellte, Klatsch und Tratsch sowie Fellpflege hätten eine maßgebliche Rolle bei der Entwicklung der Sprechfähigkeit unserer evolutionären Vorfahren gespielt, gründete er seine Argumentation teilweise auf eine Analyse des Verhältnisses zwischen der Größe und Zusammensetzung des Gehirns verschiedener Primatenarten und der Größe und Komplexität der aktiven Sozialverbände, die sich bei jeder dieser Arten typischerweise herausbildeten. Er stellte eine deutliche Korrelation fest. Die bei unterschiedlichen Primatenarten erhobenen Daten extrapolierend, rechnete Dunbar unter Zugrundelegung der Größe des menschlichen Gehirns aus, dass die meisten von uns in der Lage sein müssten, ein aktives Beziehungsnetzwerk im Umfang von rund 150 Personen aufzubauen, und dass wir uns sehr schwer tun würden, es zu erweitern, weil die Aufgabe, die Interaktionen und Querbeziehungen zwischen so vielen Individuen im Blick zu behalten, schnell einen viel zu hohen Komplexitätsgrad erreicht. Als Dunbar das Ergebnis seiner Berechnungen mit von Anthropologen auf der ganzen Welt erhobenen Daten über die Größe von Dörfern, mit dem Umfang sozialer Netzwerke bei Jägern und Sammlern wie den Ju/'Hoansi oder den Hadzabe und auch mit der durchschnittlichen Anzahl von «Freunden» abglich, mit denen Nutzer sozialer Medien wie Facebook aktiv kommunizieren, stellte sich heraus, dass er im Großen und Ganzen richtig lag: Die meisten von uns unterhalten aktive Beziehungen zu rund 150 Personen pro Lebensphase.[9]

Über einen Großteil der Menschheitsgeschichte hinweg existierten diese persönlichen Netzwerke in Gestalt generationenübergreifender Gemeinschaften, die durch räumliche Nähe definiert waren und zu deren verbindenden Elementen Verwandtschaft, geteilte religiöse Überzeugungen, Rituale und Praktiken sowie gemeinsame Werte gehörten und die ihre Bindungskraft daraus schöpften, dass ihre Mitglieder in ein und derselben Umgebung arbeiteten und lebten und ähnliche Erfahrungen machten. Anders in unseren modernen, dicht bevölkerten Großstädten: Hier nehmen die sozialen Netzwerke der meisten Einwohner die Gestalt komplexer, einander überschneidender Beziehungsmosaiken an, die das zusammengewürfelte Ergebnis einer womöglich sehr bunten Palette höchst unterschiedlicher Lebensabschnitte, Interessen und Steckenpferde sind. Für die meisten von uns gilt dabei aber, was uns nicht überraschen sollte, dass unsere stabilsten sozialen Netzwerke mit Leuten bevölkert sind, die wir im Zuge unserer beruflichen Tätigkeit kennengelernt haben.

Über die Tatsachen hinaus, dass die meisten von uns deutlich mehr Zeit in der Gesellschaft von Arbeitskollegen verbringen als mit unserer Familie und dass wir unsere Alltagsroutinen um unsere beruflichen Verpflichtungen herum anordnen, wird unsere berufliche Tätigkeit häufig zu einem gesellschaftlichen Anknüpfungspunkt und Definitionsmerkmal, das unsere Ambitionen, Werte und politischen Zugehörigkeiten prägt. Es kommt nicht von ungefähr, dass wir, wenn wir bei geselligen Zusammenkünften in der Großstadt abtastende Erstkontakte zu Fremden knüpfen, dazu neigen, erst einmal zu fragen, was sie beruflich machen; aus dem, was sie uns antworten, ziehen wir in der Regel einigermaßen verlässliche Schlüsse im Hinblick auf ihre vermutlichen politischen Anschauungen, ihren Lebensstil und vielleicht sogar ihre Herkunft. Und ebenso wenig kommt es von ungefähr, dass die einzige regelmäßige Studie zu Liebe und Partnerwahl an der Arbeitsstätte zu dem Ergebnis gekommen ist, dass fast jeder dritte US-Amerikaner zumindest eine länger andauernde sexuelle Beziehung mit einer Person eingegangen ist, die er durch den Beruf kennengelernt hat. Jeder Sechste gibt an, seinen Ehepartner so kennengelernt zu haben.[10]

Das kommt nicht wirklich überraschend. Unser individueller Karriereweg ist oft vorgezeichnet durch Herkunft, Schule und die Entscheidung für diesen oder jenen Studiengang. Das verleitet uns in der Regel dazu, unsere Weltanschauung und unsere Erwartungen zunehmend an den Einstellungen sowohl unserer Lehrer als auch unserer Arbeitskollegen auszurichten und auch bei der Stellensuche die Nähe von Menschen zu suchen, die wir als ähnlich gestrickt empfinden, wobei wir uns vorzugsweise bestehender sozialer Netzwerke bedienen. Die HR-Manager von Goldman Sachs werden wohl kaum viele Bewerbungen zu sehen bekommen von Leuten, die das Geldverleihen gegen Zins als eine Sünde betrachten; die Personalbüros der Streitkräfte kriegen nicht viele Bewerbungen von überzeugten Pazifisten, die Polizei wohl kaum viele von bekennenden Anarchisten. Und wenn wir dann eine Anstellung haben, tendieren wir dazu, unsere Ansichten über die Welt mit denen unserer Kollegen zu synchronisieren, denn die Erfahrung, an gemeinsamen Zielen zu arbeiten und gemeinsam Erreichtes zu feiern, stärkt den Zusammenhalt.

Doch auch wenn die Arbeit Menschen ein Gefühl der Zusammengehörigkeit und Zugehörigkeit vermittelt, haben sich «Dorfgemeinschaften», wie Durkheim sie sich als mögliches Ergebnis des kollegialen Zusammenwirkens am Arbeitsplatz ausmalte, nicht in dem von ihm vorausgesehenen Ausmaß entwickelt. Er hatte wohl zu dem Zeitpunkt, als er sich die Stadt der Zukunft als ein Mosaik aus auf Arbeit gegründeten Kollektiven vorstellte, die Wesensveränderungen von Beschäftigung und Arbeit, die sich im Industriezeitalter vollzogen, noch nicht voll in die Rechnung einbezogen. Allem Anschein nach hatte er die Vorstellung, an die Stelle der handwerklichen Fähigkeiten, die die Industrialisierung überflüssig gemacht hatte, würden umgehend neue, lange vorhaltende nützliche Qualifikationen treten. Was in seinen Vorstellungen von der Zukunft der Arbeit beispielsweise nicht vorkam, waren die von Frederick Winslow Taylor entwickelten Methoden der «wissenschaftlichen Arbeitsorganisation», die gar keine besonderen Fertigkeiten mehr auf Seiten der Arbeiter voraussetzten. Und was er ebenfalls nicht voraussah, war das Ausmaß, in dem die technologische Entwicklung Arbeits- und Produktionsprozesse einer stetigen Erneuerung unterwerfen würde, sodass selbst anspruchsvollste Qualifikationen, die ein Arbeiter sich über Jahre aneignet, vielleicht ein Jahrzehnt später nicht mehr gebraucht werden.

Ben Aronson, Beamter in Diensten des Bundesstaates Illinois, kollabierte 1977 infolge innerer Blutungen. Die Ärzte diagnostizierten bei ihm schwere Herzprobleme, die eine operative Behandlung erforderten. Aronson führte seine Krankheit auf arbeitsbedingte Stressbelastung zurück und erklärte einem Reporter der *Florida Times-Union*, am meisten mache ihm zu schaffen, dass er in der Addition aus Urlaubs- und Krankheitstagen nur auf vier Wochen bezahlte Abwesenheit Anspruch habe, sein Arzt ihm jedoch erkläre, er dürfe in seiner geschwächten Verfassung überhaupt nicht arbeiten gehen.[11]

Ben Aronson war nicht einfach nur einer von vielen, die einen gesundheitlichen Preis für Überarbeitung zahlten. Der Grund, dessentwegen seine Geschichte vorübergehende publizistische Beachtung fand, war der, dass seine Herzprobleme das Ergebnis nicht von Über-, sondern von «Unterarbeitung» waren.

Ein paar Monate vor seinem Zusammenbruch hatte sein Arbeitgeber versucht, ihn – schon zum zweiten Mal innerhalb weniger Jahre – zu entlassen. Beide Male hatte Aronson gegen seinen Arbeitgeber geklagt, und beide Male hatte das Gericht zu seinen Gunsten entschieden und den Arbeitgeber angewiesen, ihn weiter zu beschäftigen. Dieser tat wie geheißen, beim zweiten Mal jedoch nur zähneknirschend. Er ließ Aronson wissen, er werde zwar weiterhin sein sehr ansehnliches Monatsgehalt von 1730 Dollar (nach heutiger Kaufkraft das Äquivalent von 6000 Dollar) bekommen, man werde ihm aber keine Arbeit mehr zuweisen. Das Telefon in seinem Büro wurde abmontiert, die Poststelle der Firma erhielt Anweisung, Aronson keine Post mehr zuzustellen und bei ihm auch keine mehr abzuholen, und die anderen Mitarbeiter wurden angewiesen, ihn zu ignorieren.

Leider war Aronsons Geschichte wohl nicht interessant genug, um von der Presse weiterverfolgt zu werden; wir wissen daher nicht, ob ihn sein krankheitsbedingtes Fehlen am Ende seinen Job (oder Nicht-Job) kostete. Es gibt aber sicher viele, die in diesem seltsamen Fall eines Mannes, der krank wurde, weil er keine sinnvolle Arbeit mehr zugeteilt bekam, ein Stück eigene Erfahrung wiedererkennen.

Ein gut bezahlter lebenslanger Job ohne Arbeitspflicht mag manchen von uns wie ein wahr gewordener Traum vorkommen. Andere würden jedoch, wenn das Neue und Ungewohnte an der Situation seinen Reiz verlöre, die Strukturen, das Miteinander und das Gefühl der eigenen Nützlichkeit vermissen, das man aus sinnvoller Arbeit schöpfen kann, gleich wie banal oder wie schlecht bezahlt sie auch wäre. Und wenn es sich um eine anspruchsvolle Tätigkeit handeln würde, würden die Betroffenen sehr wahrscheinlich die (wenn auch häufig gedämpfte) Freude vermissen, die sie aus ihr schöpfen konnten. Dieser Kategorie gehören die in die Tausende gehenden Lottogewinner ebenso an wie Personen, die dank eines entfernten Verwandten unerwartet ein Vermögen geerbt haben und dennoch ihre alte, oft nicht besonders interessante berufliche Tätigkeit mit derselben frohgemuten Emsigkeit wie zuvor fortführen.

Sodann gibt es jene, die im Dienstleistungssektor unserer Volkswirtschaft arbeiten und sich von Ben Aronsons Geschichte angesprochen fühlen mögen, weil sie im Grunde wissen, dass, wenn ihre Firma von heute auf morgen ihr E-Mail- und ihr Intranetkonto sperren, Computer und Mobiltelefone aus ihrem Büro entfernen und ihre Kollegen anweisen würde, sie ab sofort zu ignorieren, ihre «Abschaltung» keine merklichen Folgen für das Wohl und Wehe ihrer Firma hätte.

Nach den Erkenntnissen der nationalen Statistikbehörde Großbritanniens sind mittlerweile 83 Prozent aller erwerbstätigen Personen des Landes im zunehmend amorpher werdenden «Dienstleistungssektor» der britischen Wirtschaft beschäftigt, der auch als «Tertiärsektor» bezeichnet wird. Zum Dienstleistungssektor werden alle Branchen gezählt, die nichts mit der Erzeugung oder Gewinnung von Rohstoffen oder mit der Herstellung materieller Güter zu tun haben wie Landwirtschaft, Bergbau, Fischerei und Unternehmen, die aus diesen Rohstoffen Dinge wie Messer, Gabeln oder Atomraketen herstellen.

Unter den reicheren Ländern dieser Welt ist Großbritannien nicht das einzige mit einem hohen Beschäftigtenanteil im Dienstleistungssektor. Es rangiert in dieser Beziehung hinter Staaten wie Luxemburg und Singapur, in denen so gut wie jeder Lohn- und Gehaltsempfänger in einer dem Dienstleistungssektor zuzurechnenden Branche beschäftigt ist. Andererseits rangiert Großbritannien weit vor den meisten Entwicklungsländern wie etwa Tansania, wo die Mehrheit der Bevölkerung ihren Lebensunterhalt nach wie vor mit landwirtschaftlicher Arbeit verdient. Ein Stück weit liegt Großbritannien auch noch vor Ländern wie China, wo trotz eines starken Jobwachstums im Dienstleistungsbereich immer noch mehr als die Hälfte der Bevölkerung in Landwirtschaft und Fischerei, Bergbau und industrieller Produktion arbeitet.

Die führende Stellung des Dienstleistungssektors in vielen Volkswirtschaften ist ein relativ neues Phänomen. Bis zum Beginn des sprunghaften Produktivitätswachstums in der europäischen Landwirtschaft im Verlauf des 16. Jahrhunderts bestritten nach Schätzungen drei Viertel aller Briten ihren Lebensunterhalt als Bauern, Fischer, Steinbruch- oder Waldarbeiter. Bis 1851 sank dieser Anteil im Zeichen der in Schwung kommenden industriellen Revolution auf etwas mehr als 30 Prozent, während rund 45 Prozent auf das produzierende Gewerbe und die verbleibenden 25 Prozent auf Dienstleistungsberufe entfielen.[12] Bei dieser Verteilung blieb es im Wesentlichen bis nach dem Ersten Weltkrieg. Es folgte eine weitere schrittweise Gewichtszunahme der Güterproduktion parallel zum Anschluss von immer mehr Wohnsiedlungen und Industriebetrieben an große Stromversorgungsnetze und zum Siegeszug des Verbrennungsmotors, Entwicklungen, die den Nährboden schufen für die Erfindung und Herstellung ganzer Arsenale neuer Gerätschaften für den Haushalt und die Konsumbedürfnisse einer aufstrebenden Mittel- und Unterschicht. Dieser Trend setzte sich auch nach dem Ende des Zweiten Weltkriegs weiter fort, bis von 1966 an der Güterproduktions-Sektor in Großbritannien in einen starken Abwärtssog geriet. Waren 1966 nach Schätzungen noch 40 Prozent aller britischen Arbeitnehmer in der Produktion beschäftigt, so fiel dieser Anteil bis 1986 auf 26 Prozent und erreichte 2006 mit 17 Prozent einen neuen Tiefstand. Technische Fortschritte und Automatisierung trugen maßgeblich dazu bei, bisher arbeitsintensive in zunehmend kapitalintensive Industrien zu verwandeln. Die Globalisierung tat ein Übriges dazu: Die meisten arbeitsintensiven Industriebranchen verloren früher oder später den Konkurrenzkampf gegen Erzeuger, die sich in Weltgegenden ansiedelten, in denen Arbeitskräfte erheblich billiger waren als in Großbritannien.

Viele Ökonomen halten das rasante Wachstum des Dienstleistungssektors für eine zwangsläufige Folge des industriellen Gigantismus. Die führende Rolle des Dienstleistungssektors gilt auch als Markenzeichen einer «postindustriellen Gesellschaft». So sah es jedenfalls Colin Clark, der Ökonom, der vielleicht mehr als jeder andere zur Entwicklung des inzwischen weithin anerkannten «Drei-Sektoren-Modells» der modernen Volkswirtschaften beigetragen hat. Schon 1940 prognostizierte Clark eine starke Ausweitung des Dienstleistungssektors in Volkswirtschaften wie der britischen im Verlauf der nächsten acht Jahrzehnte. Nach seinen

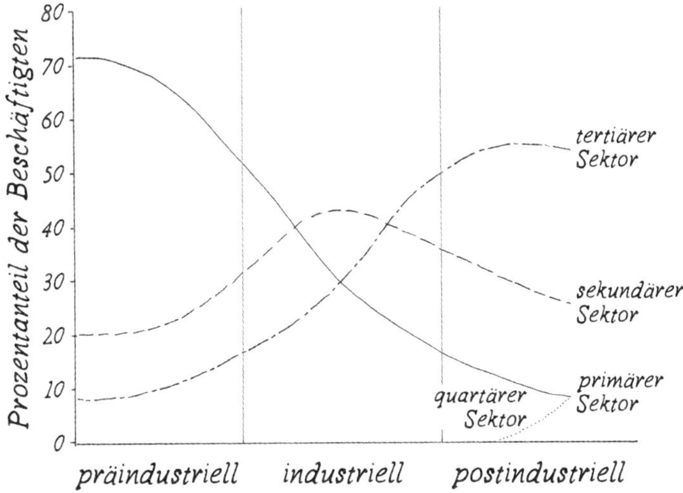

Clarks Drei-Sektoren-Modell, das zeigt, dass die Beschäftigung im Dienstleistungssektor den Rückgang in den primären und sekundären Bereichen kompensiert

Beobachtungen führte ein gesamtwirtschaftlicher Wohlstandszuwachs infolge steigender Kapitalisierung, technologischer Fortschritte und gesteigerter Produktivität zu einer zunehmenden Nachfrage nach Dienstleistungen, wodurch die Arbeitsplatzverluste im «primären Sektor» (Landwirtschaft, Fischerei, Bergbau) kompensiert würden.[13]

Clark war ein sozial denkender Ökonom. Er sah seine Aufgabe nicht nur darin, Beiträge zur Entwicklung einer stabileren und produktiveren Wirtschaft zu leisten, sondern hielt es auch für die moralische Pflicht eines Ökonomen, etwas für die «gerechte Verteilung des Wohlstands zwischen Individuen und Gruppen» zu tun.[14] Sein Modell einer postindustriellen Gesellschaft und Wirtschaft zog dennoch heftige Kritik auf sich, besonders von Seiten linker Ökonomen, die ihm vorwarfen, er verkaufe etwas als Entwurf für eine humane Entwicklung, das in Wirklichkeit ein Modell für eine «kapitalistische Entwicklung» sei.

Clarks berühmt gewordenes grafisches Modell, das das sich verändernde Verhältnis zwischen den drei Sektoren im Verlauf der Menschheitsentwicklung veranschaulicht, bildet den historischen Verlauf in den Volkswirtschaften Westeuropas, Japans und der Vereinigten Staaten zutreffend ab. Auch andere Volkswirtschaften, nicht zuletzt die chinesische, scheinen sich entlang dem von Clark vorgezeichneten Pfad zu bewegen, insofern als der Dienstleistungssektor eine stetige Aufwärtstendenz zeigt – komplementär zur Abnahme der Beschäftigung in der Landwirtschaft –, während die industrielle Produktion stetig an Bedeutung verliert. Es fällt freilich schwer, die massive Zunahme der Dienstleistungsberufe als Antwort auf wirklich tiefe Bedürfnisse zu erklären oder auch nur als Ergebnis des Bemühens von Werbeagenturen und Influencern, uns von ihrer Wichtigkeit zu überzeugen.

Clarks Modell wirft noch eine weitere kritische Frage auf: Während die Tatsache, dass mehr als die Hälfte der Bevölkerung im Dienstleistungssektor arbeitet, ganz zweifellos ein neues Phänomen ist, sind Dienstleistungsberufe als solche so alt wie die ältesten Städte, wobei sich die Dienstleistungen lange Zeit fast ausschließlich innerhalb der Stadtmauern abspielten. Die Güterproduktion war selbst in den größten Städten der Antike, etwa in Rom, ein relativ nachgeordneter Wirtschaftssektor, ostentativer Konsum das exklusive Privileg der wohlhabendsten Patrizier und Kaufleute. Dasselbe galt mit Sicherheit auch für frühgeschichtliche Städte wie Uruk, dessen Einwohnerschaft mehrheitlich aus Klerikern, Verwaltungsbeamten, Buchhaltern, Soldaten und offenbar Gastwirten bestand. Es fällt schwer, dieses offenkundige Übergewicht an Dienstleistungsberufen in vorgeschichtlichen Städten wie Uruk, Memphis, Luoyang oder Rom mit einer erhöhten Nachfrage nach Dienstleistungen aufgrund einer stark gewachsenen Produktivität im Sektor der Güterproduktion zu erklären.

Wenn wir unser Verhältnis zur Arbeit aus einer sehr viel längerfristigen Warte betrachten, können wir die Vermutung wagen, dass es vielleicht noch andere Deutungen und Erklärungen für die rapide Ausweitung des Dienstleistungssektors in auf dem Weg zu einem «postindustriellen» Stadium befindlichen Volkswirtschaften geben könnte.

Eine solche Erklärung hätte mit der Erkenntnis zu tun, dass viele (wenn auch keineswegs alle) Dienstleistungen Antworten auf grundlegende menschliche Bedürfnisse sind, Bedürfnisse, die zu unserem evolutionären Erbe gehören und in der Großstadt, in der viele Menschen nicht mehr auf kleine, eng gestrickte Sozialverbände zurückgreifen können, nicht ohne weiteres befriedigt werden können. Den Arztberuf gibt es, weil wir gerne am Leben bleiben und Schmerzen nicht mögen; Künstler und Entertainer sind da, um uns Freude zu bereiten; Friseure gibt es, weil viele von uns gerne gut aussehen oder jemanden brauchen, der ihnen zuhört; DJs existieren, weil wir gerne tanzen, Bürokraten, weil selbst der leidenschaftlichste Anarchist sich darauf verlassen können möchte, dass der Bus pünktlich fährt. Die Nachfrage nach solchen Dienstleistungen hat nicht deshalb zugenommen, weil es Produktivitätsfortschritte in der Gütererzeugung gab. Sobald die Landwirtschaft und die Gütererzeugung ein Produktivitätsniveau erreichten, das vielen Menschen die Möglichkeit eröffnete, ihre Zeit und Energie nicht (!) überwiegend dem Erzeugen von Dingen zu widmen, traten diese anderen, immer schon vorhanden gewesenen Bedürfnisse stärker in den Vordergrund.

Eine weitere Erklärungsmöglichkeit für das Anwachsen des Dienstleistungssektors wäre die, darin den Ausfluss einer Kultur der Arbeit zu sehen, die bei uns seit der landwirtschaftlichen Revolution tiefe Wurzeln geschlagen hat. Einer Kultur, die uns lehrt, kein Verständnis für Schmarotzer zu haben, und alle die Erwerbsarbeit als Grundlage unseres Gesellschaftsvertrags kanonisiert, auch wenn viele Jobs keinem anderen wirklich bedeutsamen Zweck dienen als dem, Leute zu beschäftigen. Das verweist wiederum auf die grundlegende Beziehung zwischen Leben, Energie, Ordnung und Entropie. Ganz ähnlich, wie wenn Schwarzmasken-Webervögel und Paradiesvögel ihre überschüssige Energie mit dem Bau kunstvoller, oft unnötiger Nester verausgaben, haben die Menschen, wenn sie mit dauerhaften Energieüberschüssen gesegnet waren, ihre Energie immer zweckbestimmt genutzt. Aus dieser Warte betrachtet, war die Entstehung vieler Dienstleistungsberufe in antiker Zeit einfach eine Folge der Tatsache, dass Menschen (und andere Organismen) immer dann, wenn – und immer dort, wo – dauerhafte und große Energieüberschüsse generiert wurden, kreative Mittel und Wege gefunden haben, diese in Arbeit umzusetzen. Bei den Menschen geschah das in Form der Entwicklung einer riesigen Palette bemerkenswerter und höchst unterschiedlicher Fähigkeiten und Fertigkeiten, deren Perfektionierung und Anwendung uns oft große Befriedigung verschafft. Deshalb waren Städte schon immer Retorten der künstlerischen Betätigung, der Intrige, der Neugier und der Entdeckerfreude.

·

Der Dienstleistungssektor ist unter Einschluss von Neurochirurgen, Hochschuldozenten, Bankiers, Burgerwendern, «Quanten-Vibrations-Tantra-Astrologen» und allem Erdenklichen mehr inzwischen so groß und vielfältig, dass er für Wirtschaftsanalytiker, die sich bemühen, das Auf und Ab auf unseren Arbeitsmärkten zu verstehen, kein besonders fruchtbares Feld mehr ist. Man versteht, dass Wirtschaftswissenschaftler heute Clarks Einteilung der Wirtschaftssektoren als überholt betrachten. Manche haben die Hinzunahme eines weiteren, eines «quartären Sektors» vorgeschlagen, speziell für Beschäftigte in den Bereichen Datenverarbeitung, Kodierung, Forschung und anderen avantgardistischen Hightech-Industrien wie der Genetik. Doch auch das erscheint problematisch angesichts des Ausmaßes, in dem digitale Technologien andere Sektoren der Wirtschaft verändert haben. Die meisten Analytiker sind mittlerweile dafür, den Dienstleistungssektor in Teilbereiche aufzufächern, beispielsweise Gastronomie und Tourismus, Finanzdienstleistungen, Gesundheitsdienste usw.

Andere haben eine radikalere Neuskizzierung des Dienstleistungssektors und mit ihm der Wirtschaft als Ganzer vorgeschlagen. Manche dieser Ideen nehmen Anleihen bei der Nachkriegsära in den Volkswirtschaften der westlichen Welt, einer Zeit, in der die Regierungen eher geneigt waren, sich zunächst eine gute Sozialpolitik auszudenken und sich dann zu überlegen, woher man das Geld dafür nehmen konnte, anstatt zuerst eine gute Wirtschaftspolitik zu machen und sich dann zu fragen, mit welchen sozialen Wohltaten man sie krönen könnte. Eine zentrale Rolle spielt in den meisten dieser Ansätze der Gedanke, dass die Art und Weise, wie der Markt Dingen einen Wert zuweist, nur selten das Wertbewusstsein der Mehrheit der Menschen reflektiert.

Die Leute, denen wir die Aufgabe anvertrauen, unsere Kinder zu unterrichten oder uns zu pflegen, wenn wir krank sind, verdienen heute erheblich weniger Geld als diejenigen, die ihren Lebensunterhalt damit bestreiten, dass sie reichen Leuten helfen, Steuern zu sparen, oder als die Leute, die ständig neue Techniken erfinden, um uns mit endlosen unerwünschten Werbebotschaften zu bombardieren. Manche Analytiker machen sich auch deshalb für eine Auffächerung des Dienstleistungssektors stark, um nichtmonetäre Werte wie Gesundheit oder Glück, die manche Berufsgruppen generieren, besser abbilden zu können. Niemand stellt die nichtmonetären Werte in Frage, die Ärzte, Krankenschwestern, Lehrer, Müllwerker, Installateure, Putzkräfte, Busfahrer und Feuerwehrleute generieren. Und auch wenn die Ansichten darüber, was unter die Rubrik «Entertainment» fällt, divergieren, würden doch die wenigsten Leute bestreiten, dass Unterhaltungskünstler, Köche, Musiker, Fremdenführer, Hoteliers, Masseure und andere, die mit ihrer Arbeit Leuten Glücksgefühle bereiten oder Inspiration schenken, ebenfalls wichtig sind.

Zu den innovativsten Ansätzen für eine Regruppierung der Rollen innerhalb des Dienstleistungssektors gehört ein Vorschlag des Anthropologen David Graeber. In einem Kurzessay, den er 2013 schrieb[15] und der anschließend viral ging und später zur Grundlage eines Buches wurde, arbeitete er den Unterschied zwischen wirklich nützlichen Jobs (wie Lehrer, Arzt, Landwirt und Forscher) und der offensichtlichen Überbewertung anderer Jobs heraus, die keinen einleuchtenden Zweck erfüllen außer dem, Leuten eine Beschäftigung zu geben. Jobs dieser Kategorie, zu denen Graeber Konzernanwälte, Direktoren für Öffentlichkeitsarbeit, Geschäftsführer von Kliniken und Hochschulen sowie Anbieter von Finanzdienstleistungen zählt, bezeichnet er als «Bullshit-Jobs», ihre Inhaber als Leute, die von ihrer eigenen Arbeit sagen, sie sei «vollkommen sinnlos», leiste «keinen Beitrag zur Welt» und sollte «nach eigener Einschätzung überhaupt nicht existieren».[16] «Es ist, als würde sich irgendjemand sinnlose Tätigkeiten ausdenken, nur damit wir alle ständig arbeiten», sinnierte Graeber.[17]

Auf jeden Menschen, der seine Berufstätigkeit vielleicht als «Bullshit Job» empfindet, kommen natürlich andere, die einen fast identischen Part spielen und darin trotzdem Befriedigung, Erfüllung und Sinngebung finden. Da jedoch laut Umfragen immer mehr Menschen mit ihrer beruflichen Arbeit unzufrieden sind, müssen wir vermuten, dass die geäußerte Zufriedenheit oft nur ein Bewältigungsmechanismus ist, charakteristisch für eine Spezies, die evolutionsgeschichtlich stark durch ihr Bedürfnis nach sinnvoller und zweckgerichteter Arbeit geprägt worden ist.

Graeber war keineswegs der Erste, der das Überhandnehmen sinnentleerter Jobs in den ausufernden Bereichen des Dienstleistungssektors, die zum Kennzeichen postindustrieller Gesellschaften geworden sind, diagnostiziert hat. Die Tendenz bürokratischer Apparate, zu wuchern, wird manchmal dem Wirken von Parkinsons Gesetz zugeschrieben, benannt nach Cyril Northcote Parkinson, der das Phänomen in einem eher augenzwinkernd gemeinten Beitrag beschrieb, der 1955 im *Economist* erschien. Im Zuge seiner Tätigkeit in der für ihren Schlendrian berüchtigten britischen Kolonialverwaltung hatte Parkinson Erfahrungen gemacht wie die, dass «Arbeit sich zwangsläufig vervielfacht, um die für ihre Fertigstellung zur Verfügung stehende Zeit zu füllen»,[18] und dass bürokratische Apparate immer genügend interne Arbeitsabläufe generieren, um ausgelastet und wichtig genug zu erscheinen und damit ihren Fortbestand oder ihr weiteres Wachstum zu sichern, ohne mehr Output zu produzieren. Was Parkinson ganz sicher nicht beabsichtigt, als er seinen Artikel schrieb, war die bemerkenswerte Ähnlichkeit seiner Formulierungen mit der von Naturwissenschaftlern wie Erwin Schrödinger bei der Analyse der Zusammenhänge zwischen Arbeit, Energie und Leben verwendeten Begrifflichkeit. So besagt etwa Parkinsons Gesetz, dass bürokratische Apparate, wenn sie bestehen bleiben und wachsen wollen, beständig Energie (in Gestalt von Finanzmitteln) tanken und Arbeit leisten müssen, selbst wenn diese Arbeit, wie beim überfleißigen Schwarzmasken-Webervogel, keinen anderen Zweck erfüllt als den, Energie zu verausgaben.

Parkinsons Gesetz wird heute nur noch hin und wieder von Topmanagern, die einen Personalabbau durchsetzen wollen, oder von überschuldeten Regierungen bemüht, die mehr Ausgabendisziplin anmahnen; es ist jedoch in der unterschwelligen Wahrnehmung vieler auf führenden Verwaltungsposten tätigen Leute nach wie vor intuitiv präsent, selbst wenn sie keinen Namen dafür kennen. Schließlich ist in vielen Organisationen eine der wichtigsten Qualifikationen, die man haben muss, um als «Toptalent» anerkannt zu werden, die Fähigkeit, sich ein möglichst großes Investitionsbudget und zusätzliche personelle Ressourcen für die Durchführung großformatiger, aber letzten Endes sinnloser Projekte zu sichern – ebenso wie umgekehrt das beste Mittel, an ein unrühmliches Karriereende zu kommen, darin besteht, das eigene Budget nicht auszuschöpfen.

Anzeichen für bürokratische Aufblähungen findet man überall, doch ihr Ausmaß wird erst klar, wenn man sich anschaut, was Parkinsons Gesetz mit Organisationen und Institutionen wie beispielsweise Hochschulen anstellt, an deren grundlegenden Aufgaben sich seit Jahrhunderten nichts Wesentliches geändert hat.

In den Vereinigten Staaten, deren erste Universität, Harvard, 1736 gegründet wurde, liegen die Studiengebühren heute inflationsbereinigt beim durchschnittlich Zwei- bis Dreifachen des Levels von 1990.[19] Im Vereinigten Königreich, dessen älteste Hochschulen ihren Anfang im 12. Jahrhundert nahmen, war das Studium für Menschen mit Wohnsitz im Inland bis 1998 nicht nur gebührenfrei, sondern es gab für die meisten Studenten bedarfsabhängige Stipendien aus Haushaltsmitteln lokaler staatlicher Instanzen, die so großzügig bemessen waren, dass man als Student relativ gut zurechtkam, ohne in den Semesterferien unbedingt Geld verdienen zu müssen. 1998 wurden Studiengebühren eingeführt, die sich seither um 900 Prozent erhöht haben. Sowohl in den USA als auch in Großbritannien müssen sich Studienanfänger, wenn sie nicht gerade aus einer reichen Familie stammen, darauf einstellen, dass sie nach Abschluss ihres Studiums wohl einen Schuldenberg vor sich herschieben, den abzutragen sie Jahrzehnte brauchen werden. Der exorbitante Anstieg der Studiengebühren im Vereinigten Königreich ist sicherlich durch einige externe wirtschaftliche Faktoren beschleunigt worden, doch die hauptsächliche Rechtfertigung dafür war und ist die Notwendigkeit, einen sich ständig weiter aufblähenden Verwaltungsapparat zu finanzieren. An der California State University, um ein Beispiel zu nennen, hat sich die Gesamtzahl der administrativen und akademischen Verwaltungsstellen von 3800 im Jahr 1975 auf 12 183 in 2008 vervielfacht, wogegen die Gesamtzahl der Lehrenden nur von 11 614 auf 12 019 gestiegen ist. Wir haben es also mit einer Steigerungsrate von 3,5 Prozent beim lehrenden Personal und von 221 Prozent beim administrativen Personal zu tun. Bemerkenswerterweise spielte sich diese personelle Expansion praktisch zur Gänze im Bereich bürobasierter Tätigkeiten ab; in anderen Aufgabenbereichen, etwa bei Hausmeister-, Pflege- und Wartungsdiensten, ist die Anzahl der Stellen um fast ein Drittel geschrumpft.[20]

Manche der an den Hochschulen (und in vielen anderen Organisationen) geschaffenen neuen administrativen Funktionen sind wichtig und nützlich. Alle funktionierenden bürokratischen Apparate sind auch Brutkästen für Leute mit sprühenden Ideen, für Technikfreaks und Experten aller Art, die sich in ihr Spezialistentum hineinsteigern und darin aufgehen und ohne die früher oder später alles zum Stillstand käme. Es fällt aber schwer, sich des Verdachts zu erwehren, dass viele dieser Stellen nur deshalb wichtig sind, weil ihre Inhaber sich darauf verstehen, sich selbst und andere von ihrer Wichtigkeit zu überzeugen, oder weil sie nur dazu da sind, Dinge, die andere tun und die als wichtig eingestuft werden, zu beobachten, zu messen und zu evaluieren.

So sehen zumindest viele Wissenschaftler die Sache. Anstatt dass man ihnen den Rücken freihielte, damit sie mehr von ihrer kostbaren Zeit für Forschung und Lehre verwenden könnten, berichten sie heute fast alle, dass sie erheblich mehr Zeit als noch vor zwei Jahrzehnten mit administrativen Routinearbeiten zubringen. Dazu kommt, dass die meisten administrativen Stellen zwar kein so ausgeprägtes Spezialistentum voraussetzen wie eine Position in Forschung und Lehre, also weniger wettbewerbsintensiv sind, aber dennoch oft sehr viel besser bezahlt werden. Im britischen Hochschulwesen spielten 2016 Umfragen zufolge vier von zehn Wissenschaftlern mit dem Gedanken, die Stelle, zu der sie sich eigentlich berufen fühlten und um die sie womöglich jahrelang gekämpft hatten, aufzugeben.[21]

Es steht nicht zu bezweifeln, dass viele Leute – darunter sicher etliche von denen, die auf einem «unsinnigen» Posten gelandet sind – in ihrer Arbeit Befriedigung finden oder zumindest die Kollegialität und Strukturiertheit, die die Arbeit in ihr Leben bringt, zu schätzen wissen. Das ändert nichts daran, dass die überwältigende Mehrheit der lohnabhängig Beschäftigten auf der Erde keine große Befriedigung aus ihrer beruflichen Tätigkeit gewinnt. Das Meinungsforschungsinstitut Gallup ist in der jüngsten Ausgabe seiner Erhebung zum State of the Global Workplace zu dem nüchternen Fazit gelangt: «Die globale Zusammenschau der von Gallup in den Jahren 2014, 2015 und 2016 in 155 Ländern erhobenen Daten zeigt, dass nur 15 Prozent aller Beschäftigten weltweit ihren Job mit innerer Überzeugung machen. Zwei Drittel machen ihn ohne Überzeugung, 18 Prozent distanzieren sich ausdrücklich von ihm.» Die Meinungsforscher registrieren allerdings signifikante Unterschiede von Land zu Land. Die USA und Kanada sind mit 31 bzw. 27 Prozent ihren Job überzeugt und engagiert ausübenden Arbeitnehmern in dieser Hinsicht weltweit führend. Dagegen identifizieren sich nur zehn Prozent aller westeuropäischen Arbeitnehmer voll und ganz mit ihrem Job, können sich damit aber immer noch glücklicher schätzen als ihre Kollegen in Japan, China, Südkorea, Hongkong oder Taiwan, wo nur fünf bis sieben von jeweils 100 Beschäftigten ihre Arbeit erfüllend finden.

Das unaufhörliche Anwachsen des Dienstleistungssektors zeugt womöglich von unserer kollektiven Kreativität im Erfinden und Erschaffen neuer Jobs zum Nutzen derjenigen, die in einer immer konsequenter auf Automatisierung und Effizienz getrimmten Produktion nicht mehr benötigt und deshalb ausgemustert werden. Eindeutig nicht so schlau sind wir dort, wo es darauf ankäme, Jobs zu schaffen (oder aufzuwerten), die so geartet sind, dass Menschen sie sinnvoll oder erfüllend finden. Und was noch wichtiger ist: Wir können heute keineswegs sicher sein, dass der Dienstleistungssektor in der Lage sein wird, all jene aufzunehmen, deren Beitrag zur gesellschaftlichen Arbeit bei der nächsten Automatisierungswelle (deren Vorboten schon heute an den letzten Bastionen der arbeitenden Bevölkerung im postindustriellen Zeitalter rütteln) als nicht mehr den Anforderungen genügend eingestuft werden wird.

15

Die neue Krankheit

«Wir sind von einer neuen Krankheit befallen, deren Namen einige Leser möglicherweise noch nicht gehört haben, von der sie aber in den nächsten Jahren noch viel hören werden – nämlich technologische Arbeitslosigkeit», prophezeite John Maynard Keynes in dem Aufsatz, in dem er seine Utopie einer Zukunft ohne Arbeit skizzierte. «Hiermit ist die Arbeitslosigkeit gemeint, die entsteht, weil unsere Entdeckung von Mitteln zur Einsparung von Arbeit schneller voranschreitet als unsere Fähigkeit, neue Verwendungen für Arbeit zu finden», fügte er hinzu. Vor dem Hintergrund der 1930er Jahre war das eine für seine Leser plausible Klarstellung. Schon lange, spätestens seit die industrielle Revolution in den zweiten Gang hochgeschaltet hatte, zerbrachen sich die Menschen den Kopf über die möglicherweise drohende Verdrängung ihres Berufs durch neue Technologien und Arbeitsweisen. Doch nur wenige erkannten mit so wachem Blick wie Keynes, in welchem Ausmaß der sich beschleunigende Trend zu größerer Effizienz und stärkerer Automatisierung die menschliche Arbeitskraft kannibalisieren würde.

In der Rückschau erkennen wir, dass Keynes die Fähigkeit zumindest der «fortgeschrittenen Volkswirtschaften» unterschätzte, viele von denen, die aus der Landwirtschaft, dem Bergbau, der Fischerei und aus einer immer stärker automatisierten Produktion aussortiert wurden, fast mühelos in einem offenbar höchst ausdehnungsfähigen Dienstleistungssektor unterzubringen. Die rapide Expansion dieses Sektors war auch der Grund dafür, dass trotz der sich auf breiter Front vollziehenden Wegautomatisierung vieler lange selbstverständlich gewesener Berufe wie etwa der Kassenkräfte in Supermärkten die Debatte über die Automatisierung und das ihr innewohnende Potenzial, Arbeitsplätze zu vernichten, bis vor kurzem fast nur an einigen wenigen Schaltstellen des technischen Fortschritts, in den Vorstandsetagen von Konzernen und in wissenschaftlichen Zeitschriften geführt wurde.

Das änderte sich im September 2013, als Carl Frey und Michael Osborne von der Universität Oxford die Resultate eines Forschungsprojekts veröffentlichten, mit dem sie die Treffgenauigkeit von Keynes' Voraussagen über die technikbedingte Arbeitslosigkeit überprüfen wollten.[1]

Dass diese Studie aus Oxford so großes Aufsehen erregte, lag an der Schlussfolgerung, zu der Frey und Osborne gelangten: dass nämlich nicht nur eine Heerschar von Robotern bereits an den Fabriktoren rüttelte, sondern dass Roboter ihre Knopfaugen schon auf fast die Hälfte aller in den Vereinigten Staaten noch vorhandenen Arbeitsplätze richteten. Basierend auf der Betrachtung von 702 unterschiedlichen Berufsbildern, gelangten die beiden Forscher zu der Einschätzung, dass 47 Prozent aller in den USA derzeit noch existierenden Berufe in «hohem Maß» Gefahr liefen, schon bis 2030 wegautomatisiert zu werden. Was den Forschern noch auffiel, war, dass vom größten Jobverlust-Risiko nicht diejenigen betroffen sind, die einem Verwaltungs-Wasserkopf oder dem mittleren Management angehören, sondern Leute, zu deren Job überwiegend manuelle Arbeit gehört und bei denen man gewöhnlich von einem geringeren formalen Bildungsstandard ausgeht.

Eine ganze Flut ähnlich gelagerter Studien folgte. Regierungen, multilaterale Organisationen, Denkfabriken, exklusive Konzernlenker-Clubs wie das Weltwirtschaftsforum und natürlich die allgegenwärtigen großen Unternehmensberatungen sprangen allesamt auf den Zug auf. Zwar verfolgte jeder dieser Akteure einen leicht abgewandelten methodischen Ansatz, aber ihre Erkenntnisse bereicherten die bedrückende Einschätzung von Frey und Osborne und versahen sie mit weiteren detaillierten Facetten.

Eine dieser Folgestudien, durchgeführt von der Organisation für Wirtschaftliche Zusammenarbeit und Entwicklung (OECD), einem Club, dem die meisten der großen Volkswirtschaften der Erde angehören, kam zu dem Ergebnis, bei den Auswirkungen der Automatisierung werde es vermutlich geographische Divergenzen sowohl innerhalb der Mitgliedsländer als auch zwischen ihnen geben. Für manche Regionen, etwa für den Westen der Slowakei, sagte die OECD Arbeitsplatzverluste von bis zu 40 Prozent voraus, während andere Gebiete, wie die norwegische Hauptstadt Oslo, nach ihrer Einschätzung mit weniger als fünf Prozent wegautomatisierten Jobs kaum in Mitleidenschaft gezogen würden. Das Global Institute der Unternehmensberatung McKinsey & Co. schätzte den Anteil der Arbeitsplätze, denen im Verlauf der nächsten 15 bis 35 Jahre der völlige oder teilweise Wegfall durch Automatisierung droht, auf 30 bis 70 Prozent, und eine andere große Beraterfirma, PricewaterhouseCoopers, prognostizierte, dass 30 Prozent aller Arbeitsplätze im Vereinigten Königreich, 38 Prozent aller Jobs in den USA, 35 Prozent in Deutschland, aber nur 21 Prozent in Japan gefährdet seien.[2]

Einig waren sich alle diese Studien darin, dass manche Wirtschaftsbereiche sehr viel stärker von einem Jobverlust durch Automatisierung bedroht sind als andere, einfach weil technische Lösungen in diesen Bereichen bereits so ausgereift und erschwinglich sind, dass Unternehmen Investitionen, die sie in solche Systeme tätigen, relativ schnell amortisieren können. Ganz oben auf der Liste der Branchen, bei denen mehr als die Hälfte der Arbeitsplätze auf der Abschussliste steht, finden sich «Wasserversorgung, Abwassermanagement und Müllentsorgung» sowie «Speditions- und Lagerwirtschaft». Knapp dahinter folgen «Groß- und Einzelhandel» sowie diverse Sektoren der Güterproduktion mit einem geschätzten Arbeitsplatzabbau von 40 bis 50 Prozent schon in naher Zukunft.[3]

Eine weitere Erkenntnis, die diese Studien erbrachten, war die, dass manche beruflichen Tätigkeiten offenbar eine weitgehende Immunität gegen Automatisierung besitzen, zumindest auf kürzere Sicht. Dazu gehören Berufe, bei denen es auf die nicht automatisierbare Kunst der Überredung ankommt, wie Werbung und Public Relations, Tätigkeiten, die einen hohen Grad von Empathie erfordern, wie die Psychotherapie, kreative Metiers wie Modeschöpfung oder Berufe, bei denen es auf hochgradige manuelle Geschicklichkeit ankommt, wie etwa in der Chirurgie.

Allein, was immer diese Studien an Tröstlichem anboten, war nur vorläufig. Die Wirtschaft investiert kontinuierlich erhebliche Summen in die Entwicklung von Maschinen mit «manuellen» Fertigkeiten, die denen menschlicher Arbeitskräfte ebenbürtig oder gar überlegen sind oder die soziale Intelligenz und künstlerische Kreativität nachzubilden vermögen. Manche Dinge, die noch vor gerade einmal zwei Jahren unerreichbar weit entfernte Meilensteine einer künftigen Automatisierung zu sein schienen, spielen jetzt eine bedeutende Rolle. Xiaoyi, ein von der Tsinghua-Universität in Beijing in Zusammenarbeit mit einem staatseigenen Unternehmen entwickelter Roboter, bestand 2017 mühelos die staatlich-chinesische Zulassungsprüfung für den Arztberuf, und Googles AlphaGO lehrt die besten Go-Spieler der Welt das Fürchten. Die Leistung des AlphaGO gilt als ein besonders bedeutender Fortschritt, weil sich eine Go-Partie, anders als eine Schachpartie, nicht mit Rechenleistung allein gewinnen lässt. Der IBM-Debater, ein Roboter in Gestalt einer schmucklosen schwarzen Säule, von IBM-Mitarbeitern mehrere Jahre lang in der Fähigkeit trainiert, bei Diskussionen mit einem menschlichen Partner schlagfertig zu antworten und zu argumentieren, legte 2019 einen überzeugenden und «überraschend charmanten» Auftritt hin, als er in einer Debatte über die Vorzüge staatlicher Subventionen für Vorschulen seinem Kontrahenten, einem ehemaligen Finalisten der World Debating Championships, nur knapp unterlag.[4] Und das scheint erst der Anfang zu sein. Technologien für die Anfertigung perfekt wirkender Fake-Videos stehen heute jedem zu Gebote, der über einen Internetanschluss verfügt, und die Systeme für das Verstehen, Umsetzen und Interpretieren der menschlichen Sprache (und für den kreativen Umgang mit ihr) werden zunehmend besser, sodass allmählich das Gefühl um sich greift, keiner von uns könne seines Jobs noch vollkommen sicher sein. Es war daher keine Überraschung, als der Unilever-Konzern 2018 bekannt gab, er werde Aufgaben der Personalrekrutierung künftig teilweise an ein automatisiertes KI-System delegieren; das Unternehmen könne dadurch 70 000 Mannstunden pro Jahr einsparen.[5]

Ein weiterer Grund dafür, dass Organisationen wie die OECD in der Beurteilung des Potenzials der KI und des maschinellen Lernens unsicher sind, ist die Tatsache, dass die Leute, die an der Entwicklung solcher Systeme arbeiten, selbst unsicher sind. Sie machen die Erfahrung, dass manche Algorithmen für das maschinelle Lernen und für die KI Merkmale einer Sackgasse haben, in dem Sinn dass derjenige, der zusätzliche Zeit in sie investiert, womöglich schlechtem Geld gutes Geld hinterherwirft. Dennoch werden laufend neue Varianten entwickelt, viele auf neuropsychologischen Modellen fußend und einem Trend folgend, der in die immer gleiche Richtung weist.

Viele von denen, die Mutmaßungen über die künftigen Möglichkeiten der Robotik und der KI und deren Potenzial zur Kannibalisierung des Arbeitsmarkts anstellen, zeigen sich seltsam zurückhaltend mit Äußerungen zu einigen an sich leichter vorhersehbaren, aber einschneidenden wirtschaftlichen Implikationen. Die meisten behaupten seelenruhig, die Automatisierung werde uns eine wunderbare neue Welt bescheren, mit noch größeren Steigerungsraten bei Produktivität und Effizienz und mit immer schöneren Dividenden für die Aktionäre.

Wenn solche Schwärmereien von McKinsey und Konsorten kommen, mag man dafür Verständnis haben. Schließlich würden sie, wenn sie sich mit einigen anderen Implikationen befassen würden, Gefahr laufen, in einer gedanklichen Schlangengrube zu landen, die ihnen keine andere Wahl ließe, als die völlige Umkrempelung eines Wirtschaftssystems zu erwägen, das sie für ihre treuen Dienste mit Waygu-Steaks und Business-Class-Plätzen im Flieger belohnt. Eine dieser Implikationen wäre der endgültige Abschied von allen verbliebenen Lippenbekenntnissen zu der Vorstellung, es gebe eine angemessene Proportionalität zwischen menschlicher Arbeit, Anstrengung und Belohnung. Eine andere wäre die damit eng verwandte Frage: Wer wird von der Automatisierung profitieren und in welcher Weise?

Obwohl viele Menschen das Ausmaß der materiellen Ungleichheit in ihrem jeweils eigenen Land nach wie vor unterschätzen, geben immer mehr Studien Anlass zu der Vermutung, dass Politiker, die an dieser Fehlsicht festhalten, dies auf eigene Gefahr tun. Diese Studien beschäftigen sich nicht nur mit den zuweilen riesigen Einkommensunterschieden sowohl in hochentwickelten Volkswirtschaften wie der amerikanischen als auch in Schwellenländern mit hohen Wachstumsraten wie China, sondern nehmen zunehmend auch Diskrepanzen in der Vermögensverteilung in den Blick. Schließlich zeigt sich seit der großen Entkopplung, dass Eigentum sehr viel lukrativere Möglichkeiten zur Vermögensmehrung eröffnet als harte Arbeit.

In einer frühen Phase, zwischen den späten 1980er und den frühen 2000er Jahren, trug der auf breiter Front fortschreitende Übergang zu zunehmend erschwinglicheren digitalen Technologien zu einer substanziellen Verringerung der materiellen Ungleichheit zwischen den Staaten bei. Das geschah insbesondere dadurch, dass diese erste Digitalisierungsphase ärmeren Ländern half, einen wachsenden Teil der weltweiten Güterproduktion in einem Unterbietungswettbewerb an sich zu ziehen. Die zunehmende Automatisierung scheint diesen Trend zu bremsen oder sogar umzukehren. Indem die Automatisierung die menschliche Arbeitskraft zunehmend aus der Kostenrechnung verbannt, hebt sie die Wettbewerbsvorteile tendenziell auf, die Länder mit einem niedrigen Lohnniveau bisher hatten, denn Technologiekosten sind, anders als Arbeitskosten, im Großen und Ganzen überall gleich.

Die Automatisierung hat freilich nicht nur die wahrscheinliche Folge, strukturelle Ungleichheiten zwischen Ländern zu vertiefen und zu verfestigen. Ohne einen fundamentalen Wandel in der Art und Weise, wie wir unsere Wirtschaft organisieren, wird sie auch die Ungleichheit innerhalb der meisten Länder dramatisch verschärfen. Sie wird dies tun, indem sie zunächst die Chancen ungelernter und unqualifizierter Arbeiter, eine anständig bezahlte Anstellung zu finden, mindert und zugleich das Einkommen der wenigen in die Höhe schraubt, die weiterhin Leitungsfunktionen in den zunehmend stärker automatisierten Unternehmen bekleiden.[6] Die Automatisierung wird ferner bewirken, dass Einkünfte aus Kapitalanlagen stärker steigen als Arbeitseinkommen, und wird damit den Vermögensvorsprung derjenigen vergrößern, die Geld in Unternehmen investiert haben, zum Nachteil derer, die Geld nur als den Preis kennen, den sie für den Verkauf ihrer Arbeitskraft erhalten. Das bedeutet nichts anderes, als dass die Automatisierung weiteren Wohlstand für die bereits Wohlhabenden generieren wird, während sie denen, die nicht über die Mittel verfügen, Anteile an Unternehmen zu erwerben und einen Teil des von Automaten erwirtschafteten Gewinns einzustreichen, zum Nachteil gereichen wird. Das wäre sicherlich kein so herausforderndes Problem, wäre da nicht die Tatsache, dass seit der großen Entkoppelung das reichste eine Prozent der Weltbevölkerung einen doppelt so hohen Anteil des durch wirtschaftliches Wachstum generierten neuen Wohlstands abbekommen hat als die übrigen 99 Prozent. Den reichsten zehn Prozent gehören schätzungsweise 85 Prozent der weltweit vorhandenen Vermögenswerte,[7] dem reichsten einen Prozent immerhin 45 Prozent.

Viele Roboter und mit KI ausgestattete Systeme verrichten schon heute unverzichtbare Arbeit. Dazu gehören die intelligenten Algorithmen, auf die Genforscher und Epidemiologen angewiesen sind, ebenso wie jede Menge neue digitale diagnostische Werkzeuge für praktizierende Mediziner und die Computerprogramme, die immer genauere klimatologische und meteorologische Berechnungen ermöglichen. Ohne diese Errungenschaften künstlicher Intelligenz wären wir nicht in der Lage, unsere immer komplexer werdenden Großstädte und die digitale und physische Infrastruktur, die sie am Laufen hält, zu managen. Tatsache ist jedoch, dass die meisten mit autonomer Intelligenz ausgestatteten Maschinen und Systeme zu dem einzigen Zweck eingesetzt werden, für ihre Eigentümer Einkommen und Wohlstand zu generieren, und zwar ohne die Verpflichtungen, die ihnen erwachsen würden, wenn sie die Arbeit von Menschen verrichten ließen. Tatsächlich hat sich parallel zur großen Entkoppelung ein beschleunigter Wohlstandstransfer von der öffentlichen Hand in private Kassen vollzogen. In den meisten wohlhabenden Ländern hat sich im Verlauf der vergangenen 30 Jahre der private Wohlstand in Relation zum Nationaleinkommen verdoppelt. In China zum Beispiel ist in diesen 30 Jahren der Anteil der öffentlichen Hand am Volksvermögen von 70 auf 30 Prozent gefallen, und in den Vereinigten Staaten und im Vereinigten Königreich hat sich der Nettobestand des in öffentlicher Hand befindlichen Vermögens seit der Finanzkrise in den Bereich der roten Zahlen bewegt.[8]

Voll automatisierte Produktionsstraßen arbeiten nicht kostenlos. Ihr Grundbedarf an Energie übertrifft oft den von Menschen. Sie brauchen ferner regelmäßige Upgrades, müssen gewartet und gegebenenfalls repariert werden. Doch anders als menschliche Mitarbeiter, streiken sie nie, und wenn sie an das Ende ihrer Nützlichkeit kommen, fordern sie keine Abfindungsregelungen und keine Versorgung aus Renten- oder Pensionskassen. Maschinen kann man ohne moralische Folgekosten ersetzen oder recyceln, sodass kein Vorstandsvorsitzender, der die Entscheidung trifft, sie abzubauen und an einen Wiederverwerter oder Schrotthändler zu verkaufen, deswegen schlaflose Nächte haben wird.

Als John Maynard Keynes seine utopische Vision ausmalte, verschwendete er keinen Gedanken daran, dass die Automatisierung das Potenzial hat, Ungleichheit zu verschärfen. Die Zukunft, die er sich vorstellte, war eine, in der Ungleichheit eine vernachlässigbare Größe sein würde, weil für die Erfüllung der Grundbedürfnisse aller Menschen gesorgt wäre. Nur Narren würden mehr arbeiten als notwendig. Keynes' Utopia war, fast wie eine Gemeinschaft von Jägern und Sammlern, ein Ort, wo jemand, der auf Wohlstand um des Wohlstands willen aus wäre, keine Bewunderung ernten würde, sondern Hohn und Spott.

«Die Liebe zum Geld als ein Wert in sich – was zu unterscheiden ist von der Liebe zum Geld als einem Mittel für die Freuden und die wirklichen Dinge des Lebens – wird als das erkannt werden, was sie ist, ein ziemlich widerliches, krankhaftes Leiden, eine jener halb-kriminellen, halb-pathologischen Neigungen, die man mit Schaudern den Spezialisten für Geisteskrankheiten überlässt», erklärte Keynes. «Ich sehe deshalb für uns die Freiheit, zu einigen der sichersten und zuverlässigsten Grundsätze der Religion und der althergebrachten Werte zurückzukehren – dass Geiz ein Laster ist, das Eintreiben von Wucherzinsen ein Vergehen, die Liebe zum Geld abscheulich, und dass diejenigen am wahrhaftigsten den Pfad der Tugend und der maßvollen Weisheit beschreiten, die am wenigsten über das Morgen nachdenken.»

Nach Keynes' Überzeugung würde der Übergang zu einer nahezu vollständigen Automatisierung der Arbeit nicht nur das Ende aller Knappheit bedeuten, sondern das Ende aller gesellschaftlichen, politischen und kulturellen Institutionen, Normen, Werte, Einstellungen und Ambitionen, die sich um das nach althergebrachter Ansicht immerwährende Streben nach der Lösung des ökonomischen Problems entwickelt hatten. Keynes läutete gleichsam die Schlussrunde für die Ökonomie der Knappheit ein, forderte deren Ersetzung durch eine neue Ökonomie des Überflusses und empfahl, künftig die Professoren für Volkswirtschaftslehre von dem Podest, auf das die Gesellschaft sie gestellt hatte, herunterzuholen und ihnen eine Rolle ähnlich der von Zahnärzten zuzuweisen, die man hin und wieder konsultieren würde, wenn eine kleinere Reparatur anstand.

Knapp 30 Jahre später argumentierte John Kenneth Galbraith ähnlich, als er erklärte, die Ökonomie der Knappheit werde nur noch durch Konsumbedürfnisse aufrechterhalten, die raffinierte Werbestrategen den Leuten einimpften. Auch Galbraith vertrat die Ansicht, es werde einen organischen Übergang zu einer Ökonomie des Überflusses geben, geprägt von einer Mentalität des Verzichts auf das Streben nach Wohlstand zugunsten einer Aufwertung der Arbeit an sich. Er war überzeugt, dass dieser Übergang in den Vereinigten Staaten der Nachkriegsära bereits begonnen hatte, und identifizierte als die Pioniere dieser Entwicklung die Angehörigen der «neuen Klasse», wie er sie nannte – die Menschen, die ihren Beruf nicht um des Geldes willen wählen, sondern wegen der anderen Belohnungen, die er bereithält: Freude, Genugtuung, Ansehen.

Vielleicht hatten Galbraith und Keynes recht mit ihrem Eindruck, diese Transformation sei bereits im Gang. In den hochindustrialisierten Ländern ist es für Millennials heute fast selbstverständlich, sich eine Arbeit zu suchen, die ihnen Freude macht, anstatt sich an den Job, den sie finden, zu gewöhnen und ihn lieben zu lernen. In vielen Unternehmen ist es auch üblich geworden, Mitarbeitern mehr Flexibilität bei der Gestaltung ihrer Arbeitsabläufe zu gewähren. In vielen Ländern haben heute sowohl Frauen als auch Männer die Option auf Elternzeit, und dank digitaler Kommunikationsmittel erledigen immer mehr Menschen ihre Arbeit an einem oder mehreren Wochentagen von zu Hause aus oder machen von flexiblen Arbeitszeiten Gebrauch.

Andererseits bewegen sich die Wochenarbeitszeiten nach wie vor hartnäckig im Bereich der 40-Stunden-Woche, und viele unersetzliche Arbeitskräfte, bei denen die Option auf flexible Arbeitszeiten nicht besteht, müssen sich mit langen und teuren Anfahrtswegen zur Arbeit abfinden, weil sie sich ein zentrumsnahes Wohnen nicht mehr leisten können. Weiterhin geben weltweit nur 15 Prozent aller Beschäftigten an, sie identifizierten sich voll mit ihrem Job, und viele von denen, die Galbraith zur «neuen Klasse» zählte, wie etwa Akademiker und Lehrer, lassen sich verlocken, in den privaten Sektor abzuwandern. Wie Unkräuter, die Ernährungspflanzen wie dem Weizen überall hin gefolgt sind – auf neue Kontinente und in neue Ökosysteme –, hat auch die «Malaise des grenzenlosen Anspruchsdenkens» eine neue Heimat gefunden. Sie hat eine große Palette digitaler Ökosysteme besiedelt, von Instagram bis Facebook, und erweist sich als bestens an diese Biotope angepasst.

Wäre Keynes heute noch am Leben, würde er vielleicht einsehen, dass er mit seinen zeitlichen Vorstellungen falsch lag und dass die «zunehmenden Mühen» seiner Utopie Ausdruck einer sehr viel hartnäckigeren, aber letzten Endes doch heilbaren «Malaise» sind. Oder er könnte zu dem

Schluss gelangen, dass sein Optimismus unberechtigt war und dass unser Bedürfnis, uns unentwegt am ökonomischen Problem abzuarbeiten, so gebieterisch ist, dass wir selbst dann, wenn wir uns um die Erfüllung unserer Grundbedürfnisse keine Sorgen mehr machen müssten, weiterhin Sicherungen aller Art errichten würden, die zwar oft unnötig und zwecklos wären, aber dennoch unser Leben strukturieren und zielstrebigen Geldverdienern die Möglichkeit eröffnen würden, ihren Nachbarn davonzuziehen.

Keynes war aktives Mitglied der in London ansässigen Malthusian Society, einer Gruppe leidenschaftlicher Befürworter einer staatlichen Geburtenkontrolle, die überzeugt waren, Überbevölkerung sei die größte potenzielle Bedrohung für eine Zukunft in Wohlstand und Frieden. Es ist, so gesehen, denkbar, dass Keynes sich heute auf ein anderes, sehr viel drängenderes Problem einschießen würde, welches daraus erwächst, dass die von ihm für die Lösung des ökonomischen Problems verschriebene Medizin – Wirtschaftswachstum durch Nutzbarmachung der Technik – genau das ist, was den Patienten krank macht.

1968 fand sich eine Gruppe von Industriellen, Diplomaten und Wissenschaftlern zur Gründung eines Vereins zusammen, den sie später den «Club of Rome» nannten. Besorgt darüber, dass die Segnungen des wirtschaftlichen Wachstums zunehmend ungleicher verteilt wurden, und alarmiert von einigen der unübersehbar schädlichen Nebenwirkungen einer rapide voranschreitenden Industrialisierung, wollten sie zu einem besseren Verständnis der langfristigen Implikationen eines ungezügelten Wirtschaftswachstums gelangen. Sie erteilten Dennis Meadows, einem akademischen Experten für Unternehmensmanagement, der am Massachusetts Institute of Technology (MIT) lehrte, den Auftrag, einige Antworten für sie aufzubereiten. Dank der Volkswagenstiftung mit einem großzügigen Budget ausgestattet, vergab Meadows gleich einmal eine Mitarbeiterstelle an Donella Meadows, eine brillante Biophysikerin aus Harvard, die zufällig auch seine Frau war. Die beiden rekrutierten ein bunt gemischtes Team von Experten für Systemdynamik, Landwirtschaft, Volkswirtschaft und Demographie. Als das Team komplett war, ließ Meadows den Club of Rome wissen, er werde, wenn alles gut lief, in rund zwei Jahren einen Bericht über die Befunde der Expertengruppe vorlegen.

Tüchtigen Gebrauch machend von der Rechenpower der exklusiven neuen Mainframe-Computer, die kurz zuvor beim MIT installiert worden waren, erarbeiteten Meadows und sein Team eine Reihe von Algorithmen, mit denen sie die dynamischen Wechselwirkungen zwischen Industrialisierung, Bevölkerungswachstum, Nahrungsproduktion, Verbrauch nichterneuerbarer Ressourcen und Naturverbrauch modellierten. Mithilfe der so gewonnenen Modelle führten sie dann eine Reihe auf unterschiedlichen Szenarien basierender Simulationen durch mit dem Ziel, zu errechnen, wie unser kurzfristiges Handeln sich langfristig auswirken würde.

Die Ergebnisse des ehrgeizigen Vorhabens wurden zunächst den Mitgliedern des Club of Rome in einer nichtöffentlichen Präsentation vorgestellt und 1972 in dem Buch *Die Grenzen des Wachstums* publiziert. Die Schlussfolgerungen, zu denen Meadows und seine Zuarbeiter gelangten, unterschieden sich erheblich von Keynes' utopischer Vision. Sie entsprachen auch nicht dem, was der Club of Rome, die VW-Stiftung oder irgendjemand sonst hören wollte.

In der Zusammenstellung der diversen Szenarien, die sie in ihre Mainframes eingegeben hatten, und der errechneten Ergebnisse zeigte sich, dass, wenn es zu keiner einschneidenden Trendwende in der Wirtschafts- und Bevölkerungsentwicklung komme – wenn man alles weiterlaufen ließ wie bisher –, die Welt binnen eines Jahrhunderts einen «plötzlichen und unkontrollierbaren Einbruch ihrer Tragfähigkeit für Bevölkerung und Wirtschaft erleiden» würde. Die gewonnenen Daten zeigten, anders ausgedrückt, dass unsere anhaltende Fixierung auf die Lösung des ökonomischen Problems selbst das größte Problem war, vor dem die Menschheit stand, und dass das wahrscheinlichste Ergebnis, wenn alles wie gehabt weiterlief, eine Katastrophe sein würde.

Die Botschaft war jedoch nicht durch und durch düster. Zwar war es nach Überzeugung der Autoren von *Die Grenzen des Wachstums* allerhöchste Zeit, etwas zu unternehmen, doch lagen rettende Schritte durchaus im Bereich des Möglichen. Wir müssten nur bereit sein, zu akzeptieren, dass wir unsere Fixierung auf kontinuierliches Wirtschaftswachstum aufgeben müssten. Trotz einiger Bedenken hinsichtlich der Methodologie und trotz der Tatsache, dass der Bericht wenig Raum für irgendwelche innovativen Wunderkuren ließ, die das Problem vielleicht wegzaubern würden, zeigte sich der Club of Rome von den Befunden Meadows' und seines Teams angetan.

«Einmütig sind wir davon überzeugt, dass eine rasche und grundlegende Besserung der gegenwärtigen gefährlich unausgewogenen und sich verschlechternden Weltlage die Hauptaufgabe ist, vor der die Menschheit steht»,[9] lautete eine der ominösen Mahnungen des Clubs. Das «Fenster der Gelegenheit» für Gegenmaßnahmen sei dabei, sich erschreckend schnell zu schließen, und man habe es keinesfalls mit einem Problem zu tun, das man vor sich herschieben und der nächsten Generation zur Bewältigung überlassen könne.

Die Welt war indes nicht bereit, eine so bedrückende Vision von der Zukunft der Menschheit zu akzeptieren, und niemand wollte auch nur über die gewichtige Verantwortung nachdenken, die der Bericht, wenn seine Analyse zutraf, allen, die etwas zu entscheiden hatten, aufbürdete. Ebenso wenig war irgendjemand bereit, sich Gedanken darüber zu machen, dass gerade die Tugenden, welche die Quintessenz des Fortschritts der Menschheit zu sein schienen – unsere Produktivität, unser Ehrgeiz, unsere Energie und unsere Bereitschaft, schwer zu arbeiten –, uns in den Abgrund zu führen drohten. «Müll rein, Müll raus», schnaubte die *New York Times* in einer schneidenden Rezension und erklärte *Die Grenzen des Wachstums* zu einem «leeren und irreführenden Machwerk».[10]

Damit hatte die *New York Times* die Tonlage für ein Vierteljahrhundert voll wütender Kritik am Bericht des Club of Rome angestimmt. Ökonomen standen Schlange, um *Die Grenzen des Wachstums* als törichtes oder betrügerisches Machwerk anzuschwärzen.[11] Sie kritisierten, der Bericht unterschätze den Erfindungsreichtum der Menschheit, und taten ihn als plumpen Angriff auf das Wesen ihres hehren akademischen Metiers ab. Demographen verglichen die Aussagen des Reports mit Thomas Robert Malthus' düsteren Warnungen vor einer globalen Katastrophe. Eine Zeit lang hatte man den Eindruck, die halbe Welt habe den Wunsch, den *Grenzen des Wachstums* den jeweils nächsten Messerstich zu versetzen. Als die Katholische Kirche das Buch zu einem Angriff auf Gott erklärte und die notorisch streitlustigen linken Bewegungen Europas und Amerikas es als Propaganda für eine finstere Agenda der Wirtschaftselite enttarnten, die den arbeitenden Klassen und den verarmten Einwohnern der Länder der

Dritten Welt eine Zukunft in materiellem Wohlstand verwehren wollte, hatte Meadows Grund genug, sich an den Pranger gestellt zu fühlen.

Angesichts eines so dürftigen institutionellen Rückhalts entschieden sich Regierungen, Unternehmen und internationale Organisationen, den Report schlichtweg zu ignorieren, zumal die Autoren imponderable Faktoren wie noch unentdeckte Erdöllagerstätten nicht in die Rechnung einbeziehen hatten können.

Im Jahr 2002 nahmen das Ehepaar Meadows und zwei weitere Mitglieder des ursprünglichen Teams ihre 30 Jahre alten prognostischen Berechnungen noch einmal unter die Lupe. Gleichzeitig führten sie eine Reihe neuer Simulationen durch, in die sie Daten aus den dazwischenliegenden Jahrzehnten einfließen ließen.[12] Sie konnten zeigen, dass ihre Algorithmen ungeachtet der steinzeitlichen Hardware, die ihnen 1972 zur Verfügung gestanden hatte, die Veränderungen, die sich im Verlauf der 30 Jahre vollzogen hatten, bemerkenswert präzise vorausgesagt hatten. Ebenso konnten sie zeigen, dass neu kalibrierte Simulationen auf Grundlage der neuen Daten die damalige Schlussfolgerung bestätigten: dass unsere Fixierung auf Wirtschaftswachstum uns zum Verhängnis werden könnte. Der einzige wesentliche Unterschied bestand, wie sie erklärten, darin, dass die Entwicklung in der Zwischenzeit eine kritische Schwelle überschritten hatte. Das Wirtschaftswachstum nur zu verlangsamen, reiche nicht mehr aus. Die Wirtschaft müsse geschrumpft werden.

Der auf den neuesten Stand gebrachte Bericht war deutlich pessimistischer als das Buch von 1972. Inzwischen lag eine zunehmende Fülle wissenschaftlicher Forschungsarbeiten mit Hinweisen auf eine ganze Reihe höchst bedenklicher Umweltprobleme vor, die Meadows und sein Team 1972 noch nicht auf der Rechnung gehabt hatten. So hatte man damals bei der Modellierung der potenziellen Auswirkungen von Schadstoffen nicht daran gedacht, den Plastikabfall zu berücksichtigen, der heute die Ozeane vermüllt und weltweit Müllkippen in sterile Einöden verwandelt. Der ursprüngliche Bericht hatte in einem Nebensatz auf einen potenziellen Zusammenhang zwischen Kohlendioxid-Emissionen und einer Erwärmung der Erdatmosphäre hingewiesen, hatte aber nicht ausdrücklich festgestellt, dass unser Planet sich bereits in der Phase einer ungewöhnlich schnellen Klimaerwärmung befand, ausgelöst durch die zunehmende Konzentration bestimmter Treibhausgase, die seit 200 Jahren als

Folge einer rapide expandierenden industriellen und landwirtschaftlichen Produktion in die Erdatmosphäre eingetragen worden sind.

Seit 2002 sind die in *Die Grenzen des Wachstums* eingegangenen Modellrechnungen viele Male überprüft und aktualisiert worden, oft von Dritten. Gleichzeitig ist die einst bahnbrechende Studie jedoch inzwischen von einer ganzen Flutwelle neuerer Untersuchungen überrollt worden, die den überhandnehmenden Einfluss der Menschheit auf die Umwelt dokumentieren und die Folgen dieser Entwicklung antizipieren. Es liegen heute viel mehr Daten vor als 1972 oder auch 2002, und heutige Computer können Simulationen durchrechnen, die um viele Größenordnungen umfangreicher und komplexer sind. Die Belege für den massiven Einfluss des Menschen auf den Planeten sind inzwischen so überwältigend, dass in der Wissenschaft inzwischen die Frage diskutiert wird, ob es nicht sinnvoll wäre, die gegenwärtige Periode der Erdgeschichte umzubenennen in «Anthropozän» – das Menschenzeitalter.

In John Maynard Keynes' wirtschaftlichem Schlaraffenland gab es keinen menschengemachten Klimawandel, keine Versauerung der Weltmeere und keinen massiven Verlust an Biodiversität. Gäbe es sie, stünden sie dort ziemlich sicher unter einer wirksameren Kontrolle, als sie es hier und heute tun. Keynes' Utopia war schließlich ein Land, in dem wissenschaftliche Arbeit respektiert, Wissenschaftler bewundert wurden und das Laienpublikum die Warnungen der Wissenschaftler ernst nahm. Es war, wichtiger noch, ein Ort, an dem die energieintensiven «relativen Bedürfnisse», aus der sich unsere Konsumierlust speist, so weit zurückgeschraubt worden wären, dass die Menschen nicht mehr das Verlangen hätten, alles, was sie besitzen, in regelmäßigen Abständen zu erneuern, einfach um das Räderwerk des Handels am Laufen zu halten.

Es ist ohne weiteres denkbar, dass wir auf dem Weg sind, Keynes' Utopia zu verwirklichen; dass wir kurz davor sind, eine kritische Schwelle zu überschreiten, ab der sich alles ändern wird, oder dass wir so sehr in den täglichen Trubel eingespannt sind, dass wir uns schwertun, klar zu erkennen, wohin die Reise geht. Das Problem ist freilich, dass wir uns den Luxus, abzuwarten, bis wir es wissen, nicht mehr leisten können.

Die beunruhigende Aussicht auf ein sich rapide veränderndes Erdklima hat bislang jede Menge verbale Reaktionen und auch einige Aktivitäten ausgelöst. Das hehre Reden über «Nachhaltigkeit» ist zur geschmacksverstärkenden Ingredienz von Jahresberichten, politischen Programmen und Plänen internationaler Organisationen, Regierungen und Unternehmen geworden. Doch ungeachtet des zunehmenden öffentlichen Drucks zeigt sich weiterhin hartnäckiger Widerstand, wenn versucht wird, einschneidende Maßnahmen, wie der Club of Rome sie 1972 als aus damaliger Sicht angemessen vorgeschlagen hat, auch nur in Erwägung zu ziehen. Sehr viele Menschen sind offensichtlich eher bereit, die Integrität kompromissloser wissenschaftlicher Forschung in Zweifel zu ziehen, als die herausfordernden Fragen zu einer «weichen Ökonomie» zu stellen, die sich aus der Forderung nach Nachhaltigkeit ergeben.

Viele der Initiativen, die in der Frage des menschengemachten Klimawandels Stellung beziehen und für die Erhaltung der Biodiversität eintreten, sehen sich offensichtlich bemüßigt, ihr Sein und Wirken unter Berufung auf genau die volkswirtschaftlichen Prinzipien zu rechtfertigen, die ursächlich für die Probleme sind. Wohlhabende Großwildjäger knallen Löwen, Elefanten und andere Wildtiere ab, womöglich in dem guten Glauben, damit eine Handvoll Arbeitsplätze zu erhalten, die ansonsten verloren gingen, und Einkünfte zu generieren, die für den Schutz dieser selben Tierarten eingesetzt werden können. Meeresbiologen machen sich für die «Wiederaufforstung» ausgebleichter Korallenriffe stark, indem sie auf die durch den Verlust der Riffe bewirkten wirtschaftlichen Verluste verweisen. Umweltschützer streiten mit Politikern über den Nutzen funktionierender Ökosysteme und berufen sich dabei auf die «Dienste», die diese Ökosysteme uns Menschen leisten. Und Klimatologen ertappen sich bei dem Versuch, die Notwendigkeit einer Reduzierung der CO_2-Emissionen oder der Abmilderung der Folgen des Klimawandels «betriebswirtschaftlich» zu begründen.

Vielleicht stimmt es, dass diejenigen, die nicht aus der Geschichte lernen, dazu verdammt sind, die Fehler der Vergangenheit zu wiederholen. Für einige der potenziell existenzbedrohenden Gefahren, mit denen wir uns heute konfrontiert sehen, gibt es freilich keine offenkundigen historischen Präzedenzfälle. Nie zuvor in der Menschheitsgeschichte lebten auf der Erde 7,5 Milliarden Menschen, deren jeder circa 250 Mal so viel Energie aufnimmt und verausgabt wie ein Angehöriger der Jäger-und-Sammler-Gesellschaften, von denen wir abstammen. Die Computernutzung, die künstliche Intelligenz und die Maschinensprache haben uns zum Glück Werkzeuge an die Hand gegeben, die uns in die Lage versetzen, Szenarien für potenzielle Zukünfte sehr viel exakter zu modellieren, als Schamanen und Wahrsager das je konnten. So unvollkommen diese Werkzeuge sein mögen, werden sie doch mit der Zeit immer besser, sodass wir mit ihrer Hilfe unsere konzeptionellen Horizonte, gerade auch im Hinblick auf Ursachen und Wirkungen sowie auf die Konsequenzen unseres Handelns, immer weiter in die Zukunft vorschieben können. Während Jäger und Sammler mit ihrer Ökonomie des unverzüglichen Ertrags ihre Arbeitskraft für die Stillung ihrer spontanen Bedürfnisse einsetzten und Bauern mit ihren Systemen des verzögerten Ertrags ihre Arbeitskraft in die Vorsorge für das jeweils nächste Jahr investierten, sehen wir uns heute verpflichtet, die potenziellen Konsequenzen unserer Arbeit über eine sehr viel längere Zeitspanne hinweg in den Blick zu nehmen. Wir müssen dabei von der Erkenntnis ausgehen, dass die meisten von uns mit einer längeren Lebensdauer rechnen können, als sie früheren Generationen je vergönnt war, und müssen uns darüber klar sein, welches Vermächtnis wir unseren Nachkommen hinterlassen. Das wiederum stellt uns vor die Aufgabe, komplizierte neue Abwägungen zu treffen zwischen kurzfristigen Gewinnen und längerfristigen Folgen, die diese Gewinne womöglich in Verluste verwandeln.

Dass die Geschichte nicht immer ein guter Lehrmeister für das Planen der Zukunft ist, war eine der Leitideen von John Maynard Keynes, als er seine Überlegungen anstellte, dass der technologische Fortschritt, die wachsende Menge an Kapital und die stetige Erhöhung der Produktivität uns bis 2030 den Weg in ein Reich der «wirtschaftlichen Glückseligkeit» auftun würden. Nach seiner Ansicht war die Zukunft, die uns bis 2030 die Automatisierung bescheren würde, ein unkartiertes Territorium, und um darin erfolgreich navigieren zu können, würde die Menschheit Fantasie, Offenheit und die Bereitschaft brauchen, Einstellungen und Wertvorstellungen einem in ihrer Geschichte nie da gewesenen Transformationsprozess zu unterziehen.

«Wenn die Akkumulation des Reichtums nicht mehr von hoher gesellschaftlicher Bedeutung ist», lautete Keynes' Fazit, «werden sich große Veränderungen in den Moralvorstellungen ergeben.» Im Ergebnis würde uns dies keine andere Wahl lassen, als uns aller unseren bisherigen «gesellschaftlichen Gewohnheiten und wirtschaftlichen Machenschaften zu entledigen, die die Verteilung des Reichtums und der wirtschaftlichen Belohnungen und Strafen betreffen».

Keynes' Intuition, dass die durch Automatisierung bewirkten Veränderungen eine grundlegende Umwälzung der Lebens- und Denkweisen der Menschen und ihrer Organisationsformen herbeiführen würden, war ein Echo auf Ideen zahlreicher anderer Denker des frühen 20. Jahrhunderts, die sich Gedanken über die Zukunft gemacht hatten. So gesehen, war Keynes nicht allzu weit entfernt von Leuten wie Karl Marx oder Émile Durkheim, die beide die Überzeugung vertraten, die Geschichte werde früher oder später in die richtige Spur finden, wobei die beiden allerdings sehr unterschiedlicher Ansicht darüber waren, wie dies vonstattengehen würde. Auch wenn Keynes keine Vorstellung von den Gefahren hatte und haben konnte, die ein menschengemachter Klimawandel und ein Verlust an biologischer Vielfalt heraufbeschwören – Gefahren, die das Ergebnis unseres obsessiven Bemühens um die Lösung des ökonomischen Problems sind –, hätte er als Anhänger von Thomas Robert Malthus das Risikopotenzial dieser Entwicklung sofort erkannt.

Ein Aspekt, bei dem die Geschichte einen besseren Lehrmeister im Hinblick auf die Zukunft abgibt, betrifft das Wesen der Veränderung. Die Geschichte gemahnt uns daran, dass wir eine «sture» Spezies sind, die eine tiefsitzende Abneigung gegen grundlegende Veränderungen ihres Verhaltens und ihrer Gepflogenheiten hegt, selbst wenn die Notwendigkeit solcher Veränderungen klar auf der Hand liegt. Die Geschichte zeigt uns aber auch, dass wir, wenn uns Veränderungen aufgezwungen werden, eine erstaunliche Anpassungsfähigkeit an den Tag legen. Wir sind in der Lage, uns relativ schnell mit neuen, oft ganz unvertrauten Handlungs- und Denkweisen anzufreunden und sie binnen kurzer Zeit so zu habitualisieren, dass sie uns genauso normal erscheinen wie die Dinge, die wir zuvor gewohnt waren. Heute sind wir in einer Situation, in der die Automatisierung und die künstliche Intelligenz uns die Möglichkeit eröffnen, uns eine grundlegend andere Zukunft auszudenken, doch ist es wenig wahrscheinlich, dass diese technischen Entwicklungen als Katalysatoren solcher dramatischen Veränderungen unserer «gesellschaftlichen Konventionen und wirtschaftlichen Praktiken», wie Keynes sie sich vorstellte, fungieren werden. Viel wahrscheinlichere Kandidaten für die Rolle des Katalysators sind: ein sich rapide vollziehender Klimawandel ähnlich dem, der den Übergang zur Landwirtschaft vorantrieb; eine um sich greifende Wut über systematische und wachsende Ungleichheit, wie sie im Russland des Jahres 1917 zum Aufstand gegen die Zarenherrschaft und zur Revolution führte; oder vielleicht sogar eine virale Pandemie, die die Unzulänglichkeit unserer wirtschaftlichen Institutionen und unserer Arbeitskultur offenbaren und uns veranlassen würde, die Frage zu stellen, welche Jobs wirklich sinn- und werthaltig sind und warum wir es zulassen, dass unsere Märkte die Inhaber häufig nutzloser oder gar parasitärer Stellungen so viel höher belohnen als diejenigen, deren Arbeit wir als substanziell anerkennen.

Schlussbemerkung

Als in den 1960er Jahren westliche Anthropologen noch existente Jäger-und-Sammler-Gemeinschaften wie die Ju/'Hoansi, BaMbuti und Hadzabe zu studieren begannen, taten sie das in der Hoffnung, mit ihrer Arbeit etwas Licht ins Dunkel der Frage bringen zu können, wie unsere urzeitlichen Vorfahren gelebt haben. Heute spricht manches dafür, dass ausgerechnet dieser Fundus an erarbeitetem Wissen uns einiges darüber verraten könnte, wie wir unsere Arbeit und unser Leben in einer künftigen automatisierten Welt und unter Einhaltung strenger umweltschonender Vorgaben organisieren könnten.

Wie wir heute wissen, stammen die Ju/'Hoansi und andere Jäger und Sammler der Kalahari von ein und derselben Population ab, die seit dem ersten Erscheinen des modernen Homo sapiens kontinuierlich im südlichen Afrika gelebt hat, womöglich schon seit 300 000 Jahren. Wir haben auch gute Gründe zu glauben, dass sie ihr wirtschaftliches Leben in ähnlicher Weise organisierten, wie man es bei den Ju/'Hoansi noch in den 1960er Jahren beobachten konnte. Wenn die Fähigkeit, zu überdauern, das letztlich entscheidende Kriterium für nachhaltiges Wirtschaften ist, folgt daraus, dass Jagen und Sammeln die mit Abstand nachhaltigste Wirtschaftsform ist, die Menschen im Verlauf der Entwicklungsgeschichte unserer Spezies erfunden haben; die ausgereiftesten Vertreter dieser Wirtschaftsform sind die Khoisan. Selbstverständlich ist Jagen und Sammeln für die heutige Menschheit keine Option, doch liefert das Studium dieser Gesellschaften uns Hinweise darauf, wie eine nicht mehr dem ökonomischen Problem unterworfene Gesellschaft aussehen könnte, und gemahnt uns daran, dass unser gegenwärtiges Verhältnis zur Arbeit ein Abkömmling des Übergangs zur Landwirtschaft und unserer Migration in die Städte ist. Wir sollten daraus aber auch lernen, dass wir, um den

Weg zu einem guten Leben zu finden, unser persönliches materielles Anspruchsdenken im Sinne der Gleichheitsmaxime mäßigen und, wie John Maynard Keynes es postulierte, «die Zwecke wieder höher werten als die Mittel und das Gute dem Nützlichen vorziehen» sollten.

Die letzten Jahre haben, wohl als Antwort auf die zunehmende Sorge um unsere automatisierte Zukunft und um die Tragfähigkeit unserer Umwelt, eine Flut von Manifesten und Büchern gebracht voller Ideen und Vorschläge, wie wir die Dinge in Zukunft anders organisieren könnten. Manche Autoren haben versucht, gangbare Wege im Rahmen eines im weitesten Sinn volkswirtschaftlichen Rahmens aufzuzeigen. Mit die größte Beachtung haben die vielen Ansätze gefunden, die Varianten einer «postkapitalistischen» Wirtschaftsordnung skizzieren, oder diejenigen, die fordern, wir sollten das Wirtschaftswachstum von seinem erhabenen Podest herunterholen und uns klarmachen, dass der Markt bestenfalls ein schlechter Wertermittler und schlechtestenfalls ein Zerstörer wertvoller Dinge (wie z. B. unserer Lebensgrundlagen) ist. Am interessantesten sind Ansätze, die das Ziel verfolgen, den Stellenwert, den wir der Anhäufung privaten Wohlstandes zumessen, zu verringern. Dazu gehören Vorschläge wie der eines bedingungslosen Grundeinkommens für alle, unabhängig davon, ob jemand arbeitet oder nicht, oder die Idee, den Schwerpunkt der Besteuerung von Arbeitseinkommen auf Vermögen zu verlagern. Andere interessante Ansätze sehen vor, grundlegende Rechte und Freiheiten, die bisher für Menschen und Firmen gelten, auf Ökosysteme, Flüsse und wichtige Lebensräume auszuweiten.

Andere Konzepte haben eine eher optimistische Tendenz, gestützt im Wesentlichen auf die Vorstellung, Automatisierung und KI würden gleichsam wie von selbst einen so großen materiellen Überfluss hervorbringen, dass wir uns nicht sonderlich schwertun werden, alle eventuell noch den Weg in ein utopisches Schlaraffenland versperrenden Hindernisse zu überwinden. Wir erkennen darin ein Echo der Träume Oscar Wildes von einer idyllischen Zukunft, in der es allen Menschen freisteht, ihre Zeit kultivierten Liebhabereien zu widmen: «schöne Dinge herstellen oder schöne Dinge lesen oder einfach die Welt mit Bewunderung und Entzücken betrachten».

Es zeigt sich auch ein gesteigertes Interesse an Organisationsmodellen für unsere Zukunft, die sich an Lehren oder romantischen Fantasien der

Vergangenheit anlehnen. Solche Ansätze haben mit den Visionen eher technikorientierter Utopisten wenig gemein, was sie aber nicht daran hindert, die Meinungen und Einstellungen eines erheblichen Teils der Weltbevölkerung zu beeinflussen. Die in jüngerer Zeit zu beobachtende Wiederkehr eines toxischen Nationalismus, von dem die Architekten der Vereinten Nationen gehofft hatten, er gehöre nach den Schrecken des Zweiten Weltkrieges der Vergangenheit an, ist ein Teilaspekt dieser Entwicklung. Dasselbe gilt für das Erstarken eines theologischen Konservatismus, das vielerorts zu beobachten ist, und für die Bereitschaft vieler, komplizierte Entscheidungsfindungen wieder in die Hände imaginierter antiker Gottheiten oder Lehrmeister zu legen.

Dieses Buch verfolgt nicht ganz so rigorose Absichten, sondern begnügt sich damit, die Quintessenz aus den Ideen Tausender Generationen von Machern und Anpackern zu ziehen, die als treue Diener jenes trickreichen Gottes namens Entropie Befriedigung darin gefunden haben, ihren müßigen Händen und ihrem rastlosen Geist Arbeit zu verschaffen. Eines meiner Anliegen ist es, aufzuzeigen, dass unser Verhältnis zur Arbeit – im weitesten Sinn – profunder ist, als Keynes und seinesgleichen es sich vorgestellt haben. Das Verhältnis zwischen Energie, Leben und Arbeit ist Teil von etwas, das uns mit allen anderen lebenden Organismen verbindet, und zugleich sind unsere Zielstrebigkeit, unser grenzenloser Einfallsreichtum und unsere Fähigkeit, selbst aus Banalem Befriedigung zu gewinnen, Teil eines evolutionären Vermächtnisses, das seit den allerersten Regungen des Lebens auf der Erde seiner Vervollkommnung entgegenstrebt.

In allererster Linie geht es mir jedoch darum, den krakenhaften Klammergriff, mit dem die Knappheits-Ökonomie unser Arbeitsleben im Schwitzkasten hält, zu lockern und unsere damit verbundene, nicht durchhaltbare Fixierung auf wirtschaftliches Wachstum aufzubrechen. Wenn wir erkennen, dass viele der Prämissen, die das Fundament unserer wirtschaftlichen Institutionen bilden, von der landwirtschaftlichen Revolution geschaffene und von unserer Migration in die Städte zusätzlich verstärkte Artefakte sind, kann dies unserem Denken Türen und Ausblicke auf eine ganze Palette neuer, nachhaltigerer denkbarer Zukünfte für die Menschheit öffnen und uns fit machen für die Aufgabe, unsere rastlose Energie, unsere Zielstrebigkeit und unsere Kreativität in die Gestaltung unserer Zukunft zu investieren.

ANHANG

Dank

Viele der leitenden Ideen dieses Buches nahmen in der Zeit Gestalt an, als ich in der Kalahari lebte und arbeitete, wo damals Jäger und Sammler, traditionelle Viehhalter, christliche Missionare, Freiheitskämpfer, Bürokraten, Polizisten, Soldaten und moderne marktorientierte Landwirte aufeinander trafen und einander in die Quere kamen.

Zu viele von denen, die ich dort kennen lernte, haben meine Haltung und mein Denken beeinflusst, als dass ich sie alle aufzählen könnte; indem ich meinen Ju/'hoansi-Vater «Oupa» Häuptling !A/ae Frederik Langman heraushebe, der sich in unbekanntem Neuland mit so souveräner Weisheit zurechtfand, statte ich meinen Dank auch ihnen und euch allen ab.

Ein Buch, das einen so rieseigen Zeithorizont umspannt, kann es nur auf der Basis vieler Vorarbeiten geben. Ich hätte es nicht schreiben können, ohne mich auf unzählige Stunden von Recherche- und Analysearbeit durch ein veritables Heer von Naturwissenschaftlern, Archäologen, Anthropologen, Philosophen und anderen zu stützen. Deren Beharrlichkeit, Intelligenz, Kreativität und fleißige Arbeit reichert unser Wissen um die Vergangenheit, Gegenwart und Zukunft unserer Spezies mit immer neuen Entdeckungen und Details an. Ich hoffe, dass ich ihren Beiträgen mit der Art und Weise, wie ich sie in diesem Buch referiere, Gerechtigkeit widerfahren lasse, und bitte vorsorglich um Nachsicht für meine Vorliebe für das Herstellen womöglich weit hergeholt erscheinender Zusammenhänge.

Schreiben ist letzten Endes ein einsames Geschäft. Man muss sich dafür zurückziehen, und das ist anstrengend auch für die Menschen, die einem am nächsten stehen. In diesem Sinn an die Adresse meiner geliebten Kinder Lola und Noah: Danke dafür, dass ihr so nachsichtig mit eurem abgetauchten Papa wart und ihn ab und zu daran erinnert habt, wie widersinnig es ist, so viel Zeit in die Arbeit an einem Buch zu stecken, das für mehr Muße und weniger Arbeit plädiert.

Auch Michelle gilt meine Liebe und mein Dank – für alles, nicht zuletzt für deine magische Gabe, einige der sperrigeren Ideen dieses Buches in eine wunderbare Bildsprache zu übersetzen.

Als diverse Stimmen, darunter am lautesten die meines Literaturagenten Chris Wellbelove, mich ermunterten, dieses Buch zu schreiben, hätte ich nicht im Traum vermutet, dass es so viel Arbeit kosten würde. Mein Schicksal war besiegelt, als die Lektoren Alexis Kirschbaum von Bloomsbury in London und William Heyward von Penguin Press in New York sich mit erschreckender Begeisterung für das Projekt einsetzten und Verleger aus allen Winkeln der Erde zusätzlich noch Öl ins Feuer gossen. Diese Leute mache ich verantwortlich für die unzähligen Stunden verbissener Arbeit und die Sorgen, die mich beim Schreiben immer wieder befielen. Ich bin ihnen zutiefst dankbar für das Vertrauen, das sie in einen Autor setzten, der sich von der Idee leiten ließ, dass wir alle gut daran täten, uns ein sehr viel entspannteres Verhältnis zur Arbeit zuzulegen.

Anmerkungen

Einleitung: Die ökonomische Problemstellung

1 Adam Smith, Eine Untersuchung über Natur und Wesen des Volkswohlstandes, Zweites Buch, Drittes Kapitel. https://www.ibiblio.org/ml/libri/s/SmithA_WealthNations_s.pdf.
2 Oscar Wilde, Drei Essays, Karl Schnabel, Berlin 1904, S. 46.

1 Leben ist arbeiten

1 Gaspard-Gustave Coriolis, Du calcul de l'effet des machines, Carilian-Goeury, Paris 1829.
2 Pierre Perrot, A to Z of Thermodynamics, Oxford University Press, 1998.
3 «The Mathematics of the Rubik's Cube», Introduction to Group Theory and Permutation Puzzles, 17. März 2009, https://web.mit.edu/sp.268/www/rubik.pdf.
4 Peter Schuster, «Boltzmann and Evolution: Some Basic Questions of Biology seen with Atomistic Glasses», in G. Gallavotti, W. L. Reiter und J. Yngvason (Hrsg.), Boltzmann's Legacy (ESI Lectures in Mathematics and Physics), European Mathematical Society, Zürich 2007, S. 217–41.
5 Erwin Schrödinger, Was ist Leben?, Francke, Bern 1951.
6 Ebd., S. 31.
7 T. Kachman, J. A. Owen und J. L. England, «Self-Organized Resonance during Search of a Diverse Chemical Space», Physics Review Letters, 119, 2017.
8 J. M. Horowitz und J. L. England, «Spontaneous fine-tuning to environment in many species chemical reaction networks», Proc. Natl. Acad. Sci. USA 114, 2017, 7565, https://doi.org/10.1073/pnas.1700617114; N. Perunov, R. Marsland und J. England, «Statistical Physics of Adaptation», Phys. Rev. X, 6, 021 036, 2016.
9 O. Judson, «The energy expansions of evolution», Nature Ecology & Evolution 1, 2017, 0138, https://doi.org/10.1038/s41559-017-0138.

2 Ruhende Hände und fleißige Schnäbel

1 Francine Patterson und Wendy Gordon, «The Case for the Personhood of Gorillas», in Paola Cavalieri und Peter Singer (Hrsg.), The Great Ape Project, St. Martin's Griffin, New York 1993, S. 58–77, http://www.animal-rights-library.com/texts-m/patterson01.htm.
2 https://www.darwinproject.ac.uk/letter/DCP-LETT-2743.xml.
3 G. N. Askew, «The elaborate plumage in peacocks is not such a drag», Journal of Experimental Biology 217 (18), 2014, 3237, https://doi.org/10.1242/jeb.107474.

4 Mariko Takahashi, Hiroyuki Arita, Mariko Hiraiwa-Hasegawa und Toshikazu Hasegawa, «Peahens do not prefer peacocks with more elaborate trains», Animal Behaviour 75, 2008, S. 1209–19.
5 H. R. G. Howman und G. W. Begg, «Nest building and nest destruction by the masked weaver, Ploceus velatus», South African Journal of Zoology, 18:1, 1983, S. 37–44, DOI: 10.1080/02541858.1983.11447812.
6 Nicholas E. Collias und Elsie C. Collias, «A Quantitative Analysis of Breeding Behavior in the African Village Weaverbird», The Auk 84 (3), 1967, S. 396–411, https://doi.org/10.2307/4083089.
7 Nicholas E. Collias, «What's so special about weaverbirds?», New Scientist 74, 1977, S. 338–9.
8 S. T. Walsh, M. Hansell, W. D. Borello und S. D. Healy, «Individuality in nest building: Do Southern Masked weaver (Ploceus velatus) males vary in their nest-building behaviour?», Behavioural Processes 88, 2011, S. 1–6.
9 S. F. Colosimo, C. L. Peichel, K. Nereng, B. K. Blackman, M. D. Shapiro, D. Schluter u. a., «The Genetic Architecture of Parallel Armor Plate Reduction in Threespine Sticklebacks», PLoS Biology 2 (5), 2004, e109, https://doi.org/10.1371/journal.pbio.0020109.
10 Nicholas E. Collias und Elsie C. Collias, «A Quantitative Analysis of Breeding Behavior in the African Village Weaverbird», The Auk 84 (3), 1967, S. 396–411, https://doi.org/10.2307/4083089.
11 Lewis G. Halsey, «Keeping Slim When Food Is Abundant: What Energy Mechanisms Could Be at Play?», Trends in Ecology & Evolution, 2018, DOI: 10.1016/j.tree.2018.08.004.
12 K. Matsuura, C. Himuro, T. Yokoi, Y. Yamamoto, E. L. Vargo und L. Keller, «Identification of a pheromone regulating caste differentiation in termites», Proceedings of the National Academy of Sciences USA 107, 2010, 12 963.
13 Sprüche 6:6–11.
14 Herbert Spencer, Principles of Ethics, 1879, Buch I, 2. Teil, Kap. 8, Abschn. 152, https://mises-media.s3.amazonaws.com/The%20Principles%20of%20Ethics%2C%20Volume%20I_2.pdf.
15 Herbert Spencer, The Man versus the State: With Six Essays on Government, Society, and Freedom, Liberty Classics edition, Indianapolis 1981, S. 109.
16 Charles Darwin, Der Ursprung der Arten, Klett-Cotta, Stuttgart 2018, Kap. IV, S. 58.
17 Ebd., Kap. III, «Kampf ums Dasein», S. 44.
18 Roberto Cazzolla Gatti, «A conceptual model of new hypothesis on the evolution of biodiversity», Biologia, 2016, DOI: 10.1515/biolog-2016-0032.

3 Werkzeuge und Fertigkeiten

1 R. W. Shumaker, K. R. Walkup und B. B. Beck, Animal Tool Behavior: The Use and Manufacture of Tools by Animals, Johns Hopkins University Press, Baltimore 2011.
2 J. Sackett, «Boucher de Perthes and the Discovery of Human Antiquity», Bulletin of the History of Archaeology 24, 2014, DOI: http://doi.org/10.5334/bha.242.
3 Charles Darwin, Brief an Charles Lyell, 17. März 1863, https://www.darwinproject.ac.uk/letter/DCP-LETT-4047.xml.
4 D. Richter und M. Krbetschek, «The Age of the Lower Paleolithic Occupation at Schöningen», Journal of Human Evolution 89, 2015, S. 46–56.
5 H. Thieme, Altpaläolithische Holzgeräte aus Schöningen, Lkr. Helmstedt, Germania 77, 1999, S. 451–87.
6 K. Zutovski und R. Barkai, «The Use of Elephant Bones for Making Acheulian Handaxes: A fresh look at old bones», Quat. Int. (2015), DOI: 10.1016/j.quaint.2015.01.033.

7 J. Wilkins, B. J. Schoville, K. S. Brown und M. Chazan, «Evidence for Early Hafted Hunting Technology», Science 338, 2012, S. 942–6, https://doi.org/10.1126/science.1227608.
8 Raymond Corbey, Adam Jagich, Krist Vaesen und Mark Collard, «The Acheulean Handaxe: More like a Bird's Song than a Beatles Tune?», Evolutionary Anthropology 25 (1), 2016, S. 6–19, https://doi.org/10.1002/evan.21467.
9 S. Higuchi, T. Chaminade, H. Imamizu und M. Kawato, «Shared neural correlates for language and tool use in Broca's area», NeuroReport 20, 2009, 1376, https://doi.org/10.1097/WNR.0b013e3283315570.
10 G. A. Miller, «Informavores», in: Fritz Machlup und Una Mansfield (Hrsg.), The Study of Information: Interdisciplinary Messages, Wiley-Interscience, 1983, S. 111–13.

4 Die weiteren Segnungen des Feuers

1 K. Hardy u. a., «Dental calculus reveals potential respiratory irritants and ingestion of essential plant-based nutrients at Lower Palaeolithic Qesem Cave Israel», Quaternary International, 2015, http://dx.doi.org/10.1016/j.quaint.2015.04.033.
2 Naama Goren-Inbar, Nira Alperson, Mordechai E. Kislev, Orit Simchoni, Yoel Melamed, Adi Ben-Nun und Ella Werker, «Evidence of Hominin Control of Fire at Gesher Benot Ya'aqov, Israel», Science 30, April 2004, S. 725–7.
3 S. Herculano-Houzel und J. H. Kaas, «Great ape brains conform to the primate scaling rules: Implications for hominin evolution», Brain Behav. Evol. 77, 2011, S. 33–44; Suzana Herculano-Houzel, «The not extraordinary human brain», Proceedings of the National Academy of Sciences 109 (Supplement 1), Juni 2012, 5.10 661–8, DOI:10.1073/pnas.120189510.
4 Juli G. Pausas und Jon E. Keeley, «A Burning Story: The Role of Fire in the History of Life», BioScience 59, Nr. 7, Juli/August 2009, S. 593–601, DOI: 10.1525/bio.2009.59.7.10.
5 Siehe Rachel N. Carmody, Michael Dannemann, Adrian W. Briggs, Birgit Nickel, Emily E. Groopman, Richard W. Wrangham und Janet Kelso, «Genetic Evidence of Human Adaptation to a Cooked Diet», Genome Biology and Evolution 8, Nr. 4, 13. April 2016, S. 1091–1103, DOI:10.1093/gbe/evw059.
6 S. Mann und R. Cadman, «Does being bored make us more creative?», Creativity Research Journal 26 (2), 2014, S. 165–73; J. D. Eastwood, C. Cavaliere, S. A. Fahlman und A. E. Eastwood, «A desire for desires: Boredom and its relation to alexithymia», Personality and Individual Differences 42, 2007, S. 1035–45; K. Gasper und B. L. Middlewood, «Approaching novel thoughts: Understanding why elation and boredom promote associative thought more than distress and relaxation», Journal of Experimental Social Psychology 52, 2014, S. 50–7; M. F. Kets de Vries, «Doing nothing and nothing to do: The hidden value of empty time and boredom», INSEAD, Faculty and Research Working Paper, 2014.
7 Robin Dunbar, Klatsch und Tratsch. Warum Frauen die Sprache erfanden, Goldmann, München 2000.
8 Alejandro Bonmatí, Asier Gómez-Olivencia, Juan-Luis Arsuaga, José Miguel Carretero, Ana Gracia, Ignacio Martínez, Carlos Lorenzo, José María Bérmudez de Castro und Eudald Carbonell, «Middle Pleistocene lower back and pelvis from an aged human individual from the Sima de los Huesos site, Spain», Proceedings of the National Academy of Sciences 107 (43), Oktober 2010, S. 18 386–91, DOI:10.1073/pnas.1012131107.
9 Patrick S. Randolph-Quinney, «A new star rising: Biology and mortuary behaviour of Homo naledi», South African Journal of Science 111 (9–10), 2015, 01–04, https://dx.doi.org/10.17159/SAJS.2015/A0122.

5 «Die ursprüngliche Überflussgesellschaft»

1 Carina M. Schlebusch und Mattias Jakobsson, «Tales of Human Migration, Admixture, and Selection in Africa», Annual Review of Genomics and Human Genetics, Bd. 19, S. 405–28, https://doi.org/10.1146/annurevgenom-083117-021759; Marlize Lombard, Mattias Jakobsson und Carina Schlebusch, «Ancient human DNA: How sequencing the genome of a boy from Ballito Bay changed human history», South African Journal of Science 114 (1–2), 2018, S. 1–3, https://dx.doi.org/10.17159/sajs.2018/a0253.

2 A. S. Brooks, J. E. Yellen, R. Potts, A. K. Behrensmeyer, A. L. Deino, D. E. Leslie, S. H. Ambrose, J. R. Ferguson, F. d'Errico, A. M. Zipkin, S. Whittaker, J. Post, E. G. Veatch, K. Foecke und J. B. Clark, «Long-distance stone transport and pigment use in the earliest Middle Stone Age», Science 360, 2018, S. 90–4, https://doi.org/10.1126/science.aao2646.

3 Peter J. Ramsay und J. Andrew G. Cooper, «Late Quaternary Sea-Level Change in South Africa», Quaternary Research 57, Nr. 1, Januar 2002, S. 82–90, https://doi.org/10.1006/qres.2001.2290.

4 Lucinda Backwell, Francesco d'Errico und Lyn Wadley, «Middle Stone Age bone tools from the Howiesons Poort layers, Sibudu Cave, South Africa», Journal of Archaeological Science, 35, 2008, S. 1566–80; M. Lombard, «Quartz-tipped arrows older than 60 ka: further usetrace evidence from Sibudu, KwaZulu-Natal, South Africa», Journal of Archaeological Science, 38, 2011.

5 J. E. Yellen, A. S. Brooks, E. Cornelissen, M. J. Mehlman und K. Stewart, «A middle stone age worked bone industry from Katanda, Upper Semliki Valley, Zaire», Science 268 (5210), 28. April 1995, S. 553–6, doi:10.1126/science.7725100. PMID 7725100.

6 Eleanor M. L. Scerri, «The North African Middle Stone Age and its place in recent human evolution», Evolutionary Anthropology 26, 2017, S. 119–35.

7 Richard Lee, The !Kung San: Men, Women, and Work in a Foraging Society, Cambridge University Press, 1979, S. 1.

8 Richard B. Lee und Irven DeVore (Hrsg.), Kalahari Hunter-Gatherers, Harvard University Press, Cambridge, Mass., 1976, S. 10.

9 Richard B. Lee und Irven DeVore (Hrsg.), Man the Hunter, Aldine, Chicago 1968, S. 3.

10 Richard B. Lee, «What Hunters do for a Living or How to Make Out on Scarce Resources», in: Lee und DeVore (Hrsg.), Man the Hunter, S. 38–48.

11 Michael Lambek, «Marshalling Sahlins», History and Anthropology 28, 2017, S. 254, https://doi.org/10.1080/02757206.2017.1280120.

12 Marshall Sahlins, Stone Age Economics, Routledge, New York 1972, S. 2.

6 Geister im Urwald

1 Colin Turnbull, The Forest People: A study of the People of the Congo, Simon & Schuster, London 1961, S. 25–6. Dt.: Molimo. Drei Jahre bei den Pygmäen, Kiepenheuer & Witsch, Köln und Berlin 1963. (Der hier zit. Satz ist in der dt. Ausg. nicht enthalten.)

2 J. Woodburn, «An Introduction to Hadza Ecology», in Richard Lee und Irven DeVore (Hrsg.), Man the Hunter, Aldine, New York 1968, S. 55.

3 James Woodburn, «Egalitarian Societies», Man, the Journal of the Royal Anthropological Institute 17, Nr. 3, 1982, S. 432.

4 Ebd., S. 431–51.

5 Nicolas Peterson, «Demand sharing: reciprocity and pressure for generosity among foragers», American Anthropologist 95 (4), 1993, S. 860–74, DOI:10.1525/aa.1993.95.4.02a00050.

6 N. G. Blurton-Jones, «Tolerated theft, suggestions about the ecology and evolution of sharing, hoarding and scrounging», Information (International Social Science Council) 26 (1), 1987, S. 31–54, https://doi.org/10.1177/053901887026001002.
7 Charles Darwin, Der Ursprung der Arten, Klett-Cotta, Stuttgart 2018, S. 192.
8 Richard B. Lee, The Dobe Ju/'hoansi, 4th edition, Wadsworth, Belmont, CA, 2013, S. 57.
9 M. Cortés-Sánchez, F. J. Jiménez-Espejo, M. D. Simón-Vallejo u. a., «An early Aurignacian arrival in southwestern Europe», Nature Ecology & Evolution 3, 2019, S. 207–12, DOI:10.1038/s41559-018-0753-6.
10 M. W. Pedersen, A. Ruter, C. Schweger, H. Friebe, R. A. Staff, K. K. Kjeldsen, M. L. Z. Mendoza, A. B. Beaudoin, C. Zutter, N. K. Larsen, B. A. Potter, R. Nielsen, R. A. Rainville, L. Orlando, D. J. Meltzer, K. H. Kjær, E. Willerslev, «Postglacial viability and colonization in North America's ice-free corridor», Nature 537, 2016, S. 45.
11 Erik Trinkaus, Alexandra Buzhilova, Maria Mednikova und Maria Dobrovolskaya, The People of Sunghir: Burials, bodies and behavior in the earlier Upper Paleolithic, Oxford University Press, New York 2014, S. 25.

7 Von der Klippe gesprungen

1 Editorial, Antiquity, Bd. LIV, Nr. 210, März 1980, S. 1–6, https://www.cambridge.org/core/services/aop-cambridge-core/content/view/C57CF659BEA86384A93550428A7C8DB9/S0003598X00042769a.pdf/editorial.pdf.
2 Vere Gordon Childe, Der Mensch schafft sich selbst, Verl. der Kunst, Dresden 1959.
3 Greger Larson, Dolores R. Piperno, Robin G. Allaby, Michael D. Purugganan, Leif Andersson, Manuel Arroyo-Kalin, Loukas Barton u. a., «Current Perspectives and the Future of Domestication Studies», Proceedings of the National Academy of Sciences 111, Nr. 17, 29. April 2014, 6139, https://doi.org/10.1073/pnas.1323964111.
4 M. Germonpre, «Fossil dogs and wolves from Palaeolithic sites in Belgium, the Ukraine and Russia: Osteometry, ancient DNA and stable isotopes», Journal of Archaeological Science, 36 (2), 2009, S. 473–90, doi:10.1016/j.jas.2008.09.033.
5 D. Cohen, «The Beginnings of Agriculture in China: A Multiregional View», Current Anthropology, 52 (S4), 2011, S. 273–93, doi:10.1086/659965.
6 Greger Larson, Dolores R. Piperno u. a., «Current Perspectives and the Future of Domestication Studies», Proceedings of the National Academy of Sciences 111, Nr. 17, 29. April 2014, 6139, https://doi.org/10.1073/pnas.1323964111.
7 Amaia Arranz-Otaegui, Lara Gonzalez Carretero, Monica N. Ramsey, Dorian Q. Fuller, Tobias Richter, «Archaeobotanical evidence reveals the origins of bread 14,400 years ago in northeastern Jordan», Proceedings of the National Academy of Sciences 115 (31), Juli 2018, S. 7925–30, DOI:10.1073/pnas.1801071115.
8 Li Liu, Jiajing Wang, Danny Rosenberg, Hao Zhao, György Lengyel und Dani Nadel, «Fermented beverage and food storage in 13,000-year-old stone mortars at Raqefet Cave, Israel: Investigating Natufian ritual feasting», Journal of Archaeological Science, Reports, Bd. 21, 2018, S. 783–93, https://doi.org/10.1016/j.jasreS.2018.08.008.
9 A. Snir, D. Nadel, I. Groman-Yaroslavski, Y. Melamed, M. Sternberg, O. Bar-Yosef u. a., «The Origin of Cultivation and Proto-Weeds, Long Before Neolithic Farming», PLoS ONE 10 (7), 2015, e0131422. https://doi.org/10.1371/journal.pone.0131422.
10 Ebd.
11 R. Bettinger, P. Richerson und R. Boyd, «Constraints on the Development of Agriculture», Current Anthropology, Bd. 50, Nr. 5, Oktober 2009; R. F. Sage, «Was low atmospheric CO_2 during the Pleistocene a limiting factor for the origin of agriculture?», Global Change Biology 1, 1995, S. 93–106, https://doi.org/10.1111/j.1365-2486.1995.tb00009.x

12 Peter Richerson, Robert Boyd und Robert Bettinger, «Was agriculture impossible during the Pleistocene but mandatory during the Holocene? A climate change hypothesis», American Antiquity, Bd. 66, Nr. 3, 2001, S. 387–411.

13 Jack Harlan, «A Wild Wheat Harvest in Turkey», Archeology, Bd. 20, Nr. 3, 1967, S. 197–201.

14 L. Liu, J. Wang, D. Rosenberg, H. Zhao, G. Lengyel und D. Nadel, «Fermented beverage and food storage in 13,000 year-old stone mortars at Raqefet Cave, Israel: Investigating Natufian ritual feasting», Journal of Archaeological Science: Reports 21, Oktober 2018, S. 783–93.

15 A. Arranz-Otaegui, L. González-Carretero, J. Roe, T. Richter, «‹Founder crops› v. wild plants: Assessing the plant-based diet of the last hunter gatherers in southwest Asia», Quaternary Science Reviews 186, 2018, S. 263–83.

16 Wendy S. Wolbach u. a., «Extraordinary Biomass-Burning Episode and Impact Winter Triggered by the Younger Dryas Cosmic Impact ~12,800 Years Ago. 1. Ice Cores and Glaciers», Journal of Geology 126 (2), 2018, S. 165–84, DOI:10.1086/695703.

17 J. Hepp u. a., «How Dry Was the Younger Dryas? Evidence from a Coupled Δ2H–Δ18O Biomarker Paleohygrometer Applied to the Gemündener Maar Sediments, Western Eifel, Germany», Climate of the Past 15, Nr. 2, 9. April 2019, S. 713–33, https://doi.org/10.5194/cp-15-713-2019; S. Haldorsen u. a., «The climate of the Younger Dryas as a boundary for einkorn domestication», Vegetation History Archaeobotany 20, 2011, S. 305–18.

18 Ian Kuijt und Bill Finlayson, «Evidence for food storage and predomestication granaries 11,000 years ago in the Jordan Valley», Proceedings of the National Academy of Sciences 106 (27), Juli 2009, S. 10 966–70, DOI: 10.1073/pnas.0812764106; Ian Kuijt, «What Do We Really Know about Food Storage, Surplus, and Feasting in Preagricultural Communities?», Current Anthropology 50 (5), 2009, S. 641–4, DOI:10.1086/605082.

19 Klaus Schmidt, «Göbekli Tepe – the Stone Age Sanctuaries: New results of ongoing excavations with a special focus on sculptures and high reliefs», Documenta Praehistorica (Ljubliana) 37, 2010, S. 239–56.

20 Sylvi Haldorsen, Hasan Akan, Bahattin Çelik und Manfred Heun, «The Climate of the Younger Dryas as a Boundary for Einkorn Domestication», Vegetation History and Archaeobotany 20 (4), 2011, S. 305.

21 J. Gresky, J. Haelm und L. Clare, «Modified Human Crania from Göbekli Tepe Provide Evidence for a New Form of Neolithic Skull Cult», Science Advances 3 (6), 2017, https://doi.org/10.1126/sciadv.1700564.

8 Festessen und Hungersnöte

1 M. A. Zeder, «Domestication and Early Agriculture in the Mediterranean Basin: Origins, Diffusion, and Impact», Proceedings of the National Academy of Sciences USA 105 (33), 2008, 11 597, https://doi.org/10.1073/pnas.0801317105.

2 M. Gurven und H. Kaplan, «Longevity among Hunter-Gatherers: A Cross-Cultural Examination», Population and Development Review 33 (2), 2007, S. 321–65.

3 Andrea Piccioli, Valentina Gazzaniga und Paola Catalano, Bones: Orthopaedic Pathologies in Roman Imperial Age, Springer, Schweiz, Cham 2015.

4 Michael Gurven und Hillard Kaplan, «Longevity among Hunter-Gatherers: A Cross-Cultural Examination», Population and Development Review, Bd. 33, Nr. 2, Juni 2007, S. 321–65, hrsgg. v. Population Council, https://www.jstor.org/stable/25434609; Väinö Kannisto und Mauri Nieminen, «Finnish Life Tables since 1751», Demographic Re-

search, Bd. 1, Artikel 1, www.demographic-research.org/Volumes/Vol1/1/ DOI: 10.4054/DemRes.1999.1.

5 C. S. Larsen, C. J. Knüsel, S. D. Haddow, M. A. Pilloud, M. Milella, J. W. Sadvari, J. Pearson, C. B. Ruff, E. M. Garofalo, E. Bocaege, B. J. Betz, I. Dori, B. Glencross, «Bioarchaeology of Neolithic Çatalhöyük reveals fundamental transitions in health, mobility, and lifestyle in early farmers», Proceedings of the National Academy of Sciences USA, 2019, 04345, https://doi.org/10.1073/pnas.1904345116.

6 J. C. Berbesque, F. M. Marlowe, S. Shaw und S. Thompson, «Hunter-Gatherers Have Less Famine Than Agriculturalists», Biology Letters 10: 20 130 853, http://doi.org/10.1098/rsbl.2013.0853.

7 D. Grace, F. Mutua, S. Ochungo, R. Kruska, K. Jones, L. Brierley, L. Lapar, M. Said, M. Herrero, Pham Duc Phuc, Nguyen Bich Thao, I. Akuku und F. Ogutu, Mapping of poverty and likely zoonoses hotspots, ILRI, Kenia 2012.

8 S. Shennan, S. S. Downey, A. Timpson, K. Edinborough, S. Colledge, T. Kerig, K. Manning und M. G. Thomas, «Regional population collapse followed initial agriculture booms in mid-Holocene Europe», Nature Communications 4, 2013, S. 2486.

9 Siehe Ian Morris, Foragers, Farmers, and Fossil Fuels: How Human Values Evolve, Princeton University Press, Princeton, NJ, 2015; The Measure of Civilization: How Social Development Decides the Fate of Nations, Princeton University Press, Princeton, NJ, 2013; Vaclav Smil, Energy and Civilization: A History, MIT Press, Boston 2017.

10 Ruben O. Morawick und Delmy J. Díaz González, «Food Sustainability in the Context of Human Behavior», Yale Journal of Biology and Medicine, Bd. 91, Nr. 2, 28. Juni 2018, S. 191–6.

11 Thomas Robert Malthus, Das Bevölkerungsgesetz, Deutscher Taschenbuch-Verlag, München 1977, vollst. Ausg. nach d. 1. Aufl., London 1798.

12 E. Fernández, A. Pérez-Pérez, C. Gamba, E. Prats, S. Cuesta, J. Anfruns u. a., «Ancient DNA Analysis of 8000 B. C. Near Eastern Farmers Supports an Early Neolithic Pioneer Maritime Colonization of Mainland Europe Through Cyprus and the Aegean Islands», PLoS Genetics 10, Nr. 6, 2014, e1 004 401; H. Malmström, A. Linderholm, S. Skoglund, J. Storå, S. Sjödin, M. T. S. Gilbert, G. Holmlund, E. Willerslev, M. Jakobsson, K. Lidén und A. Götherström, «Ancient Mitochondrial DNA from the Northern Fringe of the Neolithic Farming Expansion in Europe Sheds Light on the Dispersion Process», Royal Society of London: Philosophical Transactions B: Biological Sciences 370, Nr. 1660, 2015; Zuzana Hofmanová, Susanne Kreutzer, Garrett Hellenthal, Christian Sell, Yoan Diekmann, David Díez-del-Molino, Lucy van Dorp u. a., «Early Farmers from across Europe Directly Descended from Neolithic Aegeans», Proceedings of the National Academy of Sciences 113, Nr. 25, 21. Juni 2016, S. 6886, https://doi.org/10.1073/pnas.1523951113.

13 Q. Fu, S. Rudan, S. Pääbo, J. Krause, «Complete Mitochondrial Genomes Reveal Neolithic Expansion into Europe», PLoS ONE 7 (3), 2012, e32 473; doi:10.1371/journal.pone.0032473.

14 J. M. Cobo, J. Fort, N. Isern, «The spread of domesticated rice in eastern and southeastern Asia was mainly demic», Journal of Archaeological Science 101, 2019, S. 123–30.

9 Zeit ist Geld

1 Benjamin Franklin, Brief an Benjamin Vaughn, 26. Juli 1784.

2 «Poor Richard Improved, 1757», Founders Online, National Archives, https://founders.archives.gov/documents/Franklin/01-07-02-0030. [Ursprüngliche Quelle: The Papers of Benjamin Franklin, Bd. 7, 1. Oktober 1756 – 31. März 1758, hrsgg. v. Leonard W. Labaree, Yale University Press, New Haven 1963, S. 74–93.]

3 Benjamin Franklin, Autobiographie, C.H.Beck, München 2003, S. 116.
4 Adam Smith, Der Wohlstand der Nationen. Eine Untersuchung seiner Natur und seiner Ursachen, dtv, München 2018, S. 16.
5 Erstmals in deutscher Sprache erschienen als: Untersuchung über das Wesen und die Ursachen des Volkswohlstandes, Berlin 1878.
6 Adam Smith, Der Wohlstand der Nationen, S. 23.
7 G. Kellow, «Benjamin Franklin and Adam Smith: Two Strangers and the Spirit of Capitalism», History of Political Economy 50 (2), 2018, S. 321–44.
8 Dieser Bund, der die Stämme der Mohawk, der Seneca, der Oneida, der Onondaga, der Cayuga und der Tuscarora umfasste, fesselte Franklins Interesse und diente den Gründervätern als Anregung und Vorbild, als sie die Verfassung der Vereinigten Staaten ausarbeiteten.
9 Benjamin Franklin, Brief an Peter Collinson, 9. Mai 1753, https://founders.archives.gov/documents/Franklin/01-04-02-0173.
10 David Graeber, Schulden. Die ersten 5000 Jahre, Klett-Cotta, Stuttgart 2012.
11 Caroline Humphrey, «Barter and Economic Disintegration», Man 20 (1), 1985, S. 48.
12 Benjamin Franklin, A Modest Inquiry into the Nature and Necessity of a Paper Currency, in The Works of Benjamin Franklin, hrsgg. von J. Sparks, Bd. II, Boston 1836, S. 267.
13 Austin J. Jaffe und Kenneth M. Lusht, «The History of the Value Theory: The Early Years», Essays in honor of William N. Kinnard, Jr., Kluwer Academic, Boston 2003, S. 11.

10 Die ersten Maschinen

1 Alle Zitate in diesem Passus aus Mary Shelley, Frankenstein, CreateSpace Independent Publishing Platform, 2017 (Ausgabe von 1831).
2 L. Janssens, L. Giemsch, R. Schmitz, M. Street, S. Van Dongen und S. Crombé, «A new look at an old dog: Bonn-Oberkassel reconsidered», Journal of Archaeological Science 92, 2018, S. 126–38.
3 Es kursieren Mutmaßungen, die besagen, eine 33 000 Jahre alte Ansammlung von Hundeknochen, gefunden im sibirischen Altai-Gebirge, könnte von einem Haushund stammen; es bleiben jedoch zu viele Zweifel hinsichtlich der genetischen Zuordnung, sodass die Archäologen sich ihrer Sache hier nicht sicher sind.
4 Laurent A. F. Frantz, Victoria E. Mullin, Maud Pionnier-Capitan u. a., «Genomic and Archaeological Evidence Suggest a Dual Origin of Domestic Dogs», Science 352 (6290), 2016, S. 1228.
5 L. R. Botigué u. a., «Ancient European dog genomes reveal continuity since the Early Neolithic», Nature Communications 8, 2017, 16 082.
6 Yinon M. Bar-On, Rob Phillips und Ron Milo, «The Biomass Distribution on Earth», Proceedings of the National Academy of Sciences 115 (25), 2018, S. 6506.
7 Vaclav Smil, Energy and Civilization: A History, MIT Press, Boston, Kindle Edition, 2017, S. 66.
8 René Descartes, Über den Menschen. Beschreibung des menschlichen Körpers, hrsgg. v. Karl E. Rothschuh, L. Schneider, Heidelberg 1969, S. 44.
9 Aristoteles, Politik. Schriften zur Staatstheorie, Philipp Reclam jun., Stuttgart 1989, 1256b, S. 91.
10 Ebd., 1254a, S. 81.
11 Hesiod, Werke und Tage, https://www.gottwein.de/Grie/hes/ergde.php, 300, 305, 310.
12 Orlando Patterson, Slavery and Social Death: A Comparative Study, Harvard University Press, Cambridge, Mass., 1982.

13 Keith Bradley, Slavery and Society in Ancient Rome, Cambridge University Press, 1993, S. 63.
14 Mike Duncan, The Storm Before the Storm: The Beginning of the End of the Roman Republic, Public Affairs, New York 2017.
15 Chris Wickham, The Inheritance of Rome: Illuminating the Dark Ages, 400–1000, Penguin, New York 2009, S. 29.
16 Stephen L. Dyson, Community and Society in Roman Italy, Johns Hopkins University Press, Baltimore 1992, S. 177, unter Rückgriff auf J. E. Packer, «Middle and Lower Class Housing in Pompeii and Herculaneum: A Preliminary Survey», in Neue Forschung in Pompeji, S. 133–42.

11 Helle Lichter

1 David Satterthwaite, Gordon McGranahan und Cecilia Tacoli, World Migration Report: Urbanization, Rural-Urban Migration and Urban Poverty, International Organization for Migration (IOM), 2014, S. 7.
2 UNFPA, State of World Population, United Nations Population Fund 2007.
3 Alle Angaben aus Hannah Ritchie und Max Roser, «Urbanization», online einsehbar bei OurWorldInData.org, 2020. Abgerufen von https://ourworldindata.org/urbanization.
4 Vere Gordon Childe, Man Makes Himself, New American Library, New York 1951, S. 181. Dt. Ausg.: Der Mensch schafft sich selbst, Verl. der Kunst, Dresden 1959.
5 J.-S. Farruggia, «Une crise majeure de la civilisation du Néolithique Danubien des années 5100 avant notre ère», Archeologické Rozhledy 54 (1), 2002, S. 44–98; J. Wahl und H. G. König, «Anthropologisch-traumatologische Untersuchung der menschlichen Skelettreste aus dem bandkeramischen Massengrab bei Talheim, Kreis Heilbronn», Fundberichte aus Baden-Württemberg 12, 1987, S. 65–186; R. Schulting, L. Fibiger und M. Teschler-Nicola, «The Early Neolithic site Asparn/Schletz (Lower Austria): Anthropological evidence of interpersonal violence», in R. Schulting und L. Fibiger (Hrsg.), Sticks, Stones, and Broken Bones, Oxford University Press, 2012, S. 101–20.
6 Zit. n. L. Stavrianos, Lifelines from Our Past: A New World History, Routledge, London 1997, S. 79.

12 Die Malaise des grenzenlosen Anspruchsdenkens

1 B. X. Currás und I. Sastre, «Egalitarianism and Resistance: A theoretical proposal for Iron Age Northwestern Iberian archaeology», Anthropological Theory, 2019, https://doi.org/10.1177/1463499618814685.
2 J. Gustavsson, C. Cederberg, U. Sonesson, R. van Otterdijk und A. Meybeck, Global Food Losses and Food Waste, Food and Agriculture Organisation (FAO), Rom 2011, http://www.fao.org/3/mb060e/mb060e02.pdf.
3 Alexander Apostolides, Stephen Broadberry, Bruce Campbell, Mark Overton und Bas van Leeuwen, «English Agricultural Output and Labour Productivity, 1250–1850: Some Preliminary Estimates», 26. November 2008.
4 Richard J. Johnson, Mark S. Segal, Yuri Sautin, Takahiko Nakagawa, Daniel I. Feig, Duk-Hee Kang, Michael S. Gersch, Steven Benner und Laura G. Sánchez-Lozada, «Potential role of sugar (fructose) in the epidemic of hypertension, obesity and the metabolic syndrome, diabetes, kidney disease, and cardiovascular disease», American Journal of Clinical Nutrition, Vol. 86, Ausg. 4, Oktober 2007, S. 899–906, https://doi.org/10.1093/ajcn/86.4.899.

5 I. Théry, J. Gril, J. L. Vernet, L. Meignen und J. Maury, «First Use of Coal», Nature 373 (6514), 1995, S. 480–1, https://doi.org/10.1038/373480a0; J. Dodson, X. Li, N. Sun, S. Atahan, X. Zhou, H. Liu und Z. Yang, «Use of coal in the Bronze Age in China», The Holocene 24 (5), 2014, S. 525–30, https://doi.org/10.1177/0959683614523155.
6 Ebd.
7 S. H. Lindert und J. G. Williamson, «English Workers' Living Standards During the Industrial Revolution: A New Look», Economic History Review, 36 (1), 1983, S. 1–25.
8 G. Clark, «The condition of the working class in England, 1209–2004», Journal of Political Economy, 113 (6), 2005, S. 1307–40.
9 C. M. Belfanti und F. Giusberti, «Clothing and social inequality in early modern Europe: Introductory remarks», Continuity and Change, 15 (3), 2000, S. 359–65, DOI:10.1017/S0268416051003674.
10 Émile Durkheim, Ethics and Sociology of Morals, Prometheus Press, Buffalo, New York 1993 (1887), S. 87.
11 Émile Durkheim, Über die Teilung der sozialen Arbeit, Suhrkamp, Frankfurt am Main 1977.
12 Émile Durkheim, Der Selbstmord, Suhrkamp, Frankfurt am Main 1983.
13 Ebd., S. 288–9.

13 Hochbegabt

1 Frederick Winslow Taylor, Scientific Management, Comprising Shop Management: The Principles of Scientific Management [and] Testimony Before the Special House Committee, Harper & Brothers, New York 1947.
2 Daniel Bell, The End of Ideology: On the Exhaustion of Political Ideas in the Fifties, Harvard University Press, Cambridge, Mass., 2001 (1961), S. 232.
3 Peter Drucker, Management: Tasks, responsibilities, practices, Heinemann, London 1973.
4 Frederick Winslow Taylor, Die Grundsätze wissenschaftlicher Betriebsführung, Salzwasser-Verlag, Paderborn 2011, S. 53.
5 Samuel Gompers, «The miracles of efficiency», American Federationist 18 (4), 1911, S. 277.
6 John Lubbock, The Pleasures of Life, Teil II, Kap. 10, 1887, E-Book beim Projekt Gutenberg, http://www.gutenberg.org/ebooks/7952.
7 Ebd., Teil I, Kap. 2.
8 Fabrizio Zilibotti, «Economic Possibilities for Our Grandchildren 75 Years after: A Global Perspective», Working Paper 344 des IEW (Institut für Empirische Wirtschaftsforschung), Universität Zürich 2007.
9 Federal Reserve Bulletin, September 2017, Bd. 103, Nr. 3, S. 12.
10 https://eml.berkeley.edu/~saez/SaezZucman14slides.pdf.
11 Benjamin Kline Hunnicutt, Kellogg's Six-Hour Day, Temple University Press, Philadelphia 1996.
12 Dt. Ausg.: John Kenneth Galbraith, Gesellschaft im Überfluss, Droemer/Knaur, München 1963.
13 John Kenneth Galbraith, Money: Whence it Came, Where it Went, Houghton Mifflin, Boston 1975.
14 Advertising Hall of Fame, «Benjamin Franklin: Founder, Publisher & Copyrighter, Magazine General», 2017, http://advertisinghall.org/members/member_bio.php?memid=632&ufl ag=f&uyear=.
15 John Kenneth Galbraith, The Affluent Society, Apple Books, Boston 1958.

16 Alle Angaben aus Veröffentlichungen des US Bureau of Economic Analysis, des US Bureau of Labor Statistics und aus FRED Economic Data, St Louis Fed.
17 L. Mishel und J. Schieder, «CEO pay remains high relative to that of typical workers and high-wage earners», Economic Policy Institute, Washington 2017, https://www.epi.org/files/pdf/130354.pdf.
18 Alle Angaben sind der World Inequality Database, https://wid.world, entnommen; siehe auch https://aneconomicsense.org/2012/07/20/the-shift-from-equitable-to-inequitable-growth-after-1980-helping-the-rich-has-not-helped-the-not-so-rich/.
19 McKinsey & Co., McKinsey Quarterly: The War for Talent, Nr. 4, 1998.
20 Jeffrey Pfeffer, «Fighting the war for talent is hazardous to your organization's health», Organizational Dynamics 29 (4), 2001, S. 248–59.
21 Malcolm Gladwell, «The Myth of Talent», New Yorker, 22. Juli 2002, https://www.newyorker.com/magazine/2002/07/22/the-talent-myth.
22 O.S. Hauser und M.I. Norton, «(Mis)perceptions of inequality», Current Opinion in Psychology 18, 2017, S. 21–5, https://doi.org/10.1016/j.copsyc.2017.07.024.
23 United States Census Bureau, «New Data Show Income Increased in 14 States and 10 of the Largest Metros», 26. September 2019, https://www.census.gov/library/stories/2019/09/us-median-household-income-upin-2018-from-2017.html?utm_campaign=20190926msacos1ccstors&utm_medium=email&utm_source=govdelivery.
24 S. Kiatpongsan und M. I. Norton, «How Much (More) Should CEOs Make? A Universal Desire for More Equal Pay», Perspectives on Psychological Science, 9 (6), 2014, S. 587–93, https://doi.org/10.1177/1745691614549773.
25 Emily Etkins, «What Americans Think Cause Wealth and Poverty», Cato Institute, 2019, https://www.cato.org/publications/survey-reports/what-americans-think-about-poverty-wealth-work.

14 Tod eines Gehaltsempfängers

1 «Death by overwork on rise among Japan's vulnerable workers», Japan Times (Reuters), 3. April 2016.
2 Behrooz Asgari, Peter Pickar und Victoria Garay, «Karoshi and Karoujisatsu in Japan: causes, statistics and prevention mechanisms», Asia Pacific Business & Economics Perspectives, Winter 2016, 4 (2).
3 http://www.chinadaily.com.cn/china/2016-12/11/content_27635578.htm.
4 Alle Daten nach OECD.Stat, https://stats.oecd.org/Index.aspx?DataSetCode=AVE_HRS.
5 «White Paper on Measures to Prevent Karoshi, etc.», Annual Report for 2016, Ministry of Health, Labour and Welfare, https://fpcj.jp/wp/wp-content/uploads/…/8f513ff4e9662ac515de9e646f63d8b5.pdf.
6 China Labour Statistical Yearbook 2016, http://www.mohrss.gov.cn/2016/indexeh.htm.
7 http://www.hse.gov.uk/statistics/causdis/stress.pdf.
8 C.S. Andreassen, M.D. Griffiths, J. Hetland, L. Kravina, F. Jensen und S. Pallesen, «The prevalence of workaholism: A survey study in a nationally representative sample of Norwegian employees», PLOS One, 9 (8), 2014, https://doi.org/10.1371/journal.pone.0102446.
9 Robin Dunbar, Gossip Grooming and the Evolution of Language, Harvard University Press, Cambridge, Mass., 1996.
10 http://www.vault.com/blog/workplace-issues/2015-office-romancesurvey-results.
11 Die Aronson-Geschichte erzählt W. Oates, Workaholics, Make Laziness Work for You, Doubleday, New York 1978.

12 Leigh Shaw-Taylor, Anthony E. Wrigley, Peter M. Kitson u. a., «The Occupational Structure of England, c. 1710–1871», Occupations Project Paper 22, Cambridge Group for the History of Population and Social Structure, 2010.
13 Colin Clark, The Conditions of Economic Progress, Macmillan, London 1940, S. 7.
14 Ebd., S. 17.
15 https://www.strike.coop/bullshit-jobs/.
16 David Graeber, Bullshit Jobs. Vom wahren Sinn der Arbeit, Klett-Cotta, Stuttgart 2018, S. 17.
17 Ebd., S. 15.
18 The Economist, 19. November 1955.
19 Trends in College Pricing, Trends in Higher Education Series, College Board, 2018, S. 27, https://research.collegeboard.org/pdf/trendscollege-pricing-2018-full-report.pdf.
20 California State University Statistical Abstract 2008–2009, http://www.calstate.edu/AS/stat_abstract/stat0809/index.shtml. Zuletzt besucht am 22. April 2019.
21 Times Higher Education University Workplace Survey 2016, https://www.timeshighereducation.com/features/university-workplace-survey-2016-results-and-analysis.

15 Die neue Krankheit

1 Carl Frey und Michael Osborne, The Future of employment: How susceptible are Jobs to Computerisation, Oxford Martin Programme on Technology and Employment, 2013.
2 McKinsey Global Institute, A Future that Works: Automation Employment and Productivity, McKinsey and Co., 2017; PricewaterhouseCoopers, UK Economic Outlook, PWC, London 2017, S. 30–47.
3 Ebd., S. 35.
4 «IBM's AI loses to human debater but it's got worlds to conquer», CNet News, 11. Februar 2019, https://www.cnet.com/news/ibms-ai-loses-to-human-debater-but-remains-persuasive-technology/.
5 «The Amazing Ways How Unilever Uses Artificial Intelligence To Recruit & Train Thousands Of Employees», Forbes, 14. Dezember 2018, https://www.forbes.com/sites/bernardmarr/2018/12/14/the-amazing-way-show-unilever-uses-artificial-intelligence-to-recruit-train-thousands-of-employees/#1c8861bc6274.
6 Sungki Hong und Hannah G. Shell, «The Impact of Automation on Inequality», Economic Synopses, Nr. 29, 2018, https://doi.org/10.20955/es.2018.29.
7 World Inequality Lab, World Inequality Report 2018, 2018, https://wir2018.wid.world/files/download/wir2018-full-report-english.pdf.
8 Ebd., S. 15.
9 D. Meadows, R. Randers, D. Meadows und W. Behrens III, Die Grenzen des Wachstums, 1972, Dt. Bücherbund, Stuttgart 1991, S. 127.
10 New York Times, 2. April 1972, Section BR, S. 1.
11 J. L. Simon und H. Kahn, The Resourceful Earth: A Response to Global 2000, Basil Blackwell, New York 1984, S. 38.
12 D. Meadows, R. Randers und D. Meadows, The Limits to Growth: The 30-Year Update, Earthscan, London 2005.

Register

30-Stunden-Woche
(nach Black und Connery) 310

Abiogenese 37
Aborigines 94, 122, 141, 146, 168
Académie des Sciences 68
acetogene Bakterien 75 f.
Acheuléen-Faustkeile 67, 69–72, 81
Adam und Eva 24–26, 28
Adenosintriphosphat (ATP) 39
Ägypten in römischer Zeit 192, 239, 287
ägyptisches Reich 252
Akkad, Reich von 252
Alexander der Große 252
Alleröd-Interstadial 176 f., 182
Altenpflege 114, 132, 134
Alt-Simbabwe 264
Ameisen 46, 58–60, 259
American Federation of Labor 305
American Society of Mechanical Engineers 301
Angebot und Nachfrage 229
Anomie 297–300, 338
Anthrax 196
Anthropozän 367
Anti-Kartell-Gesetze 63
Aquin, Thomas von 149, 222, 229
Arbeit
Definition 14 f.
und Rückzahlungserwartung 221 f.
Arbeitslosigkeit, technologische 354 f.
Arbeitsteilung 59, 188, 223, 226, 296
Arbeitswerttheorie 229–231
Arbeitszeit-Direktive der Europäischen Union 308
Arbeitszeiten 228, 291, 302, 306, 308–312, 314, 320, 332 f., 362
Arche Noah 187
Archimedes 30, 108, 302
Aristoteles 222, 246–248, 278, 308
Arkwright, Richard 290
Aronson, Ben 341–343
AT&T 321
Athen 185, 247, 264, 272
Auerochsen 179, 240, 242
Aufklärung 29, 60, 132, 192, 205, 224 f., 286
Ausdauerjagd 92–95
Australopithecus 66, 71, 73, 86, 97, 102, 106, 108
Automatisierung 9–11, 16, 250, 277, 328, 344, 353–361, 369 f., 372 f.
Azteken 235

Baka 140
Bakterien des Verdauungsapparats 202 f.
BaMbuti 132, 139 f., 144, 210, 372
Bantu-Kulturen 280
Batek 140
Bates, Dorothea 172
Baumwolle 201, 284 f.
Bedarfsteilung 144–148, 153
Bedürfnisse, absolute und relative 277 f., 312, 318, 367
Begräbnisrituale 114, 122
Behausungen mit Trockenmauern 178
aus Mammutknochen 158 f.
Behörde für Gesundheit und Sicherheit, UK 334 f.
Belgisch-Kongo 138, 333
Bergen Work Addiction Scale 336
Beschneidungspflicht 312
Besteuerung 147, 373
Beulenpest 208
Bevölkerungswachstum 168, 191, 206–209, 264 f., 283 f., 364
Biaka 140

Bienen 46, 59 f., 62, 202, 236, 259
Bier 173, 178, 181f., 223, 272 f., 282
Billard 29 f.
Biodiversität, Verlust an 180, 367 f., 370
Bison, europäischer 75
Blombos-Höhle 126–130
Blurton-Jones, Nicholas 146
Boa Constrictor 55
Bogenschießen 129
Boltzmann, Ludwig 33–35
Boote, Verbrennen von 157
Boucher de Crèvecoeur de Perthes, Jacques 67–69, 308
Brennnesselsuppe 104
Brennstoffe, fossile 17, 29, 175, 199 f., 207, 211, 229, 286, 295
Breuil, Abbé 171
Broca-Areal 86
Bryant & May, Streik der «match girls» 309
Buchführung, doppelte 214
«Bullshit-Jobs» 349
Byron, Lord 233

Çatalhöyük 190, 193, 279
Cato Institute 327
Chauvet-Höhle, Fresken 160
Childe, Vere Gordon 165–168, 171, 209, 260 f.
China 135, 170, 216, 252, 259–262, 286, 317, 321, 331–333, 343, 346, 353, 358, 360
 Han-Dynastie 252
 Dienstleistungssektor 343, 346
 Qin-Dynastie 252
 Shang-Dynastie 235, 270
 Song-Dynastie 317
 Volksvermögen 360
 Zulassungsprüfung für den Arztberuf 357
Chomsky, Noam 111
Chula-See 101
Ciudad Neza 260
Clark, Colin 344–346, 348
Clinton, Bill 316
Club of Rome 363–365, 368
Conrad, Joseph 138 f.
Cook, Kapitän James 205
Coriolis, Gaspard-Gustave 29–31
Coronaviren 196
Cotrugli, Benedetto 214
Crick, Francis 36
Cyanobakterien 39–41, 175

Dampfmaschine 30 f., 33, 35, 234, 239, 286–289
Dareios, persischer König 252
Darwin, Charles 35, 46 f., 60–63, 68, 123, 150, 306, 308
Daumen, abwinkelbare 80
Denisovan 66
Deregulierung des Finanzsektors 325
Descartes, René 108, 243 f., 246, 249
DeVore, Irven 133
Dharavi 260
Diamanten 277 f., 319
Diamphidia, Larven der 89
Diebstahl, geduldeter 146 f.
Dienstleistungssektor 343–350, 353 f.
Dinka 265
DNA 36, 123 f., 210, 237
Domestizierung von Tieren 170, 190, 196, 221, 236–238, 240–243, 260
Dreißigjähriger Krieg 243
Dunbar, Robin 111 f., 339
Dünger 199, 216, 239, 262, 284, 315
Durkheim, Émile 296–300, 338, 341, 370

East India Company 205, 284
Edward III., König von England 294
Effizienzbewegung 302, 306
Egalitarismus 110, 143, 148, 152, 161, 185, 278–280
Egoismus 149–155
Eifersucht siehe Egoismus
Eigentum 358
Einkorn 179
Einstein, Albert 108
Einwanderung 324
Eiszeit, quartäre 175
Elandantilope 92–94, 99
Elefanten 65, 68, 75, 77 f., 96, 99, 195, 218, 231, 239, 368
Energieausbeute 106, 194, 198–201, 300, 368
Enron 325
Enterprise Hydraulic Works 302, 305
Entropie 32–35, 37 f., 54, 87, 198, 262 f., 347, 374
Entwicklungssprünge, kognitive 121–123, 159 f.
Erdachse, Pendelbewegung der 175
Erdatmosphäre, Zusammensetzung der 175 f.

Erdferkel 58, 131
erneuerbare Energien 200
Esel, Kieferknochen 77
Euklid 30
Eukaryoten 40 f.
Eusozialität 59 f., 113
Evolution 35 f., 38–42, 46–48, 53–56, 59–63, 66, 84, 89, 95, 97, 105, 107, 112, 124, 137, 150, 196
  und selbstsüchtige Charakterzüge 149 f.
  siehe auch natürliche Selektion
Explosion, kambrische 41
Eyasi-See 142 f.

Fabriksystem 290 f., 296
Facebook 339, 362
Factory Act 291 f., 308
Fels- und Höhlenmalereien 99, 109, 121, 160
Fernsehen 318, 337
Feuer, dessen Beherrschung durch den Menschen 18, 95–106, 109, 113 f., 118, 167, 199 f.; siehe auch Kochen
Finanzkrise (2007/08) 326, 260
Fischfang 127, 156 f., 205, 225, 337, 343, 345, 354
Ford, Henry 302, 304, 310, 314, 318
Ford, Model T 304
Fox, Willam 285
Franklin, Benjamin 212 f., 224–226, 228, 230, 302, 308, 317 f.
Freizeit 19, 97, 107, 109–112, 116, 118, 216, 225, 268, 293, 307–309, 337
  Freizeitbeschäftigungen 14, 336 f.
Freud, Sigmund 26
Frey, Carl und Michael Osborne 355
Friedhöfe der Natufier 178 f.
Fruchtwechsel 197, 262, 284
Füchse 161, 184
  Löffelfuchs 58

Galbraith, John Kenneth 315–319, 361 f.
Gallup, Erhebung zum «State of the Global Workplace» 352
Gang, aufrechter 111
Garrod, Dorothy 171 f., 180
Gazellenknochen 179
Gehirn 18, 71, 81–84, 86–89, 97 f., 271
  Größenzunahme 95, 102–106
  und soziale Netzwerke 339
Geier 184, 187
Geld, Ursprünge des 222, 224–227
Genom-Analysen 66, 84, 123–125, 130, 142, 155, 197, 210 f., 360
  und domestizierte Hunde 237
Geometrie 30, 246
Geparden 88, 92, 176
Gesellschaft, postindustrielle 344–346, 350, 353
Gesetze gegen übertriebenen Luxus 294 f.
Getreidepflanzen, ertragreiche 201
Gewerkschaften 251, 293, 305, 308 f., 315
Gilgamesch 280 f.
Gladiatoren 250
Gladwell, Malcolm 325
Globalisierung 344
Gnu 61
Göbekli Tepe 184–191, 261
Gompers, Samuel 305
Google 321
Google AlphaGO 357
Gordon, Wendy 43
Gorillas 79, 86, 102 f., 105; siehe auch Koko
  Gorilla-Zeichensprache 43
Govett's Leap 165
Graeber, David 226, 349 f.
Gräber 130, 160 f., 192 f., 218, 236, 265
Grabinschriften 192, 267
Grenzen des Wachstums, Die 364–367
Grewia 73
Grimes, William 165 f.
Grippe 196
Grönland, Eisbohrkerne aus 177
große Entkopplung 319–321
Große Sauerstoffkatastrophe 40, 175
Grundeinkommen, bedingungsloses 373
Gurirab, Thadeus 257

Hadzabe 13, 142 f., 144, 155, 192 f., 210, 339, 372
Harlan, Jack 179 f.
Harpunenspitzen 130
Hasegawa, Toshikazu 47 f.
Haushaltsnettovermögen, USA 312
Heere, stehende 265
Heidegger, Martin 107
Hephaistos 247
Heron von Alexandria 287 f.
Hesiod 248
Hierarchien in Primatengruppen 110
Hinduismus 245
Hitler, Adolf 310

Höhlenmalereien siehe Fels- und Höhlenmalereien
Hominiden und Feuerstellen 98–102
Homo erectus 66, 70–72, 77 f., 84 f., 94, 100, 102, 104, 106 f., 109, 114, 122
Homo habilis 66, 71, 80, 102, 104, 107, 109, 114
Homo heidelbergensis 66 f., 73, 78, 102, 109, 114
Homo naledi 114
Human Resources 305, 323 f., 341
Humphrey, Caroline 226
Hunde 107, 170, 222, 236 f., 240, 246
  Domestizierung 236 f.
  Lubbocks Hauspudel 308
  Pawlow'sche Hunde 88
  Wildhunde 59, 113
Hungersnot 130, 132, 193 f., 198, 207
Hyänen 75, 96, 131 f., 184, 187

Indien der Mogule 284
Informavoren 87 f.
Institute of Bankers 307, 309
Institute of Management 305
Intelligenz 81, 84 f., 95, 106, 121 f.
  Evolution der 107
  künstliche 10, 42, 233, 235, 357–360, 369 f., 373
Inuit 13, 116, 141, 244
Irokesenliga 225 f.
Ituri-Wälder 139

Japan 11, 329–332, 346, 353, 356
Ju/'Hoansi 12 f., 52 f., 73 f., 90–93, 96, 101, 105 f., 116, 128, 131–135, 137, 141–144, 147–150, 152–157, 161, 173 f., 180, 185, 259, 278, 280, 339, 372
  Bedarfsteilung 147–149, 152
  Dorfgrößen 339
  Egalitarismus 110, 143, 148, 152, 161, 185, 278–280
  Energieertragsrate 200
  Lebenserwartung 13, 192 f.
  Schöpfungsmythen 23–29
  und die Seele von Tieren 244
  und Spottlust 153 f.
  im Vergleich mit bäuerlichen Gemeinschaften 217–220, 231
  im Vergleich mit «komplexen Jägern und Sammlern» 156
Jukagiren 244
Jung, Carl Gustav 26
Jüngere Dryas 182–184, 190

kacho-byo («Managerkrankheit») 331
Kaliko-Gesetze 285
Kängurus 94
Kannibalismus 265
Karacadağ 180
Karkemiš 282
Karmel-Projekt 172
karo jisatsu 330, 333
karoshi 330–333
Kartelle 63
Kathu-Pan-Faustkeil 78 f., 109, 128
Katzenzungen 67–69
Kavango 195, 220
Kellogg, John Harvey 312 f.
Kellogg, Will 313 f.
Kennedy, John F. 316
Keynes, John Maynard 11–13, 31, 212, 277 f., 311 f., 315, 321, 354 f., 360–364, 367, 369 f., 373 f.
Khoisan 130, 142, 372
Kibera 260
Kinderarbeit 291
«Klasse, neue» 362
Kleidung und Status 294 f.
Klimawandel 174 f., 367 f., 370 f.; siehe auch Treibhausgas-Emissionen
Knappheitsproblem siehe «ökonomisches Problem»
Kochen 81, 98, 104–106, 115, 117 f.
Kohle 128, 191, 200, 223, 286 f., 289
Kohlendioxid in der Erdatmosphäre 176 f., 182
Koko 43–45, 86, 95
Kollektivbewusstsein 338
Kolonialismus 284
Kommensalismus 62 f.
Kommunismus, Zusammenbruch des 321
Konservatismus, theologischer 374
Kopffüßler 85
Korallenriffe 368
Kornkammern 183 f., 216, 219, 221
Krankenversicherung 321
Kredit- und Verschuldungsbeziehungen 227
Krustentiere 127, 157
Kubaba, Königin 282
Küsten-Salish 135, 156

Kwakwaka'wakw 135, 156
Kyros, persischer König 252

Landwirtschaft
Ausbreitung der 190, 209 f.
Beschäftigtenanteil 282 f.
und Investitionen 231 f.
und der Kalender 180, 215–217, 228
und Katastrophen 193–198
und der Klimawandel 174–177, 182 f.
und die Natufier 170 f., 173 f., 176–183
und Produktivitätssteigerung 189–191, 206, 208, 215, 261, 283 f., 293, 344
Ungleichheit als Folge 279
und Verstädterung 260–262
Langeweile 107 f., 112, 263
Langhäuser 156, 226
Latifundien 250 f.
Laubenvögel 53
le Blanc, Abbé Jean 295
Leben auf der Erde, Entwicklung 38–42
Lebenserwartung 13, 191–193, 211, 290
Lebensstandard, steigend 208, 311 f.
Leder 73, 128 f., 196, 239, 245
Lee, Richard Borshay 131–135, 137, 143, 154, 200
Leopold II., König von Belgien 138, 333
Lernen, soziales 85
Lesefähigkeit siehe Schrift
Lévi-Strauss, Claude 26, 115–118, 134, 136
Liebenberg, Louis 94 f.
Lignin 75
Löhne und Gehälter, Steigerung 291–293
und Produktivität 319–321
Loki 28, 32
Londoner Stadtviertel 266
Löwen 28, 45, 61, 88, 92, 96, 131, 160, 176, 368
Löwenmensch (Skulptur) 160
Lubbock, Sir John 306–309, 336
Ludditen 233–235, 290, 305
Ludwig XIV., König von Frankreich 294
Ludwig XVI., König von Frankreich 29
Luoyang (Chengzhou) 264, 346
Luxusgüter 293–296

Madenhacker 202
«Malaise des grenzenlosen Anspruchsdenkens» 298 f., 362
Malthus, Rev. Thomas Robert 205–210, 365, 370
Malthusian Society 363
Mangelernährung 193, 196
Mapungubwe 264
Marie Antoinette, Königin von Frankreich 29
Marktwirtschaft, freie 60 f., 63, 207
Marx, Karl 230, 370
Masern 196
Master and Servants Act 308
Mathematik 29 f., 271
Maul- und Klauenseuche 194
Maurya-Reich 252
Maya 188, 235, 270
McKinsey & Co. 322–325, 356, 358
Meadows, Dennis 363–366
Meerkatze, grüne 86
Melanesien 205
Memphis 264, 346
Mesopotamien, islamische Eroberung 266
Metallgewinnung und -bearbeitung 239, 261
Midvale Steel Works 303
Miller, George Armitage 86 f.
Mitochondrien 237
Monopole 152
Mörser und Stößel 173, 181
Muschelschalen 77, 129
Muße siehe Freizeit
Mutualismus 62, 202 f.

Nachäffen 253
Nachhaltigkeit 197, 207, 368, 372, 374
Nacktmull 60, 127
Namibia, Unabhängigkeit 25
Nationale Statistikbehörde Großbritanniens 343
Nationalismus 294, 299, 328, 374
Natufier 170 f., 173 f., 176–181, 183 f., 211, 239
Navajos als Jäger 94
Nayaka 140
Neandertaler 66, 71, 76, 102, 114, 122, 124 f., 156
und Dorothy Garrod 171 f.
Neugeborenes (Mensch) 82
Netzwerke, soziale 339–341
Newcomen, Thomas 287, 289
Newton, Sir Isaac 30, 108, 223
Nietzsche, Friedrich 108
Nilpferde 195
Nuer 265

Oates, Pastor Wayne 335
«Occupy Wall Street» 326
Ökosysteme als Dienstleister 368
Oldowan, Werkzeuge 71
Olmeken 270
Olorgesailie, Scherben aus 125
Orangi Town 260
Orang-Utans 103
Orcas 65
Organisation für wirtschaftliche Zusammenarbeit und Entwicklung (OECD) 332, 355–357
Orientierung 90
Ozonschicht 39, 41, 182

Paiute 94
Paläogenetik siehe Genom-Analysen
Palmyra 190
Pangoline 58, 196
Papua-Neuguinea 261 f., 265
Paradiesvogel 53, 347
Parasiten 111, 195 f., 202
Parasitismus 62 f.
Parkinsons Gesetz 350 f.
Parthenon 185
Pathogene 194–196
Patterson, Orlando 248
Patterson, Penny 43
Paviane 195
pax Romana 252
pazifischer Nordwesten Amerikas, indigene Völker 144, 156–158, 161
Pennsylvania Gazette 213, 317
Perioden, glaziale 175, 182 f.
Persisches Reich 252
Personendaten 192
Peterson, Nicolas 146
Pfauen 46–48
Pfeffer, Jeffrey 324 f.
Pferde 16 f., 30, 239, 243 f., 246
  Wildpferde 75 f., 160
Pflanzen, Züchtung von 170, 190, 195, 201–205, 239, 261 f.
Pflug, holländischer 284
Photorespiration 176 f.
Photosynthese 39, 97, 177
«Physiokraten» 223
Pistolenkrebs 59
Plastizität, neuronale 81, 83 f., 89, 105, 235, 271
Plato 222
Polanyi, Karl 136
Pompeij 317
Postkapitalismus 373
«Potlatsch»-Zeremonien 157
«Problem, ökonomisches» 12–16, 19, 137, 206, 211, 277, 315, 361, 363 f., 370, 372
Prokaryoten 40, 87
Prostituierte 250, 267, 282
Putamoyo 333
Pyramiden 188, 272
Pyrit 98
Pythagoras 30, 246

Qesem-Höhle 101

Rad, Seilrolle, Hebel 239
Rangkämpfe und soziale Hierarchie 110
Reagan, Ronald 321
Reiher 202
Religionen, abrahamitische 216, 245
Restbestände von Merkmalen 55
Ricardo, David 205, 230
Rigollot, Marcel Jérôme 68 f.
Rinder
  Domestizierung 240–242
  als Investition 231 f.
  Lungenseuche 194
Roboter 9 f., 235 f., 355–359
Römisches Reich 192 f., 198 f., 235, 239, 248–254, 263 f., 267–269, 272, 279, 287, 294, 333, 338, 346
  collegia (Handwerkerverbände) 254, 269, 299, 338
  Gewerbe und Berufe 267–269
  Lebensdauer 252
  und ungleiche Wohlstandsverteilung 250–252
  und Verstädterung 263, 267–269
Romulus und Remus 264
Roosevelt, Franklin D. 310, 316
Rubik-Würfel 34
RuBisCO 176
Russische Revolution 371

Sado, Miwa 329 f., 334
Sahlins, Marshall 136 f.
SARS 196
Sauerstoff, atmosphärischer 40 f.
Säuglingssterblichkeit 192

Savery, Thomas 287
Schädelkult 187
Schädelstudien, morphologische 110 f.
Schädlinge 194–197, 217
Schakale 88
Schamanen 96, 113, 159, 297, 369
Schenken als Kulturtechnik 149
Schiebermütze 294
«Schikanierung, moralische» 334
Schimpansen 44, 66, 73, 79, 82, 86, 102 f., 105
Schlachtungen, urzeitliche 75
Schmarotzer 146 f., 261, 347
Schmidt, Klaus 184, 187
Schmuck 122, 129 f., 149, 160, 178, 236
Schrift 95, 269–272
Schrödinger, Erwin 35–37, 87, 350
Selektion, natürliche 41, 46 f., 60, 62, 82, 96, 112, 195
Selektion, sexuelle 46 f., 62, 96
Selbstmord 166, 297 f., 334;
  siehe auch *karo jisatsu*
Semliki 130
Shelley, Mary 233, 235
Shelley, Percy Bysshe 233
Sherman Act 152
Sibiloi-Nationalpark 100
Sibudu-Höhle 129
Sklaven, zeremonielle Tötung von 157
Sklaverei 16, 25, 235, 247–254, 284 f., 333
Skulpturen 109, 121, 160, 178, 184 f.
Smith, Adam 11, 151 f., 205, 222–226, 229 f., 296, 299, 306, 308
Speere von Schöningen 75–77
Spencer, Herbert 60 f., 63
Sperlingsvögel 56
Sprache
  Entwicklung der 109–112
  Klatsch-, Tratsch- und Streicheln-Hypothese 111 f., 339
  Single-Step-Theorie 111
  Sprachverarbeitung 86
  Theorie der Grammatikalisierung 111
  Willkürlichkeit der 116
Stichling 54
stimmliche Fähigkeiten 111
Stonehenge 185, 215, 219, 261, 265
Störungen, psychische 335
St.-Pauls-Kathedrale, London 185
Strukturalismus 115–118
Südkorea 11, 331 f., 353
Sumerer 235, 270, 272, 281 f.
Sungir 160, 200
Symbiose 62, 174, 202
Synapsen, Auslichten von 83

Takahashi, Mariko 47 f.
«Talent» als neuer Kultbegriff 322–326, 350
Tarahumara 94
Tauschhandel 222, 224–227, 273
Taylor, Frederick Winslow 301–306, 308, 310, 341
Taylorismus 302, 304 f., 313
Tenochtitlan 264
Termiten 46, 57–60, 62 f., 65, 77, 99, 113, 203, 259
Thatcher, Margaret 321
Thermodynamik, zweiter Hauptsatz 32, 36 f.
Thieme, Hartmut 76
Tiere mit Seele 141, 244–246
Tierspuren 85, 90 f., 93–95, 271
Tierwohl 245
Toxoplasmose 196
Träumen 89
Treibhausgas-Emissionen 199, 366 f.;
  siehe auch Klimawandel
Tsimshian 156
Turkana-See 71, 100
Turmbau zu Babel 187
Turnbull, Colin 139 f.

Überarbeitung 330–333
Überleben der am besten Angepassten 60–62
Unbewusstes, kollektives 26
Ungleichheit 19, 147, 207, 278–280, 291, 319, 327, 358–361, 371
  im antiken Rom 250–252
Universum, Entstehung des 31
Universitäten 351 f.
UN-Konferenz zum Klimawandel 43
Unkräuter 195, 216 f., 221
«Unterarbeitung» 341 f.
Unternehmensberatungen 355 f.
Unternehmensvorstände 321–323, 331, 334, 350, 360
Ureinwohner Amerikas 94, 135, 223, 225, 280
Uruk 227, 266, 270, 272 f., 281 f., 346
Urukagina, König 281

Verbrennungsmotor 167, 239, 344
Verführung 112 f.
Verhalten, zweckmäßiges (zweckgerichtetes) 44–46, 65, 95, 121 f.
Verletzungen durch Arbeitsunfälle 193
Versauerung der Weltmeere 367
Verschuldung 227, 320
Verstädterung 18 f., 133, 257–260, 263, 298
  Entstehung neuer Berufe und Gewerbe 266–269
  und Landwirtschaft 260–262
  Stadtviertel und bestimmte Metiers 266 f.
Vögel, flugunfähige 55

Wahrscheinlichkeitsrechnung 33
Wale 45, 55, 82, 127
Wasserräder 30, 239, 289
Watson, James 36
Watt, James 289
Webervögel 48–56, 63, 65, 190, 261, 263, 347, 350
Weizen, wilder 170, 179 f., 203, 239
Weltwirtschaftsforum 355
Weltwirtschaftskrise 310, 313, 335
Werbung 317–319
«Werteparadoxon» 277
Wilde, Oscar 11, 373
Windhuk 257 f., 275 f.
Windmühlen 239
Wirtschaft
  Definition von 12, 316
  Formalisten und Substantivisten 135 f.
  grundlegender Widerspruch innerhalb 151
  parasitäre 147
  Verantwortung, soziale 292
  «Trickle-down-Ökonomie» 321
  Wechsel von Aufschwung und Rezession 325
Wohlfahrtsstaat 62
Wohlstandstransfer von öffentlicher in private Hand 360
Wonderwerk-Höhle 99 f., 102, 200
Woodburn, James 143 f.
Wordnet-Datenbank 87
Workaholismus 335 f., 338
World Debating Championship 357
Wrangham, Richard 102

Xerxes 252

Yanomami 265
Yolngu-Aborigines 146

Zeit, veränderte Wahrnehmung der 217
«Zeit ist Geld» 213, 228, 302
Zen-Buddhismus 108
Zeus 68, 248
Zillibotti, Fabrizio 311
Zinsen 213, 231 f., 282, 320, 341, 361
Zucker 199, 201, 224, 235, 285 f., 293, 313